As Duas Faces da Vida

Herminio C. Miranda

As Duas Faces da Vida

– Textos reunidos –

Edição Aumentada e Atualizada

lachâtre

© 2005 Herminio C. Miranda

Direitos de publicação cedidos pelo autor ao
Instituto Lachâtre
Caixa Postal 164 - Cep 12914-970
Bragança Paulista - SP
Telefone: +55 11-4063-5354
Site: www.lachatre.org.br
E-mail: editora@lachatre.org.br

CAPA
Andrei Polessi

DIGITAÇÃO
Suzeli

DIAGRAMAÇÃO
Fernando Luiz Fabris

4ª edição – Outubro de 2013
2.000 exemplares
Impresso na Sermograf

A reprodução parcial ou total desta obra, por qualquer meio, somente será permitida com a autorização por escrito da Editora.
(Lei nº 9.610 de 19.02.1998)

Impresso no Brasil
Presita em Brazilo

CIP-Brasil. Catalogação na fonte

M642d   Miranda, Herminio C., 1920-
     As duas faces da vida – textos reunidos / Herminio C. Miranda – Bragança Paulista, SP : Instituto Lachâtre, 2013.
320 p.; il.

1.Espiritismo. 2.Mediunidade. 3.Reencarnação. 4.Psicologia. 5.Auto-biografia. I.Incontri, Dora, *apres*. II.Garcia, Wilson. III.Título. IV. Bibliografia geral
          CDD 133.9   CDU 133.7

Sumário

Apresentação, Dora Incontri, 7
Prefácio, 11

Artigos

O fantasma do redingote amarelo, 17
A trave e o cisco, 23
Deus, o temor e o amor, 29
Psicologia – uma proposta de agenda para reformulação de seu perfil, 35
Procura-se uma estrela, 53
Balzac morto escreve para os vivos, 61
O médium do anticristo – I, 67
O médium do anticristo – II, 75
Shakespeare: um mistério multissecular, 85
O sudário de Turim – I, 103
O sudário de Turim – II, 111
As muralhas do tempo, 119
A reinvenção da morte, 131
A mediunidade da princesa católica, 137
Que tem Kennedy a ver com Lincoln?, 153
Os 'obsessores', gente como a gente, 163
Realidade ignorada, 167
Teoria do perdão, 169
Elizabeth Kübler-Ross: ordens de cima, 173
Lembranças do futuro, 183

Psiquismo biológico, 195
'*Xerox*' de gente, 203
Uma ética para a genética, 213
O endereço de Deus, 219

ENTREVISTAS

Entrevista à *Revista Internacional de Espiritismo*, 227
Entrevista ao GEAE, 231
Entrevista à *Folha Espírita*, 247
Entrevista ao *Correio Fraterno do ABC*, 257

CONFERÊNCIAS

A hora da decisão, 267
A síndrome da personalidade múltipla e suas implicações com a obsessão e a possessão, 283
Allan Kardec e os espaços abertos da doutrina dos espíritos, 291
Os vinte espíritas e pesquisadores do século (opções temáticas na obra de Herminio C. Miranda), Wilson Garcia, 303
Minibiografia (Herminio Corrêa de Miranda), 307

Bibliografia geral, 309

Apresentação

Um autor como Hermínio C. Miranda, merecidamente conhecido e reconhecido, dispensaria prefácios e apresentações. Mas, como nosso editor e amigo comum, Alexandre Rocha, me incumbiu da honrosa tarefa de introduzir este livro, apresso-me a fazê-lo, em forma de homenagem, para estreitar ainda mais os laços de amizade e simpatia que me prendem a Hermínio.

Na leitura rápida, mas saborosa, que fiz desta nova obra, de antigos e recentes escritos do autor, não pude deixar de lembrar de uma recomendação dos espíritos a Kardec a respeito da *Revista Espírita*, que deveria conter "tanto o sério quanto o agradável". Deveria satisfazer os homens de ciência e atrair a curiosidade dos menos eruditos. Kardec fez isto muito bem e Hermínio conseguiu o mesmo, nestes seus diversos artigos e palestras.

Poderíamos dizer que há fundamentalmente dois tipos de escritos neste livro: os que contam casos curiosos, muito bem articulados, desvendando aspectos mediúnicos da história ou histórias mediúnicas palpitantes, e os que tecem apropriadas meditações sobre temas filosóficos, científicos e morais.

Nos primeiros, Hermínio já pratica o que ele mesmo recomenda no capítulo de entrada, que é a necessidade de se escrever um livro sobre a mediunidade na história. Já logo neste primeiro caso, o leitor encontrará uma intrigante narrativa, passada na França do século XIX, nos anos em que o jovem Rivail estaria chegando a Paris, vindo de sua estada em Yverdon, com o mestre Pestalozzi.

O ponto alto desta ordem de escritos talvez seja o que poderíamos chamar de a história oculta do nazismo, que mostra as raízes profundas da trama histórica que resultou numa das maiores tragédias de todos os tempos. Além ou aquém dos componentes econômicos, filosóficos, políticos, que foram fartamente analisados por pesquisadores, estão os componentes espirituais que engendraram o nazismo. Tratou-se não de mera consequência de uma dada situação econômica, política e social em que a Alemanha se mergulhara depois da 1ª Guerra Mundial, como alguns historiadores afirmam de maneira um tanto simplista. Foi sim um assalto muito bem articulado e consciente das trevas, que pretendiam dominar o planeta.

No segundo gênero de textos escritos pelo autor, há reflexões muito pertinentes sobre temas metafísicos e morais, como o que trata de Deus ou o do perdão, mas também vigorosas análises envolvendo a psicologia, a pesquisa da mediunidade, e até a bioética.

O que ressalta nas obras de Hermínio, como sempre, é uma constante seriedade no tratamento das questões, pontuadas com argumentos bem postos, e a sua incrível e permanente atualização. Hermínio sempre foi plugado no mundo, mostrando-se a par de todas as novidades científicas e pesquisas internacionais, em diversos campos do conhecimento. Essa sua contribuição é de grande valia para os espíritas, que, no decorrer das décadas do século XX, tiveram a triste tendência de isolamento nos guetos dos centros espíritas, fechando a doutrina num exíguo entendimento da proposta vanguardista de Kardec, ignorando muitas vezes o que se desenrola na cultura contemporânea.

O que se espera de um espírita consciente é justamente refletir sobre os postulados de Kardec, num contexto atual, com as antenas ligadas para o que se fala, o que se pesquisa, o que se pensa no mundo afora. O próprio Kardec fazia isto em sua *Revista*, que era uma espécie de diálogo com a cultura de sua época. Hermínio, por sua vez, lançou sempre suas sondas e nos trouxe informações de livros, pesquisas, documentários, que demoraram a chegar ou nunca chegaram completamente até nós.

Essa sondagem permanente de Hermínio nos dá a satisfação de confirmar a cada passo que as teses espíritas não são um amontoado de dogmas meramente religiosos, mas constante objeto de comprovação científica, por pesquisadores que nada têm a ver com o movimento espírita.

Por outro lado, a seriedade e a competência no tratamento das mais diversas questões são embaladas numa linguagem muito clara e elegante, com pitadas de um humor discreto, bem ao estilo britânico, e que deve, quem sabe, proceder da vida que Hermínio teve na Inglaterra.

O leitor fará um passeio ávido e estimulante pela diversidade dos assuntos e das narrativas deste livro de Hermínio C. Miranda e entenderá melhor as profundas relações entre as duas faces da vida, a física e a espiritual – ambas pertencentes a uma só realidade. Reafirma-se mais uma vez, nas páginas deste livro, não só o fato de sermos imortais, ou, como prefere Hermínio, imorríveis, mas o que Herculano Pires apontava como o fato de sermos interexistentes. Tudo na história, no cotidiano, na mente, se expande além da dimensão física e restrita do corpo, para se projetar na interexistência. Existimos ao mesmo tempo em várias dimensões do tempo e do espaço. A consciência disso torna a vida muito mais excitante, com sentido mais pleno e propósitos mais nobres. É o que nos deixa entrever Hermínio o tempo todo. Nunca é demais demonstrar isso, ainda mais, com uma pena tão precisa e talentosa como a do autor.

A Editora Lachâtre, que leva o nome deste inquieto e militante amigo espírita e anarquista de Kardec, está de parabéns por lançar mais um livro sério, que dá uma contribuição importante para a biblioteca daqueles espíritas que gostam de ler textos que valem ser lidos.

Dora Incontri
Bragança Paulista, março de 2005.

Prefácio

Há algum tempo, Alexandre Machado Rocha, da Lachâtre, me propôs abrigar nas páginas mais estáveis do livro, alguns de meus textos, conferências e entrevistas.

Outras prioridades, contudo, me solicitavam a atenção e o projeto foi temporariamente desviado para o arquivo.

De repente, parece que o mecanismo destravou-se e começou a mover-se. O primeiro passo foi o de recorrer à volumosa papelada e disquetes de computador, garimpando escritos já conformados ao esquecimento, mas não, digamos, com a "validade vencida", como que "datados" por se referirem a temas ocasionais, de transitório interesse.

Foi longa a busca e difícil a seleção. Alguns desses papéis recuavam a vinte ou trinta anos. Entre estes, "Uma ética para a genética", de 1971, que antecipava debates mais intensos a serem travados mais adiante no tempo.

Lembro-me, a propósito, de uma observação de Divaldo Franco, amigo de sempre, segundo o qual teríamos participado de uma espécie de simpósio na dimensão espiritual, para discussão do assunto e eu ficara incumbido de escrever algo a respeito. O artigo saiu em *Reformador*, em junho de l971.

A informação de Divaldo se confirmaria nas décadas seguintes, em especulações e pesquisas científicas em torno da criogenia, da clonagem,[1] dos transgênicos, do ambicioso projeto genoma e, mais recentemente, das células tronco, cuja versatilidade exige a participação de um campo magnético vivo, que Kardec identificou como perispírito, o dr. Harold Saxton Burr, como *life fields* (campos vitais), enquanto o saudoso amigo Hernani Guimarães Andrade optou pela expressão modelo organizador biológico (MOB).

Estudos, como "O médium do Anti-Cristo" (I e II), publicado em 1976, "O sudário de Turim" (I e II), em 1979 e mais, "Shakespeare – um mistério

---

[1] Ver, a propósito "Xerox de gente", publicado nove anos depois, em *Reformador* (julho de 1980), posteriormente incluída na obra *Nas fronteiras do além*, FEB. Por sua atualidade, este texto consta também desta coletânea.

multissecular", de 1979, nunca foram promovidos ao confortável aconchego do livro.

Outros figuraram em publicações de menor circulação e acabaram esquecidos.

Há, neste livro, até trabalhos inéditos, como "As muralhas do tempo" e "O fantasma do redingote amarelo", que tratam de curiosos e bem documentados episódios insólitos, para dizer o mínimo.

Resolveu-se, também, transplantar para aqui, textos constantes de *A reinvenção da morte*, que, esgotado há algum tempo, foi retirado do catálogo da editora.

Foram selecionadas, ainda, algumas entrevistas, que dão à coletânea, um toque pessoal de depoimento, e umas poucas conferências que nos pareceram mais significativas.

Por outro lado, escritos como esses, que cobrem um período superior a três décadas, oferecem ao público leitor oportunidade de uma visão panorâmica de uma obra, que a esta altura (2004/ 2005), alastra-se por quase meio século desde que começaram a surgir os primeiros ensaios doutrinários, em 1958.

Pelos textos aqui reunidos, em confronto com o restante do acervo, torna-se possível acompanhar a evolução do pensamento do autor através de suas escolhas, pesquisas, reformulações e descobertas, bem como de suas fixações, idiossincrasias e cacoetes.

Entre as constantes que emergem, aqui e ali, nestes e nos demais escritos, lembro – além de um processo natural de evolução meramente estilística –, conceitos fundamentais inevitavelmente repetitivos, dado que constituem a coluna vertebral do pensamento de qualquer escritor em condições semelhantes. A título de mera amostragem, enumero, a seguir, algumas deles:

Primeiro: O eixo dialético da reencarnação, elemento aglutinador das estruturas da realidade espiritual, em torno do qual giram os preceitos da inteligente Doutrina dos Espíritos;

Segundo: a opção por um modelo que, sem minimizar qualquer aspecto, prioriza o pensamento do Cristo, que Kardec colocou com merecido destaque na construção do edifício doutrinário. Não me importa que o Espiritismo seja considerado ou não como religião, debate, para mim, inútil e pretensamente acadêmico, que nos leva de volta às antigas e estéreis polêmicas teológicas; e, por falar nisso,

Terceiro: a ideia de que o Cristo não fundou uma religião, devotando-se a proclamar e praticar um código de comportamento ético perante Deus, a vida e o semelhante, como programa de trabalho para cada um de nós;

Quarto: a ideia de que a lei divina é educativa e não punitiva, severa, porque assim exige nossa consciência em busca da paz, e, ao mesmo tempo, compassiva, porque espera, às vezes séculos e até milênios para repor as coisas nos seus devidos lugares;

Quinto: a noção de que a doutrina espírita precisa e deve ser preservada em sua pureza original, mas aberta para fora, atenta ao que se passa à sua volta, não engessada, sem admitir para exame as "novas descobertas" a que aludiu Kardec;

Sexto: pela mesma razão, considero necessário um diálogo pacífico e igualmente aberto com a comunidade dos que não partilham de nossa visão filosófico-religiosa. Foi com esse objetivo em mente que me dediquei à tarefa de escrever, em paralelo, textos que possam *também* interessar aquele tipo de leitor ou leitora que, usualmente, não tomaria para ler um livro voltado para o público leitor espírita. Há vários estudos desse tipo para citar: *A memória e o tempo, Alquimia da Mente, Autismo – uma leitura espiritual, Os cátaros e a heresia católica, Arquivos psíquicos do Egito, O evangelho gnóstico de Tomé* e *Nossos filhos são espíritos*.

Eis porque, posturas como essas são encontradas repetidamente em meus escritos, em diferentes contextos em suporte de propostas ou especulações sob discussão.

Nenhum momento como este – em que me encontro literalmente às vésperas de completar 85 anos de idade –, seria mais oportuno para expressar minha gratidão a todos vocês que me leem e ao amigo e brilhante confrade Wilson Garcia, pela sua honrosa análise crítica de minha obra.

Vocês me acenam com a expectativa, como ensinou Paulo, de apresentar--me aos nossos maiores, do outro lado da vida, como aquele que "não se envergonha do trabalho realizado".

O que não é pouco desejar.

Herminio C. Miranda
Natal de 2004

ARTIGOS

O Fantasma do
Redingote Amarelo

Thomas-Ignace Martin, trinta e três anos, casado, quatro filhos, possuía uma propriedade rural em Gallardon, na Beauce, a quatro léguas – cerca de dezoito quilômetros – de Chartres, na França. Ele e sua família viviam de seu trabalho braçal, sem grandes sonhos, ambições ou inquietações.

Sua pacata e rotineira vida levou o primeiro solavanco naquela tarde, provavelmente fria, de 15 de janeiro de 1819. Eram duas e meia e Martin cuidava de seus afazeres, quando, de repente, surgiu diante de dele, não se sabe de onde, um sujeito de cinco pés e uma ou duas polegadas de altura – cerca de um metro e sessenta –, magro, rosto comprido e fino, corpo delicado e pele muito branca. O estranho personagem vestia um redingote[2] amarelo acastanhado, todo fechado, que lhe descia até os pés, calçados com botinas amarradas por cordões. Na cabeça, trazia um chapéu redondo e alto.

Primeiro, a surpresa: a região era despovoada, o terreno em volta, sem esconderijos de onde o singular cavalheiro pudesse ter saltado aos olhos aturdidos de Martin.

Mas isso era apenas o início de uma série de surpresas outras. O baixinho queria – na realidade *exigia* – que Martin fosse imediatamente ao rei (Luís 18, neto de Luís 15, que governou a França de 1814 a 1824), para lhe dizer que ele e seus amigos corriam perigo. Tramava-se destroná-lo; cartas e outros documentos circulavam entre os conspiradores em algumas províncias e, sobretudo, na capital.

Era urgente mandar investigar aquilo e acabar com os conchavos. Era preciso, ainda, respeitar devidamente o Dia do Senhor (domingo), pelo qual a maioria não demonstrava o menor interesse. Que nesse dia cessasse todo o trabalho público, fossem promovidas preces coletivas e praticadas as penitências necessárias para resgatar as 'desordens' cometidas durante o tempo que

---
[2] Redingote é um casaco ajustado à cintura e largo e rodado embaixo. Ensina mestre Aurélio que a palavra francesa – a mesma em português – vem do inglês "*riding coat*", ou seja, um casaco para se montar a cavalo.

antecede a quaresma. Se isso não fosse feito, novas desgraças se abateriam sobre a França. Como um pai zeloso perante filhos rebeldes, o rei devia punir severamente os faltosos a fim de intimidar os demais.

Ainda perplexo e, certamente, medindo a enorme distância entre o rei e ele, Martin sugeriu ao cavalheiro do redingote amarelo que procurasse outra pessoa para a espinhosa missão.

– Não – foi a resposta –; é você que tem de ir!

Com boa dose de sensatez e lógica, Martin insistiu:

– Mas, se o senhor sabe de tudo isso, bem que pode ir ao rei e dizer-lhe o que se passa. Por que pede a um pobre homem como eu, que nem sabe direito como explicar-se?

– Não sou eu que vou – reiterou teimosamente –, é você. Preste atenção no que lhe digo e faça tudo o que lhe ordeno.

E sem mais aquela, o homenzinho sumiu. Como? Assim: os pés dele parece que se elevaram do chão, a cabeça pendeu para um lado, o corpo foi diminuindo e acabou por desaparecer como fumaça, dissolvido no ar.

O primeiro impulso do assustado Martin foi sair correndo, mas, contra sua vontade, ficou como que pregado ao solo e terminou a tarefa em hora e meia, quando normalmente teria precisado de duas horas e meia.

De regresso a Gallardon, onde residia, Martin contou ao seu irmão Jacques o que lhe acontecera e os dois foram conversar com o padre local. O reverendo procurou tranquilizar Martin, atribuindo aquilo à sua imaginação, um tanto descontrolada. Que continuasse com sua vida normal, trabalhando, comendo, bebendo e dormindo como sempre fizera.

Em 18 de janeiro, às seis horas da tarde, Martin desceu ao porão de sua casa e, ao abaixar-se para apanhar umas batatas para o jantar, viu ao seu lado o mesmo sujeito do redingote. Apavorado, deixou cair a lamparina e até se machucou na perna ao sair, disparado, do porão.

No dia 20, dirigindo-se a *foulerie* – local onde as uvas são esmagadas para fazer vinho –, a fim de apanhar forragem para os cavalos, lá estava novamente o teimoso cavalheiro desconhecido. E novamente Martin fugiu espavorido.

Mas o homem não desistia. No domingo, dia 24, Martin foi à igreja para o culto vespertino. Enquanto se persignava com a água benta, à entrada, viu que o desconhecido também o fazia e que o seguiu até o banco, mas não permaneceu no interior da igreja, preferindo ficar à porta, de onde assistiu, no maior recolhimento, a toda a cerimônia religiosa. Notou que o incrível chapelão redondo e alto não estava na cabeça dele e nem ele o trazia nas mãos.

Quando Martin saiu da igreja, o homem o acompanhou até a casa, já de chapéu na cabeça. Ao entrar, deu de cara com o sujeito lá dentro, sem saber como, nem por onde ele entrara.

– Cumpre sua missão – disse – e faça tudo o que digo. Você não terá sossego enquanto não o fizer.

Dito isto, sumiu, sem que, nem dessa, nem das aparições seguintes, se desfizesse no ar como da primeira vez. Perguntados a respeito, os familiares que o haviam acompanhado à igreja nada viram nem ouviram.

No dia 24, o vigário celebrou missa, a pedido de Martin, rogando a Deus que esclarecesse seu confuso paroquiano e o instruísse sobre o verdadeiro sentido daquilo que lhe estava acontecendo.

Martin assistiu à missa com toda a família e, em seguida, dirigiu-se ao celeiro. Queria apanhar o trigo que pretendia vender na feira. Lá estava o obstinado homenzinho de novo.

– Faze o que te ordeno – comandou. – O tempo urge.

Foi essa – deporia Martin mais tarde – a primeira vez que o desconhecido usou o *tu* ao falar com ele. Como você sabe, só se emprega o *tu*, em francês, com pessoas de sua intimidade ou com subalternos, para dar ordens, por exemplo; com os demais, as boas maneiras recomendam o cerimonioso *vós* (*vous*).

Sem mais saber o que pensar, fazer ou aconselhar, e testemunhando a agitação e a perda de apetite de seu paroquiano, o cura recorreu ao bispo, em Versalhes, de onde o caso foi repassado ao arcebispo de Reims, que tinha livre trânsito na corte.

Para não alongar demais esta notícia: depois de desconfiadas investigações – inclusive sobre a sanidade mental de Martin – e de complexas negociações, Martin foi, finalmente, levado pelo ministro da Polícia Geral diretamente ao rei, com quem manteve, a sós, longa e amistosa conversa. Luís 18 recebeu-o condignamente, tratou-o com bondade e ouviu com atenção ao estranho recado que o homem do redingote lhe mandara.

Numa de suas mais recentes aparições, a entidade identificara-se como sendo o arcanjo Rafael (?!) e dissera que Martin não se atemorizasse diante do rei, nem se preocupasse com o que tinha a dizer-lhe, dado que ..."as palavras virão à sua boca".

O que significa que, provavelmente, a própria entidade falaria ao rei ou inspiraria o jovem camponês, usando suas óbvias faculdades mediúnicas. Dissera, também, que tinha poderes para, se necessário, fazer desabar sobre a França toda espécie de desastres. Suponho, ainda, que a identificação (arcanjo de redingote?) e as ameaças teriam sido apenas recurso extremo para fazer o recado chegar até o rei.

Concluída a entrevista, Martin foi liberado, não antes de passar ainda uma noite no hospital de Charenton, onde fora devidamente examinado anteriormente, a pedido do ministro. (O jovem camponês foi considerado um sujeito normal, em pleno juízo).

Deram-lhe 25 francos para despesas pessoais, alguns documentos e, da parte do rei, uma gratificação de 200 francos, um bom dinheiro para a época.

Martin tentou recusá-la, mas o ministro disse que não lhe era permitido fazê-lo. Rei é rei.

Depois de exposto relutantemente aos mais elevados escalões da igreja e do estado, Thomas-Ignace Martin retomou, em Gallardon, suas humildes rotinas rurais.

O teimoso cavalheiro do redingote amarelo apareceu-lhe pela última vez em 2 de abril de 1821, exatamente dois anos depois da entrevista com Luís 18. Conta Martin que viu, nessa ocasião, uma mão traçar as letras RMPGQHLVD (Ele não garante que tenham sido exatamente nessa ordem). Em seguida, a mão deslisou sobre elas e as apagou. Martin confessa não haver entendido coisa alguma. Ele estava, naquele momento, fincando umas estacas no chão.

O minucioso relato, do qual esta notícia é extraída, consta do livro *Le mystère de Otto Rahn*, no qual Christian Bernardac relata o resultado de suas meticulosas pesquisas sobre o envolvimento dos nazistas com o catarismo, no Languedoc. Ou, mais especificamente, o papel desempenhado por Otto Rahn nesse curioso episódio.

O insuspeito autor – que não leva a sério, pelo contrário, a fenomenologia mediúnica – assegura-nos que os documentos que transcreve, aliás pela primeira vez, são absolutamente autênticos e confiáveis, dado que produzidos e atestados por autoridades da igreja e do poder civil à época. Lembra, ainda, que existem sobre o assunto "oito páginas no livro *Les memoires d'une femme de qualité*, infelizmente, sem identificação de autor, editora, data e local de publicação.

Como uma espécie de pós-escrito a esta narrativa, é preciso dizer que Luís 18 enfrentou, de fato, sérias turbulências nos anos finais de seu reinado. Pressionado por graves acontecimentos (*La chambre introuvable*, em 1815 e *la Terreur Blanche*, em 1816), ele dissolveu a câmara em setembro deste último ano. O assassinato do duque de Berry, em 1820, foi explorado pelos extremistas, o que levou o rei à decisão de impor novas e duras medidas repressivas que, por sua vez, provocaram o recrudescimento das conspirações da parte das correntes políticas mais radicais.

Estava certo, portanto, o obstinado homenzinho do redingote amarelo nas suas apreensões acerca da trama conspiratória. Embora tenha ouvido atentamente o rústico médium camponês de Gallardon, o rei não quis ou não pôde tomar as enérgicas providências que a entidade lhe recomendava e que a situação exigia. Podemos até imaginar que, com medidas semelhantes, pudesse ter sido evitada a guerra com a Espanha, em 1823, último episódio relevante do infeliz reinado de Luís 18, que morreu no ano seguinte (1824).

Não foi aquela, certamente, a primeira nem a última vez que os 'mortos' tentaram influenciar, para o bem ou para o mal, os rumos da história, utilizando-se da instrumentação da mediunidade. Você pode escolher alguns episódios entre muitos, no correr dos séculos: o da mão que escreveu na parede, durante um festim, sobre o trágico fim do rei Baltazar; a dramática vida da menina Joana d'Arc, que, em obediência às suas 'vozes', expulsou os ingleses, botou o delfim no trono e mudou a história da França; os colóquios do presidente Abraham Lincoln com os espíritos na Casa Branca; os diálogos da rainha Victoria da Inglaterra com seu falecido marido; o envolvimento de Hitler e seus mais íntimos colaboradores com o chamado ocultismo;[3] o animado bate-papo do presidente Franklin Roosevelt, recém-desencarnado – através da segura mediunidade da sra. Geraldine Cummins –, com seu amigo Mackenzie King, primeiro-ministro do Canadá.

Como se vê, a escolha é ampla e variada.

Os textos da codificação, como você sabe, confirmam claramente a influência dos espíritos sobre os encarnados. Auguste Comte, criador do positivismo – e que, aliás, não acreditava em espíritos – afirmava que os vivos são, cada vez mais, governados pelos mortos. Aparício Torelli, o "barão de Itararé", irreverente jornalista-humorista, parodiava Comte, dizendo que os vivos são, cada vez mais, governados pelos *mais* vivos...

Em suma, alguém aí precisa pesquisar e escrever um livro sobre a mediunidade na história.

---

[3] Ver, a propósito, artigo de minha autoria intitulado "O médium do anti-Cristo" em capítulo à frente.

A Trave e o Cisco

Antes da conversa programada para este papel, passemos pelo vestibular do dicionário, a fim de calibrar a terminologia e saber que estamos ambos, o leitor ou a leitora e eu, debatendo a mesma coisa. Acertadamente, o sábio Aurélio distingue *sentimento* de *sentimentos*. E não é só porque o primeiro termo está no singular e o segundo vai para o plural. As raízes são as mesmas e dizem respeito aos sentidos, analisadores da realidade que nos envolve e nos mantêm plugados nela. As diferenças entre o singular e o plural são mais profundas do que as aparentes semelhanças. A distinção é sutil, mas relevante.

Sentimento, ensina o dicionarista, é "3. Faculdade de conhecer, perceber, apreciar, percepção, noção, senso". Não é bem isso que estamos procurando para armar nossas reflexões. Seria esta outra? "4. Disposição afetiva em relação a coisas de ordem moral ou intelectual." Ficamos mais próximos do que buscamos, ao identificar aspectos emocionais (afetividade), morais e intelectuais. Mas ainda não é tudo.

Sentimentos, contudo, se define como "conjunto das qualidades morais do indivíduo". Era isto que a gente queria. O termo conserva sua conotação sensorial (e extrassensorial, acrescentaríamos), mas em contexto no qual os sentidos perdem suas características limitadoras. Em outras palavras; não é mais uma simples questão de estar-se ligado ao ambiente, mas a de elaborar com as informações recolhidas, conceitos éticos e incorporá-los ao patrimônio espiritual de cada um. O que tem tudo a ver com processo evolutivo das criaturas humanas e confere com um dos objetivos prioritários da doutrina dos espíritos – a transformação moral das pessoas. Da mesma forma que o Cristo criou uma senha para identificação de seus discípulos – que seriam conhecidos por muito se amarem –, Allan Kardec identifica o verdadeiro espírita naquele que promove sua própria transformação moral. Sem tal objetivo, o espiritismo seria apenas mais uma doutrina filosófica; inteligente, nobre, lógica, verdadeira, mas meramente intelectual e predominantemente teórica.

Enquanto não conseguirmos construir em nossa intimidade um bom "conjunto de qualidades morais", poderemos dizer que entramos para o espiritismo, passando a fazer parte do movimento e participando dos estudos correspondentes, mas o espiritismo ainda não terá entrado em nós.

Há, portanto, com elevado grau de prioridade em nossa agenda de comportamento, o empenho consciente e responsável de mudar em nós as coisas que precisam ser mudadas, antes mesmo de tentar modificar os outros. O Cristo lembrou aquele que vê o cisco no olho do próximo e não percebe que está com uma viga diante de seus próprios olhos, a bloquear-lhe a visão da realidade circundante. Recomendou mais: que construíssemos em nós o reino de Deus para que a sábia harmonia das leis divinas se projetasse lá fora, onde quer que a gente esteja situado, no tempo e no espaço.

Como, no entanto, a vocação para o desacerto ainda predomina em nós, desperdiçamos um tempo de incalculável extensão e intensidade emocional em reaprender o que já devíamos saber. E outro tanto para colocar em prática aquilo que já sabemos. O projeto destinado à formação de um sistema operativo de boas "qualidades morais" prescreve duas tarefas distintas e paralelas – uma de educação e outra de re-educação dos sentimentos. A terceira consiste em vivenciar as lições aprendidas.

Entidades espirituais com as quais vimos dialogando há mais de trinta anos, nos têm falado com frequência, de suas fracassadas tentativas de reeducação. Concluída a existência terrena, é chegado o momento amargo da reavaliação de mais uma experiência na carne, em confronto com o que foi programado ao se renascer. Muitas vezes as conclusões são desalentadoras e apontam para o agravamento de compromissos que viemos dispostos a liquidar ou, no mínimo, a atenuar. Por que não fomos um pouco mais tolerantes e pacientes? Menos arrogantes e autoritários? Por que não conseguimos conviver com um mínimo de aceitação com pessoas com as quais precisávamos desarmar antigas desavenças? Por que não soubemos resistir à tentação do poder, da beleza, da inteligência? Por que insistimos em aplicar na prática do mal os talentos que havíamos reservado para a difusão do bem? Como foi que deixamos vazar para o abismo do tempo oportunidades preciosas que nos foram concedidas? Quando e sob que circunstâncias as teremos um dia novamente, no incerto futuro?

Por tudo isso, o momento é de perplexidade, desencanto e de profunda reflexão. É preciso corrigir os erros que persistem. Do contrário, os conflitos e o desconforto também persistirão pelo tempo afora. É, também, um momento de decisão. Ou a pessoa se deixa vencer pelo desalento e se entrega a nova etapa de equívocos, ou combina consigo mesma uma programação retificadora, reeducativa, libertadora. No tempo devido, mergulha em nova existência na carne, disposta a sacrifícios, renúncias, carências e humilhações.

Mais uma vez, a coisa não é tão simples e linear como parece. Não basta um bem elaborado projeto de retificações, embora seja ele de fundamental importância. Não há como ignorar-se a evidência de que trazemos em nós um consistente passado de erro – somos aquele passado. O futuro, que desejamos melhor, ainda está por realizar-se, construir-se, e só nós poderemos construí-lo. Se conseguimos demolir nossas paixões mais desastrosas, os espaços abertos para a reconstrução estarão recobertos de entulho que precisa ser removido.. Por melhor que seja o projeto, restam as incertezas e vacilações da vontade, precisamente porque o "conjunto de (nossas) qualidades morais", ou seja de nossos sentimentos, ainda é incerto e vacilante. Além do mais, desce sobre nossas melhores intenções e propósitos o véu do esquecimento. Não temos, como encarnados, a mesma lucidez que tínhamos como espíritos desencarnados. Ou será que temos?

Muitas entidades se queixam disso, ao despertar de longos períodos de auto-hipnose em que ficaram como que à mercê do erro e, consequentemente, da dor. Melhor seria que nos lembrássemos de tudo – alegam. Chegados aqui, é muito mais fácil repetir a rotina dos equívocos do que resistir ao chamamento das paixões ainda incontroladas. E, por isso, são muitos, muitos mesmo, os que preferem continuar adiando indefinidamente o momento inexorável de uma reencarnação que sabem ser penosa, sofrida, angustiante. Houve até quem conseguisse, na dimensão espiritual, arregimentar verdadeira multidão de seguidores entre seres desarvorados, com uma estranha, mas sedutora teoria. Segundo esse líder – dotado de extraordinário carisma pessoal e de notável acervo de experiência e conhecimentos –, aqueles que se sentissem marginalizados pela repetida falência em suas experimentações retificadoras deveriam continuar na dimensão invisível, à espera de que o mecanismo da evolução criasse no mundo, entre os encarnados, condições mais favoráveis à reencarnação dos fracassados de todos os matizes. Renascendo em contexto mais purificado, esperavam contar com melhores chances de não reabrir o ciclo de erros que tanto os infelicitaram no passado. A lei divina, contudo, não se deixa burlar, não admite ser contornada dessa maneira. Como assegurou o Cristo, aquele que erra torna-se escravo do erro, até que dele se liberte pelo trabalho pessoal de reeducação dos sentimentos, longo, difícil e penoso. Como gozar dos benefícios de uma comunidade evoluída, se ainda não construímos em nós os mecanismos de um procedimento ético, por mais rudimentar que seja?

Daí, a transcendente importância da educação/reeducação dos sentimentos, ou seja, a montagem de uma estrutura de qualidades morais que nos ajude a criar o hábito de fazer consistentemente a melhor escolha entre as inúmeras opções que nos são oferecidas a cada momento.

Quando falamos do acervo de qualidades morais, isto é, de bons sentimentos, estamos pressupondo uma espécie de arquivo psíquico, no qual vamos preservando as lições aprendidas através das experiências cumulativas de numerosas existências na carne e na dimensão póstuma. No entanto, a cada vida que reiniciamos pela reencarnação, parece que nos apresentamos com a memória zerada, como folha em branco, na qual tivéssemos de começar tudo de novo. Não seria mais fácil para todos se nos fosse possível recorrer às experiências já vivenciadas no passado? É o que nos têm perguntado muitas entidades inseguras e temerosas de novos fracassos.

Por motivação obviamente diversa, esse questionamento ocorreu também a Kardec. E ele o documentou na pergunta de número 393 de *O livro dos espíritos*. Habituados a respostas sucintas, com economia de palavras, somos aqui surpreendidos por uma dissertação mais longa dos instrutores da codificação. Vejamos como está colocado o problema.

Propõe Kardec:

> Como pode o homem ser responsável por atos e resgatar faltas de que se não lembra? Como pode aproveitar da experiência de vidas de que se esqueceu? Concebe-se que as tribulações da existência lhes servissem de lição, se se recordasse do que as tenha podido ocasionar. Desde que, porém, disso não se recorda, cada existência é, para ele, como se fosse a primeira e eis que então está sempre a recomeçar. Como conciliar isto com a justiça de Deus?

Vejamos a resposta:

> Em cada existência o homem dispõe de mais inteligência e melhor pode distinguir o bem do mal. Onde o seu mérito se se lembrasse de todo o passado? Quando o espírito volta à vida anterior (a vida espírita), diante dos olhos se lhe estende toda a sua vida pretérita. Vê as faltas que cometeu e que deram causa ao seu sofrer, assim como de que modo as teria evitado. Reconhece justa a situação em que se acha e busca então uma existência capaz de reparar a que vem de transcorrer. Escolhe provas análogas às de que não soube aproveitar, ou as lutas que considere apropriadas ao seu adiantamento e pede a espíritos que lhe são superiores que o ajudem na nova empresa que sobre si toma, ciente de que o espírito que lhe for dado por guia nessa outra existência se esforçará pelo levar a reparar suas faltas, dando-lhe uma espécie de *intuição* das em que incorreu. Tendes essa intuição no pensamento, no desejo criminoso que frequentemente vos assalta e a que instintivamente resistis, atribuindo, as mais das vezes, essa resistência aos princípios que recebestes de vossos pais, quando *é a voz da consciência que vos fala*. Essa voz, que é a *lembrança do passado*, vos adverte para não recairdes nas faltas de que já vos fizestes culpados. Em a nova existência, se sofre com coragem aquelas provas e resiste, o espírito se eleva e ascende na hieraquia dos Espíritos, ao voltar para o meio deles. (O destaque é meu, exceto na palavra intuição, que está em itálicos, no original).

Depreende-se, portanto, que, a despeito do aparente esquecimento, há, no que a entidade identifica como "voz da consciência", uma "lembrança do passado". Esse mecanismo sutil e complexo me tem servido de tema para demoradas e antigas meditações. É que vejo nele a instrumentação de que necessitamos para construir aos poucos um confiável núcleo de *sentimentos educados* que nos sirva, eventualmente, de fiel paradigma para nossos atos. Observa-se do texto ditado pela entidade que respondeu àquela pergunta de Kardec que o termo consciência figura em sua conotação ética, mas acho que podemos considerá-lo também do ponto de vista psicológico. Quero dizer com isso que a "voz da consciência" constitui – se me autorizam o aparente paradoxo e uma consequente redundância – manifestação consciente de uma sabedoria inconsciente, que a entidade caracterizou como "lembrança do passado". Como se a gente pensasse da seguinte maneira: "Estou consciente de que minha consciência (ética) está vigilante em algum ponto inconsciente de mim mesmo, a me advertir, através da intuição, de que devo agir desta ou daquela maneira."

O problema da educação dos sentimentos é de tão dramática relevância ao processo evolutivo, que acabou constituindo a motivação que me levou a escrever *Alquimia da mente*. Serviu de ponto de partida àquelas especulações a curiosa dicotomia alma/espírito, sumariamente abordada na resposta à questão número 134 de *O livro dos espíritos*. Diz-se ali, que a alma é "espírito encarnado" e que, "antes de se unir ao corpo", era espírito, condição à qual reverte após a desencarnação. Há, pois, certa matização de sentido entre o conceito de 'alma' e o de 'espírito', que os instrutores da codificação provavelmente consideraram prematuro explicitar. Devem ter tido suas razões para isso.

Mesmo ante o pouco que disseram, contudo, dá para perceber que a atividade mental consciente deve ser atribuição da alma (= personalidade), ao passo que a atividade dita inconsciente – não gosto do termo – teria suas bases operacionais no espírito (= individualidade). Isto nos leva a depreender que a alma é que se apresenta, no início de cada reencarnação, não propriamente como folha em branco, mas uma espécie de formulário a ser preenchido segundo comandos gerados por uma programação previamente elaborada na dimensão espiritual, antes do mergulho na matéria densa. Em outras palavras, ela precisa ser treinada para viver na carne, desde o aprendizado da linguagem, função do hemisfério cerebral esquerdo. Mas não apenas isso – é necessário preparar toda a instrumentação sensorial e cultural de que irá necessitar durante o período em que permanecer encarnada. As memórias das existências anteriores permanecem no âmbito da individualidade (= espírito = inconsciente), mas não de todo inacessíveis.

Eis porque a infância constitui fase vital de aprendizado que nos conduza à tão desejada reeducação dos sentimentos. Se não conseguirmos alinhar corretamente nossas prioridades nesse período, corremos o risco de desperdiçar mais uma oportunidade de progresso espiritual. Por isso, dependemos tanto do ambiente em que viemos viver e, obviamente, das influências que recebemos daqueles que nos cercam. Não que sejamos, necessariamente, meros produtos do meio, como querem alguns. Será, contudo, bem mais difícil levar a bom termo as tarefas reeducativas se o contexto em que vivermos os primeiros anos for hostil ou simplesmente descuidado quanto aos ensinamentos morais.

Por melhor que seja o projeto evolutivo criado para a nova existência, não há a menor garantia de que tudo dê certo. Nota-se, entre as entidades despertadas com as quais dialogamos no trabalho mediúnico, uma tensão adicional nos últimos tempos por causa do caótico cenário moral do mundo em que vivemos hoje. A sedutora cantilena da irresponsabilidade é mais poderosa do que o discreto apelo a uma conduta séria e responsável – a voz da consciência – que exige renúncias para as quais ainda não estamos bem preparados. Por isso falhamos tantos de nós.

Grande privilégio é o de renascer em lar espírita, onde teremos melhores chances de uma boa educação dos sentimentos. Isso não significa que outros modelos religiosos não possam também oferecer condições satisfatórias de maturação espiritual. São mínimas, no entanto, as chances de uma formação ética adequada às nossas legítimas aspirações evolutivas se aderirmos a seitas, crenças ou instituições que estimulam o fanatismo, o ódio, a rivalidade, a violência e a intolerância.

Todo cuidado precisa ser posto, portanto, na tarefa de orientar a infância e a juventude. Nem tudo, porém, está perdido para aqueles que não conseguiram capitalizar a herança de uma boa formação no lar. O trabalho de recuperação será bem mais árduo, mas nada tem de impossível. Há instrumentos válidos para levá-lo a bom termo – o estudo, a meditação, a prece e uma severa e atenta autocrítica. É necessário ter a coragem e a humildade de identificar desvios de comportamento, assumir a responsabilidade pelos erros cometidos e trabalhar para eliminar ou, no mínimo, controlar impulsos e paixões que já nos infelicitaram no passado e repercutem dolorosamente no presente. Não interessa a ninguém projetá-las no futuro. Não é inteligente.

Numerosas fórmulas se propõem com a finalidade de desencadear em nós o processo de reeducação dos sentimentos de que tanto necessitamos. Por mim, ainda prefiro a singela recomendação do Cristo: "Vigiai e orai". Mesmo porque, como tudo o que ele ensinou, não serve apenas para cristãos. Se estou pregando? Claro que estou, principalmente para mim mesmo. Acho até que o problema aqui não tem muito a ver com religião, como pensam tantos. Para uma incrível quantidade de gente, religião é apenas um rótulo vago pregado num pacote vazio. Ainda mais que uma avaliação desapaixonada do cenário religioso contemporâneo se resume em trágica e desoladora história de fracassos e conflitos. Certamente por isso, o Cristo não se ocupou em fundar mais uma religião – ele preferiu deixar conosco uma doutrina e exemplos de comportamento perfeitamente capazes de implementar uma metodologia adequada ao processo de educação dos sentimentos. Não somos nós mesmos, as pessoas mais difíceis de doutrinar? Quem vai mudar em nós aquilo que nos infelicita senão nós mesmos?

Que tal darmos uma espiada firme e demorada na viga de concreto que temos diante dos olhos, em vez de ficarmos preocupados com o cisco no olho do vizinho? Podemos até cuidar do cisco alheio, mesmo com a trave atravessada na frente, mas certamente seremos bem mais competentes na tarefa depois de nos livrarmos dela; o que se consegue com um bem elaborado projeto de educação dos sentimentos, e, naturalmente, um decidido propósito de executá-lo meticulosamente.

DEUS, O TEMOR E O AMOR

Em prece documentada por Mateus e Lucas, Jesus orou, certa vez, ao "Pai, Senhor do céu e da terra", bendizendo-o por haver ocultado certas coisas aos sábios, revelando-as, porém, aos pequenos. Em sua Primeira Carta aos Coríntios, Paulo fala com alegria aos seus leitores, por terem sido chamados para o desafio do cristianismo nascente, em cujo contexto não via muitos sábios, nem poderosos ou figuras da nobreza. Em lugar desses, Deus manifestara sua preferência ao convocar "o néscio do mundo para confundir os sábios", tanto quanto "o fraco para confundir o forte". Isto para que "nenhum mortal se vangloriasse na presença de Deus". Ele próprio, doutor da lei, agora apóstolo e mero artesão, não procurara os primeiros cristãos com o prestígio da palavra ou da sabedoria; ao contrário, apresentou-se "fraco, tímido e tremente", convicto, já àquela altura, de que as verdades que buscava eram inacessíveis à arrogância.

Lição aprendida por ele e poucos mais e esquecida ou ignorada por muitos, no correr dos séculos. É que a verdade permanece onde sempre esteve, mas são inúmeros os que passam por ela e mal lhe atiram um distraído olhar de indiferença. Mais tarde e mais adiante, na virada dos milênios, vamos sentir o baque surdo do desencanto, quando o coração desconfortável cobrar-nos o tempo perdido e o descaso irresponsável, por mais sábios e cultos que tenhamos tentado ser e parecer.

Por isso, tantos de nós mergulhamos de volta em vidas anônimas de poucas letras e nenhuma expressão social, política ou religiosa, para aprender os caminhos da verdade e repetir a experiência de Paulo, que se desvestiu dos títulos culturais de que era legítimo possuidor para começar tudo de novo, como "fraco, tímido e tremente". É por aí o caminho.

Estava certo o Cristo, como sempre, no conteúdo de sua prece, tanto quanto Paulo, no sentido daquilo que o Mestre confidenciou ao Pai. Continuamos observando que os simples confiam, creem, aceitam, trabalham e esperam na paciência difícil, mas possível, nos atropelos do dia-a-dia. Pergunte-se ao pobre trabalhador faminto, castigado pela seca, pela miséria, pela indiferença dos grandes, o que ele irá fazer para conseguir a próxima refeição ou a incerta safra do ano que vem e dele virá uma palavra de esperança e de fé. No tempo devido, Deus há de prover. Se não for da próxima vez, será da outra. Se, no entanto, perguntarmos ao erudito acadêmico se também ele confia em Deus, no desdobramento de sua tarefa de viver, seremos provavelmente agraciados com um sorriso de adulto experimentado ante a ingenuidade de uma pergunta infantil. Deus? Que tem Deus a ver com isso? (Ao que costumo dizer: o que não tem Deus a ver com isso e com tudo?)

Antes que o leitor me considere algo deprimido ou amargurado, devo dizer-lhe que não é isso o que se passa. E lhe explico. É que foi-me pedido que escrevesse um texto sobre Deus. O primeiro impulso foi o de solicitar fosse eu dispensado do encargo. Cheguei a escrever uma carta a respeito. Falar de Deus? Por onde começar? O que dizer? Como concluir?

Resolvi esperar um pouco mais, antes de botar a carta no correio, enquanto revolvia o problema na mente, tentando, honestamente, uma abordagem construtiva. Confesso, no entanto, que me sentia intimidado pelo tema. Claro que muito falo de Deus naquilo que escrevo, mas nunca me arrisco ou me atrevo a analisá-lo como objeto de especulação teológica ou filosófica. Gosto de estudar o mecanismo das suas leis e a sabedoria delas. Agora, se Deus é imanente ou transcendente, se a sua natureza é desta ou daquela maneira, o que ele pensa, por que faz isto ou aquilo, não é coisa que me ocupe os momentos de meditação. Basta-me saber que ele está por aí tudo e sabe muito bem o que faz, ou você e eu não estaríamos aqui a conversar.

Em todo caso, resolvi fazer uma exploração preliminar no território dos livros.

Não foi preciso ir muito longe. Ali mesmo, à esquerda, na segunda prateleira da estante, começa a série de 54 volumes dos *Great Books*, da *Encyclopaedia Britannica*, de Homero e os pré-socráticos até William James e Freud. Tomei o primeiro volume das *Great Ideas* e o abri no capítulo 29, que cuida precisamente da ideia de Deus. São sessenta e uma páginas em tipo miúdo, duas colunas, contendo apenas um sumário roteiro, a fim de que o leitor possa orientar-se na busca do que as melhores cabeças pensantes da humanidade têm dito sobre Deus.

– Com exceção de certos matemáticos e físicos – ensina a Britânica – todos ou autores dos grandes livros estão representados neste capítulo.

Entendemos bem? Todos os autores de mais de cinquenta volumes. Para tomar apenas dois exemplos: Tomás de Aquino figura com mais de mil e novecentas páginas e Agostinho com setecentas. Reitero que é tudo em letra microscópica, e em papel tipo bíblia, ou então, precisaríamos de multiplicar por dez ou vinte o tamanho das estantes e, antes disso, o número de dígitos na conta bancária.

E tem mais: a cada passo o leitor vai encontrando referências cruzadas a outros verbetes e temas que compõem a infindável coletânea de grandes ideias, naquilo que diz respeito a Deus. É bem verdade, contudo, que o leitor disposto ficará sabendo tudo o que de mais importante tenha sido escrito nos últimos vinte e cinco séculos a respeito de Deus e dos deuses (trinta e seis mil, segundo Montaigne), mas eu desconfio que ele sairia "do outro lado" dessa montanha de papel impresso, sabendo menos do que sabia antes. Saberia, contudo, o que pensaram os ateus, os gnósticos, ou agnósticos, os principais teólogos e filósofos, poetas, cientistas, romancistas e historiadores

Mesmo com todas essas amplitudes especulativas, algumas limitações se impõem aqui, pois o autor do verbete introdutório ao capítulo 29 informa que o roteiro proposto passa pela Bíblia, onde e quando for possível traçar uma linha demarcatória entre o conteúdo do Antigo e do Novo Testamentos. Estejamos, portanto, preparados para enfrentar minuciosas análises de postulados e dogmas da tradição judeo-cristã, como, por exemplo, do lado judaico, o convênio de Deus com o Povo Escolhido e o Torá, e, da parte do cristianismo, conceitos como a divindade do Cristo, o nascimento virginal, os sacramentos e outros.

E me pergunto eu, ignorante de teologias e dogmas, por que razão tanta coisa tem que se ser examinada se apenas desejamos entender um pouco mais sobre Deus. E me pergunto, ainda, o que conseguimos aprender, após os tais vinte e cinco séculos transcorridos, e milhões e milhões de palavras em línguas vivas e mortas.

Pois se ainda estão falando em coisas sobrenaturais, como se elas existissem! E ninguém me explica como uma coisa pode acontecer acima ou à margem da natureza. Existe algo que não esteja no contexto da natureza, ou seja, existe algo que não esteja em Deus ou que não tenha sido criado e sustentado pelo poder da sua vontade? Já não dizia Paulo que vivemos e nos movemos em Deus e nele temos o nosso ser?

Diante de toda a riqueza e qualidade do material colocado à nossa disposição pela competente *Enciclopédia Britânica*, não seria difícil elaborar um erudito papel sobre os inúmeros aspectos da divindade, mas não era isso que eu desejava. Ademais, não teria nada de importante a acrescentar ao Capítulo I – Das causas primárias, de *O livro dos espíritos*. Nem mesmo para propor algum possível retoque à questão número 1 desse livro, na qual os instrutores espirituais ensinam que "Deus é a inteligência suprema, causa primária de todas as coisas".

Algumas observações, contudo, parecem pertinentes. Por exemplo: Kardec não pergunta "Quem é Deus?", mas "Que é Deus?" Não se cogita, pois, de uma entidade pessoal, antropomórfica, como o velho meio zangado e barbudo que aparecia nas ingênuas ilustrações dos catecismos de minha infância. Nem mesmo a figura imponente que Michelangelo pintou no teto da capela Sixtina, no Vaticano, a passar ao primeiro homem a centelha da vida. No dizer dos espíritos, Deus é "a inteligência suprema". Como também ensinaram que o espírito é a individualização do princípio inteligente, podemos concluir que somos todos partículas inteligentes dessa inteligência infinitamente maior. Os gnósticos disseram a mesma coisa, de outra maneira, ao atribuírem ao Cristo o ensinamento de que "viemos de lá, onde a luz nasce de si mesma". (*Evangelho de Tomé*, Logion 50)

Podemos ainda observar, no Capítulo I de *O livro dos espíritos*, o diligente esforço de Kardec em obter mais amplos esclarecimentos dos instrutores espirituais acerca do tema e a franqueza – às vezes um tanto rude deles – em desencorajar tais explorações. Dizer que Deus é infinito, por exemplo, constituía "definição incompleta", a evidenciar a "pobreza da linguagem humana, insuficiente para definir o que está acima da linguagem dos homens". Correto. A linguagem, sabe-se hoje, é mero instrumento de comunicação implantado no hemisfério esquerdo do cérebro que se incumbe de gerir as coisas da dimensão terrena, as negociações do ser encarnado com a matéria. As sutilezas da intuição, os enigmas do chamado inconsciente, os arquivos secretos das vidas passadas, os entendimentos com a realidade espiritual, ficam do lado direito, para o qual a linguagem é a do pensamento, ou seja, não-verbal.

Quando Kardec pergunta sobre o que se deve pensar da opinião de que "a formação primária" resultaria a uma combinação fortuita da matéria e, portanto, seria obra do acaso, a resposta é severa: "Outro absurdo!"

A perguntas mais longas e complexas, como as de número 15 e 16, as respostas são curtas e não menos severas. Quando é abordado o problema teológico do panteísmo, o comentário não se faz esperar: "Não podendo fazer-se Deus, o homem quer ao menos ser uma parte de Deus". Sobre os atributos da Divindade, os instrutores nem se dão ao trabalho de refutar a tese de que Deus emprestaria "a todos os fenômenos da natureza uma razão de ser inteligente". Limitam-se a dizer que para responder a isto bastava a razão. E acrescentam: "Refleti maduramente e não vos será difícil reconhecer-lhe o absurdo".

É evidente, portanto, que os espíritos que se colocaram à disposição de Allan Kardec para responder-lhe às perguntas não se mostram nada interessados em debater, em suas minúcias, os problemas filosóficos e teológicos suscitados pela ideia de Deus, com o que se revelam atentos a outras prioridades mais compatíveis com as limitações e capacidades do ser humano. Atitude sábia e correta, essa. Entendiam que ainda faltavam à criatura condições para "compreender a natureza íntima de Deus", como está na pergunta de Kardec, a de número 10. Uma visão mais ampla dos mistérios da Divindade ficava adiada para quando, "pela sua perfeição", o ser humano aproximar-se de Deus.

Eis por que me sinto mais confortável entre aqueles que, na sua prece, Jesus identificava com o signo da simplicidade, dos quais sempre se lembrava nas pregações, nos ensinamentos e nas ternas palavras de consolo e esperança. Já no seu tempo, especulava-se há alguns séculos, no mínimo, sobre Deus.

Sua própria gente, os judeus, preservara nos livros sagrados a essência do permanente diálogo entre a criatura e o Criador. Sutilmente, e sem atropelar cristalizadas tradições, o Cristo introduzira modificações relevantes na abordagem a esses postulados. Em vez de um Deus zangado, temido e até vingativo, como se lê em Nahum, 1,2, Jesus propõe uma figura paternal, compreensiva, amorosa, disposta a perdoar e ajudar a todos os seus filhos e filhas. Não era mais o Deus que no livro do Êxodo se identifica com palavras inequívocas, ao ameaçar duramente aqueles que se prosternassem diante de outros deuses. Não o fizessem... "porque eu, Javé, teu Deus, sou um Deus zeloso, que castiga a iniquidade dos pais, nos filhos até à terceira e quarta geração dos que me odeiam e tenho misericórdia por mil gerações, com os que me amam e guardam meus mandamentos" (Êxodo 20,5-6).

Os tradutores têm procurado adoçar o texto, apelando para o termo zeloso, que não faz sentido nesse contexto. O que está dito é que se trata de um Deus ciumento, (*celoso*, em espanhol, *jealous*, em inglês, *jaloux*, em francês).

O conceito de um Deus temível disposto a castigar ainda se observa, residualmente, em Paulo de Tarso, talvez por causa de sua formação rabínica profundamente enraizada nos textos do Antigo Testamento. A teologia católica e a protestante não se livraram até hoje desse e de outros conceitos paralelos ou suplementares. O bom cristão teria de ser temente a Deus, a cumprir incansavelmente normas ritualísticas que o 'reconciliassem' com uma iracísvel Divindade, que era preciso propiciar com agrados e sacrifícios. Nada disso está nos ensinamentos de Jesus, que pregou uma doutrina comportamental, na qual o conceito dominante é o da prática do amor e não uma teologia ou uma filosofia especulativa em torno de um Deus distante, zangado, ciumento e vingativo. A velha doutrina do temor, embebida até à medula, na memória dos povos, continuou prevalecendo sobre a do amor. Não temos, hoje, nem como avaliar o que esse lamentável equívoco representou em termos de processo evolutivo para a humanidade como um todo.

Enquanto isso, sábios e teólogos continuam a debater interminavelmente sobre Deus, não como a figura paterna proposta pelo Cristo, mas como tema para dissertação que oferece ilimitadas oportunidades para o exibicionimo da erudição vazia.

Em livro recente[4] sobre mais uma das numerosas experiências de NDE (experiência de quase-morte), o dr. Melvin Morse queixa-se de que esse fenômeno não seja ainda mais amplamente entendido. E prossegue:

> Infelizmente, a sociedade ainda não aceitou o trabalho pioneiro da ciência, nas duas últimas décadas, em procurar entender o processo da morte. Temos uma desesperadora necessidade de nos reeducar no sentido de que somos tanto seres espirituais como máquinas biológicas. Muitos dos problemas da sociedade em que vivemos, inclusive a crise na saúde, a morte com dignidade, o culto da ganância,

---
[4] Eadie, Betty J. (com Curtis Taylor) – *Embraced by the ligth*, Prefácio do dr. Melvin Morse, editora Gold Leaf Press, Placerville, CA., 1992.

que levou a economia à falência, a vergonha nacional de mulheres e crianças sem lar, tudo tem sua origem na falta de compreensão de que somos seres espirituais mutuamente dependentes uns dos outros.

O dr. Morse está apoiado em boas razões para assim pensar. O problema, a meu ver, é bem mais amplo, contudo. O fenômeno da morte aparente com recuperação da condição de vida na carne é apenas diminuto aspecto de uma realidade muitíssimo mais vasta, que a tudo envolve. É certo afirmar que a sociedade reluta em prestar atenção e tomar conhecimento de algumas descobertas científicas mais recentes sobre essa realidade ignorada, mas não podemos deixar de considerar que, como herdeira da religião, a ciência tem sido extremamente lenta e relutante em dedicar-se ao estudo dessa realidade e apresentar seus achados de maneira adequada ao grande público. Para este, os velhos conceitos religiosos de um Deus temível, que precisa ser envolvido em mil agrados, cindiu as massas em duas posições básicas – a dos que continuam apegados aos velhos modelos dogmáticos e a daqueles que, não podendo mais aceitar as obsoletas estruturas de pensamento religioso, não se dispuseram ainda a examinar modelos racionais como o do espiritismo, porque estão à espera de pronunciamentos mais nítidos da ciência sobre a realidade espiritual.

Eis por que, leitor, em vez de escrever um artigo sobre Deus, acabei escrevendo sobre como e por que não me senti suficiente para escrevê-lo. Estamos entendidos?

Psicologia – Uma Proposta de Agenda para Reformulação de seu Perfil

Períodos de transição como este em que estamos situados, nos quais os marcadores convencionais indicam mudanças de século e milênio e até de casa zodiacal, são particularmente propícios a releituras e reavaliações. Sentimo-nos inclinados a proceder a uma espécie de auditoria em nossa vida, em seus propósitos, no que fizemos da quilometragem rodada, quais são as nossas verdadeiras prioridades e as expectativas e projetos para o futuro que nos aguarda logo ali, ou mais além. Por isso, inspecionamos ideias e conceitos pessoais a fim de testar uma vez mais como vai nossa interação com o ambiente em que vivemos, com as pessoas com as quais convivemos e, principalmente, como estamos administrando a dualidade interior de que tanto fala Jung, uma das mais críticas e sensíveis aspectos do ser e que, na minha terminologia de leigo, tenho tratado como 'personalidade' e 'individualidade' ou, melhor, ainda, o entendimento do 'eu' com o 'eu' mesmo.

Como vocês me convidaram para vir até aqui, julguei oportuno, ao fazer e até refazer uns tantos deveres de casa, incluir nas buscas antigo e persistente objeto de meu interesse pessoal – a psicologia, a nobre ciência da alma. Por que a psicologia, na programação cultural de um sujeito como eu, que nem sou do ramo? O que tem um profissional das ciências contábeis a ver com os mistérios e problemas do psiquismo humano?

Esta última pergunta, contudo, é sofística. Todos nós, independentemente da formação profissional, temos tudo a ver com o que se passa conosco e em nós. Para mim, especificamente, tal interesse constitui quase um dever de ofício, dado que há mais de quarenta anos venho tentando partilhar reflexões acerca da alma com os que me leem. Não que tenha todas as respostas e nem a pretensão de tê-las, mas desejo participar do debate e oferecer a contribuição que me permitam minhas reconhecidas limitações.

Mais uma vez, portanto, compareço para oferecer reflexões e propor perguntas e não para trazer respostas. Mesmo porque a experiência ensina que não há respostas definitivas para o gigantesco volume de indagações que trazemos em nós. Formular perguntas constitui excelente ginástica mental, como o demonstrou o velho e querido Sócrates, talvez o mais persistente e genial perguntador de todas as eras.

Os paradigmas que regularão a psicologia do século 21 dependem das opções que estão (ou não) sendo feitas agora e que continuarão (ou não) sendo feitas no futuro. Como todo corpo de conhecimento, a psicologia constitui organismo vivo e, portanto, sujeito à inexorável lei da evolução. Afinal de contas, nem decidimos ainda, se somos ou não produtos do meio. Nascemos com determinados talentos e habilidades ou resultam tais faculdades de experiência adquirida no espaço de tempo que vai do berço ao túmulo? Em outras palavras: algumas de nossas ideias e percepções são inatas, como propunha Descartes? Resultamos de um jogo mais ou menos previsível de reflexos condicionados como queriam Pavlov e Bekhterev? É o cérebro que comanda pensamentos, palavras, gestos e atos ou apenas o maestro de uma rede nervosa por onde circulam impulsos vindos de "outra região" de nós mesmos? *Somos* matéria ou apenas *estamos* nela?

Como não acompanho de perto a literatura especializada, tenho de recorrer a dissertações atualizadoras, tão compactas quanto possível, nas quais sacrificam-se detalhes em proveito da visão do conjunto e das tônicas do processo em si mesmo.

Seria injusto dizer-se atabalhoadamente que a psicologia não tenha evoluído no decorrer do século 20. Ampliou-se consideravelmente seu campo de ação, tanto na área das ciências biológicas quanto nas sociais. Procurou-se, com a abordagem psicológica, estudar problemas de aprendizado e de conhecimento; foram criados testes de inteligência e comportamento, no esforço de quantificar, tanto quanto possível, grandezas praticamente imensuráveis. Desenvolveu-se metodologia específica para a psicologia social e também para a psicologia anormal, considerada esta última – no verbete que James J. Jenkins escreveu para a *Encarta 96*, a enciclopédia da Microsoft –, "talvez a mais conhecida subdivisão" da disciplina. Nas suas aplicações, surgiram ou se aperfeiçoaram a psicologia industrial, a escolar, a clínica.

Na metodologia da pesquisa, sofisticaram-se as técnica de laboratório. Nas tendências e perspectivas, ao encerrar-se o século 20, Jenkis aponta para a crescente influência das ideias de Piaget no vetor da psicologia infantil. Lembra, ainda, a atenção dedicada à pesquisa da linguagem e da comunicação, impulsionada pela "evolução do pensamento linguístico", desencadeada, por sua vez, pelos estudos de Noam Chomsky.

Outra sensível área de interesse – é ainda Jenkins – está sendo suscitada pela invenção relativamente recente do computador digital. De repente, essa máquina meio mágica começa a se parecer com um modelo eletrônico-mecânico do próprio dispositivo humano de pensar. "Os computadores – escreve – não apenas viabilizaram uma nova e importante maneira de pensar acerca das funções cognitivas, como também os meios de testar complexas teorias desenvolvidas em torno de tais processos." Afinal de contas – lembra Jenkins –, os computadores "são manipuladores de símbolos".

Isto me pareceu singularmente bem lembrado, porque, trabalhando com símbolos, os computadores utilizam-se de linguagem semelhante à do inconsciente, excluindo do processo da pesquisa em si as conhecidas dificuldades com as palavras. Um tanto como a linguagem matemática que também opera com símbolos em regiões rarefeitas do pensamento abstrato, deixando à palavra apenas a tarefa de relatar a busca e os resultados obtidos. Não é sem razão que as primeiras tímidas máquinas se tornaram conhecidas como "cérebros eletrônicos".

Já se cuida seriamente, por outro lado, de criar *hardwares* e *softwares* capazes de tarefas mais complexas ainda, que – no dizer de Jenkins – "parecem exigir (do computador) capacidade de julgamento e decisão." Em verdade, alguns pesquisadores da área começam a falar nos seres humanos como "processadores de informação".

As possibilidades e as perspectivas afiguram-se, portanto, ilimitadas e chegam a bordejar pelo território da fantasia ou, quem sabe, da alienação. Há muito, aliás, a ficção científica vem construindo uma espécie de mitologia contemporânea, criando *cyborgs*, seres híbridos computadorizados, um tanto gente, outro tanto circuitos eletrônicos obedientes a comandos pré-programados.

Estaríamos perdendo de vista a condição humana?

E não é somente a ficção. Em 1977, June Goodfield lançou um livro – *Playing God* – para colocar suas ideias acerca da engenharia genética e da manipulação da vida. Na década de 60, em livro sem data precisa, publicado em inglês, na antiga União Soviética, Yelena Sapárina discorria sobre *A cibernética dentro de nós*.

"Ao dotar a máquina eletrônica de algumas das mais simples funções cerebrais – escreve seu prefaciador Alexander Berg, da Academia de Ciências da União Soviética – o engenheiro procura corrigir algumas *deficiências* do cérebro." (Destaque meu)

Ante essa visão panorâmica, certamente fragmentada e imperfeita, conclui--se que a psicologia realizou progressos, alargou sua área de ação e muniu-se de avançados instrumentos de pesquisa. Para aqueles de nós, no entanto, que temos a realidade espiritual como fator ordenador da vida, fica sempre faltando alguma coisa nas estruturas e na dinâmica da psicologia contemporânea. Diriam os desinteressados de tais aspectos que estaríamos tomando muito ao pé da letra a formação semântica do termo que a identifica como *ciência da alma*. Mas não é bem isso.

Muitos de nós costumamos ter sonhos recorrentes. Suponho que alguns de vocês tenham também, como eu, *livros* recorrentes, ou seja, aquelas obras às quais a gente volta repetidamente para releituras mais acuradas e amadurecidas. Lembro-me do impacto que me causou, em *A grande síntese*, a severa observação de que "A psicologia humana (...), tal como hoje é, não tem amanhã." (Tradução de Guillon Ribeiro, edição FEB, 1939, p.25)

É preciso ressalvar que o *hoje* ali mencionado é o da década de 30, de vez que a obra foi concluida em 1935. Sessenta e cinco anos se passaram, portanto, mas, para ser honesto comigo mesmo, não vejo nos progressos da ciência psicológica sinais de um aprofundamento maior no objeto de sua própria busca – a alma.

Queixa semelhante ouvimos de Teilhard de Chardin, especialmente em *O fenômeno humano*, segundo o qual a ciência estaria interessada – provisoriamente, tranquiliza ele – no 'fora' das coisas, em lugar de mergulhar seus sensores na intimidade do ser espiritual.

Este é o meu segundo livro recorrente, não necessariamente nessa ordem, dado que teria de incluir nessa lista a obra do professor Rivail (Allan Kardec) e um bom punhado de outras. Como *The crack in the cosmic egg*, de Joseph Chilton Pearce, que, em certas passagens, ainda é mais contundente na sua análise crítica de alguns aspectos da psicologia. "... a falha da psicologia – escreve (p.136) – deve-se integralmente à sua incapacidade para lidar com a própria psique." E, logo adiante, na página seguinte, bate ainda mais forte, acrescentando que a psicologia "não apenas deixou de crescer como as demais ciências, como, seguramente, fracassou no seu papel lógico de preencher o vazio deixado pela religião." E mais: "A psicologia – reitera à página 150 – poderia iniciar a mais excitante aventura da história, assumindo, de todo o seu direito, o papel que lhe cabe numa nova abertura da mente."

Tais palavras me impressionaram. Não era mais um livro da década de 30, mas de 1971, reeditado em 1988. Eu descobrira Chilton Pearce – aliás, um assumido admirador de Chardin – pouco antes, ao ler *The magical child*. Gostei da originalidade de seu pensamento, de sua criatividade e da coragem demonstrada em expressá-las.

Ocorrem-lhe ideias desafiadoras, instigantes, como sua apologia ao que chama "pensamento autístico", ou seja, intuitivo. Ou a visão metafórica de nossos mini-universos pessoais como um ovo que, de repente, nos mostra coisas novas através de algumas fraturas. Precisamos ter o bom senso e a coragem – recomenda ele – de quebrar o ovo para reconstruí-lo em seguida, dado que, no seu dizer "... há momentos em que a casca não mais nos protege, mas sufoca e destrói." (p. 19)

Em *Insights for the age of aquarius*, livro de 1973, reeditado em 1978, a análise assume postura autocrítica, pois é a dra. Gina Cerminara, PhD em psicologia, quem se atreve a pôr em questionamento sua própria formação profissional, ao declarar, algo desalentada, faltar aos psicólogos "visão suficientemente ampla para resolver nosso permanente dilema planetário".

Identificamos nesses veementes pronunciamentos uma explícita cobrança pelo que a psicologia estaria deixando de fazer e uma ansiosa expectativa pelo que poderá ainda fazer, tanto quanto uma chamada para assumir o papel que lhe está reservado no contexto que a dra. Cerminara caracteriza como "dilema planetário".

•••

No longo verbete escrito para a *Encarta*, lembra James Jenkins que algumas das questões básicas da psicologia remontam a Platão e Aristóteles. Tudo bem, até certo ponto, porque as ideias não se tornam obsoletas apenas por decurso de prazo; elas não têm relógios nem calendários, e as mais relevantes são atemporais. Mas há perguntas irrespondidas, como também vimos. Ou não respondidas de modo satisfatório. Ou, sequer, estão sendo formuladas. Isso pode até ter acontecido porque nem sempre as perguntas são feitas adequadamente. Sobre certos aspectos da vida ainda nem sabemos formular perguntas ou não ousamos fazê-las. Quanto a ideias inatas, por exemplo, sim ou não? De que modo chegam as pessoas ao mundo, ao nascer? Intelectualmente zeradas? O conhecimento somente nos alcança através dos sentidos, como queria Aristóteles? Esse postulado já não foi demolido pela realidade da percepção extrassensorial?

Aspectos como esses continuam a ser debatidos há séculos, mas "as raízes da moderna teoria psicológica – assegura Jenkins – recuam ao século 17" e estão implantadas nas obras de René Descartes, Thomas Hobbes e John Locke. Descartes, dualista, via, em paralelo com a máquina biológica, um componente imaterial e sustentava a realidade das ideias inatas, ou seja, conhecimentos que a pessoa traz consigo ao nascer. Hobbes e Locke priorizavam o papel da experiência como fonte de conhecimento. No fundo, Descartes, de um lado e os dois ingleses, do outro, não são irreconciliáveis. Na verdade, tudo é experiência; não se pode saber do que ainda não experimentamos ou aprendemos, mas faltou aos três pensadores o conceito fundamental da reencarnação. Ideias inatas trazem a marca de existências passadas. Aliás, *somos* o passado; o presente é momento fugaz, uma exígua fenda cósmica, através da qual uma eternidade futura se despeja na que passou. Se é que eternidade 'passa'.

Não obstante, como acentua Jenkins, predominam na psicologia contemporânea as formulações de Hobbes e Locke. Tais estruturas teóricas ainda tomam implicitamente como válido o velho preceito teológico ortodoxo segundo o qual vive-se uma única vez. Restam a "*alguns* psicólogos europeus – continua Jenkins – interesse pela proposta de Descartes", segundo o qual "algum tipo de organização mental é inata". Seja como for – conclui o autor do verbete –, "o campo que mais tem contribuído para o desenvolvimento da psicologia científica é a fisiologia." Em outras palavras: estamos tentando descobrir o vulto da alma, espiando-a a distância, através do denso véu da matéria, em vez de procurar saber – da óptica da alma – que fenômenos ela projeta na matéria que compõe o nosso corpo e no universo que nos cerca.

Curiosamente, no entanto, como sabemos, o dr. Sigmund Freud fez o caminho reverso, abandonando a fisiologia nervosa, na qual foi um dos mais promissores estudiosos de sua geração, em favor de uma visão psicológica na causação de certos distúrbios como a famosa histeria e mais as fobias, as disfunções psicossomáticas, as neuroses e outros tantos.

"Um paciente com aversão fóbica por cães – lê-se ainda em Jenkins –, pode ser progressivamente desinsensibilizado por uma série de agrados, à medida que vai tendo contatos cada vez mais próximos com cães em situações não--ameaçadoras." Como se vê, o modelo clínico oficial continua preso ao âmbito de uma só existência terrena, ignorando o fato de que terapeutas de vanguarda vêm trabalhando com a regressão de memória há cerca de trinta anos.

• • •

O que pensaria o dr. Freud sobre algumas das reflexões que estamos aqui alinhando? Em outras palavras: estaria ele de acordo com o rumo, as tendências e os modelos adotados pela psicologia contemporânea?

Por mera curiosidade, procurei rastrear algumas de suas ideias em *Freud – the man and the cause*, a antológica biografia que sobre ele escreveu Ronald Clark. Encontrei algumas coisas que me pareceram dignas de comentar com vocês. Esta, por exemplo: sabemos todos que, a despeito do seu interesse intelectual pelas religiões em geral, Freud não frequentou nenhuma delas, nem mesmo o judaismo de seus antepassados. Ao contrário, não hesitou em manifestar sua rejeição por todas elas. Ante as boas-vindas da comunidade judaica em Londres, ele foi explícito e contundente, ao declarar: "Os senhores sabem, sem dúvida, que assumo com prazer e orgulho minha condição de judeu; minha atitude perante qualquer religião, contudo, *inclusive a nossa*, é criticamente negativa." (Clark, p.521) Em *Totem e tabu*, ele conclui que a religião ficava reduzida "a uma neurose da humanidade".

É indiscutível, não obstante, a atenção que devotou ao estudo de figuras e episódios bíblicos. Uma boa dissertação sobre isso está em *Freud, leitor da Bíblia*, de Théo Pfrimmer.

A Arnold Zweig escreveu, quando do lançamento de *Moisés e o monoteismo*, que não esperasse nenhum outro livro dele, "até à (sua) próxima reencarnação". (Clark, p.526)

Nas numerosas e consagradoras manifestações pelos seus oitenta anos de idade, em 1936, Ludwig Binswanger discorreu sobre "A concepção freudiana do homem à luz da antropologia". O velho mestre, exilado com honras, na Inglaterra, agradeceu com digna humildade a homenagem, como fez com todas elas, declarando, em parte: "Você é conservador; eu, revolucionário. Se eu tivesse outra vida de trabalho diante de mim, não tenho dúvida de que poderia acomodar esses nobres convidados nos porões da minha casinha."

Referia-se às imagens oníricas, nas quais o andar de baixo representa o *id* inconsciente, enquanto os andares superiores, o *ego* consciente e o *superego*. Jung também teve sonhos semelhantes.

Linhas atrás, nessa mesma carta, alegara ter vivido "somente no andar térreo e no porão do prédio". (Clark, p. 497)

Na competente e bem documentada avaliação de Ronald Clark (pp. 496-497), Freud entendia a morte como ponto final da vida, não aceitando, portanto, a sobrevivência do ser. Quanto aos "enigmas paralelos da paranormalidade, contudo, o ceticismo da mocidade foi se tornando gradativamente mais qualificado". Ou seja, atenuado. Confessara, até, na correspondência com Romain Rolland: "Não sou um cético irredutível. De uma coisa estou absolutamente convencido: há coisas que não temos ainda como saber."

Em entrevista de 1935, a cerca de quatro anos de sua própria morte, em 1939, negou que se tivesse tornado mais crédulo com a idade provecta. E comentou com serenidade: "Não acho. É que durante toda a minha vida aprendi a aceitar os fatos novos, humilde e prontamente."

O que nos leva a supor que, com a mesma humildade e presteza, acataria os fatos que compõem à realidade espiritual, se ao exame deles se dedicasse com a competência e a obstinação com a qual se entregou aos mistérios do psiquismo humano. É de lamentar-se que tenha imposto limites inexistentes, como o do início da vida na infância, quando se trata apenas de uma retomada e uma continuidade, novo capítulo de um livro, que conta uma história muito antiga e da qual muito mais se tem a contar. Como se percebe, a gênese das técnicas regressivas às vidas passadas já estava lá, no procedimento de vasculhar os arquivos mnemônicos da infância. Parece que o genial criador da psicanálise tinha com a realidade espiritual uma relação ódio/amor, rejeição/atração que, por sua vez, precisasse ser submetida a um período de análise, a fim de expor suas raízes e solucionar o conflito. Fico pensando em como lhe faria bem uma boa regressão da memória!

Em repetidos pronunciamentos, especialmente na sua vasta correspondência, ele não se revela, portanto, intransigente adversário da abordagem paranormal, ou como ele preferia, ocultista. E até evoluiu de uma postura reservada para outra mais liberal, como vimos. Após algumas experimentações de Ferenczi com o paranormal, Freud confidenciou a Jung, aí por volta de 1911: "Quanto ao ocultismo – declarou – tornei-me mais humilde, desde a grande lição que Ferenczi me proporcionou com suas experiências. Prometo – acrescentou – acreditar em qualquer coisa que possa ser considerada razoável."

Cerca de uma década mais tarde, ainda segundo Clark (p.276), foi explícito ao reiterar sua predisposição a uma abertura:

> Não sou daqueles que descartam aprioristicamente o estudo dos chamados fenômenos psíquicos ocultos como não-científicos, indignos de crédito ou até perigosos. Se eu estivesse no começo de minha carreira em vez de me encontrar no fim, como hoje, poderia até escolher precisamente esse campo de pesquisa, a despeito de todas as dificuldades que oferece.

Postura semelhante (Clark, p.496) assumiria em carta ao analista Eduardo Weiss, que traduziu alguns de seus estudos para o italiano.

> Essa história de médiuns, contudo é uma questão desagradável. As evidentes trapaças da parte deles, a pobreza mental e a ardilosa natureza de suas manobras, a dificuldade de testá-los dentro das condições que eles próprios impõem, as óbvias impossibilidades de muitas das suas afirmativas – tudo isso exige as mais atentas precauções. Certamente haverá melhores maneiras de demonstrar o que é *realmente verdadeiro* no ocultismo. (Destaque desta citação.)

Havia, portanto, no seu entender, verdades dignas de exame nos conteúdos do ocultismo.

Em outra carta a Weiss, ainda abordando a mesma problemática, aconselhou o seu admirador a assumir perante o ocultismo uma atitude reservada.

> Naturalmente não seria recomendável, em vista do papel que você desempenha como pioneiro da psicanálise na Itália, que se proclamasse, ao mesmo tempo, partidário do ocultismo. (*apud* Clark, p.497)

Observação no mesmo sentido, só que muito mais dramática, fizera a Jung, nos recuados tempos em que ainda pensava fazer deste o que Frank McLynn caracteriza como "príncipe herdeiro", na sua biografia de Jung. O apelo foi no sentido de que Jung não permitisse que a psicanálise fosse atropelada pela "onda negra do ocultismo".[5]

O dr. Jung, por sua vez, passaria recomendações de idêntico teor ao seu discípulo e amigo pessoal dr. Erlo van Waveren, sugerindo-lhe que não fizesse publicamente qualquer referência às regressões espontâneas que este vinha tendo, além de vidências, psicografias, vozes, sonhos e intuições. Que usasse eufemismos mais aceitáveis como memórias ancestrais ou inconsciente coletivo.

•••

Freud tinha boas razões para não riscar o ocultismo de uma vez por todas de suas especulações. Foram decisivas, nesse sentido, as dezenove semanas passadas em Paris, como estagiário na clínica do dr. Charcot, a estudar principalmente as dramáticas manifestações públicas das histéricas da Salprêtrière. Sem o estágio de Freud em Paris, talvez não tivéssemos a psicanálise.

Foi a partir daquele *flash* inicial de percepção que se desenvolveria no jovem médico, uma nova estratégia de abordagem à interação mente/corpo, que o levou a se manter fiel até o fim ao propósito de entender melhor a interação da mente com a fisiologia.

---

[5] Sobre a interação de Freud e Jung com a realidade espiritual, recomendo a leitura de *Freud, Jung and the occultism*, do dr. Nandor Fodor, e sobre as fascinantes e perturbadoras experiências do dr. Erlo van Waveren, meu livro *As sete vidas de Fénelon*, bem como o dramático livro-depoimento do próprio van Waveren, intitulado *Pilgrimage to the rebirth*.

Em 1926, segundo Clark (p. 463), escrevia, veemente, a Paul Federn para dizer: "Enquanto eu viver, resistirei à tentativa de permitir que a psicanálise seja engolida pela medicina."

Queria a psicanálise praticada por uma categoria de profissionais que ainda não existia e que suponho ser a dos atuais psicólogos.

Para ele, as disfunções ditas mentais, ou melhor, emocionais, nada tinham a ver com as células, senão nas suas consequências e projeções.

No entanto, lemos em *Space, time and medicine*, do doutor (médico) Larry Dossey, observação segundo a qual a tendência ainda é a de se entender a doença como um 'enguiço' nas células e a cura, um 'conserto' que as restituam às suas funções normais, como se fossem partes integrantes de uma engenhoca meramente mecânica.

"Que os biólogos avancem até onde puderem – escreveu ainda Freud, *apud* Clark, p. 527) – e que nós avancemos até onde pudermos – um dia nos encontraremos."

Isto assume as dimensões de uma profecia. Na carta que escreveu a Ernest Jones, referindo-se a seu estudo sobre Leonardo da Vinci (Clark, p. 345), voltou a bater na mesma tecla: "Não aprofundei mais o exame de sua letra porque evito propositalmente qualquer abordagem biológica, limitando-me à discussão das psicológicas."

Esta espécie de fixação das correntes dominantes da psicologia na biologia é também identificada e denunciada por Chilton Pearce, em *The crack in the cosmic egg* (p. 134), na sua linguagem franca, direta e objetiva. Lê-se aí o seguinte:

> O homem comum não tem condições de encarar aspectos como os processos mais profundos da mente, enquanto 'aqueles que sabem' negarem sua existência. E as ideologias contemporâneas que nos estrangulam negam as áreas periféricas da mente. A corrente dominante na atualidade ignora a mente para concentrar-se na biologia.

É, no mínimo, de se estranhar, portanto, que a psicologia ainda esteja priorizando posturas que remontam a John Locke e a modelos mecanicistas e reducionistas como o de Descartes, que, de alguma forma ou outra, pressupõem o ser humano como uma engenhosa máquina, operando no contexto da mega-máquina cósmica, e ainda permanecem na suposição de que o conhecimento tem de passar necessariamente pelos canais sensoriais. No entanto, nesse ínterim, de cerca de três séculos, as brilhantes formulações cartesianas tornaram-se objeto de demolidores questionamentos e a realidade da percepção extrassensorial invalidou a soberania absoluta do sistema sensorial como único acesso possível ao conhecimento.

...

Neste ponto, o modesto escriba que vos fala precisa de um pouco de tempo e espaço para verbalizar umas tantas fantasias seguidas de um quixotesco desabafo.

Tanto quanto posso ver, daqui de fora, como interessado expectador, Freud teria sido o desbravador-mor, incumbido de levantar destemidamente importantes aspectos ainda mal conhecidos do psiquismo, como o do inconsciente, sobre o qual assentou as estruturas da sua visão do ser humano. Paradoxalmente num cientista assumidamente materialista ou, no mínimo, antirreligioso, queria a ciência da alma (mente, se vocês preferirem) separada da fisiologia, ainda que reconhecendo entre elas um ativo processo de interação.

Carl Gustav Jung, em quem identificou, senão um herdeiro ou sucessor, pelo menos um continuador de sua obra, seria a pessoa indicada para colocar a realidade espiritual no contexto das ciências da mente (Eu continuo preferindo dizer que é a ciência da alma).

Freud era cético e não parece ter vindo programado para essa tarefa complementar. Jung, ao contrário, não apenas estava preparado para isso, como dispunha de bem caracterizadas sensibilidades paranormais – meu termo para isso é mediunidade. De efeitos físicos, vidência, psicografia, bem como faculdades anímicas: desdobramento ou projeção, regressões espontâneas da memória, sonhos e intuições. Estamos lembrados de que sua dissertação de doutorado versou sobre a mediunidade de sua prima.

Estamos sabendo que fenômenos de efeito físico foram uma constante em sua vida, inclusive as dramáticas demonstrações na presença de Freud. Convivia com uma entidade que identificava como Filêmon, que, aliás, parece ter sido o autor espiritual do estranho texto em latim dos "Sete Sermões aos Mortos". Em *Memória, sonhos, reflexões*, relata, entre vários outros episódios e experiências pessoais, sua curiosa 'viagem astral' a uma região situada no espaço, de onde ele via a terra à grande distância. Encontrou-se, ali, com um grupo de entidades, "ao qual (ele) pertencia" – diz –, que cobraram dele compromissos assumidos – obviamente ainda na condição de espírito, antes de reencarnar-se – que não estavam sendo cumpridos na existência terrena.

E continuou a descumpri-los. Mais do que isso. Quando o inconsciente do dr. Erlo van Waveren passa a exigir-lhe a mesma atitude corajosa de introduzir, afinal, na ciência da alma a realidade espiritual, basicamente, através do conceito fundamental da reencarnação, foi novamente o dr. Jung quem o dissuadiu de misturar 'ocultismo' e psicologia.

Enquanto isso, passam-se os anos e a ciência da alma continua sem alma.

Eis as razões da minha frustração de expectador, espiando de longe, sob a chuva que cai, uma festa de casamento que não se realiza porque os pais da noiva insistem em rejeitar o noivo por considerá-lo inadequado e despreparado para assumir suas responsabilidades.

É curioso, por exemplo, que não se encontrem, nos textos ditos 'oficiais' sobre o *status* da psicologia hoje, referências à terapia regressiva, que vem sendo praticada pelos seus pioneiros há cerca de trinta anos e, em alguns casos, há mais tempo ainda. Especialmente quando se recorre a pronunciamentos de Freud como este:

> Parece que a psicanálise não pode explicar coisa alguma do presente sem recorrer a algo no passado; na verdade, toda experiência patogênica reporta-se a uma experiência anterior que, mesmo sem ser patogênica, passa a esta última sua patogenia...(Clark, p.124)

Ao contrário do criador da psicanálise, que se revelava disposto a examinar até mesmo o ocultismo, as vozes que falam pela psicologia contemporânea continuam encarando a realidade espiritual com reservas, quando não com explícita rejeição. E isto não apenas quanto às regressões e às pesquisas do dr. Ian Stevenson e outros acerca da reencarnação, mas também em relação aos fenômenos de quase-morte ou de desdobramento.

A competentíssima dra. Susan Blackmore, por exemplo, da Universidade da Inglaterra Ocidental, entende, como está em seu livro *Dying to live*, que a fenomenologia observada em numerosos depoimentos hoje documentados sobre o assunto reduz-se a um simples problema fisiológico, ou seja, a anoxia cerebral. A falta de oxigenação, portanto, seria a causadora dos fenômenos que ela descarta como alucinatórios e nada teriam a ver com a atividade consciente do ser na dimensão que fica entre a vida e a morte. Ou seja, entre a vida terrena e a vida póstuma. No entanto, as regressões vêm demonstrando, farta e consistentemente, a realidade da reencarnação e, portanto, de vida entre as vidas. E, portanto, da sobrevivência do ser à morte corporal.

> Muito da pesquisa experimental com o cérebro parece ter pouco a ver com o estudo da mente. (Blackmore, p. 211)

Sua conclusão, no último parágrafo do livro (p. 263) é esta:

> Somos organismos biológicos evolvidos de modo fascinante sem nenhum propósito e sem nenhum objetivo em mente. Estamos, simplesmente, aqui; eis tudo. Não tenho um eu e nada possuo. Não há ninguém para morrer. Há apenas este momento, e ora isto, ora aquilo.

•••

Diante desse quadro, vamos pensar juntos umas tantas conclusões para nutrir a meditação das horas de recolhimento.

Primeiro – Dois conceitos fundamentais da maior importância foram colocados por Freud no núcleo da psicologia: o inconsciente e o dualismo mente/

corpo. Nenhum deles é de sua própria formulação, mas caracterizam, ambos, criativa, inovadora e corajosa utilização de ideias preexistentes. O vulto do inconsciente vinha sendo percebido há muito tempo – na verdade, há séculos, desde Agostinho –, mas coube a Eduard von Hartmann proporcionar-lhe *status* científico-filosófico, no seu clássico *Filosofia do inconsciente*, lançado em 1870. No dualismo mente/corpo, Freud viu uma interação, que precisava ser estudada em profundidade. Resistiu tenazmente ao que poderíamos considerar a 'biologização' da psicanálise e, por extensão, a da psicologia; mais: abriu caminho para uma avaliação mais consistente dos fenômenos psicossomáticos. Biólogos e psicólogos percorrem, a seu ver, trilhas vizinhas, mas com certo grau de autonomia e estariam até programados para um encontro futuro. Tanto ele, quanto o dr. Szasz, mais adiante, batalharam para que a psicanálise não fosse dominada pela visão ortodoxamente médica[6].

Segundo – A introdução das técnicas regressivas no modelo terapêutico da psicologia clínica constitui dado relevante que continua sendo considerado com explícita reserva no contexto acadêmico. As razões da cautela e da rejeição podem ser as mesmas que instruem postura semelhante por parte das religiões tradicionais. É que o conceito das vidas sucessivas arrasta consigo os demais aspectos da realidade espiritual: preexistência, sobrevivência, mediunidade, lei de causa e efeito, perispírito e até inevitáveis implicações de natureza teológica. Enfim, basta a reencarnação para desestabilizar importantes aspectos arquitetônicos implantados nos contextos científico, filosófico e religioso, aos quais drásticas renovações são tidas por indesejáveis, quando não temidas.

Terceiro – Não há, pois, como isolar e tomar da realidade espiritual apenas o conceito das vidas sucessivas, ignorando os demais conteúdos. Ou o profissional da saúde mental aceita o desafio como um todo, ou continua a trabalhar com uma psicologia congelada em estruturas e metodologias obsoletas. Que acabarão, inevitavelmente, atropeladas pela dinâmica irresistível da verdade.

Não vamos colocar atrás de cautelosos biombos terminonógicos aquilo que precisa ser dito. A transposição da psicologia contemporânea para uma moldura espiritualista não a enquadra num modelo engessado e dogmático que não ofereça espaço para futuros desdobramentos. Ao contrário, amplia-lhe o escopo e a põe em sintonia com a inspirada terminologia de origem, ou seja, uma ciência da alma. Inegavelmente, porém, importantes reformulações se fazem imperiosas na metodologia da abordagem a certos conceitos e aspectos, bem como, no próprio modelo clínico vigente.

Alguns exemplos de tais releituras são alinhados a seguir, como lembretes para uma agenda de exame, debate e redefinição de procedimentos. Profissio-

---

[6] Sobre as idéias do dr. Thomas Szasz, *l'enfant terrible* da psiquiatria, consultar *The myth ot mental illness* e o ainda mais contundente *The manufacture of madness*.

nais da saúde mental muito terão a acrescentar à lista sugerida pelo escriba que lhes fala.

• Que alterações introduzir na abordagem à síndrome da personalidade múltipla? Como se sabe, a SPM ainda é considerada, basicamente, um processo de cisão da mente e a técnica terapêutica concentra-se no objetivo de refundir as diversas "personalidades secundárias" de volta a uma presumível unidade originária. Em meu livro *Condomínio espiritual*, manifesto entendimento diametralmente oposto, partindo do conceito de que se trata não de uma *dissociação*, mas, ao contrário, de uma *associação* da personalidade nuclear a entidades exógenas invasoras, empenhadas na disputa do mesmo corpo físico ao qual se imantam. O que reverteria, simetricamente, o direcionamento terapêutico, de uma *refusão* de personalidades secundárias para uma *dissociação*, um desligamento e subsequente reencaminhamento das entidades invasoras. Ou, no mínimo, uma convivência pacífica e civilizada entre elas e a personalidade nuclear

• Dentro da mesma premissa de uma realidade espiritual abrangente, que releitura fará a psicologia no problema do autismo? A dra. Helen Wambach sugeriu, em *Life before life*, na década de 70, que o autismo poderia ser uma rejeição à reencarnação. O desafio representado por essa proposta renovadora foi a fagulha que suscitou em mim o propósito da busca. Muitos anos, muitos livros e muita reflexão depois, escrevi *Autismo – uma leitura espiritual* a fim de colocar o desafio na mesa de debates, à espera de reavaliação e entendimento daqueles que se defrontam com o problema, isto é, mães, pais, famílias de autistas e as comunidades em que vivem, bem como e principalmente, profissionais da saúde mental. Estou reiterando nesse texto a convicção de que o autista é, como todos nós, uma entidade espiritual preexistente, sobrevivente e reencarnante, sujeita às leis cósmicas reguladoras dos mecanismos éticos da vida.

• Que tratamento metodológico pretende a psicologia clínica adotar em face da dramática realidade dos processos obsessivos e possessivos? Não estou falando do mecanismo psicológico do monoideísmo ou do comportamento ritualístico sobre fechar uma porta, lavar as mãos, preparar-se para dormir, caminhar de certo modo e não de outro. Estou me referindo à obsessão espiritual, ou seja, a influenciação de entidades exógenas sobre a mente de pessoas encarnadas. Refiro-me, ainda, aos casos de possessão, sobre os quais tanto se discute e há tanto tempo, na área teológica e nas pesquisas científicas. Para lembrar apenas um clássico, é justo mencionar *Possession – demoniacal and Others among primitive races, in antiquity, the middle ages, and modern times*, do dr. T. K. Oesterreich. O livro constitui honesta tentativa de equacionar o complexo problema e propor teorias interpretativas. Tais invasores da mente emergem com significativa frequência no diálogo terapeuta/paciente, nos consultórios especializados pelo mundo afora. E nem todos sabem, ainda, lidar com o problema. Tanto quanto me foi possível apurar, o dr. Carl Wickland foi um dos pioneiros em reconhecer, no início do século 20, o problema de 'presenças' perturbadoras no psiquismo alheio. Abordou-o, utilizando-se dos recursos da mediunidade da esposa, como se pode ver de seu esquecido livro *Thirty years among the dead*. A dra. Edith Fiore – uma das pioneiras, aliás, das técnicas regressivas –, retomou o trabalho de Wickland, com abordagem algo diferente, segundo a qual o diálogo com 'presenças' acontecem no contexto do psiquismo dos seus próprios pacientes, sem necessidade de recorrer a outros médiuns. Ver, a propósito, seu livro, adequadamente intitulado *The unquiet dead* (*Os mortos inquietos*), traduzido no Brasil como *Possessão espiritual*. Tal como o dr. Wickland, contudo, ela não pretendeu ignorar as entidades desencarnadas invasoras, que, evidentemente, situam-se no núcleo dos problemas humanos levados ao seu consultório. Na verdade, ela considera tais espíritos seus verdadeiros clientes e não a pessoa encarnada que marca a consulta com sua secretária. Suas obsevações são dignas da melhor atenção e sua visão da interferência dos seres desencarnados na realidade vivida pelos encarnados é, indicutivelmente, válida. Mais do que isso, precisa ser aprofundada por quem tenha suficiente familiaridade com os princípios que regem nossa interação com a realidade espiritual.

• E a síndrome dos *savants*, tratada com indiscutível sensibilidade e competência, pelo dr. Darold Treffert, em *Extraordinary people*? Como avaliar estes singulares seres humanos dotados de fantásticas "ilhas de genialidade e sabedoria" – expressões do dr. Treffert –, num mar de proibitivas deficiências mentais? Como conciliar incríveis capacidades intelectuais com baixíssimos QI de 30 e até 8 (oito!)? De onde vêm e como estão ali, naquelas mentes, prodígios de memorização, talentos artísticos e inexplicados conhecimentos musicais ou matemáticos? Como trabalhar tais faculdades? Em que podemos ajudá-los, como seres humanos encarnados, evidências vivas de que ninguém (re)nasce com o psiquismo zerado, vazio, desértico? Que lições e propostas estão nos trazendo que ainda não entedemos bem? O que fazer com esses "paradoxos de deficiência e brilhantismo"? O que temos a aprender com eles, quanto aos mistérios da mente e, principalmente, do espírito?

• Que tipo de mecanismo avaliador precisa ser criado para se detectar em tempo hábil o fenômeno da mediunidade aflorante, tantas vezes confundida com distúrbios mentais de variada natureza e nomenclatura?

• Que releituras podem ser feitas, com enfoque espiritual, na síndrome do pânico? Ou na síndrome de Tourrete?[7]

---

[7] Nota da editora: Síndrome de Tourrete – transtorno neuropsiquiátrico, descrito pelo neurologista francês Gilles de la Tourettes, em 1885, caracterizado pela presença de tiques motores múltiplos, além de produções vocais de início súbito e sem propósito aparente.

Quarto – Parece ter-se criado, especialmente nos meios de comunicação de massa, uma supervalorização da regressão da memória em si e por si mesma. Escrevi em *A memória e o tempo*:

> A técnica da regressão não é mais do que mero instrumento auxiliar na terapia de desajustes emocionais, no sentido de que deve completar-se na tarefa do aconselhamento ou doutrinação, orientada na sinalização de uma realidade que o Cristo resumiu há quase dois milênios em uma pequena frase de advertência pejada de implicações educativas: 'Vai e não erres mais, para que não te aconteça coisa pior'.

Pouco antes, à página 342, lê-se naquele mesmo livro:

> A técnica regressiva é, portanto, dicotômica no sentido de que a intenção terapêutica deve conjugar-se com a ação profilática, objetivando, além da cura, evitar a recidiva.

A regressão integra, portanto, contexto bem mais amplo, que é o diálogo do terapeuta com o seu paciente, e não um fim em si mesma. O profissional da saúde mental deve estar preparado para a doutrinação e para o aconselhamento, ao abordar os revelados conteúdos do inconsciente. Para isso está sendo consultado. Observa-se, no livro *Em busca de vidas passadas*, que Glenn Williston, um de seus coautores, tem formação acadêmica em *aconselhamento psicológico*.

Quinto – Quanto ao receio de que as regressões possam precipitar ou agravar conflitos pessoais, parece-me que o problema ainda não está bem colocado. Numa regressão competente e responsável, não há como forçar revelações e confrontos indesejáveis com os nossos fantasmas interiores, e sim deixá-los sob os cuidados e critérios do próprio inconsciente, que sabe se, como, por que ou quando permitir ou negar acesso a registros de natureza crítica e sensível nos vastos arquivos da memória integral. Para lembrar apenas uma estudiosa, a dra. Edith Fiore sempre demonstrou tais cuidados. Por outro lado, se a revelação de um desvio de comportamento passado desencadeia ansiedades é porque o conflito subjacente continua em estado de fermentação e precisa ser discutido, trabalhado e racionalizado. Afinal de contas, tais desvios são ignorados apenas do consciente (alma), não do inconsciente (espírito), onde se localizam os arquivos gerais do ser espiritual. Destaque-se, ainda, que regressões provocadas ou espontâneas costumam suscitar radicais reformulações, para melhor, de atitudes e no comportamento subsequente do ser. Para as pessoas que se defrontam com tais experiências, a vida assume dimensões anteriormente despercebidas e insuspeitadas, ou simplesmente ignoradas. Isto, aliás, ocorre também com outros fenômenos da mesma "família", como experiências de quase-morte, vidências, sonhos, desdobramentos ou manifestações mediúnicas. Algumas entidades espirituais têm demonstrado certa dose de reserva quanto às regressões, preferindo "o esquecimento – como escreve Emmanuel, (*Vinha de luz*, pp. 141-142) – para valorização das novas iniciativas." Trata-se, evidentemente, de uma advertência respeitável, emitida por entidade igualmente respeitável. Claro que a regressão não deve ser praticada indiscriminadamente, por mera curiosidade ou interesse comercial, por pessoas despreparadas para lidar com seus delicados aspectos espirituais, éticos e emocionais. Pergunto-me, no entanto, se, numa época como esta, na qual predomina uma generalizada atitude de alienação quanto aos valores espirituais da vida, não seria o caso de se considerar as técnicas regressivas como recurso a mais para ajudar o despertamento do espírito adormecido na carne, como denunciavam os gnósticos há séculos. Ouço falar de regressões que teriam suscitado ou agravado conflitos pessoais, mas desconheço qualquer estudo sistematizado sobre o assunto. Em que casos teriam ocorrido? E por quê? Tiveram acompanhamento posterior? Foram solucionados? Podem ser evitados? Ou contornados?

Sexto – Vejo densa concentração de problemas humanos resultante de desentendimento entre alma e espírito, personalidade e individualidade, consciente e inconsciente. Em outras palavras: entre o que o ser reencarnante programou fazer e o que está (ou não) realizando depois de acoplado ao corpo material. Meus livros *Alquimia da mente* e *As sete vidas de Fenelon* cuidam, entre outros, de tais aspectos. É de ressaltar-se que o estudo sobre Fenelon foi desenvolvido a partir de experiências pessoais do dr. Erlo van Waveren, destacado psicanalista junguiano de Nova Iorque. Van Waveren viu-se, de repente, envolvido por uma série de fenômenos psíquicos, como regressões espontâneas, sonhos, vidências, psicografias e vozes interiores.

Sétimo – Aqueles que identificam a psicologia como herdeira, sucessora ou continuadora da religião (não *das religiões!*) merecem, no mínimo, ser ouvidos. A colocação de Chilton Pearce, no entanto, me parece mais adequada ao debate, de vez que ele prefere considerar a psicologia não como herdeira da religião, mas como *a* disciplina científica em condições de ocupar o vazio que as religiões estão deixando na sua rota para a obsolescência. Penso necessário aprofundar-se a discussão dessa temática para melhor definição de uma estratégia de abordagem aos desafios aí contidos e que vêm sendo colocados com maior frequência nas últimas décadas. Não se trata, obviamente, da passagem de um 'patrimônio' cultural. A psicologia nada teria a fazer com dogmas, rituais, liturgias, sacramentos, crenças ou hierarquias sacerdotais. Quanto aos aspectos filosóficos, teológicos e éticos, no entanto, muita coisa terá de ser repensada e reformulada, a partir da discussão do que realmente estamos entendendo por alma e do que entendemos por religião. Na visão teológica – vamos dizer, clássica – das instituições religiosas tradicionais e majoritárias, para cada ser que nasce na terra supõe-se a criação de uma alma nova, sem passado, programada para viver uma só existência na carne e a sobreviver à morte corporal. Sobre a destinação póstuma da criatura, entretanto, divergem as diferentes teologias, pois estamos aqui, a navegar nas águas instáveis da crença e não das evidências.

Não é essa alma teológica tradicional que vem se revelando consistentemente na observação dos fatos, nas pesquisas de natureza científica e, mais dramaticamente, na prática das regressões da memória. O conceito de alma que emerge destas fontes experimentais é o da entidade espiritual preexistente, sobrevivente, reencarnante e totalmente responsável pelos seus atos, palavras, pensamentos e intenções. Trata-se, pois, de um ser que renasce com vivências e conteúdos passados e leva para futuras existências as novas experiências adquiridas na vida terrena. Depreende-se desta realidade produzida pela observação que as religiões tradicionais institucionalizadas revelam-se despreparadas para lidar adequadamente com o aspecto fundamental do ser humano, ou seja, sua alma, ou melhor, seu espírito.

Dois aspectos, portanto, há que considerar no eventual processo de reformulação preconizado por Chilton Pearce e outros, na transição de religiões, que não têm mais o que dizer sobre a alma, e da psicologia, que ainda reluta em assumir seu papel de ciência da alma. *Primeiro*: a dura lição da própria obsolescência. As religiões costumam oferecer exíguo espaço para a criatividade renovadora e evolutiva. Ou se arriscam à extinção porque mudam demais ou porque se recusam a mudar. Suas estruturas não foram concebidas para resistir, nem para adaptar-se à força renovadora do processo evolutivo. *Segundo*: a nova visão da alma traz consigo aspectos e conotações que não poderão mais ser ignorados. As regressões estão revelando um consistente e coerente traçado evolutivo, ao longo do qual os seres humanos vão se aproximando gradativamente de uma postura que tende para a perfeição ética. Isto não quer dizer que, de repente, todos os fundamentos da teologia se tornem inservíveis. Pelo contrário, podemos entrever no perfil espiritual do ser humano a ser desenhado por uma renovada psicologia, antigos aspectos sob nova roupagem conceptual, como os da existência de Deus, imortalidade da alma, salvação, comportamento ético. Estaremos, pois, substituindo crenças por convicções, hipóteses, teorias e especulações teológicas por fatos observados e observáveis, bem como fantasias por realidades experimentadas

Na verdade, se prestarmos atenção suficiente ao que ensinou e exemplificou o Cristo, fica fácil perceber que – por mais que se insista nisso – ele não cuidou de criar uma instituição religiosa tal como as conhecemos hoje; ele propôs uma *doutrina de comportamento*, não uma teologia. E comportamento é conceito que figura com destaque entre os objetos de interesse da psicologia.

• • •

Por tudo isso que ficou dito e o mais que se refletiu nas entrelinhas, parece-me realmente chegada a hora de pensar no perfil que desejamos para a psicologia do futuro. Por duas razões fundamentais.

Primeira: se podemos considerar como válida a especulação de Chilton Pearce e outros, a psicologia deve preparar-se para ocupar o vazio que as religiões tradicionais estão deixando no imaginário das gentes e dos povos.

Segunda: é preciso, antes disso, porém, abrir espaço na psicologia para acomodar a realidade espiritual. Boa parte desse espaço deve ser obtido pela remoção de um secular entulho cultural, que continua retardando o processo evolutivo das ciências de radical *psi*. Trata-se do preconceito contra o que se caracterizou como ocultismo. Se o próprio dr. Sigmund Freud revelou-se disposto a repensar sua postura inicial de rejeição, o que estamos nós esperando para rever a nossa? Afinal de contas, reencarnação, preexistência, sobrevivência do ser e demais conceitos complementares não constituem objeto de fé, crença, credulidade, crendice ou ignorância primitiva – são leis naturais como as que regem o ciclo das estações ou a dança cósmica dos astros e dos átomos. Falam, portanto, de uma fé que *sabe* e não da que apenas *crê*.

Procura-se uma Estrela

Tive, durante muito tempo, o que se poderia considerar uma relação conflituosa com a psicologia. Não posso dizer que estamos agora aos beijos e abraços, mas parece que começamos a nos entender melhor. É que, como pessoa convicta da realidade espiritual, eu pensava (ingenuamente, é claro!) que uma ciência que, por definição semântica, se propunha a estudar a alma (*psique*), não poderia se mostrar tão indiferente e, às vezes, até hostil, a esse conceito básico, da essência mesma do ser humano. Tanto quanto posso perceber, não vejo profundas alterações, mas há indícios – promissores, diz a dra. Gina Cerminara – de que alguma coisa começa a mudar no cenário.

Nesse ínterim, três décadas se passaram e devo admitir que também eu amadureci um tanto na maneira de avaliar o que se passa à minha volta, nos domínios da psicologia inclusive. Aprendi, por exemplo, que a busca científica funciona predominantemente nos meios acadêmicos, como convém, mas, para surpresa minha, esse ambiente cultural revelou-se mais conservador do que eu julgava. Acho até que precisa mesmo sê-lo. Um pouco, não tanto. O suficiente para agir com prudência, mas o necessário para ousar, a fim de abrir espaço para a criatividade na abordagem aos problemas que estudar. A ciência em geral – e não apenas esta ou aquela modalidade – é um processo e não uma estrutura imóvel. Tem de ser desbravadora e deve situar-se num ponto de equilíbrio operacional entre a audácia criativa e a natural resistência que todos oferecemos à mudança.

Uma abordagem excessivamente conservadora aos enigmas da vida resulta em previsível esterilidade, dado que progredir é substituir (cautelosamente, vá lá...) o obsoleto por novas combinações de dados preexistentes na reinterpretação dos fenômenos sob exame. Acho mesmo que cada patamar de conhecimento que a gente alcança deve condicionar-se ao realismo de que se trata de uma posição provisória, por mais que dure ou, pelo menos, suscetível de eventuais modificações. Temos de estar preparados para ver aspectos que nos pareciam inegociáveis substituídos por outros que mais se aproximem da realidade última que estamos sempre a buscar sem nunca chegarmos lá. Ou então, o processo da busca daria apenas um passo adiante para engessar-se em nova posição de imobilismo por um tempo indefinido.

Acontece que o objeto da psicologia, mesmo ignorando-se a alma, pelo menos diz respeito ao ser humano na sua intimidade mais profunda, insubstancial, em aspectos como comportamento, atributos mentais, potencialidades intelectuais e emoções. E, em contrapartida, o desarranjo de tais funções. Seu ambiente de trabalho, portanto, é complexo, sutil, imponderável, imensurável. Tudo isso depende e interage com *inputs* intuitivos, dos quais muito desconfia a ciência oficial. Escreveu há algumas décadas o autor espiritual de *A grande síntese* que o processo dedutivo de pensar já alcançou seus limites e não tem como ultrapassá-los. A partir de certo ponto da evolução, o mecanismo operacional analítico será, depreende-se daquela obra, fatalmente atropelado pela metodologia da síntese intuitiva, que nos levará à convivência com uma lógica que ora pode parecer-nos irracional, mas que apenas se situa em outra dimensão da racionalidade.

Em *Alquimia da mente*, proponho um reexame em alguns pares de conceitos interativos como alma e espírito, razão e intuição, consciente e inconsciente, pensamento analítico e pensamento sintético, verbal e não-verbal, personalidade e individualidade e até reflexões sobre a genialidade, dado que alguns pensadores – Maurice Maeterlinck, por exemplo, in *L'hôte inconnu* – acham que está faltando um Galileu ou um Kepler nas ciências da mente.

Em verdade, tanto se envolve o ser humano nas tarefas do viver diário, quando acoplado a um corpo físico limitador e exigente nas suas ânsias, que funciona nele uma consciência paradoxalmente inconsciente da realidade transcendental, que, no meu modo de ver, fica ali mesmo ao lado, nas terminais do hemisfério direito do cérebro. Dá para entender? Em outras palavras, o polo que conhecemos como consciente é apenas a ponta de um psiquismo global que tem a mais ampla e sábia parte de si mesmo fora do alcance da percepção sensorial.

No seu brilhante estudo sobre o gnosticismo, Émile Gillabert (p. 102, de *Jésus et la gnose*), entende a psicanálise como criação destinada a "tentar desfazer os nós criados por situações conflitantes entre a alma e o corpo; contudo – prossegue –, a dimensão pneumática é constantemente ignorada ou passada em silêncio." Por dimensão pneumática, entenda-se a realidade espiritual (de *pneuma* = espírito).

Como estamos percebendo, tão logo se comece a desdobrar uma dissertação sobre os aspectos psicológicos do ser, precisamos recorrer a uma estrutura de conhecimentos que tem sido mantidos fora da área especulativa da ciência. Ou porque são considerados crendices, ou porque ficam fechados na gaveta secreta do famigerado ocultismo, ou, afinal, por serem entendidos como dados privativos da teologia e, portanto, insuscetíveis de análise racional crítica. É conhecida a admoestação de Freud a Jung, praticamente exigindo do seu discípulo e colega um juramento no sentido de que jamais traria para o âmbito da emergente ciência da psicanálise dados que ele, Freud, considerava integrantes da "onda negra do ocultismo".

Não faz muito tempo – aí pela década de 30 –, Frederick Wood, pesquisador britânico, doutor em música, teve o privilégio de participar de um projeto cujo objetivo era o de decifrar o enigma de como fora falado o egípcio antigo. A língua dos faraós saltava, após mais de trinta séculos, da elegância muda dos hieróglifos, nas estelas e nos papiros, para o som vivo da fala, recriado por uma entidade espiritual através da mediunidade de Rosemary. O plano, contudo, era mais amplo e ambicioso do que apenas o de resgatar a voz do Egito, de vez que pretendia, também e principalmente, reiterar de maneira inequívoca, a tríplice realidade da preexistência, da sobrevivência e reencarnação do ser humano. O dr. Wood, no entanto, hesitou em assumir declaradamente essa postura, por entender que o conceito das vidas sucessivas batia de frente com o discurso dogmático das religiões dominantes. Preferiu optar pela ambiguidade, mais negando do que aceitando a evidência dos fatos que testemunhava. Um exemplo a mais, penso eu, em que, na guerra entre renovação e conservadorismo, ganhou este. (O leitor e a leitora são convidados a ler outro livro meu, intitulado *Arquivos psíquicos do Egito*).

Acontece, porém, que o ser humano não é apenas um conglomerado celular dotado de um sistema de automatismos biológicos, supostamente criados ao acaso, nas jogadas estatísticas da evolução. O surto materialista do século dezenove encantou uma geração inteira de pensadores, cientistas e pesquisadores e alastrou-se por todos os ramos do conhecimento, acabando por instalar-se no organismo das ciências existentes e das que foram surgindo posteriormente, suscitadas pelas exigências da especialização, ao mesmo tempo necessária e fragmentadora.

Penso que um pouco de atenção ao que se passa hoje nos leva a perceber que também o materialismo vai atingindo seus próprios limites, esgotando-se na esterilidade, sempre que insiste, como se queixou Teilhard de Chardin, em "ignorar (provisoriamente, disse ele) o *dentro das coisas*", ou seja, a realidade espiritual. Testemunha-se mesmo indícios de uma reversão no processo e, curiosamente, por iniciativa da física quântica, quem diria? Não é de admirar-se que esse vai-e-vem de ideias esteja causando perplexidade e suscitando dramáticas contradições ideológicas e de comportamento. As religiões descaracterizaram-se como matrizes culturais concebidas para abrigar o conhecimento espiritual e gerar ou inspirar ação ética, e vão se parecendo cada vez mais com estruturas políticas ou empresariais, sem mensagem outra que não a de autoperpetuação como núcleos de poder.

Há quem entenda – e me ponho entre eles – que a herdeira das responsabilidades até aqui assumidas pelas religiões seria a psicologia, que se incumbiria de retomar o processo e revitalizá-lo com a introdução de conceitos renovadores, não dogmáticos, não de crença, mas de convicção, sustentados pela evidência dos fatos. Em outras palavras, existência, preexistência e sobrevivência do ser, não como objeto teológico ou de fé, mas como aspectos do conhecimento indispensáveis ao projeto de ordenação da vida ou, mais precisamente, de sua reordenação, por exigência dos mecanismos evolutivos.

Aliás, o apóstolo Paulo, um dos grandes intuitivos do cristianismo primitivo, assim pensava, há quase vinte séculos, ao preconizar a fé como antecipação do conhecimento que ainda se ocultasse nas brumas do futuro. E completava, ensinando que esse futuro e essa realidade estavam não nas coisas visíveis (materiais), mas nas invisíveis (espirituais).

Parece que ninguém lhe deu ouvidos, aqueles de ouvir... Que poderia entender de tais coisas, um pregador itinerante do primeiro século? Por mais genial que tenha sido – e isso não dá para contestar –, é tido como um místico, movido pela paixão de preservar o pensamento do Cristo, que, por sua vez, não cogitou de institucionalizar qualquer modalidade de religião, e sim de propor um código de comportamento, roteiro para a sanidade espiritual e a mental. O discurso do Cristo foi, portanto, uma dissertação sobre como deve o ser humano portar-se para chegar um dia a um patamar de confortável harmonização consigo mesmo, com o seu semelhante e com o cosmos, no qual estamos todos embutidos. Se você prefere chamar a isso de salvação, nada tenho a objetar, pois é disso mesmo que trata o plano, ou seja, livrar-se a criatura de perturbadores conflitos e inquietantes desacertos, o que, em última análise, constitui território operacional das ciências da mente, ou, melhor ainda, da alma.

Se, contudo, as religiões em geral e o cristianismo em particular, tal como o herdamos, falharam na implementação da doutrina universal do correto comportamento, isso não quer dizer que os princípios com os quais tenham trabalhado sejam inservíveis; pelo contrário, mais do que nunca sabemos agora da verdadeira dimensão e do conteúdo deles e da falta que estão fazendo em nossas vidas de seres inteligentes e responsáveis, com um destino a cumprir-se. No roteiro desse drama cósmico da evolução, há, pois, um papel central de estrela de maior grandeza reservado à psicologia, mas é necessário que a ciência da alma assuma sua verdadeira identidade.

Paulo é trazido ao debate porque vejo nos seus textos informes de natureza eminentemente psicológica, uma psicologia que finca suas raízes na realidade espiritual e ensina a metabolizar a ética num contexto de liberdade e de responsabilidade. "Tudo me é lícito – escreveu –, mas nem tudo me convém". Muitos tentariam, depois dele, discorrer eruditamente sobre a interface livre-arbítrio/determinismo, mas poucos conseguiram ser tão profundos em tão escassas palavras. Ele caracteriza, ao mesmo tempo, a liberdade de escolha e as inexoráveis responsabilidades perante as opções feitas, ou seja, a ação e a reação, o erro e o conflito íntimo. É o que estão conferindo hoje os profissionais da saúde mental que passaram a adotar a técnica regressiva, que permite consultar o material recolhido aos arcanos do inconsciente pelas numerosas vivências de cada pessoa.

A adoção da técnica regressiva, aliás, é um dos aspectos no qual as disciplinas de prefixo *psi* começam a renovar-se, introduzindo no modelo com o qual trabalham conceitos até aqui mantidos à distância, sob suspeita, como os de reencarnação e responsabilidade cármica, e até os de sobrevivência e preexistência do ser, tanto quanto a evidência de atuação de entidades desencarnadas no psiquismo de pacientes em crises vivenciais.

Como tenho reiterado até à exaustão, a adoção da doutrina das vidas sucessivas arrasta consigo aspectos suplementares e complementares, dado que constituem um todo, um bloco coerente e orgânico, insuscetível de esquartejamento seletivo. Em outras palavras, não se pode admitir a reencarnação e jogar fora suas óbvias implicações e consequências.

Vejo, por isso, com renovadas esperanças as propostas da dra. Edith Fiore, ao retomar o trabalho pioneiro do dr. Carl Wickland, no século passado, quando, literalmente, doutrinava personalidades invasoras imantadas ao psiquismo de pessoas em crise. Fiore não hesita mesmo em dizer que se utiliza do passe e da prece, tanto quanto da doutrinação franca e esclarecedora das entidades manifestadas em seus clientes. Na verdade, o cliente, no seu dizer, é apenas aquele que marca a consulta com a sua secretária, de vez que seus pacientes são os espíritos invasores.

Estamos, pois, no limiar de importantes modificações nos modelos clínicos vigentes, como tentei demonstrar em *Condomínio espiritual*, livro no qual me proponho a explorar o dramático problema da personalidade múltipla. Um bom exemplo, aliás, para evidenciar o paralisante engessamento a que há pouco nos referíamos, neste mesmo papel. A síndrome da personalidade múltipla (SPM) continua sendo considerada, há mais de um século, como cisão da personalidade nuclear em personalidades ditas secundárias, na moldura de um processo histérico, aliás, mal definido até hoje, como se lê nos entendidos. A terapia indicada é a da reaglutinação ou refusão das personalidades secundárias, metodologia essa que se tem revelado consistentemente inadequada, como o testemunham os relatos existentes, a começar pelo meticuloso estudo do dr. Morton Prince. As supostas frações psíquicas afirmam-se como individualidades autônomas e, de fato, o são. Em apoio dessa postura, oferecem um quadro convincente de características pessoais, não apenas psicológicas, como talentos (ou ausência deles), grau de cultura, inteligência e sensibilidades específicas. Mais do que isso, os espíritos manifestados apresentam diferentes níveis de pressão arterial e batimento cardíaco, tanto quanto traçados de EEG e ECG, bem como típicos episódios psicossomáticos. Há até exemplos de espantosas reduções no tamanho do corpo físico do hospedeiro, como o ocorrido com Sybil, ante o olhar estupefato e competente da dra. Cornelia Wilbur. Ou o do inexplicável aumento (ou redução) de força física, em Billy Milligan, conforme a entidade manifestada no momento.

Tais aspectos compõem um cenário que muito se assemelha, quando não se identifica totalmente, com o da possessão, combinada com o da incorporação mediúnica habitual e complicada, às vezes, com manifestações anímicas, nas quais podem ocorrer regressões espontâneas ao passado. Assumido esse quadro, a SPM muda drasticamente de cara, passando de uma dissociação da personalidade por cisão, para realidade diametralmente oposta de uma associação de várias entidades na disputa de um só corpo físico. E muda, simetricamente, a abordagem terapêutica que se desenha a partir daí, como um procedimento que consista, não em reintegrar as diversas personalidades secundárias de volta ao contexto primitivo da personalidade nuclear, mas um hábil e inteligente empenho em doutrinar as diversas entidades envolvidas para que concordem em deixar o hospedeiro. Ou que, pelo menos, consigam conviver em relativa paz, no ambiente psíquico em que se instalaram, como integrantes de um autêntico condomínio.

Eis porque a SPM constitui exemplo de conservadorismo. As teorias formuladas até aqui para enquadrá-la num modelo clínico operacional não encontram apoio nos próprios fatos observados. Revelam estes, fenômenos de mediunidade explícita, como os de incorporação, psicografia e vidência, além de manifestações anímicas, como as de desdobramento e a chamada escrita automática. Os primeiros casos observados, ainda no século dezenove, foram considerados de "dupla personalidade", porque se entendia, à época, que cada personalidade 'ocupava', por assim dizer, um dos hemisférios cerebrais. A hipótese, porém, não resistia a uma superficial análise crítica – caso Felida, pelo dr. Azam e o de Louis Vivé, pelos drs. Bourru e Burot –, dado que era evidente a presença de mais de duas entidades manifestantes, obviamente, sem 'espaço' cerebral para operar.

Assim caiu, discretamente, a hipótese da duplicidade – única alteração conceitual admitida ao modelo clínico durante mais de um século, mas a histeria, como disparadora do fenômeno, persiste até hoje, bem como a doutrina da cisão da mente e a da refusão das supostas frações de gente. A despeito disso, a histeria em si mesma continua a oferecer um vago perfil especulativo.

Devo encaixar, neste ponto, um comentário adicional.

Embora somente identificada e estudada a partir do final do século dezenove, a SPM constitui problema antigo, como não poderia deixar de ser e mais comum do que era de supor-se. É o que atestam especialistas contemporâneos, ao informar que raramente as disfunções mentais que compõem o quadro clínico da SPM são diagnosticadas como tal, em vista da inexperiência de muitos profissionais com suas manifestações.

Um dos mais antigos casos conhecidos de SPM, no entanto, é o de Maria Madalena, documentado nos textos evangélicos em razão de sua marcante presença histórica junto do Cristo e no cristianismo primitivo.

Sintomaticamente, o caso foi identificado – corretamente – não como cisão ou dissociação da mente ou da personalidade em uma mulher histérica, mas como o de uma invasão de entidades exógenas que se acoplaram ao psiquismo da paciente por associação. Simetricamente, a técnica terapêutica a que recorreu o Cristo não foi a da fusão das diversas entidades perturbadoras (= espírito = demônio), em busca da unidade perdida, mas a do afastamento delas.

O mesmo procedimento ocorreu em outros casos narrados nos Evangelhos, como o do possesso gadareno, no qual Jesus interpela diretamente a entidade invasora e lhe pergunta o nome. "Legião é o meu nome, porque *somos muitos*" – é a resposta. Também estes constituíam, portanto, um "condomínio espiritual" junto ao infeliz atormentado, de cujo psiquismo foram desalojados. Impressionados com a cura instantânea do pobre homem, aproximaram-se os curiosos, que o foram encontrar "sentado, vestido e em juízo são, aquele mesmo que tivera a legião". É o que se lê no capítulo quinto de Marcos.

Isso que aí ficou dito nos leva à expectativa de que, a partir do momento em que o modelo clínico vigente decidir importar conceitos fundamentais à realidade espiritual subjacente, todo o quadro se há de alterar inapelavelmente. Teremos, a partir daí, uma dramática releitura renovadora – a histeria a definir-se como componente anímico-mediúnico; personalidades secundárias resultantes de supostas cisões assumem a identidade de entidades possessoras ou obsessoras; a dissociação é reinterpretada, portanto, como interferência de seres estranhos ao psiquismo do hospedeiro e a metodologia terapêutica encaminha-se não para a reconstituição da personalidade nuclear originária, mas, precisamente ao contrário, para o esforço em convencer as entidades invasoras a abandonarem o hospedeiro. Este, por sua vez, põe-se como obsediado ou possesso, de vez que, mesmo ignorando-se a realidade espiritual subjacente, trata-se de um procedimento desobsessivo ou, como prefere a dra. Fiore, despossessivo.

Sem dúvida que essa revolucionária abordagem não simplifica as coisas; pelo contrário, talvez as torne mais complexas pelo menos no aspecto terapêutico, mas é mais abrangente e inteligente, por trabalhar com os fatos observados, em vez de desenvolver um esforço para enquadrá-los em moldura teórica incompatível. É que na SPM não há apenas um ser humano a ser tratado, mas grupos que podem atingir mais de vinte entidades, imantadas ao mesmo corpo físico. É o que se observa, por exemplo, em casos como o de Billy Milligan e o mais conhecido, das "três faces de Eva", que, afinal de contas, não eram três, mas pelo menos vinte e duas identificáveis, fora os eventuais *drop ins*, visitantes ocasionais que entravam apenas porque encontravam a porta aberta e desguarnecida.

Vale lembrar, ainda, a dificuldade adicional de se identificar claramente quem é, nesse condomínio, o hospedeiro, ou seja, o "dono do corpo", habitualmente soterrado por numerosos estratos mentais alheios.

Sem os *inputs* fornecidos pela realidade espiritual, como poderá o modelo clínico vigente enfrentar as complexidades que entrevemos desenhadas no procedimento terapêutico que se faz necessário? Por isso, dizia o amigo Luís J. Rodriguez – de quem traduzi o livro *God bless the devil* – que o exorcista religioso, em toda sua comovedora ineficácia, como tantas vezes ficou demonstrado, pelo menos abordava o problema com um "modelo clínico" consistente com a realidade observada. Para ele o possesso era uma pessoa invadida por entidades estranhas ao seu psiquismo (supostamente demônios) e não vítima de uma crise histérica que suscitava nela cisões da mente. Dizia, ainda, aquele autor que a visão dos xamãs primitivos era mais compatível com a realidade da possessão do que a preconizada no modelo científico, que até hoje resiste a qualquer procedimento revisionista. Como sempre enfatizou insistentemente, contudo, a moldura adequada para estudo e tratamento desses dramáticos episódios de comportamento deve ficar em mãos dos profissionais da saúde mental, em contexto acadêmico, e não com exorcistas e feiticeiros.

Meu desconforto com certos aspectos da psicologia contemporânea, como tenho dito de maneira reiterada, é meramente teórico, diria mesmo uma postura filosófica de expectador interessado; não raro, porém, encontramos depoimentos bem mais veementes de crítica e até de autocrítica, em autores impacientes com a nobre ciência da alma, que, paradoxalmente, tem ignorado a alma.

O autor espiritual de *A grande síntese* vai direto ao ponto ao dizer, de modo algo contundente, que a psicologia atual "não tem futuro". Joseph Chilton Pearce (p. 136) escreve que "A falha da psicologia deve-se integralmente à *sua incapacidade para lidar com a própria psique*" (Destaque meu). Na página seguinte, bate mais forte ainda, ao opinar que a psicologia "não apenas deixou de crescer como as demais ciências, como, seguramente, fracassou no seu papel lógico de preencher o vácuo deixado pela religião." "A psicologia – reitera à p.150 – poderia iniciar a mais excitante aventura da história, assumindo de todo o seu direito o papel que lhe cabe numa nova abertura da mente."

Ao duvidar da capacidade da ciência, inclusive a sua própria – a psicologia –, para enfrentar os desacertos da civilização, a insuspeita dra. Gina Cerminara, em *Insights for the age of aquarius*, tem uma palavra de desalento ao escrever:

> – A psicologia, a psiquiatria e a sociologia – ramos da ciência mais diretamente voltados para o comportamento humano, afiguram-se promissoras. Não obstante, os sociólogos são, usualmente, mais observadores do que modificadores do cenário social. E os psicólogos – apesar de oferecerem alguns critérios e recursos práticos – não parecem numericamente preparados ou com a visão suficientemente ampla para resolver nosso premente dilema planetário. E a psiquiatria, numa só palavra, é dispendiosa.

Eis, portanto, identificada a desafiadora tarefa de colocar a psicologia no lugar que lhe compete para poder fazer o de que precisa a civilização. A psicologia com a qual sonhamos os que se familiarizaram com a temática da realidade espiritual ainda está por ser criada. Por gente do ramo, acrescente-se, não por *outsiders*, como Rodriguez e eu. Gente que está "dentro do ovo", na feliz metáfora de Chilton Pearce. A ave nascitura sabe como e em que momento romper a casca a fim de libertar-se para a vida; a psicologia não demonstra possuir esse mesmo instinto natural – alguém precisa quebrar o ovo para ela. E quem irá fazer isso senão psicólogos, psiquiatras e psicanalistas? Não eu, que não sou do ramo. O máximo que posso fazer é ficar de fora torcendo para que a atriz principal saia da casca e aceite o papel que lhe cabe no roteiro já escrito que a aguarda. Alguém, contudo, munido da devida autoridade, precisa convidá-la. Daí a confessada relação conflituosa, de início invocada, pois não é nada fácil administrar a ansiedade do assumido *outsider*...

"Balzac Morto Escreve Para Os Vivos"

Muitos de nós, eu inclusive, lemos *Cristo espera por ti* simplesmente como uma estória escrita por Balzac-espírito através do médium Waldo Vieira. O livro teve apenas duas edições e passou algo despercebido. Teria sido, aparentemente, mais um romance mediúnico, no qual o leitor acompanha o enredo sem maiores aprofundamentos e registra um ou outro ensinamento doutrinário.

Um dia, porém, o livro foi parar nas mãos do prof. Osmar Ramos Filho, graduado em psicologia e com mestrado feito em Louvain, na Bélgica. Embora familiarizado com os postulados fundamentais do espiritismo, Osmar não é o que se poderia considerar um estudioso da doutrina e, menos ainda, um militante. O interesse pela obra atribuída a Balzac não fazia parte, portanto, de uma programação sistemática de leitura – tratava-se mais de um impulso de curiosidade. Vira, em Louvain, estudo sobre um pasticho do Balzac e a avaliação preliminar de Osmar foi a de que *Cristo espera por ti* seria, também, um pasticho.

Como sabe o leitor, o pasticho é um texto com o qual um escritor procura imitar o estilo de outro, não como o plagiador comum que apenas copia ou 'adapta' escrito alheio e o apresenta como seu. O pastichador procura imitar deliberadamente, escrevendo, como se diz em francês, *à la manière de*, ou seja, à maneira de alguém, usualmente um autor conhecido e admirado. Tem havido pastichadores quase tão famosos como seus modelos, como Marcel Proust, que resolveu escrever uma história "*à la manière de*" Balzac. O resultado foi apenas medíocre, a despeito do elevado nível intelectual e cultural do pastichador. Além disso, por mais bem feito que fosse, tratava-se de uma história curta, de poucas páginas e não de uma narrativa de mais de trezentas como *Cristo espera por ti*.

Aos poucos, Osmar foi sendo cativado pela leitura da obra mediúnica, identificando, aqui e ali, certos modismos do genial criador da *Comédia Hu-*

mana. Não eram suficientes, contudo, essas impressões preliminares. Muito mais do que isso se fazia necessário para concluir de maneira satisfatória se a autoria do livro poderia ou não ser atribuída a Balzac.

Para encurtar a história, Osmar passaria os próximos sete anos a confrontar o texto psicografado com a vastíssima obra produzida por Balzac em vida, nada menos de onze mil páginas, nas quais se agitam milhares de personagens, movidas por surpreendente gama de paixões humanas, num cenário social, econômico e histórico de vastas amplitudes e de meticulosa reconstrução técnica. Balzac fez um retrato de corpo inteiro da sociedade de seu tempo e ainda lhe sobrou talento e imaginação para iluminar épocas passadas.

Ao contrário do pasticho habitual que daria preferência à trivialidade do óbvio, a fim de caracterizar o autor que está procurando imitar, o texto psicografado é sutil, cifrado, uma espécie de quebra-cabeça inteligente, construído em cima de um projeto claramente concebido para mostrar, ao mesmo tempo, um Balzac modificado pela nova realidade em que passara a viver após a morte e o Balzac que escrevera no século dezenove, enquanto 'vivo'.

O eminente prof. Paulo Rónai, intelectual de conceito internacional, certamente uma das maiores autoridades contemporâneas em Balzac, ao tomar conhecimento do estranho livro – por insistência de Osmar – preferiu não entrar no mérito da questão suscitada pela autoria e a gênese da obra, ou seja, se era ou não psicografada e por quem. Para ele, não obstante, a "pessoa" que escrevera *Cristo espera por ti* – fosse lá quem fosse – não apenas se revelava familiarizada com a língua francesa, como demonstrava profundo conhecimento da vasta obra de Balzac.

Essa respeitável opinião era mais do que suficiente para consolidar, em Osmar, a convicção de que a pesquisa que lhe consumira tantos anos de estudo, sobressaltos, descobertas, alegrias e surpresas não fora em vão. Em suma e para reiterar: fosse qual fosse sua origem, *Cristo espera por ti* constituía um mostruário confiável das características pessoais e da insuperável técnica fabulística de Honoré de Balzac.

Do ponto de vista meramente literário, no entanto, o livro mediúnico tinha de ser classificado como um pasticho, mesmo porque Balzac morreu há mais de um século – em 1850 – e, positivamente, não o escreveu quando vivo, ou, em terminologia espírita, enquanto encarnado. Apesar de revelar-se tão bom que somente Balzac poderia tê-lo escrito, Osmar preferiu deixar o leitor e a leitora à vontade para decidirem por conta própria o problema da autoria, ante as evidencias por ele oferecidas nas quase seiscentas páginas de sua primorosa dissertação intitulada *O avesso de um Balzac contemporâneo – arqueologia de um pasticho*.

Eis como e porque o livro do prof. Osmar Ramos Filho dirige-se a duas categorias distintas de leitor, situadas não propriamente em campos antagônicos, mas em espaços próprios e muito bem delimitados em suas fronteiras culturais. Para o leitor espírita, *O avesso de um Balzac contemporâneo* confirma de modo inquestionável *Cristo espera por ti* como uma estória escrita pelo espírito desencarnado de Honoré de Balzac através do médium brasileiro Waldo Vieira. O procedimento é semelhante ao utilizado por entidades como Emmanuel, André Luiz, Joanna de Ângelis, Camilo Castelo Branco e centenas de outros escritores e poetas brasileiros e portugueses que têm produzido textos de alta qualidade através de Francisco Cândido Xavier, Waldo Vieira, Divaldo Franco, Yvonne Pereira e outros medianeiros.

Por essa óptica, *Cristo espera por ti* é mais um recado acerca da sobrevivência do ser à morte corporal. Nele se fala de reencarnação, de comunicabilidade entre 'vivos' e 'mortos' e de responsabilidades cármicas que transbordam de uma existência para outra (ou outras), tal como vem sistematicamente assegurando a doutrina dos espíritos há quase século e meio. E, por via de consequência, *O avesso de um Balzac contemporâneo*, de Osmar Ramos Filho, situa-se como primeiro documento de análise literária de um livro mediúnico a alcançar um nível de erudição que o coloca como único na literatura mundial.

Na outra faixa de leitores – os não-espíritas em particular e os agnósticos ou crentes e descrentes em geral – o problema criado pelo livro de Osmar é complexo. Em primeiro lugar, há que se mencionar a perplexidade que ele vem suscitando nos ambientes culturais, onde a reação vai desde a arrogância azeda dos que não leram e não gostaram, até a surpresa dos que se impressionaram pela pesquisa e ficaram sem saber ao certo como avaliá-la e o que pensar de suas desconcertantes implicações. Então, gente morta pode escrever livros? Pois a morte não é o fim de tudo? E se não foi Balzac quem escreveu o estranho romance, quem o teria feito? Não poderia ter sido Balzac o autor do livro – alegam outros – porque Deus não permite que vivos e mortos se comuniquem, ou, pelo menos, não *devem* se comunicar, alegam de Bíblia na mão.

Os mais inconformados buscam honrosas saídas estratégicas. Uma delas consiste em não tomar conhecimento dos livros, nem o mediúnico, nem o de Osmar. Como se não existissem. Acham estes que é melhor ignorar o assunto do que discuti-lo bravamente. Outra opção está em considerar tudo uma fantasia 'ocultista', indigna da atenção de uma pessoa culta, inteligente e bem informada. Há, ainda, os que podem entender o texto como obra do demônio elaborada para iludir e ganhar almas incautas para o inferno. Demônio, aliás, imensamente talentoso, esse... Outras pessoas leem o livro e se convencem da seriedade do trabalho de Osmar, mas preferem ficar à margem do debate, para que não se diga que se deixaram apanhar pelo 'engodo' da sobrevivência do ser. Parece que constitui bom sinal de *status* cultural declarar-se descrente. Quanto mais descrente, melhor. Sem alternativas para oferecer, preferem alguns contornar a questão que constitui a mensagem nuclear do livro de Balzac morto. Aceitar a autoria seria um passo audacioso de imprevisíveis consequências profissionais, dado que estariam pondo em risco sólidas reputações penosamente construídas ao longo de anos de trabalho e estudo.

Tudo bem, a gente entende posturas como estas. Não poderíamos pretender para o livro de Balzac atestados de autenticidade e selos de garantia avalizados por grandes nomes da literatura e do jornalismo, mesmo porque, a admitir-se a realidade que essa e obras semelhantes demonstram, desmorona-se para os céticos e descrentes todo um universo pessoal de ideias, conceitos e preconceitos. Muita coisa teria de ser reconstruída, pedra por pedra, quase que a partir do zero, nivelado ao chão, seja porque a realidade implícita no recado de Balzac implode crenças mal estruturadas, seja porque explode descrenças insustentáveis.

Se a autoria de *Cristo espera por ti* pode, realmente, ser atribuída a Honoré de Balzac – e isso é, a meu ver, o que está demonstrado no livro de Osmar Ramos Filho – então, meu Deus!, somos todos espíritos sobreviventes, reencarnantes, comunicantes e até imortais! Um horror!

Não é de admirar-se, portanto, a olímpica indiferença da imprensa dita leiga pela competente pesquisa de Osmar. O que me leva a lembrar, mais uma vez, Hannen Swaffer, o lendário jornalista britânico conhecido como o "Papa da Fleet Street" (a rua Londrina dos grandes jornais) e um dos mais brilhantes do seu tempo, pela projeção profissional no império de comunicação de *lord* Northcliffe, outra grande figura da época. Uma vez convencido da realidade espiritual, Swaffer assumiu uma atitude digna, corajosa e impactante, declarando publicamente suas novas convicções. Passou a integrar ativamente a militância espiritualista, escrevendo, falando e frequentando reuniões mediúnicas. Fundou seu próprio grupo, no qual começou a manifestar-se, entre varias celebridades desencarnadas, uma entidade que se tornaria conhecida até internacionalmente – o sábio "índio americano" que se identificava como Silver Birch, que falava através de Maurice Barbanell, outro competente jornalista britânico.

Aos colegas que o consideravam meio gagá por ter, de repente, se tornado espiritualista, o combativo Swaffer só tinha a lamentar que não estivessem percebendo a importância da realidade espiritual, não apenas para a vida pessoal de cada um, como por constituir excelente matéria para a mídia em geral.

Estórias reais sobre manifestações de personalidades 'falecidas' circulam por aí, até hoje. No entanto, com as honrosas exceções de praxe, a mídia continua a ignorar o filão, preferindo explorar crimes, escândalos, chantagens e patifarias. O crime foi promovido à primeira página, com direito a manchetes e fotografias, com a vítima ainda a sangrar e o assassino sendo levado para a cadeia, à forca ou à cadeira elétrica. Com as minúcias e detalhes de bastidores, quanto mais escabrosos, melhor.

Swaffer também era daqueles que, antes da 'conversão', não se dariam ao trabalho de ir além da leitura distraída do título de um livro que se lhe apresentasse como de autor morto. Teve, contudo, a humilde grandeza de mudar. Se, hoje, um jornalista resolver escrever, para o seu jornal, revista ou TV, sobre uma obra mediúnica, terá duas opções diante de si: ou a matéria estará expressando sua opinião contrária ao livro, com umas pinceladas de sarcasmo e terá alguma chance de ser acolhida pelo seu editor, ou, se favorável, será sumariamente rejeitada. (Reservamo-nos o direito de não fazer identificações, mas temos disto exemplos concretos).

Por tudo isso, dificilmente você lerá notícias acerca do livro de Osmar Ramos Filho na imprensa não-espírita, mesmo nos cadernos especializados, onde deveria contar com espaço reservado para discussão de seu valor literário. Afinal de contas, esse livro "incômodo" só está dizendo que escritores 'mortos' teimam em demonstrar que a vida continua do lado de lá. Pensam muitos que, na dimensão póstuma, a gente desaparece para sempre ou, na melhor das hipóteses, permanece por lá de bico calado, à espera de uma vaga destinação final.

A esta altura, Osmar Ramos Filho deveria estar sendo solicitado a falar de sua pesquisa e debater seus achados com grupos de professores e alunos dos departamentos de literatura em nossas universidades. Ainda que abstraídas as conotações espirituais de seu 'explosivo' conteúdo, *O avesso de um Balzac contemporâneo* documenta uma técnica modelar de pesquisa exposta em bem estruturada dissertação e revela um conhecimento da obra de Balzac que suscitou a admiração e o respeito do erudito professor Paulo Rónai.

Lamentavelmente, estórias de espíritos sobreviventes não vendem jornal e nem dão ibope como uma 'boa' patifaria. Ou será que Hannen Swaffer tinha razão e a mídia ainda não atentou para o potencial da grande 'novidade' de que a gente não morre, apenas muda de estado, como dizia Monteiro Lobato? Para quem desejar experimentar, sugiro manchete até agora rejeitada e que seria mais ou menos assim: *Balzac morto escreve para os vivos*.

O Médium Do Anticristo – I

Um jovem de cerca de vinte anos vagava pelo Museu Hofburg, em Viena, como de costume. Estava deprimido como nunca. O dia fora muito frio, pois o vento trouxera o primeiro anúncio do outono que se aproximava. Ele temia novo ataque de bronquite que o reteria por longo tempo no seu miserável quartinho numa pensão barata. Estava pálido, magro e de aparência doentia. Sem dúvida alguma, era um fracasso. Fora recusado pela Escola de Belas--Artes e pela de Arquitetura. As perspectivas eram as piores possíveis.

Caminhando pelo museu, entrou na sala que guardava as joias da coroa dos Habsburg, gente de uma raça que não considerava de boa linhagem germânica.

Mergulhado em pensamentos pessimistas, nem sequer notou que um grupo de turistas, orientado por um guia, passou por ele e parou diante de um pequeno objeto ali em exibição.

Mais tarde o jovem escreveria:

> Aqueles estrangeiros pararam quase em frente ao lugar onde eu me encontrava, enquanto seu guia apontava para uma antiga ponta de lança. A princípio, nem me dei ao trabalho de ouvir o que dizia o perito; limitava-me a encarar a presença daquela gente como intromissão na intimidade de meus desesperados pensamentos. E, então, ouvi as palavras que mudariam o rumo da minha vida: "Há uma lenda ligada a esta lança que diz que quem a possuir e decifrar os seus segredos terá o destino do mundo em suas mãos, para o bem ou para o mal".

Como se tivesse recebido um choque de alerta, ele agora bebia as palavras do erudito guia do museu, que prosseguia explicando que aquela fora a lança que o centurião romano introduzira ao lado do tórax de Jesus (João 19,34) para ver se o crucificado já estava 'morto'.

Tinha uma longa e fascinante história aquele rústico pedaço de ferro. O jovem mergulharia nela a fundo nos próximos anos. Chamava-se ele Adolf Hitler.

Voltou muitas vezes mais ao Museu Hofburg e pesquisou todos os livros e documentos que conseguiu encontrar sobre o assunto. Envolveu-se em mistérios profundos e aterradores, teve revelações que o atordoaram, incendiaram sua imaginação e desataram seus sonhos mais fantásticos.

• • •

Estranha era a personalidade do futuro chefe nacional do nazismo, e duas pessoas, pelo menos, o conheceram bem nesses anos de formação e busca.

Um deles chamou-se August Kubizek e escreveu um livro sob o título *O jovem Hitler – a história de nossa amizade*; outro foi Walter Johannes Stein, cientista e doutor em filosofia, nascido em Viena e que mais tarde emigrou para a Inglaterra, onde morreu.[8]

A personalidade de Hitler parece oferecer inesgotável manancial de sugestões para os mais variados temas. Poucos livros, no entanto, serão tão fascinantes como *The spear of destiny* (A lança do destino), do escritor inglês Trevor Ravenscroft, amigo pessoal do dr. Stein, jornalista e professor de história em Londres e Edinburgh. Ravenscroft estudou o assunto Hitler durante doze anos, parte dos quais sob a orientação do dr. Stein. Seu livro é, pois, um documentário e não uma narrativa romanceada.

Não é fácil escolher, em obra tão densa e rica, o material a ser comentado num mero artigo como este. Tentaremos.

• • •

Sabemos hoje, em face da prática e da literatura espíritas, que os espíritos, encarnados e desencarnados, vivem em grupos, dedicados a causas nobres ou sórdidas, segundo seus interesses pessoais. A inteligência e o conhecimento, como todas as aptidões humanas, são neutros em si mesmos, ou seja, tanto podem ser utilizados na prática do bem como na disseminação do mal. Dessa maneira, tanto os bons espíritos, como aqueles que ainda se demoram pelas trevas, elaboram objetivos de longo alcance visando aos interesses finais do bem ou do mal. Em tais condições, encarnados e desencarnados se revezam, neste plano e no outro, e se apoiam mutuamente, mantendo constantes entendimentos, especialmente pela calada da noite, quando uma parte considerável da humanidade encarnada, desprendida pelo sono, procura seus companheiros espirituais para debater planos, traçar estratégias, realizar tarefas, ajustar situações.

Há, pois, toda uma logística de apoio aos espíritos que se reencarnam com tarefas específicas, segundo os planos traçados.

Estudando, hoje, a história secreta do nazismo, não nos resta dúvida de que Adolf Hitler e vários dos seus principais companheiros desempenharam

---

[8] O dr. Walter Johannes Stein exerceu, na Inglaterra, o elevado cargo de assessor-especial do primeiro--ministro Winston Churchill para assuntos relacionados com a personalidade de Hitler. Além de sua vasta cultura, era homem de excelentes padrões morais.

importante papel na estratégia geral de implantação do reino das trevas na Terra, num trabalho gigantesco que, obviamente, tem a marca inconfundível do Anticristo. Para isso, eclodem fenômenos mediúnicos, surgem revelações, encontram-se as pessoas que deveriam encontrar-se, acontecem 'acasos' e 'coincidências' estranhas, juntam-se, enfim, todos os ingredientes necessários ao desdobramento do trabalho.

August Kubizek descreve uma cena dramática em que Hitler, com apenas quinze anos de idade, apresenta-se claramente incorporado ou inspirado por alguma entidade desencarnada. De pé, diante de seu jovem amigo, agarrou-lhe as mãos emocionado, de olhos esbugalhados e fulminantes, enquanto de sua boca fluía desordenadamente uma enxurrada de palavras excitadas. Kubizek, aturdido, escreve, em seu livro:

> – Era como se outro ser falasse de seu corpo e o comovia tanto quanto a mim. Não era, de forma alguma, o caso de uma pessoa que fala entusiasmada pelo que diz. Ao contrário, eu sentia que ele próprio como que ouvia atônito e emocionado o que jorrava com uma força primitiva... Como enxurrada rompendo diques, suas palavras irrompiam dele. Ele invocava, em grandiosos e inspirados quadros, o seu próprio futuro e o de seu povo. Falava sobre um mandato que, um dia, receberia do povo para liderá-lo da servidão aos píncaros da liberdade – missão especial que em futuro seria confiada a ele.

Ao que parece, foi o primeiro sinal documentado da missão de Hitler e o primeiro indício veemente de que ele seria o *médium* de poderosa equipe espiritual trevosa empenhada em implantar na Terra uma nova ordem. Garantia-se a Hitler o poder que ambicionava, em troca da fiel utilização da sua instrumentação mediúnica. O pacto com as trevas fora selado nas trevas. É engano pensar que essas falanges espirituais ignoram as leis divinas. Conhecem-nas muito bem e sabem da responsabilidade que arrostam e, talvez, até por isso mesmo, articulam seus planos tenebrosos e audaciosos, porque, se ganhassem, teriam a impunidade com que sonham milenarmente para acobertar crimes espantosos. Eles conhecem, como poucos, os mecanismos da Lei e sabem manipular com perícia aterradora os recursos espirituais de que dispõem.

Vejamos outro exemplo: o relato da segunda visita de Hitler à lança, narrada pelo próprio.

Novamente a sensação estranha de perplexidade. Sente ele que algo poderoso emana daquela peça, mas não consegue identificar o de que se trata. De pé, diante da lança, ali ficou por longo tempo a contemplá-la:

> – Estudava minuciosamente cada pormenor físico da forma, da cor e da substância, tentando, porém, permanecer aberto à sua mensagem. Pouco a pouco me tornei consciente de uma poderosa presença em torno dela – a mesma presença assombrosa que experimentara intimamente naquelas raras ocasiões de minha vida em que senti que um grande destino esperava por mim.

– Começava agora a compreender o significado da lança e a origem de sua lenda, pois sentia, intuitivamente, que ela era o veículo de uma revelação – "uma ponte entre o mundo dos sentidos e o mundo do espírito".

As palavras entre aspas são do próprio Hitler, que prossegue:

– Uma janela sobre o futuro abriu-se diante de mim, e através dela vi, num único *flash*, um acontecimento futuro que me permitiu saber, sem sombra de dúvida, que o sangue que corria em minhas veias seria, um dia, o veículo do espírito de meu povo.

Ravenscroft especula sobre a revelação. Teria sido, talvez, a antevisão da cena espetaculosa do próprio Hitler a falar, anos mais tarde, ali mesmo em frente ao Hofburg, à massa nazista aglomerada, após a trágica invasão da Áustria, em 1938, quando ele disse em discurso:

– A Providência me incumbiu da missão de reunir os povos germânicos... com a missão de devolver minha pátria[9] ao *Reich* alemão. Acreditei nessa missão. Vivi por ela e creio que a cumpri.

Tudo começara com o impacto da visão da lança no museu. Já naquele mesmo dia em que o guia dos turistas chamou sua atenção para a antiquíssima peça, ele experimentou estranhas sensações diante dela. Que fascínio poderia ter sobre seu espírito – especula ele próprio – aquele símbolo cristão? Qual a razão daquele impacto? Quanto mais a contemplava, mais forte e, ao mesmo tempo, mais fugidia e fantástica se tornava a sua impressão.

– Senti como se eu próprio a tivesse detido em minhas mãos anteriormente, em algum remoto século da história – como se eu a tivesse possuído, como meu talismã de poder, e mantido o destino do mundo em minhas mãos. No entanto, como poderia isto ser possível? Que espécie de loucura era aquela que invadia a minha mente e criava todo aquele tumulto no meu íntimo?

Qual é, porém, a história conhecida da lança?
É o que tentaremos resumir em seguida.

●●●

Segundo conta Ravenscroft, a lança teria sido forjada por ordem do antigo profeta Fineias para simbolizar os poderes mágicos inerentes ao sangue do povo eleito.[10] A lança já era, pois, antiga, quando Josué a teria nas mãos, ao ordenar aos soldados que emitissem aquele som terrível que fez ruir os muros de Jericó. Diz-se que essa mesma lança o rei Saul atirou sobre o jovem David num impulso de cólera e ciúme. Herodes, o Grande, também teve em seu poder esse talismã, quando determinou o massacre das crianças. Foi como mandatário de seu sucessor, Herodes Antipas, que governou do ano 4 antes do

---
[9] Hitler era austríaco. Nasceu em 20 de abril de 1889, na encantadora vila de Braunau-am-Inn, onde também nasceram os famosos médiuns Willy e Rudi Schneider.
[10] Não sei se é esse o Finéias, filho de Eleazar, mencionado em Números 25,7 e Juízes 20,28.

Cristo até 39 da nossa era, que um oficial empunhou a lança, como símbolo da autoridade, com ordens de quebrar as pernas de Jesus crucificado.

Ao chegar à cena o contingente de guardas do templo, os soldados romanos deram às costas, enojados, enquanto os vassalos do sumo-sacerdote quebravam o crânio e as pernas dos dois ladrões sacrificados lateralmente ao Cristo.

Gaius Cassius era, ao que apurou Ravenscroft, de origem germânica e foi afastado do serviço ativo por causa da catarata que atacou seus olhos. Enviado a Jerusalém, ali ficou como observador dos movimentos políticos e religiosos da Palestina. Durante dois anos, acompanhou a atividade de Jesus e, depois, seguiu o doloroso processo da execução do profeta que diziam ameaçar a autoridade de Roma. Impressionou-o a coragem e a dignidade com que o jovem pregador suportou o seu martírio. Por outro lado, entendiam os sacerdotes ser indispensável mutilar seu corpo, pois era absolutamente essencial desmentir sua condição de Messias, uma vez que, segundo as escrituras, seus ossos não seriam quebrados (João 19,36). Gaius Cassius tão impressionado ficou com o tétrico espetáculo, de um lado, e com a grandeza do Cristo, de outro, que resolveu impedir que Jesus também fosse mutilado. E, assim, esporeou o cavalo na direção da cruz central e trespassou o tórax do crucificado, entre a quarta e a quinta costelas, procedimento costumeiro dos soldados romanos quando desejavam verificar se o inimigo, ferido no campo de batalha, estava realmente morto. Não se sabe ao certo se Cassius tomou a lança da mão do comandante judeu, que a trazia em nome de Herodes, ou se usou sua própria lança. De qualquer forma, a legenda se criou e se consolidou. Gaius Cassius se converteu ao cristianismo e passou a chamar-se Longinus, nome com que continuou sua carreira através dos séculos. E a arma ficou sendo conhecida como a lança de Longinus.

Diz-se dela que representa um talismã de poder tanto para o bem como para o mal, mas, ao que parece, somente tem sido usada como instrumento de conquista e opressão, pois pertenceu, depois, a Mauritius, comandante da Legião Tebana, que, com ela nas mãos, morreu martirizado por ordem de Maximiano, ao se recusar a adorar os deuses pagãos. Em solidariedade ao chefe, que morreu cristão, seus 6.666 legionários também se recusaram, ajoelharam-se e ofereceram o pescoço à espada. Maximiano decidiu pelo espantoso massacre, como oferenda aos seus deuses. Assim, a mais valorosa legião romana daquele tempo foi sacrificada numa chacina sem precedentes na história antiga.

Seria impossível retraçar toda a história da lança, mas sabe-se que ela esteve em poder de Constantino, Teodósio, Alarico, Ecius, Justiniano, Carlos Martelo, Carlos Magno, Frederico Barba-Roxa e Otto, o Grande. Em que outras mãos teria ela estado, e a que propósitos inconfessáveis serviu através do tempo?

É certo, no entanto, que quem a cobiçava naquela fria tarde de outono, em Viena, era um jovem que tinha a impressão viva de tê-la já possuído alhures, no tempo e no espaço.

•••

Hitler dedicou-se daí em diante ao estudo de tudo quanto pudesse estar relacionado com o seu fascinante problema. Cedo foi dar em núcleos do saber oculto. Um dos seus biógrafos, Alan Bullock (*Hitler: a study in tiranny*), sem ter alcançado as motivações do futuro líder nazista, diz que ele foi um inconsequente, o que se poderia provar pelas suas leituras habituais, pois seus assuntos prediletos eram a história de Roma antiga, as religiões orientais, ioga, ocultismo, hipnotismo, astrologia... Parece legítimo admitir que tenha lido também obras de pesquisas espíritas, porque os autores não especializados insistem em grupar espiritismo, magia, mediunismo, adivinhação e muito mais sob o rótulo comum de ocultismo.

Sim, Hitler estudou tudo isso profundamente e não se limitou à teoria; passou à prática. Convencido da sua missão transcendental, quis logo informar-se sobre os instrumentos e recursos que lhe seriam facultados para levá-la a cabo. O primeiro impacto da ideia da reencarnação em seu espírito o deixou algo atônito, como vimos, na sua primeira crise espiritual diante da lança, no museu de Hofburg; logo, no entanto, se tornou convicto dessa realidade e tratou a sério de identificar algumas de suas vidas anteriores. Esses estudos levaram-no ao cuidadoso exame da famosa legenda do santo Graal, de que Richard Wagner, um dos seus grandes ídolos, se serviu para o enredo da ópera *Parsifal*.

Hitler foi encontrar nos escritos de um poeta do século XIII, por nome Wolfram von Eschenbach, a fascinante narrativa da lenda, cheia de conotações místicas e simbolismos curiosos, que captaram a sua imaginação, porque ali a história e a profecia estavam como que mal disfarçadas atrás do véu diáfano da fantasia.

Mas Hitler tinha pressa e, para chegar logo ao conhecimento dos mistérios que o seduziam, não hesitou em experimentar com o peiote, substância alucinógena extraída do cogumelo mexicano, hoje conhecida como mescalina. Sob a direção de um estranho indivíduo, por nome Ernst Pretzsche, o jovem Adolf mergulhou em visões fantásticas que, mais tarde, identificaria como sendo cenas de uma existência anterior que teria vivido como Landulf de Cápua, que serviu de modelo ao Klingsor na opera de Wagner.

Esse Landulf foi um príncipe medieval (século nono) que Ravenscroft declara ter sido "*the most evil figure of the century*" – a figura mais infame do século. Sua influência tornou-se considerável na política de sua época e, segundo Ravenscroft, "ele foi a figura central em todo o mal que se praticou então".

O imperador Luís II conferiu-lhe posto que o situava como a terceira pessoa no seu reino, e concedeu-lhe honrarias e poderes de toda a sorte. Landulf teria passado muitos anos no Egito, onde estudou magia negra e astrologia. Aliou-se secretamente aos árabes que, apesar de dominarem a Sicília, respeitaram seu castelo, em Carlata Belota, na Calábria. Nesse local sinistro, onde se situara no passado um templo dedicado aos mistérios, Landulf exercia livremente suas práticas horríveis e perversas que, segundo Ravenscroft, deram-lhe a merecida fama de ser o mais temido feiticeiro do mundo. Finalmente, o homem que o imperador Luís II queria fazer arcebispo de Cápua, depois de elevá-la à condição de cidade metropolitana, foi excomungado em 875, quando sua aliança com o Islam foi descoberta.

Ravenscroft informa logo a seguir que, a seu ver, ninguém conseguiu exceder Wagner em inspiração, quando este coloca, na sua ópera, a figura de Klingsor (ou seja, Landulf) como um mago a serviço do Anticristo.

Aliás, muitas são as referências ao Anticristo no livro do autor inglês, em conexão com a trágica figura de Adolf Hitler. Ainda veremos isto.

Guiado pela sua intuição, Wagner transpôs para o terreno da arte, na sua genial ópera, o objetivo de Klingsor e seus adeptos, que era "cegar as almas por meio da perversão sexual e privá-las da visão espiritual, a fim de que não pudessem ser guiadas pelas hierarquias celestiais". Essa atividade maligna Landulf desenvolveu em seu tempo, e suas horríveis práticas teriam exercido "devastadora influência nos líderes seculares da Europa cristã", conforme Ravenscroft.

Mas Hitler acreditava-se também uma reencarnação de Tibério, um dos mais sinistros dos Césares. É fato sabido hoje que ele tentou adquirir ao dr. Axel Munthe, autor de *O livro de san Michele*, a ilha deste nome, que, em tempos idos, fora o último reduto de Tibério, que lá morreu assassinado. O dr. Munthe se recusou a vender a ilha porque ele próprio acreditava ter sido Tibério, o que não parece muito congruente com a sua personalidade.

Aliás, as especulações ocultistas (usemos a palavra) dos líderes nazistas estão cheias de fenômenos psíquicos e de buscas no passado. Goering dizia, com orgulho, que sempre se encarnou ao lado do Führer. Ao tempo de Landulf, ele teria sido o conde Boese, amigo e confidente do príncipe feiticeiro, e, no século XIII, fora Conrad de Marburg, amigo íntimo do bispo Klingsor, de Wartburg. Goebbels, o ministro da Propaganda nazista, acreditava-se ter sido Eckbert de Meran, bispo de Bamberg, no século XIII, que teria apresentado Klingsor ao rei André da Hungria.[11]

Se essas encarnações estão certas ou não, não cabe aqui discutir, mas tais especulações evidenciam o interesse daqueles homens pelos mistérios e se-

---

[11] Segundo apurou Ravenscroft, esse bispo Klingsor seria o conde de Acerra, também de Cápua, um tipo sinistro, profundamente envolvido em magia negra e que, como Landulf, séculos antes, reuniu em torno de si um círculo de adeptos que incluía eminentes personalidades eclesiásticas da época. Afirma, ainda, o autor que foi nesse grupo que se concebeu o medonho monstro da inquisição.

gredos das leis divinas, que precisavam conhecer para melhor desrespeitar e burlar. Por outro lado, contém alguma lógica, quando nos lembramos de certos aspectos que a muitos passam despercebidos. Muitos espíritos reencarnam-se com o objetivo de infiltrarem-se nas hostes daqueles que pretendem combater, seja para destruir, seja para se apossarem da organização, sempre que esta detenha alguma parcela substancial de poder. Não seria de admirar-se, pois, que um grupo de servidores das trevas, com apoio das trevas, aqui e além, fosse alçado a postos de elevada influência entre a hierarquia cristã da época, quando a Igreja desfrutava de incontestável poder. O papado não esteve imune – longe disso – e por várias vezes caiu em mãos de mal disfarçados emissários do Anticristo.

Lembremos outro pequeno e quase imperceptível pormenor. Recorda-se o leitor daquela observação veiculada por um benfeitor espiritual que relatou haver sido traçada, no mundo das trevas, a estratégia do sexo desvairado, a fim de desviar os humanos dos caminhos retos da evolução? Sexo transviado e magia negra são aliados constantes, ingredientes do mesmo caldo escuro, onde se cultivam as paixões mais torpes. Quantos não se perderam por aí...

O Médium
Do Anticristo – II

Alfred Rosenberg, o futuro teórico do nazismo, era então o profeta do Anticristo e se incumbia de questionar os espíritos manifestantes. Ravenscroft afirma que teria sido Rosenberg quem pediu a presença da própria Besta do Apocalipse, que, na sua opinião (de Ravenscroft), sem dúvida dominava o corpo e a alma de Adolf Hitler, através das óbvias faculdades mediúnicas deste.

Essa manifestação do Anticristo em Hitler foi assegurada por mais de uma pessoa, além do lúcido e tranquilo dr. Walter Johannes Stein. Um desses foi outro estranho caráter, por nome Houston Stewart Chamberlain, um inglês que se apaixonou pela Alemanha e pela causa nazista. Ravenscroft classifica-o como genro de Wagner e profeta do mundo pangermânico. Também escrevia suas teses antirracistas em transe, segundo atestou nada menos que o eminente general von Moltke, de quem ainda diremos algo importante daqui a pouco. Chamberlain era considerado um digno sucessor do gênio de Friederich Nietzsche e, segundo o próprio Hitler, em *Mein Kampf*, "um dos mais admiráveis talentos na história do pensamento alemão, uma verdadeira mina de informações e de ideias". Foi quem expandiu as ideias de Wagner, desvirtuando-as perigosamente, ao pregar a superioridade da raça ariana. Segundo o testemunho de von Moltke, Chamberlain evocou inúmeros vultos desencarnados da história mundial e confabulou com eles. Que era uma inteligência invulgar, não resta dúvida. Os poderes das trevas escolheram bem seus emissários. Enganam-se, também, redondamente, aqueles que consideram Hitler um doido inconsequente que tentou, na sua loucura, botar fogo no mundo. A julgar por todas essas revelações que ora nos chegam ao conhecimento, ele sabia muito bem o seu papel em todo esse drama. Recebeu uma fatia de poder a troco de certa missão muito específica. No domínio do mundo, se o tivesse conseguido, ele continuaria a desfrutar de posição 'invejável', como prêmio a um trabalho 'bem feito'. Ainda bem que falhou, pois a amostra foi terrível.

Como se explicaria, sem esse apoio maciço de espíritos encarnados e desencarnados, que um jovem pintor sem êxito, pobre, abandonado à sua sorte, rejeitado pela sociedade, tenha conseguido montar o mais tenebroso instrumento de opressão que o mundo já conheceu? Como se explicaria que o seu partido tenha emergido de um pequeno grupo político, falido e obscuro, senão que os espíritos seus amigos o indicaram como sendo o primeiro degrau da escada que o levaria ao poder?

Hitler ainda se aprofundaria muito mais nos mistérios da sua missão tenebrosa. Precisava receber instruções mais específicas, e, como sabemos, tudo se arranja para que assim seja. A hora chegaria, no momento exato, com a pessoa já programada para ajudá-lo. Um desses homens chamou-se Dietrich Eckhart.

Sua história é algo fantástica, mas vale a pena passar ligeiramente sobre ela a fim de entendermos seu papel junto a Hitler, que, antes de encontrar-se com Eckhart, fizera apenas preparativos para o vestibular da magia e do ocultismo.

Dietrich Eckhart era um oficial do exército, de aparência afável e jovial e, ao mesmo tempo, no dizer de Ravenscroft, "dedicado satanista", o supremo adepto das artes e dos rituais da magia negra e a figura central de um poderoso e amplo círculo de ocultistas – o Grupo Thule. Foi um dos sete fundadores do Partido Nazista, e, ao morrer, intoxicado por gás de mostarda, em Munich, em dezembro de 1923, disse, exultante:

– Sigam Hitler! Ele dançará, mas a música é minha. Iniciei-o na "doutrina Secreta", abri seus centros de visão e dei-lhe os recursos para se comunicar com os poderes. Não chorem por mim: terei influenciado a história mais do que qualquer outro alemão.

Suas palavras não são mero delírio de paranoico. Há muito, nas suas desvairadas práticas mediúnicas, havia recebido "uma espécie de anunciação satânica de que estava destinado a preparar o instrumento do Anticristo, o homem inspirado por Lúcifer para conquistar o mundo e liderar a raça ariana à glória".

Quando Adolf Hitler lhe foi apresentado, ele reconheceu imediatamente o seu homem e disse para seus perplexos ouvintes:

– Aqui está aquele de quem eu fui apenas o profeta e o precursor.

Coisas espantosas se passaram no círculo mais íntimo e secreto do Grupo Thule, numa série de sessões mediúnicas (Ravenscroft chama-as, indevidamente, de sessões espíritas...), das quais participavam dois sinistros generais russos e outras figuras tenebrosas.

A médium, descoberta por certo dr. Nemirovitch-Dantchenko, era uma pobre e ignorante camponesa, dotada de variadas faculdades. Expelia pelo órgão genital enormes quantidades de ectoplasma, do qual se formavam cabeças de entidades materializadas que, juntamente com outras, incorporadas na médium, transmitiam instruções ao círculo de 'eleitos'.

Certa manhã de setembro de 1912, Walter Stein e seu jovem amigo Adolf Hitler subiram juntos as escadarias do museu Hofburg. Em poucos minutos encontravam-se diante da lança de Longinus, posta, como sempre, no seu estojo de desbotado veludo vermelho. Estavam ambos profundamente emocionados, por motivos diversos, é claro, mas, seja como for, o disparador daquelas emoções era a misteriosa lança. Dentro em pouco, Hitler parecia ter passado a um estado de transe, "um homem – segundo Ravenscroft – sobre o qual algum espantoso encantamento mágico havia sido atirado". Tinha as faces vermelhas e seus olhos brilhavam estranhamente. Seu corpo oscilava, enquanto ele parecia tomado de inexplicável euforia.

– Toda sua fisionomia e postura – escreve Ravenscroft, que ouviu a narrativa do próprio Stein – pareciam transformados, como se algum poderoso espírito habitasse agora a sua alma, criando dentro dele e à sua volta uma espécie de transfiguração maligna de sua própria natureza e poder.

Walter Stein pensou com seus botões: estaria ele presenciando uma incorporação do Anticristo?

É difícil responder, mas é certo que terrífica presença espiritual ali estava mais do que evidente. Inúmeras outras vezes, em todo o decorrer de sua agitada existência, testemunhas insuspeitas e desprevenidas haveriam de notar fenômenos semelhantes de incorporação, especialmente quando Hitler pronunciava discursos importantes ou tomava decisões mais relevantes.

Ao narrar o fenômeno a Ravenscroft, trinta e cinco anos depois, o dr. Stein diria que:

–... Naquele instante em que pela primeira vez nos postamos juntos, de pé, ante a lança de Longinus, pareceu-me que Hitler estava em transe tão profundo que passava por uma privação quase completa de seus sentidos e um total eclipse de sua consciência.

Hitler sabia muito bem da sua condição de instrumento de poderes invisíveis. Numa entrevista à imprensa, documentou claramente esse pensamento, ao dizer:

– Movimento-me como um sonâmbulo, tal como me ordena a Providência.

Havia nele súbitas e tempestuosas mudanças de atitude. De uma placidez fria e meditativa, explodia, de repente, em cólera, pronunciando, alucinadamente, uma torrente de palavras, com emoção e impacto, especialmente quando a conversa enveredava pelos temas políticos e raciais. Stein presenciou cenas assim no velho café em que costumava encontrar-se com seu amigo, em Viena, ali por volta de 1912/1913. Passada a explosão, Hitler recolhia-se novamente ao seu canto, como se nada tivesse ocorrido.

Naqueles estados de exaltação, transformava-se o seu modo de falar e sua palavra alcançava as culminâncias da eloquência e da convicção. Era como se um poder magnético a elas se acrescentasse, de tal forma que ele facilmente dominava seus ouvintes. Seus próprios companheiros notariam isso mais tarde, em várias oportunidades.

– Ao se ouvir Hitler – escreveu Gregor Strasser, um ex-nazista – tem-se a visão de alguém capaz de liderar a humanidade à glória. Uma luz aparece numa janela escura. Um homem com um bigode cômico transforma-se em arcanjo. De repente, o arcanjo se desprende, e lá está Hitler sentado, banhado em suor, com os olhos vidrados.

Tudo fora muito cuidadosamente planejado e executado, inclusive com os sinais identificadores, para que ninguém tivesse dúvidas. Nas trágicas sessões mediúnicas do Grupo Thule, fora anunciado que o Anticristo se manifestaria depois que seu instrumento passasse por uma ligeira crise de cegueira. Isto se daria ali por volta de 1921, e seu médium teria, então, trinta e três anos.

Aos trinta e três anos de idade, em 1921, depois de recuperado de uma cegueira temporária, Hitler assumiu a incontestável liderança do Partido Nacional Socialista, que o levaria ao poder supremo, na Alemanha, e, quase, no mundo.

• • •

De tanto investigar os mistérios e segredos da história universal, em conexão com os poderes invisíveis, Hitler se convenceu de realidades que escapam à maioria dos seres humanos. A história é realmente o reflexo de uma disputa entre a sombra e a luz, representadas, respectivamente, pelos espíritos que desejam o poder a qualquer preço e por aqueles que querem implantar na Terra o reino de Deus que anunciou o Cristo.

Hitler sabia, por exemplo, que os espíritos trabalham em grupos, segundo seus interesses, e por isso se reencarnam também em grupos, enquanto seus companheiros permanecem no mundo espiritual – na sombra ou na luz, conforme seus propósitos –, apoiando-se mutuamente. Não é à toa que Goering e Goebbels, como vimos, reconheciam-se como velhos companheiros de Hitler. Este, por sua vez, estava convencido de que um grupo enorme de espíritos, que se encarnara no século IX, voltara a encarnar-se no século XX. O notável episódio ocorrido com o eminente general Von Moltke parece confirmar essa ideia.

Vamos recordá-lo, segundo o relato de Ravenscroft.

• • •

Foi ainda na Primeira Guerra Mundial. No imenso e trágico tabuleiro de xadrez em que se transformara a Europa, havia um plano militar secreto, sob o nome de plano Schlieffen, que previa a invasão da França através da Bélgica, antes que a Rússia estivesse em condições de entrar em ação.

Helmut von Moltke era chefe do estado-maior do exército alemão, sob o *Kaiser*. Coube-lhe a responsabilidade de introduzir alguns aperfeiçoamentos no plano e aguardar o momento de pô-lo em ação, se e quando necessário. O momento chegou em junho de 1914. Jogava-se a sorte da Europa. Von Moltke passou a noite em claro, na sede do alto comando, tomando as providências de última hora para que o plano entrasse em ação imediatamente. Estudava mapas, expedia ordens, conferenciava com seus oficiais. O destino de sua pátria estava em suas mãos, e ele sabia disso. No auge da atividade, o eminente general perdeu os sentidos sobre a mesa de trabalho. Parecia ter tido um enfarte. Chamaram um médico, enquanto seus camaradas, muito apreensivos, depositavam seu corpo num sofá.

Nenhuma doença foi diagnosticada. Na verdade, von Moltke estava em transe. Sua metódica e brilhante inteligência não previra a interferência da mão do destino, como diz Ravenscroft. Ou seria a mão de Deus?

Julgou-se, a princípio, que o poderoso general estivesse morrendo. Mal se percebia sua respiração, e o coração apenas batia o necessário para manter a vida; os olhos abertos vagavam, apagados, de um lado para outro. O eminente general Helmut Von Moltke estava experimentando uma crise espontânea de regressão de memória, durante a qual, em vívidas imagens que se desdobravam diante de seus olhos espirituais, ele se viu como um dos papas do século IX, Nicolau I, o Grande, que a Igreja canonizou. Há estranhas 'coincidências' aqui. Segundo os historiadores, Nicolau ascendeu ao trono papal mais por influência do imperador Luís II do que pela vontade do clero. Lembra-se o leitor de que esse Luís II foi o mesmo que protegeu o incrível Landulf, príncipe de Cápua? E que Landulf, um milênio depois, seria Adolf (Hitler)?

Nicolau foi um papa enérgico e brilhante. Governou somente nove anos incompletos, de 858 a 867, mas teve de tomar decisões momentosas e que exerceram profunda influência na história. Foi no seu tempo que se definiu mais nitidamente a tendência separatista entre as igrejas do ocidente e a do oriente. Foi ele quem elevou a novas culminâncias a doutrina da plenitude do poder papal. Segundo seu pensamento, o imperador era apenas um delegado, incumbido do poder civil.

Enquanto essas vivências desfilavam diante de seus olhos, von Moltke, ainda estendido no sofá, vivia a curiosa experiência de estar situado entre duas vidas, separadas por mil anos. Em torno dele, entre as ansiosas figuras de seus generais, ele identificava alguns de seus antigos cardeais e bispos. Uma das personalidades que ele também identificou naquele desdobramento foi a de seu tio, o ilustre marechal-de-campo, também chamado Helmuth von Moltke, o maior estrategista de sua época, e que lutou na guerra de 1870. Fora também uma das poderosas figuras medievais, o papa Leão IV, o chamado pontífice-soldado, que organizou a defesa de Roma e comandou seus próprios exércitos.

Outra figura identificada foi o general von Schlieffen, autor do famoso plano Schlieffen, que também experimentara as culminâncias do poder papal, sob o nome de Bento II.

Ao despertar de sua singular experiência com o tempo, o general von Moltke estava abalado até às raízes de seu ser. Caberia a ele, um ex-papa, deslanchar todo aquele plano de destruição e matança? Se não o fizesse, o que aconteceria à sua então pátria?

Diz Ravenscroft que, após se reformar, von Moltke escreveu minucioso relato daquela experiência notável. Também ele se deixou envolver pelo misterioso fascínio da lança de Longinus, que certa vez visitou, em companhia de outro general, seu amigo; e, segundo o escritor inglês, conseguiu apreender o verdadeiro sentido e importância daquela peça, "como um poderoso símbolo apocalíptico".

Acreditava ele que se deveram à sua própria atitude negativa, como Nicolau I, em relação ao intercâmbio com o mundo espiritual, os trágicos desenganos que se sucederam na história subsequente, a começar pela separação da cristandade em duas e o progressivo abandono da realidade espiritual em favor das doutrinas materialistas, que "virtualmente aprisionaram a criatura no mundo fenomênico da medida, do número, do peso, tornando a própria existência da alma humana objeto de dúvida e debate" (Ravenscroft).

Por tudo isso, ao se erguer do sofá, von Moltke era outra criatura. Como explicar tudo aquilo aos seus companheiros? Que decisões tomar agora, na perspectiva do tempo e dos lamentáveis enganos que havia cometido no passado, em prejuízo do curso da história? Parece, no entanto, que não dispunha de alternativa. Como Longinus, tinha de praticar um ato de aparente violência para contornar uma crueldade maior. Tudo continuou como fora planejado, mas o chefe do estado-maior não continuou como fora. Aliás, ao ser elevado àquela posição pela sua inegável e indiscutível capacidade profissional, houve dúvidas, em virtude do seu temperamento meditativo e tranquilo. Seria realmente um bom general no momento de crise que exigisse decisões drásticas? Era o que se perguntavam seus adversários, mesmo reconhecendo sua enorme autoridade técnica. Ao se retirar do comando, diz Ravenscroft que ele era um homem arrasado, porque mais do que nunca estava consciente da tragédia de viver num mundo em que a violência e a matança pareciam ser os únicos instrumentos capazes de "despertar a humanidade para as realidades espirituais".

Após a sua desencarnação, em 1916, com sessenta e oito anos de idade, von Moltke passou a transmitir uma série de comunicações atraves da mediunidade de sua esposa Eliza von Moltke. Ah! que documento notável deve ser esse! Foi numa dessas mensagens que o espírito do antigo chefe do estado-maior informou que o *Führer* do terceiro *Reich* seria Adolf Hitler, àquela época um obscuro e agitado político, aparentemente sem futuro. Foi também ele que, em espírito, confirmou a antiga encarnação de Hitler como Landulf de Cápua, o terrível mágico medieval que vinha agora repetir, nos círculos mais fechados do partido, os rituais de magia negra, cujo conhecimento trazia nos escaninhos da memória integral.

Faltavam ainda algumas peças importantes para consolidar as conquistas do jovem Hitler, mas todas elas apareceriam no seu devido tempo e executariam as tarefas para as quais haviam sido rigorosamente programados nos tenebrosos domínios do mundo espiritual inferior. O general Eric Ludendorff seria uma delas. Von Moltke identificou-o com outro papa medieval, que governou sob o nome de João VIII, que Ravenscroft classifica como "o pontífice de mais negra memória que se conhece em toda a história da Igreja Romana, que, como amigo de Landulf de Cápua, ajudou-o nas suas conspirações no século IX". Novamente, sob as vestes de Eric Ludendorff, o antigo papa daria a mão para alçar Landulf (agora Adolf) ao poder.

Outro elemento importante, nessa longa e profunda reiniciação de Hitler, foi Karl Haushofer, que, no dizer de Ravenscroft, "não apenas sentiu o hálito da Besta Apocalíptica no controle do ex-cabo demente, mas também buscou, conscientemente e com maligna intenção, ensinar a Hitler como desatrelar seus poderes contra a humanidade, na tentativa de conquistar o mundo".

É um tipo estranho e mefistofélico esse Haushofer, mas, se fôssemos aqui estudar todo o elenco de extravagantes personalidades que cercaram Hitler, seria preciso escrever outro livro.

Diz, porém, Ravenscroft que foi Haushofer quem despertou em Hitler a consciência para o fato de que operavam nele as motivações da "principalidade luciferina", a fim de que "ele pudesse tornar-se veículo consciente da intenção maligna no século vinte".

•••

Vejamos mais um episódio.

Em 1920, era tão patente, através da Alemanha, essa expectativa messiânica, que foi lançado na Universidade de Munique um concurso de ensaios sobre o tema seguinte: "Como deve ser o homem que liderará a Alemanha de volta às culminâncias de sua glória?" O vultoso prêmio em dinheiro foi oferecido por um milionário alemão *residente no Brasil* (não identificado por Ravenscroft) e quem o ganhou foi um jovem chamado Rudolf Hess que, em tempos futuros, seria o segundo homem da hierarquia nazista! Sua concepção desse messias político guarda notáveis similitudes com a figura do Anticristo descrita nos famosos (e falsos) *Protocolos do Sião*, segundo Ravenscroft.

Consta que Hitler considerava Rudolf Steiner, o místico, vidente e pensador austríaco como seu arqui-inimigo. Segundo informa Ravenscroft, Steiner, em desdobramento espiritual, penetrava, conscientemente, os mais secretos e desvairados encontros, onde se praticavam rituais atrozes para conjurar os poderes que sustentavam a negra falange empenhada no domínio do mundo.

Que andaram muito perto dessa meta, não resta dúvida. Conheciam muito bem a técnica do assalto ao poder sobre o homem, atraves do próprio homem. Hugh Trevor-Roper, no seu livro *The last days of Adolf Hitler*, transcreve uma frase do Führer, que diz o seguinte:

– Não vim ao mundo para tornar melhor o homem, mas para utilizar-me de suas fraquezas.

Estava determinado a cumprir sua missão, a qualquer preço.

– Jamais capitularemos – disse, certa vez, repetindo o mesmo pensamento de sempre. – Não. Nunca. Poderemos ser destruídos, mas, se o formos, arrastaremos o mundo conosco – um mundo em chamas.

•••

Muito bem. É tempo de concluir. Por exemplo, o que aconteceu com a lança de Longinus? Continua no Museu de Hofburg, em Viena, para onde foi reconduzida após novas aventuras. Primeiro, Hitler tomou posse dela, ao invadir a Áustria, em 1938, e levou-a para a Alemanha, cercada de tremendas medidas de segurança. Lá ficou ela em exposição, guardada dia e noite, pelos mais fiéis nazistas. Quando a situação da guerra começou a degenerar para o lado alemão, construiu-se secretíssima e inviolável fortaleza subterrânea para guardá-la. Apenas meia dúzia de elevadas autoridades do governo sabiam do plano. Uma porta falsa de garagem disfarçava a entrada desse vasto e sofisticado cofre-forte, em Nüremberg, que o Führer ordenou fosse defendido até à última gota de sangue.

Quando se tornou evidente que o terceiro *Reich* se desmoronava de fato, ante o avanço implacável das tropas aliadas, Himmler achou que a lança de Longinus precisava de um abrigo alternativo. Uma série de providências foi programada, com uma remoção fictícia, para um ponto não identificado da Alemanha; e outra, verdadeira, sob o véu do mais fechado segredo, para um novo esconderijo, onde o talismã do poder ficaria a salvo dos inimigos do nazismo.

Por uma dessas misteriosas razões, no entanto, um dos *cinco* ou seis oficiais nazistas que sabiam do segredo, ao fazer a lista das peças que deveriam ser removidas, mencionou a lança de Mauritius, aliás, o nome oficial da peça. Acontece que, entre as peças históricas do Reich, havia uma relíquia de nome parecido, ou seja, a espada de Mauritius, e esta foi a peça transportada, e não a lança de Longinus. Na confusão que se seguiu, ninguém mais deu pelo engano e o oficial que o cometeu, um certo Willi Liebel, suicidou-se pouco antes do colapso total do *Reich*. A essa altura, Nüremberg não era mais que um monte de ruínas e, por outro estranho jogo de 'coincidências', um soldado americano, perambulando pelas ruínas, descobriu um túnel que ia dar em duas portas enormes de aço com um mecanismo de segredo tão imponente como o das casas-fortes dos grandes bancos mundiais. Alguma coisa importante deveria encontrar-se atrás daquelas portas. E assim, às 14h10 do dia 30 de abril de 1945, a legítima lança de Longinus passou às mãos do exército americano.

Naquele mesmo dia, como se em cumprimento de misterioso desígnio, Hitler suicidou-se nos subterrâneos da chancelaria, em Berlim.

Como ficou dito atrás, a lança de Longinus encontra-se novamente no Museu Hofburg, em Viena. Estará à espera de alguém que venha novamente disputar a sua posse para dominar o mundo?

...

Vejamos, para encerrar, algumas considerações de ordem doutrinária.
Haverá mesmo algum poder mágico ligado aos chamados talismãs?
Questionados por Allan Kardec (perguntas 551 a 557), os espíritos trataram sumariamente da questão, ensinando, porém, que "Não há palavra sacramental nenhuma, nenhum sinal cabalístico, nem talismã, que tenha qualquer ação sobre os espíritos, porquanto estes só são atraídos pelo pensamento e não pelas coisas materiais".
Continuando, porém, a linha do seu pensamento, Kardec insistiu, com a pergunta 554, formulada da seguinte maneira:
– Não pode aquele que, com ou sem razão, confia no que chama a virtude de um talismã, *atrair um espírito,* por efeito mesmo dessa confiança, visto que, então, o que atua é o pensamento, não passando o talismã de *um sinal que apenas lhe auxilia a concentração?*
– *É verdade* – responderam os espíritos –; mas da pureza da intenção e da elevação dos sentimentos *depende a natureza do espírito que é atraído.*
Os destaques são meus, e a resposta à pergunta 554 prossegue, abordando outros aspectos que não vem ao caso tratar aqui. Nota-se, porém, que os espíritos confirmaram que os chamados talismãs servem de condensadores de energia e vontade, e podem, portanto, servir de suporte ao pensamento daquele que deseja atrair companheiros desencarnados para ajudá-lo na realização de seus interesses pessoais. Disseram mais: que os espíritos atraídos estarão em sintonia moral com aqueles que os buscam, ou seja, se as intenções e os sentimentos forem bons, poderão acudir espíritos bondosos; se, ao contrário, as intenções forem malignas, virão os espíritos inferiores.
Por toda parte, no livro de Trevor Ravenscroft, há referências repetidas de que duas ordens de espíritos estão ligadas à mística da lança de Longinus: os da luz e os das trevas, segundo as intenções de quem os evoca.
Além disso, é preciso lembrar que os objetos materiais guardam, por milênios afora, certas propriedades magnéticas que preservam a sua história. Essas propriedades estão hoje cientificamente estudadas e classificadas como fenômenos de psicometria, tão bem observados, entre outros, por Ernesto Bozzano. Médiuns psicômetras, em contacto com objetos, conseguem rever, às vezes com notável nitidez, cenas que se desenrolaram em torno da peça. Dessa forma, se é verdadeira a fantástica lenda da chamada lança de Longinus, essa diminuta peça de ferro deve estar altamente magnetizada pelos acontecimentos de que foi testemunha, desde que foi forjada alhures nos tempos bíbli-

cos, passando pelo momento do Calvário, diante do manso Rabi agonizante, até que Hitler a perdeu em abril de 1945.

Seja como for, a peça reúne em torno de si uma longa e trágica história, tão fascinante que tem incendiado, atraves dos séculos, a imaginação de muitos homens poderosos e desatado muitas paixões nefandas. E, como explicaram os espíritos a Kardec, não é a lança por si mesma que move os acontecimentos, é o pensamento dos homens que se concentram nela e querem a todo preço fazer valer o poder que se lhe atribui. Nisso, ela é realmente um talismã.

Ainda uma palavra antes de encerrar.

É certo que Hitler foi médium dedicado e desassombrado de tremendos poderes das trevas. Esses irmãos desarvorados, que se demoram, por milênios sem conta, em caliginosas regiões do mundo espiritual, por certo não desistiram da aspiração de conquistar o mundo e expulsar a luz para sempre, se possível. Tudo farão para obter esse galardão com o qual sempre sonharam, muito embora a nós outros não nos assista o direito de duvidar de que lado ficará a vitória final.

Nesse ínterim, porém, valer-se-ão de todos os meios, de todos os processos, para alcançarem seus fins. É claro, também, que não se empenham apenas no setor político-militar, por exemplo, como Hitler, mas também procuram conquistar organizações sociais e religiosas que representem núcleos de poder. É evidente a obra maligna e hábil que se realizou com a Igreja, infiltrando-a em várias oportunidades e em vários pontos geográficos, mas sempre nos altos escalões hierárquicos, de onde melhor podem influenciar os acontecimentos e a própria teologia.

O movimento espírita precisa estar atento a essas investidas, pois é muito apurada a técnica da infiltração. O lobo adere ao rebanho sob a pele do manso cordeiro; ele não pode dizer que vem destruir, nem pode apresentar-se como inimigo; tem de aparecer com um sorriso sedutor, de amizade e modéstia, uma atitude de desinteresse e dedicação, um desejo de servir fraternalmente, sem condições e, inicialmente, sem disputar posições. Muitas vezes, esses emissários das sombras nem sabem, conscientemente, que estão servindo de instrumento aos amigos da retaguarda. A sugestão pós-hipnotica foi muito bem aplicada por espíritos altamente treinados na técnica da manipulação da mente alheia. É a utilização da fraqueza humana de que falava Hitler.

A estratégia é brilhantissima e extremamente sutil, como, por exemplo, a da 'atualização' e da 'revisão' das obras básicas da Codificação, a da criação de movimentos paralelos, o envolvimento de figuras mais destacadas no movimento em ardilosos processos de aparência inocente ou inócua. Estejamos atentos, porque os tempos são chegados e virão, fatalmente, vigorosas investidas, antes que chegue a hora final, numa tentativa última, desesperada, para a qual valerá tudo. Muita atenção. Quem suspeitaria de Adolf Hitler, quando ele compareceu, pela primeira vez, a uma reunião de meia dúzia de modestos dirigentes do Partido dos Trabalhadores?

SHAKESPEARE: UM MISTÉRIO MULTISSECULAR

Poucos autores tem sido tão generosamente louvados (e com inquestionável justiça) como William Shakespeare, pela potência e versatilidade de seu gênio criador. Ao iluminar uma época já em si mesma de extraordinário fascínio histórico, sua obra transcendeu tempo e espaço, saltou barreiras linguísticas, ignorou limitações semânticas e arcaísmos, bem como fronteiras geográficas e culturais, para sobreviver no interesse renovado de incontáveis admiradores ao longo dos séculos.

Um dos ingredientes desse êxito surpreendente é, por certo, a temática da sua obra: os eternos conflitos humanos, o jogo sutil e complexo de vigorosas emoções – amor, ódio, vingança, vileza, traição, devoção, falsidade, ambição. Muitos são, porém, os que manipularam as mesmíssimas emoções, mas deles não guarda a história nem sequer o nome. O outro ingrediente é, pois, o gênio, na sua mais inequívoca e brilhante manifestação.

Todavia, antes de atravessar o pórtico do universo shakespeariano, o leitor desprevenido não imagina o que o aguarda, em termos de especulação, controvérsia e polêmicas intermináveis, das quais resultam inimizades e rancores nascidos ao calor de acesas disputas interpretativas. No afã de explicar os enigmas suscitados pela obra do dramaturgo de Stratford-on-Avon e preencher os claros da sua escassamente conhecida biografia, há inúmeros grupos, escolas e posições radicalizadas. E cada grupo com suas teorias prediletas, seus dogmatismos, suas fixações e, obviamente, suas intransigências, ao debater hipóteses explicativas. E como fanatismo nunca foi bom conselheiro, milhares e milhares de estudos críticos aí estão, eivados de azedumes e de insultos, escritos ao fragor de batalhas verbais nessa guerra multissecular.

Quem teria sido realmente William Shakespeare? Foi ele mesmo, o ator e teatrólogo de Stratford, que escreveu os belíssimos e famosíssimos sonetos? Quem seria o misterioso jovem "*mr*. W. H.", a quem são dirigidos cento e vinte e seis dos cento e cinquenta e quatro sonetos? Quem foi a não menos misteriosa "*Dark Lady*" ("A Dama Escura"), à qual são endereçados os restantes vinte e oito? E qual a mensagem da obra teatral? E em que sequência foram produzidas as suas obras?

Enorme inventário de perguntas poderia ser aqui arrolado, e cada uma delas teria atrás de si um torrencial volume de estudos críticos que se opõem e disputam a primazia da verdade.

Eliminadas as mais absurdas teorias – como a de que Shakespeare seria um simples mito –, ficaríamos com três hipóteses, para explicar a sua opulenta obra:

• Shakespeare escreveu-a sozinho;
• Shakespeare seria, de fato, uma espécie de pseudônimo de *sir* Francis Bacon, ou, segundo outra corrente, do conde de Oxford; e
• Shakespeare seria mero componente de um grupo de geniais escritores, teatrólogos, pensadores e poetas, muitos deles pertencentes à nobreza da época.

Não há como, num singelo trabalho informativo, entrar no mérito de todas essas teorias e suas ramificações, mesmo porque faltaria ao autor deste artigo o preparo mínimo para enfrentar os eminentes e eruditos marechais dessa guerra sem quartéis pela decifração do enigma shakespeariano, qualquer que ele seja.

Isto faz lembrar certos fanáticos de som que deixam de ouvir a música de seus discos e *tapes* pelo duvidoso prazer de observar na tela do osciloscópio o traçado da curva que o equipamento produz. Fiquemos, aqui, com os que desejam ouvir a eloquência das falas de Hamlet, o doce diálogo Romeu/Julieta ou a música dos incomparáveis sonetos.

Limitando ainda mais o campo da nossa especulação neste despretensioso trabalho, ficaremos exclusivamente no âmbito dos sonetos, o que já não é pouco ambicionar e arriscar.

– Mais tolices tem sido escritas sobre os sonetos – opina Chambers – do que sobre qualquer outro aspecto shakespeariano.

Colho a citação na erudita "Introdução" de Nehemias Gueiros ao livro *24 Sonetos*, em tradução (excelente) de Ivo Barroso (Editora Nova Fronteira, Rio). Ao lembrar que o misterio Shakespeare continua a desdobrar-se em atmosfera de verdadeira novela policial, aponta o prof. Gueiros alguns nomes dos muitos que tem sido invocados como prováveis autores dos sonetos: Francis Bacon, o conde de Oxford, o conde de Derby, o conde de Rutland, Christopher Marlowe, Edmund Spenser, *sir* William Dyer, William Stanley, *sir* Francis Drake e John Florio, além, naturalmente do próprio Shakespeare.

Quanto ao enigmático *"mr*. W. H.", a quem os versos se dirigem em sua esmagadora maioria, há quatorze alternativas listadas por Nehemias Gueiros. Sobre a *"Dark Lady"* há pelo menos treze opções a considerar.

Cada uma dessas hipóteses tem sido exaustivamente examinada, discutida e defendida (ou atacada) com inusitado vigor. Ao apreciar, por exemplo, alguns pontos de vista contrários ao seu, *lord* Alfred Douglas[12] escreve com rude franqueza:

– Tudo isso me parece de uma louca insensatez.

E pouco adiante, embora discordando de certas opiniões de J. M. Robertson, ressalva que participa de sua indignação quanto à "inexplicável burrice" (*stupidity*) de outro crítico exaltado por nome Butler. Este Butler, a seu turno, deixara-se envolver no mesmo tipo de engano que cometera "o imencionável Frank Harris (apesar de que eu não insultaria Butler colocando-o, em termos gerais, na mesma categoria de Harris...) etc., etc."

Devo lembrar que as palavras dentro dos parênteses são também de *lord* Douglas, que debate nesse trecho veemente a hipotese de ter sido Shakespeare um homossexual, pelo fato de quase toda a sua produção poética ser inspirada por um misterioso jovem de extrema beleza física. *Lord* Douglas considera a hipótese um "desvario imbecil, do qual até mesmo Bernard Shaw participou".

Desse festival de insultos nem Shakespeare, o próprio, sai ileso. Em seu livro *Shakespeare and his Betters* (Edição Reinhardt, Londres,1968) R. C. Churchill relaciona, por amostragem, cerca de uma dúzia de doestos atirados ao dramaturgo, como, por exemplo, "aquele palhaço bêbado e analfabeto de Stratford-on-Avon".

Diga-se, *en passant*, que *lord* Alfred Douglas pertence aos que defendem a exclusiva autoria de Shakespeare, sem colaboradores. Esses grupos têm até títulos: os 'stratfordianos', os 'baconianos', os 'oxfordianos' e outros, como subdivisões de duas categorias principais: a dos 'ortodoxos' – que acreditam na autoria de Shakespeare – e a dos 'heréticos' ou 'não ortodoxos' – que tem um ou mais nomes a indicar como autores ou colaboradores da vasta obra.

Como não nos interessa aqui tomar partido, mantenhamos nossa respeitosa neutralidade, a fim de dispormos de condições para apreciar o debate com serenidade e equilíbrio.

• • •

A esta altura, o leitor curioso está a perguntar-se que razões estariam servindo de suporte para trazer o superaquecido tema para as páginas de uma publicação espírita. Estamos chegando a elas; antes, porém, era inevitável esse mínimo de mapeamento do terreno que nos propomos explorar.

É que um ardoroso shakespeariano por nome Percy Allen, que estudou seu autor predileto durante cerca de meio século, chegara à conclusão de que *lord* Oxford seria o autor dos sonetos e de parte substancial das peças teatrais. Allen ingressou na "Shakespeare Fellowship", entidade fundada em 1922 para inves-

---

[12] *The true history of Shakespeare's sonnets*. Ed. Martin Secker, London, 1933.

tigar o problema da autoria das obras de Shakespeare, "com particular ênfase na tese oxfordiana", segundo o já citado *mr.* Churchill.

Diz Allen que se convenceu dessa tese ao ler o estudo de J. T. Looney, "Shakespeare Identified", publicado em 1920. depois disso, sua convicção consolidou-se cada vez mais.

Um dia, caiu-lhe nas mãos um exemplar do livro *The Gate of Remembrance*, de Frederick Bligh Bond, no qual o autor descreve a emocionante descoberta das ruínas da capela da abadia de Glastonbury, sob a orientação de uma série de mensagens mediúnicas ditadas pelos espíritos de alguns monges que teriam vivido ali, no século XVII. Trata-se de exemplo típico de pesquisa histórica com auxílio da mediunidade.

Com o interesse despertado para o assunto, Percy Allen resolveu, ainda que com certas reservas, ler obras espíritas. E, a partir de 1942, começou a manter contacto com o espírito de seu irmão Ernest, há pouco falecido, através de médiuns acreditados, como era o caso da sra. Hester Dowden. Embora limitada, de início, a assuntos meramente pessoais, pouco a pouco a conversação com Ernest derivou para a temática shakespeariana, que a ambos interessava. Os contactos mediúnicos eram supervisionados por Johannes, o guia espiritual da sra. Dowden, que, à época, recebia um relato acerca das origens do cristianismo e da personalidade de Jesus. Nesse ponto, Percy Allen lembrou-se da possibilidade de questionar espíritos que houvessem vivido ao tempo da rainha Elizabeth, a fim de buscar esclarecimentos para os obstinados enigmas que envolvem a obra admirável do grande poeta e dramaturgo.

Seria possível falar com o próprio Shakespeare e com Francis Bacon e mais *lord* Oxford? Já anteriormente, Allen obtivera a informação de que tanto Bacon como Oxford acompanhavam com interesse o seu trabalho e, obviamente, as conclusões a que havia chegado. Tal informação viera por meio de outra sensitiva inglesa de excelente reputação, a sra. Grace Cooke.

Consultado a respeito, Johannes prometeu colaborar, e foi assim que se começou a colher o material que deu origem ao livro de Percy Allen, que ora compulsamos para elaboração deste pequeno estudo.[13]

O livro se propõe, nas suas duzentas e quatorze páginas, à "revelação do mistério de "William Shakespeare". Ignoro a repercussão das revelações sobre os círculos literários na Inglaterra e alhures, mas não seria difícil imaginar as reservas com que tenha sido recebido, principalmente fora das hostes dos 'oxfordianos' convictos. Dificilmente um shakespeariano 'ortodoxo' aceitaria a tese da participação de *lord* Bacon e de *lord* Oxford na elaboração das obras de Shakespeare, com apoio em comunicações de origem mediúnica, que a maioria não-espírita rejeita sumariamente e que os próprios espíritas recomendam sejam examinadas com atenção e cautela.

---

[13] T*alks with Elizabethans*, Edição Rider & Co., London, sem data (1946?).

É, pois, com acauteladoras ressalvas que nos dispomos a expor neste artigo as informações colhidas por Percy Allen através da sra. Hester Dowden. Não temos razão para considerá-las sob suspeita, o que seria temerário, além de descortês, mas desejamos enfatizar que não nos sentimos igualmente com autoridade ou inclinação para endossá-las. Limitemo-nos a reproduzi-las, certos de que a controvérsia que arde há séculos em torno da autoria da magnífica obra de Shakespeare não se extingue com o livro de Percy Allen, que, ao contrário, vem juntar mais combustível à pira.

• • •

Os comunicantes da sra. Dowden, que seriam Shakespeare, Francis Bacon e Edward de Vere, conde de Oxford, contaram a história que procuramos resumir a seguir, após meticuloso trabalho de seleção e colagem.

As peças teatrais foram concebidas e elaboradas por um grupo de pessoas, nem sempre as mesmas, que gravitavam em torno de um núcleo, mais ou menos permanente, composto de William Shakespeare e *lord* Bacon. *Lord* Oxford participou ativamente desse núcleo até sua morte, em 1604. A primeira equipe de 'satélites' compunha-se de Buckhurst, Paget, Ralegh e outros.

William Shakespeare, de Stratford, emprestava seu nome e entrava com seu incontestável *know how* na complexa tecnologia do teatro, desde as preferências do público até ao mecanismo da montagem e produção das peças, tanto quanto a estruturação básica do enredo. Isso não quer dizer que fosse um analfabeto, como alguns supõem apressadamente, pois ele escrevia de próprio punho muitas passagens e atos inteiros, criando pessoalmente muitos dos tipos que povoam as peças que levam o seu nome, especialmente os vilões, como o terrível Iago de *Othello*. Cenas líricas de amor ou sutilezas de estilo, porém, ficavam a cargo de Oxford, poeta de incontestável poder com as *honey words* – palavras doces. Era, pois, o conde quem "poetizava os dramas de Shakespeare, mas era este quem os *fazia*".

Falando a Allen, Shakespeare-espírito diria:

– Eu prontamente sabia o que produziria bom efeito no palco. Imaginava o enredo (*Hamlet* foi um deles), trocava ideias com Oxford e construía a estrutura do edifício que ele se incumbia de mobiliar e povoar, segundo a natureza do tema.

Em outra oportunidade (9 de abril de 1945), acrescentou:

– Meu trabalho, na maioria das vezes, limitava-se à elaboração de um arcabouço. Desejo que você saiba que nunca escrevi uma peça de princípio ao fim. Cabia-me a estruturação delas.

E, resumindo:

– Nós dois somos Shakespeare.

Dessa maneira, a partir do esquema da peça, *lord* Oxford a escrevia com a colaboração direta do próprio Shakespeare, que também pegava da pena, aqui e ali. Em seguida, o primeiro rascunho era discutido em equipe e submetido à competente crítica de *lord* Bacon, que entrava com seus retoques e sugestões. Às vezes, havia alterações mais ou menos importantes a fazer; de outras vezes, o produto acabado conservava praticamente o texto proposto. Ao que se depreende, alguns nobres brincavam, pois, de fazer teatro, protegidos da publicidade indesejável pelo nome de Shakespeare.

Depois da morte de *lord* Oxford, modificou-se o grupo, mas a técnica de trabalho coletivo prosseguiu com outros colaboradores, e algumas peças foram ainda escritas com base em esquemas preparados ao tempo de Oxford.

• • •

Quanto aos sonetos, a história é bem mais elaborada. Como sabem os leitores, os sonetos são algo à parte, não apenas na literatura mundial, mas também na obra de Shakespeare. Com seus símbolos, suas inexplicadas expressões e suas enigmáticas alusões e metáforas, contam eles uma história secreta que tem resistido a inúmeros métodos de abordagem. Por isso tudo, suscitaram as mais controvertidas hipóteses e contraditórias explicações, criando o que Nehemias Gueiros chama de "interminável cadeia de conjeturas", na qual "*mr*. W.H.", destinatário de cento e vinte e seis sonetos, "nasceu – no dizer de Gueiros – com um propósito de ocultação ou mistério".

Que mistério se esconde atrás dos sonetos ao *Fair Youth* e mais os que, por consenso geral, são endereçados à não menos enigmática *Dark Lady*?

Lord Alfred Douglas oferece *a sceptical smile* – um sorriso cético – àqueles que declaram admiração pelos versos, mas fingem desinteresse pela história que neles se contém.

Admitindo como válida a hipótese do teor autobiográfico dos sonetos, realmente é do mais profundo interesse histórico-literário o drama que eles ocultam.

As informações colhidas por Percy Allen, com seus manifestantes espirituais, coincidem em vários aspectos importantes com o que ele próprio havia concluído, o que pode suscitar um componente de suspeição quanto à imparcialidade do relato mediúnico. Vejamos, porém, a história sem ideias preconcebidas, supondo-se legítimas, como hipótese de trabalho, a identidade dos espíritos.

Os manifestantes são unânimes em atribuir os sonetos à autoria de Edward de Vere, 17º conde de Oxford.

– Foram todos escritos por Oxford – declarou Shakespeare-espírito a Allen.
– Tenho a grande satisfação de desvelar a máscara. Fui e sou um dramaturgo.

Notem o tempo presente: fui e sou. Já anteriormente, dissera que "Nós dois somos Shakespeare".

O destinatário dos sonetos foi mesmo, no dizer dos espíritos, o jovem e belo conde de Southampton, protetor de Shakespeare. Seu nome era Henry Wriosthesley. As iniciais H. W. sofreram uma transposição para efeito de adicional camuflagem, dando o famoso "*mr*. W. H.".

O jovem conde, nascido em 1573, embora criado desde o primeiro instante por Mary Browne, filha do visconde de Montagu e casada com Henry Wriosthesley, 2º conde de Southampton, seria, na verdade, resultante de uma ligação de *lord* Oxford com a rainha Elizabeth. A condessa tivera uma criança na mesma época, mas a perdera. Oxford tinha, então, vinte e três anos e a rainha quarenta. Os sonetos são, pois, dirigidos a um filho muito querido, cuja identidade não podia ser revelada sob pretexto algum. Não tinham, portanto, nenhuma conotação suspeita quanto ao tipo de relacionamento que levou a tão desvairadas teorias.

Em 1601, Southampton envolveu-se na conspiração tramada pelo conde de Essex e por pouco escapou de ser executado com o seu companheiro. Há quem diga, também, que suas dificuldades iniciais com James I, sucessor de Elizabeth, resultaram de sua possível pretensão ao trono, mas isto não parece autenticado pelos espíritos que afirmam que ele ignorava sua condição de filho ilegítimo da rainha.

Identifica-se a *"Dark Lady"* com Elizabeth, que ora aparece brindada com doces palavras de afeto, ora veementemente atacada com insultos, como, entre outros, os que figuram no soneto número 130, no qual o poeta fala da ausência de atrativos de sua amante, declarando, não obstante, no verso número 9, que "adora ouvi-la falar". Seria, provavelmente, porque se tratava de mulher de excepcional inteligência e muito culta para sua época. No de número 141, o poeta declara à sua *"Dark Lady"* que ama com o coração o que os olhos desprezam, porque "na verdade, não te amo com meus olhos, pois ele notam em ti um milhar de defeitos". No de número 140, ameaça-a abertamente com a divulgação do segredo: "Não pressione minha muda paciência com tanto desdém, porquanto a mágoa pode me emprestar palavras" e, "em minha loucura, falar mal de ti". O soneto termina com um verso que poderíamos chamar de belo-terrível: *"Bearthine eyes straight, though thy proud heart go wide"*, ou seja, algo como "Contenha-te, a despeito da vastidão do teu orgulho".

No soneto número 139 ele fala do poder de que ela dispunha (*"thy might"*); no de número 144, volta a insistir no seu *"foul pride"* – vil orgulho. Não obstante, escreve, também, no de número 131, que "em nada és negra, a não ser nos teus atos", o que exclui a possibilidade de ser uma mulher morena ou mesmo negra, como supõem alguns.

Ao que depreende, pois, o relacionamento do autor com a sua amada, seja ela ou não a rainha, não era dos mais serenos. Lembra o drama de *Servidão*

Humana, de Somerset Maugham, no qual Philip Carey, o herói, ama e ao mesmo tempo despreza a sua companheira.

Os sonetos deixam entrever uma atração-repulsão inconfortável envolvida por denso véu de mistério e segredo.

Seja como for, o triangulo "Shakespeare – *mr*. W. H. – Dark Lady" se revela nas comunicações mediúnicas colhidas por Percy Allen, como Oxford--Southampton-Elizabeth. Isto, bem entendido, com uma importante ressalva, que ainda veremos adiante, suscitada pelo próprio Oxford.

Insisto em afirmar que não estamos endossando a suposta revelação; limitamo-nos a expô-la. Se isto é verdade, no entanto, certos reajustes tornam-se mandatários em várias noções acerca do mais que secular mistério.

Lord Alfred Douglas diz, por exemplo, que, ao escrever os sonetos, Shakespeare – pois ele é da corrente dos 'ortodoxos' – teria vinte e três ou vinte e quatro anos, com o que se torna difícil explicar o de número 22, no qual o poeta declara que seu espelho não pode convencê-lo de que ele é velho, enquanto seu amado conserva-se jovem:

"*My glass shall not persuade me I am old,*
"*So long as youth and thou are of one date...*"

Ou aqueloutro – número 138 –, no qual escreve tão lindo verso para dizer que os amantes mais idosos não gostam de que falem de suas idades:

"*And age in love loves not to have years told*".

Neste mesmo soneto ele proclama sua idade, não avançada, certo, mas já ultrapassada a juventude:

"*Although she knows my days are past the best*" (Ela sabe, contudo, que meus melhores dias são passados).

Veja-se, ainda, o de número 66, no qual o poeta se confessa cansado da vida e do mundo e declara que somente não deseja morrer para não deixar sozinho seu amado. Veja-se que beleza:

"*Tir'd with all these, from these would I be gone,*
"*Save that, to die, I leave my love alone*".

Sob esse aspecto, tambem o soneto número 2 teria algo a ver com a idade do autor, que, ao se aproximar dos quarenta anos, previa com grande mágoa os estragos que a idade proporcionaria às feições do amado:

*"When forty winters shall besiege thy brow
"And dig deep trenches in thy beauty's field
"Thy youth's proud liverey, so gaz'd on now
"Will be batter'd weed, of small worth held..."*

E que Ivo Barroso traduziu de maneira tão feliz no seu já citado "24 Sonetos":

"Quando no assédio de quarenta invernos
"Se cavarem as linhas do teu rosto
"Da juventude os teus galões supernos
"Pobres andrajos se tiverem posto..."

• • •

Seria essa, afinal, a solução do mistério Shakespeare? Não me julgo encorajado a opinar, como já disse, pois estou longe de me sentir à vontade no meio de tantos eruditos e apaixonados polemistas, que se guerreiam com armas de que não dispõe meu despreparo.

Vejamos, porém, como *lord* Bacon-espírito coloca a questão com Percy Allen. Dissera antes que não era ele o autor dos sonetos, pois não teria escrito daquela maneira sobre sua rainha, junto à qual, aliás, desempenhou importante função política, como *lord chancellor*. A primeira fala é de Allen:

– Após longamente estudar o assunto, conclui que Southampton era filho ilegítimo. Você concorda?

– Ilegítimo, sem dúvida.

– Era ou não era ele filho de *lord* Oxford e da Rainha?

– Bem... Sim, isso é verdadeiro. (Nota-se ligeira hesitação no *"Well"* inicial). O segredo ficou preservado e nenhuma referência foi jamais feita a ele.

– Era Southampton o *"Fair Youth"* dos sonetos?

– Sim, indubitavelmente.

– Então, suponho que ele era também o *"mr.* W. H.", a quem os sonetos são dedicados.

– Sim, mas isso *não* era segredo.

Em outra oportunidade, ainda com *lord* Bacon-espírito:

– Southampton tinha conhecimento de sua origem como filho da rainha e de Oxford?

– Não. Ele o suspeitava. Não tinha conhecimento.

– Você diria, definitivamente, que ele *era* filho da rainha?

– Sim, eu o diria. Estou certo disso.

Mais adiante, em novo diálogo, Bacon-espírito deixa perceber que o autor dos sonetos procurava, às vezes, confundir a figura da "*Dark Lady*" com a de Anne Vavasour, a fim de não ficarem muito evidentes as referências à rainha.

Quanto a Shakespeare-espírito, informa que Southampton era a inspiração do poeta, que o "amava como se ama uma mulher".

– Não me chame de poeta – diria ele mais tarde – e sim dramaturgo. Nunca fui daqueles que colocam doces emoções em frases açucaradas. Eu estava interessado no drama, à medida que ele se desdobrava no palco.

Segue-se, adiante, o diálogo com o Oxford-espírito. Chamamos a atenção do leitor para as suas evasivas.

– Nosso tempo é limitado – diz Allen. – Podemos, assim, passar aos poemas, especialmente aos sonetos?

– Eu próprio escrevi os poemas – é a resposta.

– Por poemas, você quer dizer os sonetos?

– Foram obra minha. Foram escritos com amor e concebidos para o amado.

– Posso pedir-lhe que identifique o "*Fair Youth*"? Não pressionarei a questão se você tiver alguma relutância em dizê-lo.

– Sim. Responderei agora. Ao tempo em que os escrevi isso não poderia ser revelado: Southampton!

– Posso fazer a mesma pergunta sobre a identidade da "*Dark Lady*"?

– Eu tinha a rainha em mente, mas, como já disse, era uma figura de minha imaginação.

– Tem sido argumentado aqui do nosso lado que os modelos do "*Fair Youth*" e da "*Dark Lady*" eram sir Edward Vere e Anne Vavasour. Você concorda com isso?

– Vere e Anne nada têm a ver com os sonetos. Não hesito em declarar isto.

– Com referência à dedicatória dos sonetos... era "mr. W. H." William Hall, de Hackney?

– Não. "*mr*. W. H." não deveria ser descoberto. Não desejava que isso acontecesse. Continuo a não desejar, mas *não* era Hall.

Como se observa, o espírito que se apresenta como *lord* Oxford – se é que é ele mesmo – ainda reluta em revelar a identidade das pessoas reais por trás das máscaras que criou com o seu "*mr*. W. H." e com expressão "*Dark Lady*". Afirma, entretanto, que o objeto de seus versos era o conde de Southampton, que Bacon-espírito reverla ser "mr. W. H.".

Mais adiante, em outra comunicação, *lord* Oxford-espírito disse positivamente que os sonetos eram dirigidos ao *seu filho*.

Em outra oportunidade (9 de junho de 1943), declara que "Southampton era a meta, o objeto, o criador ("*creator*") de tudo quanto escrevi".

Novamente, porém, ele negaceia, ao fugir de uma inequívoca identificação da rainha com a "*Dark Lady*". O diálogo encaminha-se para o soneto número

33, que, na opinião de Percy Allen, tem uma estreita conexão com o famoso "*Ditchley Portrait*" de Elizabeth. Oxford-espírito responde cautelosamente:

– Não posso dizer definitivamente que o soneto esteja *ligado* ao retrato da rainha, mas é possível que eu tenha tido o retrato em mente, pois em tudo quanto escrevi para Southampton *ela* teve sua parte.

Esta é uma longa história e não dispomos aqui de espaço para contá-la em suas minúcias. O retrato mencionado mostra a rainha de corpo inteiro sobre o mapa da Inglaterra, colocando um pé entre as cidades de *Oxford* e *Southampton*. Por trás da sua figura, o céu encoberto mostra o Sol parcialmente oculto pelas nuvens.

The Ditchley Portrait, de Marcus Geerraerts.
The National Portrait Gallery, Londres.

No soneto 33 o poeta se queixa da ocultação do Sol que brilhou por pouco tempo e desapareceu na obscuridade das nuvens: *"he was but one hour mine*" – tive-o apenas por uma hora... Lembre-se o leitor, para que isto se torne compreensível, de que a parlavra *sol* em ingles é '*sun*', cuja pronúncia é quase idêntica à de '*son*' (filho). O poeta estaria, pois, se queixando de que, mal contemplou a face da criança, teve de assumir uma identidade secreta envolvida pelas nuvens do anonimato.

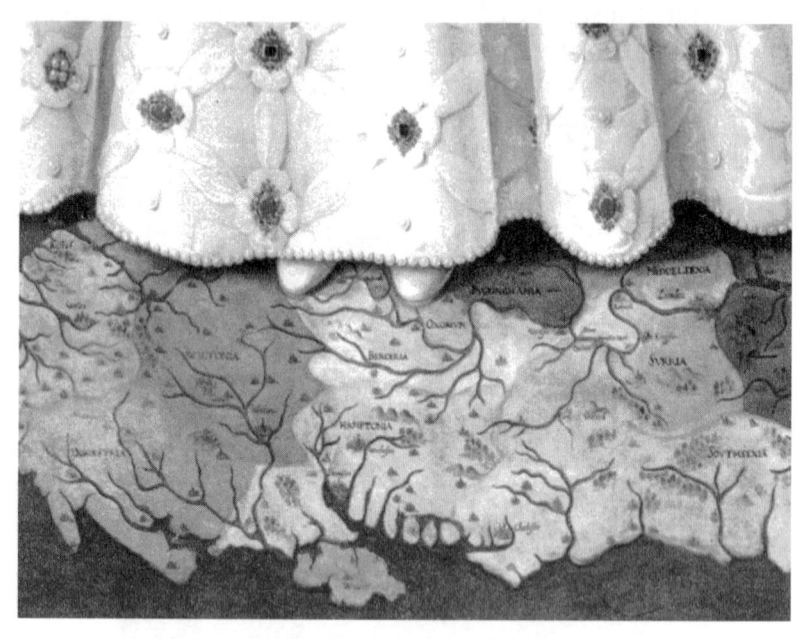

Detalhe de *The Ditchley Portrait*.

Vejamos, agora, o diálogo:
– Você se lembra de que o retrato de Ditchley mostra o mapa da Inglaterra sob os pés da rainha; entre os pés e, abaixo deles, a cidade de Oxford e a vila de Southampton?
– Sim. Sei bem disso. Provavelmente, ligado ao poema.

Mais uma evasiva. Como se observa, embora pronto a identificar Southampton (o conde) com o objeto de suas emocionadas declarações de amor nos imortais sonetos, e ele próprio como autor dessas maravilhosas obras-primas, Oxford não afirma ter sido a rainha mãe de seu filho, embora admita que ela tivesse algo a ver com os versos.

Percy Allen havia deduzido a identidade do poeta antes do contacto com os espíritos, dentre outros indícios, pelo soneto número 59, escrito em 1598, no qual o autor menciona de maneira velada importantíssimo episódio ocorrido em 1098 – quinhentos anos antes – com a ilustre família De Vere. Naquela época, um valente ancestral do conde, que era o 17º, vencera importante batalha numa cruzada nas vizinhanças de Antioquia. Daí a referência às quinhentas revoluções do Sol.

No soneto número 76, Allen descobriu outras enigmáticas referências ao próprio autor no verso: *"That every Word doth almost tell my name"*, ou seja, "cada palavra quase revela meu nome". Um jogo de transposições habilidosas produz Edward Vere, nome de lord de Oxford, com a expressao *"every word"*. A expressao *"over the same"*, em outro verso desse mesmo soneto, corresponde ao latim *"semper Eaden"*, dístico favorito da rainha, que figurava na bandeira da Inglaterra.

Não sei, honestamente, se Percy Allen estaria levando longe demais seus malabarismos com letras e palavras. Estou apenas contando o que ele diz no seu estudo. Seja como for, é com base nessas e noutras especulações que Allen conclui que a partir de 1570 os sonetos começam a dar indicações do relacionamento de Oxford com a rainha. Afirma mesmo que, em 1574, ela tornou-se sua amante e, em 1575, nasceu o conde de Southampton. (Observo que o livro *Lives of the Tudon age*), de Ann Hoffmann – Edição Osprey, Londres, 1977 –, indica o nascimento de Southampton em 1573). Em agosto de 1574, já grávida, como teoriza Allen, a rainha fez uma de suas viagens pelo interior da Inglaterra (chamavam-se *progresses*), indo a Bristol e depois a Bath. Oxford, que havia fugido em pânico para o Flandres – *pânico* é expressão de Allen –, foi chamado de volta e reconciliou-se com a rainha. Seriam dessa época, na opinião de Allen, os sonetos 153 e 154, os dois últimos, pois, como se sabe, a numeração não obedece à ordem cronológica em que foram escritos. É verdade que o de número 153 fala numa "cura soberana" que teria sido procurada em banhos (Bath) e do nascimento de um encantador Cupido. No último soneto (154) o poeta diz que a sua amada não encontrou a cura de seus males nas águas medicinais:

"Came there for cure, and this by that I prove
"Love's fire heats water, water cools not love".

Ou seja: "Ela foi lá em busca de uma cura, mas isto pode o poeta provar: que a chama do amor aquece a água e não é a água que arrefece o amor".

• • •

Southmapton, a despeito de sua movimentada existência, viveu até os sessenta e um anos de idade, sobrevivendo a Essex, a Oxford e à rainha. Ann Hoffmann não menciona no seu excelente livro a possibilidade de ter sido ele filho ilegítimo de Elizabeth, mas informa ser muito forte a evidência de que os sonetos de Shakespeare tenham sido realmente endereçados a ele.

Quanto a Oxford, morreu em 1604, com pouco mais de cinquenta e quatro anos de idade, um ano depois da rainha Elizabeth, que partira em 1603, com quase setenta anos, após ter governado a Inglaterra durante cerca de quarenta e cinco anos. Uma anuidade de mil libras lhe fora concedida pela rainha, em 1586. Recebeu-a até à morte, pois James I a confirmara ao assumir o trono.

Mas, voltemos aos espíritos.

•••

O relato de Percy Allen encerra-se com outra surpresa para os leitores: a apresentação de três sonetos inéditos de 'Shakespeare', ou seja, de *lord* Oxford. São peças mediúnicas recebidas por psicografia, pela sra. Dowden, que, segundo Allen, é pessoa sem grandes profundidades culturais.

Não tenho como julgá-los, seja para autenticá-los, seja para negar-lhes foros de legitimidade, pois não sou especialista na complexa metodologia de apreciação dos sonetos shakespearianos. O máximo que posso dizer deles é que os acho muito belos. A temática é a mesma de sempre: a beleza de seu destinatário e o amor do autor por ele. A essa altura, contudo, o poeta não está mais preocupado com a ação devastadora do tempo sobre as belas feições do amado: há nos versos o toque inconfundível da imortalidade do espírito. Meu preferido seria o terceiro soneto mediúnico, no qual o poeta, contemplando a Terra, em toda a sua exiguidade, "pequenos como um átomo afogado na luz do Sol", maravilha-se de que tão grande amor como o seu tenha ali encontrado suporte e espaço para manifestar-se.

A mensagem final, em prosa, é também poética. Não custa traduzi-la:

> Aqui vai um grupo de pessoas rumo ao abismo do tempo. Uma grande rainha segue à frente dessa boa gente; atrás dela você verá alguns que, em seu tempo, foram conhecidos cortesãos, nobres, poetas e atores – aqueles que humildemente tentaram alegrar sua majestade. Um belo rapaz você deve notar, pois ele capta a atenção de todos, tanto pela graça como pela beleza. E, então, dois são vistos lado a lado. São eles um poeta que foi também poderoso autor de peças teatrais e um poeta que era apenas poeta, nada mais. Estes dois estão ligados um ao outro, pois a inspiração de um era também a do outro.
>
> E, assim, você que contempla o grupo que passa poderá perguntar por que – se é verdade o que ora se revela – por que esteve ela sepultada durante trezentos e cinquenta anos. O poeta responde: Era preciso que a sombra ocultasse a ligação das duas penas, pois outros naquele bom grupo poderiam ter sofrido se a verdade houvesse sido proclamada. E, assim, a Inglaterra teve seu Shakespeare (*sic*) e o terá por todas as eras vindouras e não perguntará de quem era a face na sombra.
>
> Tenha a gentileza e a bondade de ler o livro que precede este epílogo e de perdoar aqueles que se foram da Terra por imporem novamente sua presença. Com humildade eles saúdam o povo da Inglaterra e *Adieu*!

Este posfácio é de *lord* Oxford-espírito.

•••

Há, porém, um quarto soneto mediúnico, que aparece na página de rosto do livro de Percy Allen. Também gosto dele, qualquer que seja o seu autor. Fala de segredos que o túmulo guardou e que as almas imortais dos que se foram podem revelar, pois, como atores num palco, elas também vivem e sentem.

Os dois versos finais referem-se ao famoso epitáfio gravado na pedra tumular de Shakespeare, uma quadra em que o poeta pedira para não se remover o pó que ali está. "Abençoado seja aquele que respeitar estas pedras – diz o epitáfio – e maldito seja aquele que remexer meus ossos".

No novo soneto o poeta levanta a maldição, convidando aquele que ousar bastante a "roubar o segredo tão longamente guardado na tumba, pois, sem remexer o pó, não se poderá descobrir os ossos":

"*Thus from the tomb its secret you my steal,*
"*Stirring no dust, no bones can you reveal*".

É que, segundo os espíritos, alguns manuscritos originais foram ali também sepultados, a fim de garantir a preservação do segredo. E lá estariam ainda, sacrificados pelo tempo, mas testemunhos vivos do que afirmam os comunicantes.

•••

Sem arriscar minha incompetência numa opinião final, deixo a tarefa de conclusão aos que melhor entenderem das sutilezas e enigmas da obra genial de Shakespeare. A mim, modestíssimo escriba de assuntos menos rarefeitos, basta-me contemplar a beleza transcendental de tantos versos imortais e ficar a imaginar qual a história verdadeira que o poeta desejou tão ardentemente proteger com o véu encantado da fantasia. "*The rest is silence*", disse Hamlet no seu ultimo sopro.

Respeitemos o discreto silêncio do poeta, sem remexer com a nossa imatura curiosidade a poeira que há três séculos e meio recobre seus ossos...

SHAKESPEARE – OS SONETOS MEDIÚNICOS

I

How dark the murky stream of time that flows,
Bearing within its bulk both foul and fair;
All that is gracious to oblivion goes,
All that is beauteous, precious, and most rare,
While in some golden realm thy spirit dwells
Far from the earth – Immortal, beyond Time –
Terror of Death, nor creeping age compels
Me to be fearful of thy sure decline.
Nay, all my love is thine, in perfect joy,
And all the sweetness that within thee lies
Age cannot alter, Time cannot destroy;
A holy fire art thou, that never dies –
Immortal love, clad in unchanging youth,

Fair sacrament of Beauty and of Truth.

II

Now is the beauty of thy soul laid bare;
In dust the fairness of thy body lies;
Radiant is thy soul! most chaste and fair,
Clearer than stars spangling the summer skies.
Nothing of thee can wither or can fade,
Nor foul decay touch thy triumphant prime;
For ever shall our souls, no more afraid,
Gaze surely on the passing flight of time.
Bounteous my love enwraps thee all around;
No churl am I; for all I give to thee;
In thee all that in highest Heaven is found
In thine and mine, sure and eternally.
Thus close entwined, in perfect love and truth,
Endures our spring and our unending youth.

III

When from the star-strewn heavens I gaze around,
And mark the narrow compass of the Earth,
Small as an atom in the sunlight drowned –
I marvel how within such narrow girth
My love for thee found sustenance and space;
The wine too close was housed, too small the cup;
My precious draught o'erflowed the narrow place,
Lost all its perfumed flavour, soon dried up.
Now has my love found her true path of grace;
Deep in thy soul she hides herself and me.
Here is no fear of time, of age no trace;
Forever of restraining fetters free –
So we enjoy the glory of the sun,
In sure affinity – for we are one.

IV

Enshrined in this tomb a secret lies,
Mark ye! The body must to dust decay;
The soul immortal is, it never dies,
A living flame that burns by night and day.
Perchance the gost that walks the witching night
May speak true words, and secrets dark reveal,
For memories dwell in souls that seek the light.

Like players on a stage, they live and feel.
Such memories speak the truth; they dare not lie –
The plays they played on Earth they play once more.
E'er the cock crows, and from the Earth they fly,
Learn what you may – your patience they implore.
Thus from the tomb its secret you may steal,
Stirring no dust, no bones can you reveal.

(Sonetos ditados pelo conde de Oxford à médium inglesa sra. Hester Dowden em Londres; os dois primeiros em 14-8-1945, na presença do escritor Percy Allen. O terceiro a sra. Dowden entregou a Allen, em 20-8-1945; e o quarto, em 1-11-1945).

O Sudário de Turim – I

Fotografia é a ciência e a técnica de reproduzir imagens pela ação da luz em uma superfície previamente sensibilizada por substância apropriada. Qualquer bom dicionário dirá que a palavra se compõe de dois termos gregos, *photos* (luz) e *graphein* (escrever), o que produz esta linda expressão: Escrever com luz. Nenhuma outra seria tão adequada para caracterizar o fenômeno da imagem reproduzida no tecido do chamado Sudário de Turim.

Embora de longa data – na realidade desde o tempo dos alquimistas – se conhecesse a ação da luz sobre certos compostos químicos, foi somente em 1822 que J. Nicéphore Niepce conseguiu fixar a primeira fotografia no papel. Alguns anos depois, ele e Daguerre levaram a técnica fotográfica a ponto de merecer uma apresentação oficial de François Arago à Academia de Ciências, em 19 de agosto de 1839. No final do século, a fotografia atingira seus primeiros estágios de maturidade.

Contudo, foi relutantemente que o rei Umberto I, da Itália, proprietário oficial da peça, na qualidade de chefe de família de Sabóia, autorizou que o Sudário fosse fotografado pela primeira vez, em 1898, durante uma das raras exposições ao público, em comemoração ao cinquentenário da Constituição Italiana, "Il Statuto". Havia uma condição: o trabalho não deveria ser feito por profissional. Foi escolhido para a honrosa missão o conselheiro e advogado Secondo Pia, fotógrafo amador já premiado em várias oportunidades.

Em 25 de maio, primeiro dia de exposição, ele se preparou para o importante acontecimento, mas não foi feliz: o vidro protetor de suas lâmpadas estalou e as inutilizou. Ele voltou na noite de 28, depois que o último visitante havia partido. Desta vez o Sudário se encontrava protegido por uma moldura envidraçada. Pia montou o seu equipamento, cuja peça principal era uma 'geringonça' parecida com uma ampla caixa de madeira – que ainda existe como peça de museu – provida de uma lente Voigtlander. Às 23 horas Pia 'bateu' a primeira foto com um tempo de treze minutos e, logo a seguir, outra com vinte minutos de exposição.

Era quase meia-noite quando ele se fechou no cômodo destinado a servir de câmara escura. Pouco a pouco a imagem começou a aparecer no vidro e, em breves momentos, a surpresa de Pia chegou ao assombro. Em lugar da figura fantasmagórica que ele esperava, como em qualquer negativo fotográfico, surgia na chapa o retrato em positivo de um homem. O desenho do corpo destacava-se claramente do fundo, como que em relevo, enquanto as manchas de sangue apareciam, não menos misteriosamente, em negativo, como marcas claras em campo escuro. Secondo Pia estava literalmente aturdido e não podia deixar de pensar que era ele o primeiro ser humano em quase 19 séculos a contemplar a face de Jesus.

– Foi, naturalmente, essa foto – escreve Ian Wilson[14] que introduziu o Sudário no século XX por um processo que ninguém até então poderia ter imaginado.

Secondo Pia acabava de copiar com o seu equipamento o autorretrato que o Cristo escrevera com a (sua) luz!...

As fotos de Secondo Pia são atualmente consideradas de qualidade inferior, em confronto com as que se obtém com a moderna tecnologia. Já em 1931 foram superadas pelas excelentes fotos obtidas por um profissional de alto conceito, o comandante Giuseppe Enrie, que trabalhou com uma equipe de cerca de cem especialistas, inclusive Secondo Pia, já septuagenário.

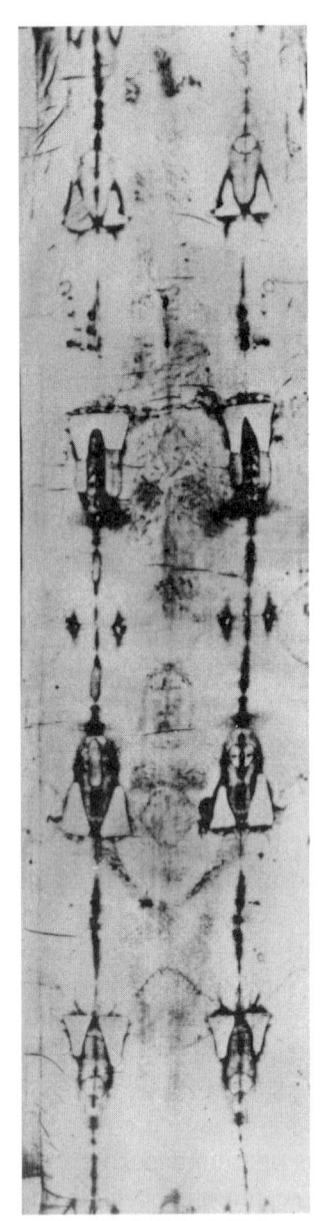

Foto do Sudário de Turim

É sobre as múltiplas especulações em torno do Sudário de Turim que vamos tratar neste artigo. Valho-me, para isso, não apenas do livro de Wilson, como também da admirável obra do dr. Pierre Barbet,[15] médico fran-

---

[14] T*he Shroud of Turin*, de Ian Wilson, Edição Doubleday, 1978, New York.
[15] A *paixão de N. S. Jesus Cristo segundo o Cirurgião*, do dr. Pierre Barbet. Tradução (excelente) do Cônego José Alberto de Castro Pinto, Editora Santa Maria Ltda., Rio de Janeiro, 1954.

cês, bem como do livro-reportagem de Robert K. Wilcox.[16] Não disponho, infelizmente, do relatório de Pia, intitulado "*Memoria sulla riproduzione fotografica della Santissima Sindone*" (1907).

• • •

Começaremos pelo princípio.

Sudário, do latim *sudarium*, é um lenço que, como o nome indica, destina-se a enxugar o suor do rosto. É o que se lê no *Novíssimo dicionário latino-português*, de Santos Saraiva, edição Garnier, 1924. Secundariamente seria, também, mortalha. Esta leve diferença de matiz semântica reveste-se de importância maior do que se poderia supor, como veremos adiante. O dr. Barbel informa que teve esse nome "uma comprida peça de pano com que se envolvia o corpo por debaixo da túnica e que se conservava como roupa noturna". Era, pois, uma peça de roupa íntima que também servia para dormir.

O Sudário de Turim, no qual aparece estampada a imagem de uma figura humana de costas e de frente, mede 1,10m de largura por 4,30m de comprimento. "É uma tela de linho puro, cerrada e opaca – escreve Barbet – executada com fio grosseiro e de fibra crua", com a urdidura conhecida como "espinha de peixe". Os vincos indicam que a peça foi arrumada em quarenta e oito dobras.

Quanto à figura ali estampada, trata-se de um homem relativamente jovem – não menos de trinta anos de idade, não mais de quarenta e cinco – de 1,81m de altura, pesando cerca de 77 quilos, dono de "poderoso e bem proporcionado físico", na expressão de Wilson. O médico inglês dr. David Willis, um dos competentes estudiosos do Sudário, relaciona os seguintes ferimentos na face impressa no pano: 1) inchação em ambos os supercílios; 2) dilaceração da pálpebra direita; 3) grande inchação abaixo do olho direito; 4) tumefação no nariz; 5) ferimento de forma triangular na face direita; 6) inchação na face esquerda; 7) inchação à esquerda do queixo.

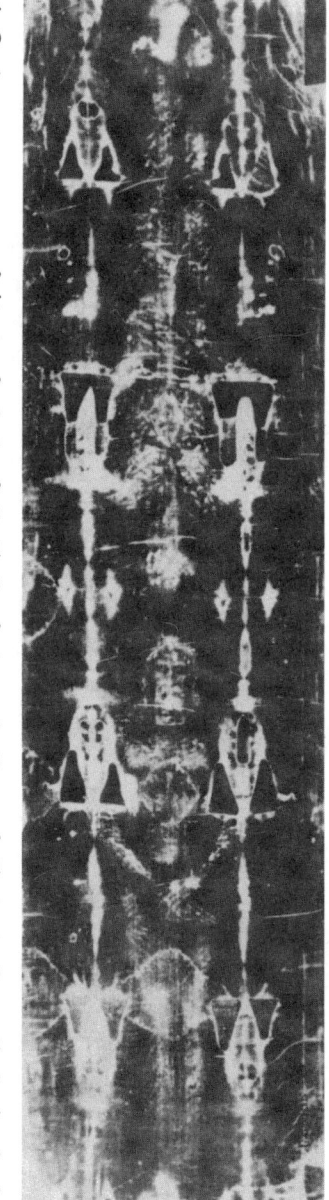

Negativo da foto do Sudário

---
[16] *Shroud*, de Robert K. Wilcox, Edição Macmillan, 1977 e Bantam, 1978, Estados Unidos.

Barbet chamou a atenção para a "surpreendente expressão de relevo" da imagem que, realmente, parece tridimensional. (Ainda falaremos disso mais tarde). Mais impressionante, porém, é a imperturbável serenidade daquele rosto que, a despeito do verdadeiro massacre que os hematomas testemunham, não guardou um traço de dor, medo ou aflição. Aquele homem morreu em paz...

As manchas de sangue, mais pronunciadas em torno das principais chagas e ferimentos mais profundos, aparecem em negativo, ou seja, figuram como áreas mais claras sobre o fundo escuro da imagem fotográfica antes de ser copiada no papel. Barbet ficou impressionado com a aparência de relevo dessas manchas, demonstrando, a seu ver, terem sido produzidas por decalque pelos coágulos sanguíneos em contacto direto com o tecido.

– Sobre a mortalha – escreve ele – não há sangue que tenha escorrido; só há coágulos decalcados.

O homem do Sudário morreu, segundo o médico francês, por asfixia, pregado numa cruz, à qual foi suspenso por três cravos, um em cada carpo (na altura dos pulsos) e o terceiro atravessando os dois pés superpostos, o esquerdo sobre o direito.

Ian Wilson confrontou da seguinte forma as pesquisas científicas sobre o Sudário com o que narram os evangelistas:

1. O corpo está literalmente coberto de ferimentos causados por severo açoitamento, conforme narram *Mateus (27,26), Marcos (15,15) e João (19,1)*.

2. Inchações na face documentam as bofetadas de que nos falam M*ateus (27,30), Marcos (15,19), Lucas (22,63) e João (19,3)*.

3. Sangramento abundante do couro cabeludo indica que uma coroa de espinhos (em forma de gorro ou boné) lhe foi imposta na cabeça, s*egundo Mateus (27,29), Marcos (15,17) e João (19,2)*.

4. O crucificado teve que carregar uma pesada peça de madeira, conforme indicam os ferimentos no ombro provocados por atrito pr*olongado. É o que diz João (19,17)*.

5. Este crucificado caiu várias vezes sobre os joelhos que apar*ecem bastante machucados. Conferir com os relatos de Mateus (27,32), Marcos (15,21) e Lucas (23,26)*.

6. A crucificação foi feita por meio de cravos pregados nas mãos e nos pés, tal como atestam os ferimentos nos locais próprios, c*onforme se infere de João (20,25)*.

7. As pernas deste crucificado não foram partidas, enquanto que o tórax foi pen*etrado por uma lança, segundo João (19,31-37), testemunha ocular da tragédia da cruz.*

Especulativamente, poderíamos eliminar alguns desses pontos, por serem habituais no bárbaro ritual da crucificação e, portanto, comuns à maioria, senão a todos os crucificados. De fato, o açoitamento era rotineiramente praticado antes da crucificação. Bofetadas e pauladas deviam ser – e eram – tratamento uniforme para todos os condenados, entregues indefesos à sanha de criaturas insensíveis e violentas. Era costume, também, obrigar cada condenado a carregar sua cruz até o local do suplício. (Aliás, ele carregava apenas o *patibulum*, ou seja, a parte superior, que depois seria enganchada no *stipes*, que já estava fincado no chão à espera da vítima). Embora se praticassem crucificações amarrando os condenados à cruz por meio de cordas, o mais comum era mesmo pregá-los com fortes e grossos cravos nas mãos e nos pés. Era hábito, também, quando a família ou os amigos do crucificado solicitavam seu corpo para sepultar, meter-lhe uma lança ou punhal no coração. Isto servia para confirmar a morte, a fim de não correr-se o risco de ser o criminoso recuperado posteriormente. Este lançaço tanto poderia ser, portanto, um "golpe de misericórdia" para acabar com a vítima de uma vez, quanto a forma de verificar se ele estava realmente morto.

Dois pontos, não obstante, nos indicam que este era um crucificado muito especial. Em primeiro lugar, os ossos das pernas não estavam quebrados, como, aliás, prescreveu o autor dos Salmos. ("Todos os seus ossos serão preservados; nem um só se quebrará" – Salmos 34,20). A fratura das pernas era, de certa forma, também um golpe de misericórdia, porque resultava em abreviação da morte. Isto porque, segundo explicou o dr. Barbet, a morte se dava por asfixia, pois o crucificado somente podia respirar nos breves instantes em que, suportanto dores atrozes, apoiava-se no cravo que o prendia pelos pés para levantar o corpo e assim poder movimentar os músculos do tórax que, pela sua rígida contratura, não permitiam expelir o ar dos pulmões. Em seguida, o supliciado deixava cair novamente o corpo, apoiando-se nos cravos das mãos. Novamente sufocava e tudo recomeçava... Assim ficava enquanto aguentasse ou até que lhe quebrassem as pernas – usualmente com uma barra de ferro. Impedido, afinal, de apoiar-se no cravo dos pés e, portanto, de erguer o corpo para renovar o ar dos pulmões, o condenado morria.

Com o crucificado do Sudário não foi preciso quebrar-lhe as pernas, porque a punhalada revelara momentos antes que ele já havia falecido. Confira-se com a narrativa dos *Evangelhos*:

– E Pilatos admirou-se de que Jesus houvesse morrido tão depressa e, chamando um centurião, perguntou-lhe se efetivamente estava morto. (Marcos 15,44).

Aliás, diga-se de passagem, nem mesmo os pequenos ossos das mãos e dos pés foram quebrados, pois, segundo experiências incontestáveis do dr. Barbet, nos lugares onde foram pregados os cravos, tanto nas mãos como nos pés, há passagens naturais por onde se encaminham os pregos, fenômeno esse que ao próprio Barbet surpreendeu. Outra inesperada descoberta do dr. Barbet – já que estamos abordando este ponto – foi a de que, ao pregar o cravo no chamado "espaço de Destot" na mão de um cadáver, não apenas o sentiu "obliquar um pouco para dentro (e) penetrar sem resistência", como ainda, notou que "o polegar se dobrava bruscamente", fechando-se sobre a palma, forçado pela contração de um nervo, aliás, extremamente sensível. De fato, as mãos do crucificado do Sudário indicam que os polegares estão fechados sobre as palmas.

Outra importante observação: os cravos não poderiam ser pregados na palma das mãos porque o tecido se romperia, conforme comprovou Barbet em experiências com cadáveres, deixando cair o corpo.

Confirma-se, portanto, que este crucificado não teve nem um osso sequer fraturado, como afirma o *Evangelho*. Isto poderia ter sido, porém, mera coincidência, pois é possível que outros hajam sido poupados da fratura nas pernas por já haverem expirado em vista da verificação feita com a lança ou punhal.

Resta a coroa de espinhos. Dificilmente alguém se lembraria de impor a um condenado vulgar esse trágico símbolo da realeza.

Confira-se novamente com o *Evangelho*:

– És tu o rei dos judeus?

Além do mais, lá estava a tabuleta indicativa, a anunciar precisamente que o homem ali crucificado fora acusado de pretender ser o rei de sua gente.

É preciso observar, ainda, que a coroa não tem a forma sob a qual aparece representada em inúmeros quadros, gravuras e esculturas sobre a crucificação. Não foi um pequeno feixe de espinhos em círculo em torno da cabeça, mas uma espécie de touca que a cobriu toda, fazendo-a sangrar abundantemente, como atestam os coágulos perfeitamente visíveis na testa e presos à massa dos cabelos. Vê-se isto na face e na imagem dorsal.

• • •

Ante esse brevíssimo e muito incompleto resumo da situação, muitas perguntas se colocam obrigatoriamente neste ponto. Limitemo-nos, não obstante, a duas especulações fundamentais:

Primeira: Teria sido mesmo o Cristo o homem envolvido naquele pano?

Segunda: Qual a história dessa misteriosa peça de linho?

Pio XI dizia que o Sudário estava ainda cercado de "muitos mistérios". O dr. Barbet repete na quarta edição do seu livro – a que serviu à tradução do cônego Castro Pinto – aquilo que escrevera na primeira:

– O futuro ainda nos reserva, sem dúvida, bom número de surpresas.

Tanto o papa como o médico estavam certos. As surpresas continuam a surgir, enquanto certos mistérios persistem.

• • •

Tomemos a primeira pergunta.

— Somente isto é certo — escreveu John Walsh,[17] citado por Robert Wilcox — o Sudário de Turim é a mais espantosa e instrutiva relíquia de Jesus Cristo existente — mostrando-nos, na sua sombria simplicidade, qual a sua aparência ante os homens — ou é um dos produtos mais engenhosos que se conhece, mais inacreditavelmente hábeis da mente e da mão do homem. É uma coisa ou outra: não há meio termo.

A propósito, conta o dr. Pierre Barbet que, ao publicar a primeira edição do seu folheto *Les Cinq Plaies* (*As Cinco Chagas*), levou um exemplar ao seu mestre e amigo professor Hovelacque, convicto e brilhante cético.

— Quando (ele) acabou de ler — escreve Barbet — depositou o opúsculo e, meditando, ficou em silêncio por alguns momentos. Depois, explodindo de repente, com aquela bela franqueza que consolidara nossa amizade, exclamou: "Mas, estão, meu velho, Jesus-Cristo ressuscitou!"

Barbet confessa que foi uma das mais profundas e doces emoções da sua vida aquela espontânea reação de um incrédulo a quem ele estimava e respeitava.

Creio ser necessário dizer, a esta altura, que o doutor Barbet foi católico praticante, de uma belíssima e pura fé. O leitor espírita encontrará na sua notável narrativa a singela aceitação dos dogmas como, por exemplo, o da divindade de Jesus. Seria, no entanto, clamorosa injustiça faltar-lhe ao respeito ou colocar sob suspeita suas valiosas observações e conclusões. Em nenhum ponto da sua meticulosa obra ele procura acomodar o severo espírito científico a preconceitos ou desinformações, mesmo que partam de figuras respeitáveis da sua própria Igreja, que hajam examinado o assunto antes dele. Ademais, seu livro é obra de imenso carinho pelo Cristo e de uma sensibilidade rara, que ilumina todo o seu indiscutível saber, suas intuições, seus 'achados', suas soluções.

A meditação que constitui o capítulo 12 do seu livro é uma peça de impacto, que se lê com extraordinária emoção. É tão vibrante e tão autêntica que transmite ao leitor espírita a impressão de ter sido escrita sob inspiração mediúnica. Ou, quem sabe, seria um documento anímico? Certas passagens parecem justificar esta última hipótese, ao colocar-se o autor como testemunha da tragédia da cruz. Vejam, por exemplo, esta transcrição, que parece redigida por quem esteve lá:

Um ajudante estica os braços, com a palma da mão voltada para cima; o carrasco toma o cravo (um comprido cravo pontudo e quadrado, que perto da grande cabeça tem 8 (oito) mm de largura) e assenta-lhe a ponta sobre o punho, naquele vinco anterior, que tão bem conhece pela experiência. Uma única martelada, e o cravo já está fixado na madeira onde mais algumas outras acabarão de fixá-lo sólida e definitivamente. Jesus não gritou, mas seu rosto se contraiu horrivelmente. E, sobretudo, vi ao mesmo tempo, Seu polegar, com um

---
[17] *The shroud*, de John Walsh, Edição Random House, 1963.

movimento imperioso e violento, colocar-se em oposição, na palma: o nervo mediano fora atingido. Mas, então, ressinto o que experimentou Ele: uma dor inenarrável, fulgurante que se espalhou por seus dedos, subiu como uma língua de fogo até a espádua e prorrompeu no cérebro.

Mais adiante ele escreve: "ali estarei eu ao pé da cruz, com Sua Mãe e João e as santas mulheres que O serviam"; ou então: "Vejo agora bem de frente Vossa fisionomia distendida... etc." E mais: "Prosto-me de joelhos diante de Vós, beijando Vossos pés perfurados, de onde o sangue corre ainda, indo coagular-se nas extremidades".

•••

A convicção de Barbet sobre a autenticidade do Sudário, com base em experiências rigorosamente científicas, é hoje partilhada por muitos cientistas da mais variada gama de especializações: médicos, radiologistas, criminologistas e até físicos nucleares ou técnicos em computação eletrônica.

Tomemos, por exemplo, o dr. Max Frei, cientista já aposentado, ex-chefe do laboratório da Polícia Científica de Zurich. É ele autoridade mundial na dificílima técnica de identificar minúsculos grãos de pólen. Convém explicar que, ao disseminar-se por toda parte, o pólen é encontrado até em objetos muito bem guardados. Identificada a planta de origem, não é difícil saber em que região esteve aquele objeto; no caso, o Sudário.

Pois bem, o dr. Frei teve acesso ao Sudário, talvez por causa da extrema e desconcertante simplicidade do seu processo de coleta de material para exame: ele cortou alguns pedaços de fita adesiva, pressionou-os sobre o pano e os foi colocando em envelopes. Suas conclusões, embora cautelosas, como convém a um cientista responsável e respeitável, foram, não obstante, altamente positivas. Ele está convicto de que há no Sudário grãos de pólen de seis espécies de plantas "exclusivamente palestinas", bem como outras da Turquia e, a maior parte, das estepes da Anatólia. Em suas próprias palavras, citadas por Ian Wilson:

– Isto autoriza a conclusão definitiva de que o Santo Sudário não é uma adulteração.

Vejo, porém, que inadvertidamente entramos no âmbito da segunda pergunta, que consiste em deslindar a história do Sudário. Desculpe o leitor se lhe peço que retomemos por mais algum tempo a primeira, que questiona a autenticidade da imagem ali impressa.

O Sudário de Turim – II

É preciso dizer aqui que zelosíssimas autoridades religiosas guardam o Sudário e velam pela sua integridade, embora tecnicamente ele ainda pertença à família de Saboia, ora representada pelo ex-rei Umberto I, da Itália. Não é fácil, por motivos óbvios, conseguir que a preciosa peça de linho seja colocada à disposição dos inúmeros cientistas nela interessados. Por mais que sejam assegurados os guardiães da peça quanto ao rigor das cautelas ao manuseá-la, há sempre riscos de danificação irreparável.

É certo que as surpresas previstas pelo dr. Pierre Barbet continuam a surgir, mas a evidência hoje acumulada sobre a autenticidade da imagem como sendo mesmo a de Jesus é praticamente indestrutível, ainda que certos mistérios permaneçam insolucionados.

Um deles: como teria sido produzida a imagem?

Não foram poucos – e até sacerdotes – que adotaram e propagaram a hipótese de ter sido obra de um pintor. A hipótese está hoje completamente desacreditada. Barbet demonstrou a fantástica precisão da imagem do ponto de vista anatômico e fisiológico. Nem o mais poderoso gênio artístico teria condições de criar a imagem tal como está. Pode-se demonstrar isso ante os inúmeros e grosseiros erros cometidos ao longo dos séculos nas telas e nas esculturas: cravos nas palmas das mãos, sangue a escorrer em contradição com as leis da fisiologia, posição errada da cabeça (pendida para a direita), estilização da coroa de espinhos e outras anomalias menores. Ademais, quem se lembraria de pintar uma imagem humana *em negativo*? Ainda que se lembrasse, quem seria capaz de fazê-lo? A noção de negativo somente apareceu no século XIX com a fotografia. Outro detalhe importante: não há o menor traço de tinta no Sudário.

A próxima pergunta seria esta: há sangue no Sudário?

Parece que não. Seja o que for que produziu a imagem, não é uma substância que haja penetrado na intimidade das fibras do tecido; coloriu apenas a camada superior da fibra, sem penetrar, sem haver, portanto, embebido o linho que é altamente absorvente, como se sabe. Aliás, verificou-se em 1973 que, de fato, a imagem não aparece no avesso do pano, o que confirma estar impressa apenas levemente na superfície das fibras. A imagem foi, pois, criada "a seco", na expressão de Wilson. Estas verificações foram feitas mediante exame microscópico com aumentos de dezessete mil e cinquenta mil vezes.

As reações químicas para testar a existência de sangue, por sua vez, resultaram negativas, "indicação muito, muito forte de que não há sangue no Sudário", conforme escreve Wilson. Outra curiosidade: os grânulos que produzem a coloração sépia da imagem no tecido, tratados quimicamente, revelaram-se *insolúveis*.

Ante a dificuldade de explicar o fenômeno da formação desse autorretrato, os cientistas começam a apelar para os computadores, para a física nuclear e tudo o mais que a tecnologia moderna tem a oferecer como contribuição à decifração do enigma.

Enquanto isso, a transcendental nobreza daquela face e a serena beleza de seus traços continuam a irradiar estranho e misterioso fascínio. Sem dúvida alguma, trata-se da imagem de um ser superior.

Observem bem a face impressa. Nenhuma deformação ou distorção. A imagem corresponde à que se obteria na superfície plana de uma película ou chapa de vidro sensibilizada e não a que se formaria num pano em torno da cabeça. Além disso, é um negativo em si mesma. Um pano enrolado mostraria nas suas dobras pedaços da imagem com 'vistas' tomadas da frente e dos lados simultaneamente, como se uma ou várias câmaras fossem acionadas de ângulos diversos, o que, evidentemente, não é o caso. Por outro lado, as manchas de sangue mostram-se, contraditoriamente, em reverso quanto à figura propriamente dita.

Não se admira, pois, que os pesquisadores modernos estejam, a esta altura, decididamente inclinados à aceitação de um fenômeno raro que alguns classificam como 'parapsicológico' e outros de 'paranormal' ou mesmo 'nuclear'. Wilson deu ao capítulo final do seu fascinante livro o título sugestivo de *"The Last Miracle"* – "O Último Milagre". Sem dúvida alguma, aquela imagem foi produzida por um *esforço consciente de vontade* do ser que ali esteve envolvido naquela peça de linho.

Processando pelo estudo acurado e pela meditação prolongada os dados que até o momento foram documentados, creio que a reconstituição seria mais ou menos assim:

O corpo do Cristo – não parece pairar mais dúvidas sobre sua autenticidade – foi removido da cruz e transportado horizontalmente, ainda pregado ao travessão (patíbulo), esgotando pelo caminho praticamente todo o sangue que lhe restara. (O dr. Barbet ensina enfaticamente que o sangue *não se coagula* dentro das veias, mesmo no cadáver). Depositaram-no no chão, provavelmente sobre a famosa pedra que lá está em Jerusalem dentro da Igreja do Santo Sepulcro. (Eu a vi em 1977). Ali os braços foram despregados. Ante o avançado estado de rigidez cadavérica, os braços tiveram que ser forçados a tomar a posição em que aparecem, com as mãos cruzadas e apoiadas sobre o púbis, como se vê na imagem. Para mantê-los ali foi preciso atá-los com tiras. Também o queixo foi preso por uma tira e, talvez, os pés, muito embora, estes, pela posição em que foram pregados, não precisassem de ataduras para se manterem unidos; a própria rigidez o faria. Há sinais evidentes das ataduras sob o queixo e nas mãos. O corpo *não foi lavado,* nem ungido, como prescrevia o ritual judaico, porque não havia mais tempo. (O dr. Barbet lembra a profecia de Isaías: "Da planta do pé até o alto da cabeça não há nele nada de são; não há senão ferimentos, sangue e chagas entumecidas que *não foram ligadas, nem limpas, nem ungidas com óleo"*). O tempo urgia. "Era o dia da Preparação – escreve Lucas (23,54) – e já brilhavam as luzes do Sabá", pois era costume acenderem-se as lâmpadas votivas ao cair da tarde de sexta-feira. A lei não permitia qualquer atividade no sábado, ainda mais com cadáveres. Apressadamente foram tomadas as providências mínimas possíveis, deixando-se para depois o cumprimento das exigências do ritual, que começava com a lavagem do corpo e, a seguir, a sua unção, antes de vesti-lo. Limitaram-se a estender o corpo sobre uma das metades do linho e dobraram a outra metade por cima da cabeça, cobrindo-o até os pés, como se vê da gravura que reproduz o quadro de Giulio Clovio. O recentíssimo desdobramento tridimensional da imagem em complexos analisadores eletrônicos parece indicar que uma pequena moeda foi colocada em cima de cada pálpebra para mantê-las cerradas. Colocaram junto do corpo grande quantidade de especiarias destinadas a preservá-lo até a manhã de domingo, quando, encerrado o Sabá, voltariam para concluir o sepultamento. Ali ficaria o corpo durante as próximas trinta e seis horas, mais ou menos, ou seja, desde a duodecima hora de sexta-feira (seis horas da tarde) até à primeira hora de domingo (seis da manhã). Nesse intervalo, porém, algo aconteceu de totalmente inesperado e extraordinário. Algo como súbita e, não obstante, controlada desintegração nuclear desmaterializou o corpo e *chamuscou* o pano apenas o suficiente para estampar nele, com absoluta fidelidade, a imagem do ser que ali estivera. (É este o relato de Wilson, bem como o de Wilcox).

Com o direito que me confere a ignorância sempre atrevida dos que não sabem, mas ousam, suponho que, ao atingir o tecido, a energia que imprimiu o retrato em negativo encontrou aderidos ao pano os coágulos e, ao desmaterializá-los, reverteu-lhes a imagem, transformando-os em manchas positivas. Esse *flash* energético é a única maneira até agora admissível de explicar a aparência chamuscada da imagem. (Os autores de língua inglesa usam a palavra '*scorching*').

Esse relato sucinto elimina sumariamente antigas controvérsias. Por exemplo: o corpo foi ou não foi lavado, como prescreve o rigoroso ritual judaico? Não chegou a sê-lo por falta de tempo, como vimos, e no domingo pela manhã não havia mais corpo ali para ser lavado, ungido e sepultado. Estava assim realizada a profecia de Isaías lembrada pelo dr. Barbet. Por outro lado, o corpo não foi roubado, como sugere, entre outros, Frank Morison, no seu livro *Who Moved the Stone?* – "Quem Removeu a Pedra?", edição Faber, 1958. Quem o roubasse, certamente teria levado também o pano que o envolvia. Por outro lado, se o corpo houvesse permanecido no pano por tempo muito longo, teria destruído a imagem, mesmo que precariamente formada. É o que supõe Wilcox, que examinou pessoalmente no Louvre dezenas de mantos mortuários egípcios, nos quais corpos humanos haviam sido depositados.

Quanto aos panos, vistos por Pedro e João, o debate é puramente acadêmico e resulta de interpretação ou tradução defeituosa das palavras de João. O que havia no túmulo eram o Sudário e as tiras que serviam para atar o queixo e as mãos e (provavelmente) os pés. Nada confirma que tenha havido também um lenço que cobrira o rosto. É certo que a imagem poderia ter atravessado o suposto lenço e imprimir-se no tecido da mortalha. Há exemplos documentados em herbários, nos quais a fiel reprodução da planta aparece não apenas na página de contacto como na seguinte. Não parece, no entanto, que seja este o caso do Sudário.

• • •

Seria longo discorrer ainda sobre as minúcias suscitadas pela segunda pergunta que formulamos, ou seja, a da historicidade do Sudário. Apenas um sumaríssimo comentário, pois. E nesse ponto, o trabalho de Ian Wilson é realmente fabuloso e suas ilações nada menos do que geniais.

A primeira notícia documentada sobre o Sudário é de Robert de Clari, cavalheiro francês que participou da tomada de Constantinopla em 1204. Ele o teria visto lá. Antes disso, o que Wilson descobriu – e isto parece perfeitamente admissível – é que há um intrincado baralhamento da história do Sudário de Turim com a lenda – hoje plenamente reconhecida como tal – do Sudário de Verônica. Seguindo as pistas históricas do suposto lenço de Verônica, conhecido sob o nome de Mandylion, Wilson levantou todo o seu percurso através da história e da geografia, a partir de Edessa, até que fosse parar, já identificado como o Sudário, em mãos de Godofredo de Charny, outro cavalheiro francês, em 1357. Esse 'branco' de século e meio, entre 1204 e 1357, Wilson explicou com uma hipótese tão audaciosa quanto engenhosa (e, ao meu ver, perfeitamente aceitável) de que o Sudário teria permanecido em poder dos Templários. Os integrantes dessa ordem veneravam em misteriosas e secretíssimas sessões, a figura de uma cabeça, à qual raríssimos tinham acesso em ocasiões muito especiais. Suas meticulosas pesquisas e seu exaustivo relato são convincentes.

Segundo ele, são Bernardo de Clairvaux teria sido aquele que lançou as bases do culto do Sudário, considerando-o a mais preciosa relíquia da cristandade. Bernardo, como se sabe, teve profundo envolvimento com os Templários, chegando mesmo a escrever-lhes uma espécie de estatuto, pelo qual se regiam. Não se sabe, porém, se ele chegou a ver o Sudário. Se o viu, conservou o segredo.

O estudo comparado de Wilson demonstra que, pelo menos a partir do século sexto, os retratos do Cristo ainda hoje preservados foram evidentemente inspirados na imagem gravada no Sudário, senão copiadas diretamente dele. Algumas tem os olhos abertos; há, porém, um rosto pintado num pano que data do século segundo. Está reproduzido na *Enciclopédia Britânica* (1963) e se encontra na Sacristia da Igreja de S. Pedro, em Roma. Este rosto é, obviamente, uma cópia da imagem estampada no Sudário. Em muitos desses quadros aparecem marcas e características inconfundíveis e perfeitamente identificáveis com o rosto do Sudário. *Outra coisa curiosa é que, à exceção de apenas dois ícones, a cabe*ça do Cristo aparece pintada em tela formato 'paisagem' e não em formato 'retrato'.

Esses fatos confirmam que não poucos pintores tiveram acesso ao Sudário que, por ser exibido sempre dobrado, mostrava somente a face através da dimensão menor do pano. Por isso mesmo, muita gente julgou que o pano continha apenas a reprodução da face e não de todo o corpo. Isso teria contribuído para a confusão com o chamado Sudário da Verônica.

Muito ainda se teria a dizer sobre este sugestivo problema, mas é impraticável, no espaço de um artigo, abordar as especulações de toda uma vasta literatura que existe em muitas línguas e continua a crescer.

• • •

Embora ainda não estejam desvendados todos os mistérios do Sudário, a mensagem preservada nele situa-se precisamente no centro vital de transcendentais indagações. Relembre-se a espontânea expressão do prof. Havelacque: "Então, *mon vieux,* o Cristo ressuscitou!" A força dessa evidência move até a fria dureza do ceticismo e da descrença.

Paulo entendeu com toda a clareza a importância do episódio. Em sua Primeira Carta aos Coríntios ele escreveu:

> – Porque se os mortos não ressuscitam, então o Cristo também não ressuscitou. E se o Cristo não ressuscitou, é vã a vossa fé e permaneceis presos aos vossos pecados. (I Cor 15,16-17).

O Apóstolo dos Gentios assentou, pois, o edifício da fé e a doutrina do resgate na evidência histórica – hoje documentada no testemunho do Sudário – do que se convencionou chamar de ressurreição.

Que é, no entanto, ressurreição? Que é ressuscitar? Que conceito formulavam os autores desses relatos – *Evangelhos* e *Epístolas* – acerca da ressurreição?

Há aqui alguns aspectos a esclarecer.

Kardec informa em *O evangelho segundo o espiritismo*, capítulo quarto, número 4 que:

> – A reencarnação fazia parte dos dogmas dos judeus, sob o nome de *ressurreição*. Só os saduceus, cuja crença era a de que tudo acaba com a morte, não acreditavam nisso.

E mais adiante:

> – (...) a *ressurreição* dá ideia de voltar à vida o corpo que já está morto, o que a ciência demonstra ser materialmente impossível.

E ainda:

> – A palavra *ressurreição* podia assim aplicar-se a Lázaro, mas não a Elias, nem aos outros profetas.

De fato, Lázaro foi retornado ao seu corpo, que "voltou à vida", enquanto João Batista é a reencarnação (em outro corpo, portanto) do espírito Elias.

Não é, pois, no sentido aceito pelos judeus da época que os autores dos *Evangelhos* e das *Epístolas* empregam o termo *ressurreição* em relação a Jesus.

Ao formular seus dogmas, a Igreja entendeu considerar a ressurreição como recomposição ou reanimação do corpo. Curiosamente, porém, o texto básico da fé católica – o Credo – ensina que Jesus "ressurgiu dos mortos", o que está longe de equivaler a *ressuscitou*, no sentido dogmático da palavra.

Buscando o termo correspondente no texto grego (Edição da The British and Foreign Bible Society, 1949, sob o título "Diatheke") encontro, por exemplo, em Marcos 9,9 e 10, a palavra *anastre* no versículo 9 e *anastenai* no 10, que correspondem a *levantar, erguer*, segundo meu modestíssimo dicionário de Bolting (Imprensa Nacional, 1941). Transcrevo o texto citado:

> 9. Quando desceram do monte ordenou-lhes que a ninguém contassem o que haviam visto até que o Filho do Homem ressuscitasse (*anastre*) de entre os mortos.
> 10. Eles observaram esta recomendação, discutindo entre si que era "ressuscitar (*anestai*) de entre os mortos".

O termo latino correspondente – *resuscitare* – traduz-se no já citado Dicionário Santos Saraiva, como *despertar, reanimar*. Valendo-me novamente do direito da ignorância, ouso supor, não obstante, que os verbos propostos pelo dicionário latino para traduzir a palavra estão influenciados pelo seu reiterado e bimilenar emprego como expressão para descrever a chamada ressurreição do Cristo. Isso porque a palavra *suscitare* – sem o prefixo – tem a significação que é dada normalmente no grego, ou seja, *levantar, erguer, elevar*.

Se isto é assim, então, há realmente uma grande diferença entre dizer que o Cristo *despertou* ou *reanimou-se* depois de morto e afirmar que ele *levantou--se* ou *ressurgiu* dos mortos, como diz o Credo. O primeiro significado pressupõe despertamento ou reanimação (trazer de volta a alma) ao mesmo corpo sepultado, enquanto o segundo pode facilmente conter o sentido de que ele abandonou um corpo – ou desintegrou-o – para levantar-se ou ressurgir em outro.

Este último conceito com o suporte do texto grego – língua em que escreveu Marcos – é aquele que claramente adotou Paulo, ao explicar, a partir do versículo 35, capítulo 15, da Primeira Epístola aos Coríntios, "como ressuscitam os mortos".

Nesse texto distingue ele com precisão didática a existência de dois corpos, um corruptível – a que chama *natural* – e outro incorruptível, ao qual ele chama de *corpo espiritual*. Este é o que herda o Reino dos Céus e não "a carne e o sangue", diz ele.

Seja qual for, não obstante, a posição de cada um nessa problemática, tanto nos arraiais da fé como nos da descrença, o Sudário é a silenciosa e eloquente testemunha do que se passou no túmulo da família Arimateia no angustiado silêncio daquele Sabá, entre a duodécima hora da trágica sexta-feira e o alvorecer do radioso domingo.

É uma pena que não possamos aceitar as belas palavras que Ian Wilson escolheu para marcar o fenômeno, ao intitular o seu capítulo final de "O Último Milagre". E isso, por duas razões indiscutíveis. A primeira é esta: *milagre* é um termo que tem sido muito abusado, no sentido de que representa uma derrogação das imutáveis leis divinas. Poderíamos aceitá-lo, porém, no seu sentido etimológico, primitivo, original que significava *prodígio, maravilha, coisa prodigiosa (miraculum)*. Mesmo assim, não seria aquele o *último* 'milagre' – e esta é a segunda razão – da mesma forma que não foi o primeiro, pois ele continua a produzir coisas prodigiosas de amor, sabedoria e devotamento à sua causa divina, ou seja, à causa de cada um de nós.

De minha parte, pois, se é que o leitor paciente está interessado na minha opinião, não tenho dúvida em aceitar que a imagem estampada no Sudário de Turim é a de Jesus.

Certamente o autorretrato que Jesus escreveu e gravou com a sua luz tem ainda muito a nos dizer, mas o que já disse àqueles que conseguiram entender a sua linguagem muda e eloquente basta para confirmar a colocação do problema da chamada ressurreição no centro e na base da fé que, com o espiritismo, adquiriu foros de convicção, porque passou a ser iluminada pela razão. Afinal de contas, se o Cristo não houvesse "ressurgido dos mortos", vã seria toda a nossa fé e continuaríamos, no dizer de Paulo, presos aos nossos erros.

• • •

E podemos, com isso, relembrar a emocionante cena vivida no jardim, naquele doce amanhecer de domingo.

A luz do dia ainda hesitava entre as últimas brumas da noite, quando Madalena viu duas figuras vestidas de branco exatamente ali onde estivera depositado o corpo do Mestre.

– Mulher, por que choras? – perguntaram-lhe.

– Porque levaram o corpo do meu Senhor e não sei onde o puseram – respondeu ela, desolada.

E, ao dizê-lo, olhou para trás e viu outra figura que, no lusco-fusco da madrugada, supôs ser o jardineiro. Este também lhe perguntou:

– Mulher, por que choras? A quem procuras?

– Senhor, se tu o tiraste, dize-me onde o puseste e eu o levarei.

Era uma súplica. E o "jardineiro":

– Maria!

Ela virou-se num só impulso, para entrar na história da humanidade como a primeira testemunha da sobrevivência do Mestre. Nem sei como imaginar a expressão do seu rosto, o impacto da sua emoção e a explosão da sua ternura. Somente conseguiu dizer uma palavra, na qual punha toda a sua indescritível felicidade:

– *Raboni*!

Era ele; havia cruzado e descruzado as fronteiras da morte. Tal como havia prometido. Ele pediu-lhe que não o tocasse, como ela desejava, e ordenou com doçura:

– Vai a meus irmãos e dize-lhes que vou para meu Pai e vosso Pai, para meu Deus e vosso Deus.

Ele, que aceitara o título de Mestre e até de Rei ("Tu o disseste!"), punha-se agora como irmão.

Um dia, à luz radiosa de um domingo primaveril, estarão expulsas de nós as últimas sombras, e, tal como nosso Irmão Maior, também nos ergueremos da tumba em corpos de luz...

As Muralhas Do Tempo

Jenny Cockell é uma senhora inglesa, nascida em 1953, reside em Northamptonshire, é casada, tem dois filhos. É uma mulher excepcionalmente inteligente (membro da Mensa), trabalha como quiropodista, ou seja, uma profissional especializada em diagnose e tratamento de doenças dos pés. Jenny era ainda uma criança quando os sonhos começaram a acontecer. Sonhava sempre com uma mulher que agonizava num hospital, sozinha, sem amigos e sem pessoa alguma da família por perto. As dores eram muitas, a doente respirava com dificuldade, tinha febre e sabia que estava no fim. Jenny sabia até que a agonizante chamava-se Mary, teria seus trinta e poucos anos de idade e que o ano era 1932. Era como se Jenny contemplasse as coisas com os olhos de Mary, pensasse com a cabeça dela, sofresse com o corpo dela. Na verdade, Jenny se sentia dividida porque uma parte de Mary permanecia viva dentro de si mesma. A luta que ela percebia na mente daquela mulher não era para escapar à morte por temê-la, mas pela angústia que lhe causava deixar as crianças entregues à própria sorte, o que lhe parecia cruel e injusto. Ao mesmo tempo, sentia-se culpada de tudo aquilo, como se ela, Mary, estivesse fugindo, depois de haver falhado de alguma forma que não conseguia perceber direito. Seja como for, a menina Jenny sabia que a moribunda era ela própria, em outro tempo, em uma desconhecida cidade, nos últimos suspiros de uma existência de penúria, canseiras e desencantos. No sonho, Mary sempre acabava morrendo. Por isso, Jenny acordava em pranto, sem saber ao certo se era Mary que chorava ou ela. Ou, quem sabe, ambas, como que reunidas ou refundidas dentro dela própria?

Mas não eram só os sofridos sonhos noturnos. Muitas lembranças lhe chegavam, durante o dia, aos pedaços, sem a costura de uma sequência que as fosse explicando ou contando uma história com princípio, meio e fim. Jenny sabia, por exemplo, que o filho mais velho já era bem crescido, talvez aí pelos treze anos. Nas suas lembranças, ela o via como "um pequeno soldado, confiante, muito aberto e correto, um bom avaliador das situações da vida e sem receio de portar-se de maneira gentil". A menina mais velha, era de tipo calado, cabelos longos e prestativa, sempre disposta a ajudar a mãe nos exaustivos afazeres domésticos, como buscar água em alguma fonte ou bomba, ali por perto. Jenny (ou Mary?) tinha pena dela porque imaginava que teria, provavelmente, cabido a ela a pesada tarefa de olhar pelos seis ou sete irmãos órfãos. Havia mais dois ou três meninos. Um deles, ativo, dotado de incansável senso de humor; o outro, era quieto e reservado. Havia também uma menina muito bonita, lourinha, olhos azuis, uma "personalidade fortemente feminina". Um garoto ainda menor tinha o hábito de ficar passando as mãos distraidamente pela bainha do casaco e a mexer com a roupa do corpo. Parecia-lhe, este, sentir-se "um tanto desconfortável, muito quieto, meio ausente e solitário". Jenny tinha, ainda, a impressão de mais uma criança, praticamente um bebê.

Ocorriam-lhe também imagens da casa onde moravam, a primeira à esquerda, à beira de uma estrada. Havia um muro de pedras na frente, o portão de entrada era largo e, ao abrir-se a porta, a gente encontrava uma espécie de biombo, que era necessário contornar, pela esquerda ou pela direita, a fim de entrar. A casa era pobre, poucas as janelas e escuro o interior, mesmo durante o dia. Ela sabia, também, que a família sobrevivia nos estreitos limites da miséria e nem sempre havia alimento suficiente para todos. Viviam, principalmente, de batatas, um pouco de leite e manteiga ou legumes e verduras que, segundo ficaria sabendo mais tarde, poderiam provir de alguma fazenda das redondezas, que os meninos invadiam, na calada da noite, para colher o que lhes fosse possível. Carne, quase nunca. Só quando conseguiam apanhar algum animal solto pelos campos. Jenny até se lembrava de uma cena dessas. Via-se, como Mary, acorrendo à algazarra das crianças porque tinham apanhado uma lebre na armadilha. Ela olhou e comentou: "Ela ainda está viva!"

Pouco a pouco, os fragmentos do quebra-cabeça iam se juntando, mas ainda estavam longe de formar uma história coerente, porque faltavam muitos pedaços importantes ou então as peças catadas aqui e ali na memória e nos sonhos não se encaixavam umas nas outras.

Jenny se lembrava da pequena cidade próxima, onde ia regularmente, a pé, para fazer aquele mínimo de compras que mal dava para mantê-los vivos. Ela sabia onde ficavam as lojas, a igreja, um cais, à beira do mar. Via-se nesse cais, de pé, com um insuficiente xale ao pescoço, exposta aos rigores de um vento gelado, a esperar por alguém, que não sabia quem fosse. Tinha a geografia local tão presente na memória que foi capaz de traçar, em um mapa tosco, mas fiel, os caminhos pelos quais transitava, e até esboçar a fachada de uma igreja. Já do marido não se lembrava muito bem. Via-o, às vezes, com aqueles estranhos olhos da alma, junto dela, ainda jovem, forte, bonitão, mas convencido e até algo arrogante. Sabia que ele não era dali e que lutara na guerra de 1914-1918. E mais nada.

A partir de certo ponto, começou a procurar identificar aqueles lugares nos mapas impressos da Irlanda. Concluiu, afinal, que a vila perto da qual vivera

Mary chamava-se Malahide e ficava um pouco ao norte de Dublin, a cidade maior que ela sabia existir por ali.

Durante algum tempo, na infância, Jenny evitou falar com a mãe a respeito de seus sonhos. Quanto ao pai, nem pensar. Não saberia sequer como abordar a questão com ele. Lembra-se, contudo, da primeira conversa com a mãe, aí pelos quatro anos de idade. Voltava das lições dominicais de evangelho, e estranhava que as pessoas falassem da morte, mas nunca das vidas anteriores. Um dia ela descobriu que toda aquela história apontava para um conceito ainda mais estranho – o da reencarnação e isto era considerado não uma realidade, mas uma crença, mais ou menos vaga, improvável e, como descobriria mais tarde, que punha sob suspeita a pessoa que acreditasse em tais coisas. Jenny sentiu-se profundamente chocada ao verificar que a sua verdade não era a verdade dos outros. E como os adultos costumam saber mais do que as crianças, o mais certo é que ela, Jenny, estaria errada. A despeito de suas dúvidas e temores, as memórias de Mary continuavam a funcionar dentro dela, como se nada houvesse. Pouco à vontade para comentar em casa o que se passava na sua mente, Jenny não ia bem na escola. Achava monótonas as aulas, cujas lições parecia conhecer por antecipação. Mais tarde descobririam que era altíssimo seu QI, e que, portanto, o desinteresse pela escola não era por falta de inteligência, mas, aparentemente, por excesso, se é que inteligência pode ser excessiva. Optou, portanto, por um procedimento mais reservado, que, aliás, era mesmo compatível com sua natureza. Resolveu, daí em diante, realizar todo o eventual trabalho de pesquisa por sua própria conta, sem envolver outras pessoas, senão no que fosse estritamente necessário.

O objetivo da busca, no entanto, continuava e se manteve o mesmo até o fim, ou seja, localizar 'sua' antiga família para verificar como haviam as crianças administrado suas vidas, após a inesperada partida da mãe. Jenny via dentro de si não apenas a frustração de Mary pela morte prematura, mas a angústia de um sentimento de culpa, como se tivesse deliberadamente fugido aos compromissos maternos.

Em 1980, Jenny conseguiu, numa livraria recém-inaugurada nas imediações de sua casa, um mapa mais detalhado da região que tanto conhecia de sonhos e vidências. Lá estava a cidade de Malahide, ao norte de Dublin, à beira do mar. Havia, de fato, uma estrada que se dirigia ao sul na direção de Dublin e, ao norte, virava à direita para entrar em Malahide. Outro mapa mais detalhado da própria cidade serviu para conferir a posição da igreja, a da estação ferroviária e outros aspectos. Era a primeira evidência palpável de que suas impressões não eram fantasiosas, e sim mera confirmação do que a força de suas emoções já havia autenticado, desde a mais recuada infância.

No início de 1988, Jenny resolveu submeter-se a uma série de sessões hipnóticas de regressão de memória. Os dados conhecidos foram confirmados e numerosas informações novas emergiram de seus depoimentos. De alguma forma, contudo, a regressão também trouxe-lhe uma carga de frustrações, além do impacto das emoções suscitadas, dado que o hipnotizador revelava-se mais interessado no andamento de sua pesquisa pessoal do que em buscar respostas às angustiantes dúvidas da paciente. Sua temática prioritária era a busca de informação acerca do período entre uma vida e outra e não especificamente sobre as existências na carne. E nisso Jenny não o ajudou muito, dado que ela considerava irrelevante, para o seu caso, as eventuais descobertas a respeito, mesmo porque suas lembranças póstumas pareciam ter sido tragadas por uma espécie de buraco negro, no qual ela não conseguia mergulhar seus sensores.[18] Podia recordar-se perfeitamente da morte de Mary e até de uma rápida e profunda análise que fez do marido, depois de 'morta'. Ele entrou, sentou-se à beira da cama e se dobrou sobre ela.

> – Pela primeira vez – escreve – eu percebia seus sentimentos. Ele parecia menos capaz, naqueles momentos, de esconder suas emoções atrás da indiferença ou do desinteresse. Tarde demais, tive uma rápida impressão do homem que ele poderia ter sido se tivesse conseguido expressar seus sentimentos.

Mas ela não estava mais ali, pois afastava-se lentamente na direção de uma "escuridão muito calma", na qual permaneceria "em estado de animação suspensa ou hibernação". Como a existência terrena de Jenny somente começaria em 1953, parece que ela teve outra vida muito curta entre 1940 e 1945, mas as imagens eram confusas. Emergiu, contudo, a lembrança de uma existência mais remota na França do século dezoito, em Boulogne. Ficou-lhe na consciência uma sensação de terror, de injustiça, raiva e medo. O hipnotizador trouxe-a de volta antes que ela pudesse analisar a situação para um avaliação tranquilizadora.

Frequentemente, as respostas eram insatisfatórias porque as perguntas do hipnotizador revelavam-se não apenas "irrelevantes" na opinião de Jenny, como inadequadamente formuladas no contexto em que ela estava mergulhada. Ele pergunta, por exemplo, o que sabia ela das "*Troubles*" na Irlanda, em 1922. Tinha em mente os distúrbios políticos e sociais que marcaram o período, mas a jovem senhora em transe não era a mulher culta da década de 80, e sim uma iletrada e desinformada dona de casa de 20. Ela sabia vagamente de agitações populares por toda parte, mas não era capaz de identificar aquilo com o nome "Troubles", com o qual ficaria conhecido o episódio. O hipnotizador insistia em que ela procedesse como se estivesse assistindo a um filme, mas isso ela não podia fazer. "... eu somente podia ver a memória através dos olhos de Mary – escreve. – Na verdade, eu vivia aquela memoria; eu não a contemplava apenas como se fosse uma expectadora".[19]

---

[18] Esse mesmo fenômeno de total esquecimento pude verificar na experiência de regressão de memória feita com Luciano dos Anjos, em 1967. O leitor interessado deverá recorrer ao livro *Eu sou Camille Demoulins*.

[19] Também este aspecto foi suscitado na já mencionada regressão com Luciano dos Anjos.

Eram frequentes, aliás, as perguntas que, na condição de Jenny, ela seria capaz de responder, mas não como Mary e isso lhe era muito confuso. Quando o hipnotizador lhe solicita uma lembrança feliz, ela se vê, como Mary, logo após o nascimento do primeiro filho. E se pergunta o que ele estaria esperando que ela dissesse. "Ele formulou mais perguntas, perguntas tolas – informa – e havia um tom de impaciência e um pouco de sarcasmo nas respostas".

A despeito de algumas dissonâncias mais fortes, contudo, a experiência de regressão lhe deixara uma sensação de que se abrira a caixa preta de suas vivências passadas. Jenny se confessa, por isso, com a sensibilidade à flor da pele, "vulneravel e confusa".

– Havia um tremendo conflito entre a autopreservação e as necessidades do passado. Do ponto de vista psicológico, é melhor encarar as coisas do que reprimi-las, mas o trauma que isto suscita não deve ser subestimado.

Seja como for, ela estava mais motivada do que nunca a localizar sua antiga família e saber do que havia acontecido com seus filhos de então. Como o sobrenome O'Neil surgira numa das regressões, ela escreveu cartas para vários O'Neils localizados no catálogo telefônico da região.

Recebeu poucas e cautelosas respostas; da maioria, apenas o silêncio. Certa vez, já impaciente pela espera, resolveu telefonar para o primeiro O'Neil ao qual havia escrito. O homem disse que estava fazendo algumas indagações na região e que descobrira que uma família vivera ali, na estrada para Dublin. Era um primeiro raio de esperança e, por isso, Jenny achou que deveria expor-lhe honestamente suas razões, dizendo-lhe que o mapa e outros detalhes lhe haviam sido reverlados em sonhos que vinha tendo desde criança. O homem, do outro lado da linha, ficou em silêncio por alguns momentos e, em seguida, comentou: "Você está brincando!" A conversa assumiu um tom constrangido e tenso. Jenny se confessa "um tanto paranoide" nesse ponto e arrependida de ter tomado o sr. O'Neil de surpresa, colocando-o em situação considerada altamente embaraçosa.

Um dia ou dois depois, contudo, O'Neil ligou para dizer-lhe que o mapinha desenhado à base dos sonhos se revelara mais preciso do que ele poderia ter suposto. Ofereceu-se até para ajudá-la, no que lhe fosse possível. Tanto melhor. Jenny se sentiu encorajada a escrever diretamente ao Departamento Irlandês de Turismo, solicitando um mapa mais detalhado de Malahide. Conseguiu. Lá estavam, afinal, os pontos mais conhecidos que ela vira nos sonhos, refletindo uma situação existente na década de 30, com os nomes que ainda conservavam, como a Igreja da Estrada, o riacho chamado Graybrook, a *Swords Road*. Desta estrada, por exemplo, ela vira apenas um S maiúsculo e achou que poderia ser *Salmons* (a Estrada dos Salmões), mas, em verdade, era a Estrada das Espadas (*Swords*).

A busca prosseguia. Ela publicou anúncios em jornais da região, solicitando a pessoas que porventura tivessem informação sobre aquela família – da qual não sabia ainda o sobrenome – que entrassem em contacto com ela. Uma jornalista de Swords respondeu, oferecendo-se para ajudá-la. Pesquisa era mesmo o seu ofício. Mais uma vez Jenny foi honesta e, antes que a mulher iniciasse a busca, resolveu dizer-lhe que se tratava de uma "pesquisa sobre memória de uma existência anterior". Não deu outra: nunca mais ouviu falar da jornalista... Parece que muita gente tem receio de seu deixar 'contaminar' pela ideia de que a vida não é uma só.

Em junho de 1989, finalmente, após um período de economias, ela comprou uma passagem de avião para Dublin, a fim de conferir, em Malahide, a realidade dos seus sonhos e visões. Estava tudo lá, mesmo com as inevitáveis modificações impostas pelo tempo. Afinal de contas, cinquenta e sete anos haviam decorrido desde a morte de Mary, em 1932.

Em 1990, aproximadamente com a idade em que Mary morrera, informações mais precisas começaram a lhe chegar às mãos. Certo *mr*. Mahon, de Swords, descobriu que o sobrenome de Mary fora Sutton, que o marido dela esteve na Guerra de 1914-1918, que as crianças haviam sido encaminhadas aos orfanatos locais e que Mary, a filha mais velha, retornara mais tarde ao lar. Constava também que o pai voltara ao exército como instrutor na nova Guerra de 1939-1945. As crianças teriam sido educadas na religião católica, mas *mr*. Sutton parece ter sido membro da Igreja da Irlanda. Finalmente, Jenny sabia agora que a mulher de seus sonhos era Mary Sutton, de sobrenome Hand, quando solteira. Descobriria depois que ela nascera em 1 de dezembro de 1895, casara-se com John Sutton em 22 de julho de 1917, e morrera em 24 de outubro de 1932, pouco antes, portanto, de completar trinta e sete anos. Vinte e um anos depois, renasceria como Jenny Cockell, na Inglaterra e não mais na Irlanda.

Faltava, agora, localizar 'suas crianças', o que não tardou muito. Em 18 de fevereiro de 1990 recebeu, de um padre que dirigia uma instituição de meninos, em Dublin, uma lista de seis das crianças que haviam sido batizadas na Igreja (Católica) de São Silvestre, em Malahide. Eram Jeffrey (1923), que se casara com Sarah O'Reilly, Philomena (1925) casada com Tom Curran, Christopher (1926), Francis (1928), casado com Mary Mulligan, Bridget (1929) e Elizabeth (1932), casada com Thomas Keegan.

O próximo passo foi escrever cartas para cerca de vinte pessoas de sobrenome Sutton, sempre pesquisadas no catalogo telefônico da área. Diziam as cartas que ela estava procurando informações acerca dos filhos de John e Mary Sutton (nascida Hand), antigos residentes da Swords Road, em Malahide e que haviam sido encaminhados aos orfanatos, na década de 30, após a morte da mãe deles. Escreveu, a seguir às pessoas de nome Keegan, sobrenome do marido de Elizabeth. Escreveu também, para o *Evening Press*, jornal de Dublin, solicitando um possível contato com as pessoas, cujos nomes e anos de nascimento citava. Escreveu ao dr. Ian Stevenson, nos Estados Unidos, e, em seguida, ao dr. Fenwick, psicólogo do Instituto de Psiquiatria de Londres, mencionado num documentário da BBC sobre a reencarnação.

O dr. Stevenson e o dr. Fenwick mostraram-se interessados na sua história. Fenwick aconselhou-a a escrever a Gitti Coats, uma pesquisadora da BBC que estava preparando um documentário sobre as várias modalidades do chamado 'paranormal'. Também de Coats a resposta foi pronta e compreensiva, mas Jenny Cockell ainda se sentia relutante em expor-se publicamente num programa de televisão.

Vamos dar um corte neste ponto para relatar outra curiosíssima experiência de Jenny Cockell exatamente na época em que se passavam os eventos que estamos narrando. Numa longa viagem de carro, sua "mente vagava, solta, sem direção específica". Ao passar a mão pelos cabelos, notou, pelo tato, grande diferença neles. Suas mãos, contudo, estavam pousadas relaxadamente no colo. Não era com *aquelas mãos,* portanto, que ela tocara os seus cabelos. Seriam outras, que apenas se movimentavam na sua mente. Teria dois anos de idade, ou até menos que isso. Ao olhar para baixo, notou que seus pés estavam descalços e a pele era de um tom ligeiramente castanho. Tinha a impressão de ser uma criança asiática, na verdade nepalesa, e que aquela era uma existência que ela ainda viveria no futuro. Parece que se abrira ali uma brecha nas invisíveis muralhas que separam o passado do futuro, pois ela experimentava a sensação de que a menina do Nepal estaria, lá no futuro, lembrando-se de Jenny Cockell, enquanto a mente vagava por ignoradas dimensões e ela corria a mãozinha pelos cabelos.

Fechemos o parêntese, para prosseguir.

Em 20 de abril, ainda em 1990, chegou da Irlanda um bilhete sem assinatura, postado em Dublin e acompanhado de um fragmento de envelope com nome e endereço de alguém que poderia ser, afinal, um dos filhos de Mary e que se identificava como Tom Sutton. Obviamente, a pessoa estava atendendo à solicitação de Jenny publicada no jornal local. Dias depois, ao chegar em casa, Jenny foi informada pelo marido de que alguém ligara da Irlanda para dizer que, de fato, pertencia à família tão ansiosamente procurada. Foi assim que, aos trinta e sete anos de idade, após intensa pesquisa e, agora, prestes a falar com um dos seus antigos filhos, Jenny não sabia por onde começar a conversa. Quando o telefone tocou, quem falava era uma das netas de Mary. Contou a moça que Mary teve oito filhos e que o pai dela era Jeffrey, o segundo filho de Mary, e não Tom, como constara do fragmento de envelope. A filha mostrava-se "muito protetora e cuidadosa com o pai", não desejando, certamente, expô-lo. Ele veio ao telefone e falou com a antiga 'mãe', por alguns momentos. Jenny ficou com a impressão de que constituíam uma família unida e feliz.

Havia, contudo, um problema, que exigia solução imediata. Aquela gente queria saber que tipo de relacionamento a senhora inglesa tinha com a família Sutton. E agora? A resposta a essa embaraçosa pergunta revelava-se muito mais difícil do que ela havia imaginado. Era preciso, contudo, ser honesta, como sempre fora, mesmo para considerar-se, posteriormente, insuficiente e inadequada.

– Eu sei – começou ela, ainda falando com a filha de 'seu filho' – que isto vai lhes parecer muito estranho, mas eu me lembro da família através de sonhos.

A resposta foi um cauteloso e gentil "Ah é?" –, depõe Jenny Cockell. Provavelmente para não deixar o espaço aberto, ela passou a falar dos filhos, tal como deles se lembrava. Jeffrey, por exemplo, pai da moça com quem conversava, fora uma criança sempre pronta para pregar uma peça nos outros e dotada de forte senso de humor. A moça do outro lado da linha respondeu que ele ainda era o mesmo e, com surpresa, ia confirmando as observações da desconhecida senhora inglesa que parecia saber tudo a respeito de seu pai e dos seus tios. Nessa oportunidade, Jenny obteve endereço e telefone de mais dois de seus 'filhos' – Sonny e Francis (Frank). Os dois e mais Christopher e Jeffrey haviam estado juntos há alguns anos, mas não mais se viram depois disso. Sobre as mulheres não havia informações. Haviam sido encaminhadas a diferentes orfanatos e perdeu-se o contato com elas.

A conversa telefônica deixou Jenny Cockell bastante agitada a pensar naquilo tudo e na talvez penosa impressão que pudesse ter causado a Jeffrey e sua filha, na Irlanda. Para Jenny aquilo fazia parte de uma convicta realidade que se integrara no seu dia-a-dia, mas, para os outros, a história certamente era fantástica demais. Enfim, estava dado o passo decisivo.

Nesse ínterim, Jenny Cockell mantinha-se em contato com Gitti Coats, a produtora dos documentários para a BBC e a mantinha atualizada em relação ao que se passava e recebia dela o estímulo para prosseguir, mesmo porque não tinha mais como recuar e nem pensava em fazê-lo.

Por algum tempo, não teve mais notícias, como secretamente esperava, do segundo filho de Mary e da filha dele, com os quais falara ao telefone. Depois de muita hesitação, reuniu coragem suficiente, em 15 de maio de 1990, para ligar para Sonny, o filho mais velho, que, aliás, vivia na Inglaterra. Sabia que com ele tinha de ser positiva e sucinta, pois ele fora um menino que gostava de ir, sem rodeios, direto ao ponto. Não era nada fácil, contudo, dizer ao 'desconhecido' homem de setenta e um anos de idade que ele havia sido filho dela numa existência anterior. Começou dizendo que se lembrava da família por meio de sonhos. Falou, a seguir, da casa onde moravam em Malahide, a primeira à esquerda na estrada para Dublin. Para alegria dela, ele confirmou a posição da casa. Já havia percebido rapidamente o que a estranha senhora inglesa estava tentando explicar e parecia não ter problema algum com "o bizarro conceito" da reencarnação. Daí em diante a conversa fluiu mais fácil. Jenny, que se confessa num estado semelhante ao transe e, ao mesmo tempo, intensamente alerta durante o telefonema, ficou sabendo de mais alguns detalhes acerca da sua família. As irmãs haviam perdido contato com os irmãos e mesmo estes, como vimos, só voltaram a se ver no início da década de 80, depois que Christopher, o quinto filho, voltou da Austrália e resolveu localizar os outros. O nível da emoção, que já era alto, subiu mais quando Jenny soube que Mary, a filha mais velha, havia morrido aos vinte e quatro anos, antes, portanto, de ela própria, Jenny, haver renascido. Ao encerrar a conversa, Sonny manifestou o desejo de conhecê-la pessoalmente. Estava claramente interessado em reencontrar-se com a 'falecida' mãe, reencarnada na simpática, ainda que enigmática, desconhecida.

Ao desligar o telefone, Jenny Cockell explodia de felicidade. "... sentia-me indescritivelmente feliz. A excitação misturava-se com uma sensação de alívio e tudo na vida ficou mais fácil de suportar" –, confessa em linguagem desusadamente veemente para uma contida senhora britânica.

O pessoal da BBC foi avisado do teor da conversa e ficou de entrevistar Sonny em primeiro lugar, antes de filmar o documentário. Cerca de quatro meses se consumiram em entendimentos e arranjos, com uma decepção para encerrar. A BBC desistira do projeto. Não que o caso não fosse de boa qualidade, diziam, mas porque havia razões de natureza política – creio que o velho e sangrento conflito Inglaterra versus Irlanda. Alegavam, ainda, que a televisão é a mídia visual por excelência e eles não teriam como apresentar as imagens da casa onde viveram os Suttons, em Malahide, que ficara reduzida a ruínas irrecuperáveis.

Livre dos compromissos com a TV, Jenny Cockell marcou um encontro com Sonny, que residia em Leeds, a três horas de carro de onde moravam Jenny e sua família. Foi assim que, em 23 de setembro de 1990, quase cinquenta e oito anos depois de ter morrido, mãe e filho se viram novamente. Sonny tinha, àquela época, treze anos e estava agora com setenta e um e a mãe, que contava trinta e sete ao morrer, era agora uma senhora inglesa também de trinta e sete anos. A vida fizera um giro completo sobre si mesma e se mostrava com nova face, a mesma realidade profunda da transitoriedade na moldura da permanência.

Mãe e filho conversaram longamente. Gitti Coats, da BBC, estava presente, mas Jenny pediu-lhe que não ligasse o gravador. Parece que o momento era sagrado demais para botar a maquininha eletrônica a 'escutar' o que eles diziam. Mesmo diante daquele simpático cavalheiro septuagenário, com idade para ser seu pai, Jenny mantinha-se consciente de estar falando com o seu filho, ao passo que ele demonstrava admitir a hipótese de que a jovem senhora tenha sido mesma sua mãe de outrora. O papel de Sonny foi decisivo no resgate dos rompidos laços da família Sutton.

Ficaram a conferir as lembranças, que ela listara meticulosamente para não se esquecer de nada. Um desses episódios – o eletrizante trivial da evidência, como costumo dizer – era o da lebre. Jenny descreveu a armadilha, acrescentou que era ainda de manhã e que Sonny teria seus onze anos de idade. Sonny ouviu em silêncio, pensou, olhou para ela, perplexo, e não se conteve na pergunta: "Como é que você sabe disso?" Ela acrescentou que a lebre ainda estava viva e ele o confirmou. Jenny percebeu que essa ingênua evidência foi a que mais impressionou Sonny. "Como poderia uma pessoa estranha saber – escreve Jenny – de incidente tão íntimo para ele e sua familia?"

Sonny atestava outros detalhes, como o do temperamento de Francis, aquele que tinha o hábito de passar as mãos pela bainha do casaco. Outra coisa: a pessoa que Mary se via esperando no gelado cais de Malahide era ele, Sonny. O menino fazia um biscate para jogadores de golfe e ganhava um dinheirinho ínfimo, que repartia com a mãe, dando-lhe os *shillings* e ficando com os dois *pences* restantes. Ela costumava esperar por ele, naquele ponto.

Numa foto tirada no último encontro, figuravam os quatro irmãos. Christopher fez lembrar a Jenny o jeitão do pai de Mary, que, segundo ela descobrira, fora o encarregado da estaçãozinha ferroviária de Portmarnock, nas proximidades de Malahide, onde, aliás, ela havia nascido. Curiosamente – e são frequentes as curiosidades – Christopher parecia ter na foto a mesma idade que o pai de Mary tinha na memória de Jenny. Mais uma das enigmáticas demonstrações que a vida constuma preparar, se a gente prestar bastante atenção no que ela está dizendo com as suas imagens e as emoções que suscita na gente.

Aos poucos Jenny foi sendo informada do que se passou depois que Mary morreu. A ida das crianças para os orfanatos, uma adoção, o segundo casamento do marido e a partida, com a nova esposa, para a Escócia, aí por volta de 1939 ou princípio de 1940. Não para surpresa sua – admite Jenny –, ela se sentiu indignada com esse fato, especialmente depois que ficou sabendo que os oito filhos do casamento anterior continuaram ao abandono. Não era uma bonita história a de toda aquela gente; as lutas foram muitas e não faltou sofrimento para ninguém no correr dos anos.

Encorajada por Sonny, Jenny Cockell escreveu para dois dos filhos restantes, Frank e Christopher, mas não obteve resposta. Tempos depois, a família de Frank demonstrou desejo de conhecê-la pessoalmente, segundo carta que Jenny recebeu das filhas dele. O pai, diziam elas, ainda se mostrava um tanto reservado, porque não acreditava na reencarnação, mas as moças se declaravam interessadas na história. Em contato com Sonny, Christopher também mostrou-se curioso acerca da fantástica aventura póstuma da 'falecida' mãe. Quanto a Jeffrey, não sabiam mais dele. No natal de 1991, Frank, o filho mais jovem, deu-lhe a alegria de chamá-la ao telefone para conversarem. Há um ano Jenny vinha mantendo contato com as filhas dele.

Jenny descobriu, depois, ainda em consequência do anúncio no *Evening Press*, de Dublin, a filha que fora adotada por outra família. Chamava-se Elizabeth (Betty) Keegan, estava com sessenta anos e tinha seis filhos.

Em 1992, Sonny resolveu ir à Irlanda, para estar, pela primeira vez em sessenta anos, com Betty, sua recém-descoberta irmã. Combinou-se uma cobertura jornalística do evento em 24 de julho de 1992.

Ainda restava localizar Philomena, a Phyllis. Depois de muito procurá-la na Inglaterra, Jenny achou-a na Irlanda mesmo. Um filho dela havia lido a matéria jornalística a respeito da visita de Sonny à sua terra natal, em busca dos perdidos parentes. Em 4 de outubro de 1992, Jenny Cockell e Phyllis se encontraram – perdão, reencontraram-se após sessenta anos! Phyllis nascera em 1925; tinha sete anos, portanto, quando a mãe morreu, e ainda se lembrava de pequenos eventos daqueles tempos. Outra coisa importante: Phyllis tinha nos seus guardados uma foto sua, aí pelos dois anos de idade, ao lado da mãe, a única imagem da 'falecida' existente na família. Pela primeira vez Jenny Cockell podia contemplar seu próprio rosto numa existência anterior. Gentilmente Phyllis mandou fazer cópias da foto, distribuiu-a pelos familiares, reservando uma para Jenny, claro. Quanto à reencarnação, porém, Phyllis não estava preparada para aceitá-la sem grandes acomodações íntimas. Era católica praticante e o sacerdote com o qual ela conversou a respeito considerava inaceitável a ideia. Sugeriu-lhe uma alternativa mais razoável: para ele, Mary havia falado através de Jenny, o que não deixava de ser verdadeiro, afinal de contas... Mas não era só a foto pessoal a testemunhar os fatos – Jenny Cockell conseguiu fotos do hospital em que morreu Mary, da igreja que costumava frequentar com as crianças, do cais, onde ficava à espera de Sonny, de ruas de Malahide. Quando lá esteve, ainda existia, na década de 90, o açougue onde ela não comprava carne, porque não tinha dinheiro. Ela reconheceu o prédio e bateu dele uma foto. Obteve, também, xerox de documentos importantes como o registro civil do casamento de Mary Hand com John Sutton e o atestado de óbito da pobre senhora, bem como certidão de nascimento de alguns filhos e comprovação do batismo de seis deles na paróquia, como vimos.

A essa altura, só não se tinha notícias ainda de Bridget, nascida em 1929. Descobriram que ela havia ido para a Austrália em 1950. Conseguiram localizar lá sua família e, um dia, Sonny ligou para Jenny para dizer-lhe que Bridget havia morrido, deixando o marido e quatro filhos, três meninas e um menino. Passado algum tempo, as moças mandaram para Jenny uma foto da família, tirada enquanto a mãe ainda vivia entre eles.

Nesse ponto, a TV resolveu, afinal, produzir um documentário e reuniu durante um dia, em torno de Jenny Cockell, seus cinco filhos da existência anterior e a atual família dela, ou seja, o marido, uma filha e um filho. Foi uma festa, e das mais singulares, na qual a reencarnação ficava documentada, ao vivo, com as alegrias e as emoções daquela pequena comunidade de pessoas.

Está na hora de também encerrar esta narrativa que tem o sabor e o perfume dos contos de fada e a força irresistível da evidência. Poderíamos até voltar ao princípio e recomeçar assim: "Era uma vez uma jovem senhora irlandesa que morreu aos trinta e sete anos, sozinha, num hospital de Malahide, deixando para trás oito filhos para criar..."

Jenny Cockell está em paz hoje; feliz por ter conseguido unir as pontas soltas de duas vidas e, de certa forma, reunir em torno de si a antiga família. O retrato de Mary, ao lado de Phyllis, fica na parede do seu quarto de dormir, bem de frente, a fim de que ela possa contemplá-lo ao acordar, pela manhã. Seus antigos filhos, de alguma forma ou de outra, conseguiram vencer as lutas e passar pelos sofrimentos que a vida lhes impôs. Ela precisava muito saber disso. Talvez tenha sido essa a razão pela qual renasceu com as memórias de Mary ainda intactas, ao mesmo tempo em que desenvolvia sua programação para a nova existência como Jenny Cockell. Não que tenha sido fácil; pelo contrário, foi muito difícil, muito mesmo, sair pelos caminhos da vida a catar fragmentos perdidos das suas antigas vivências, mesmo porque tinha que priorizar as exigências da vida atual, a nova família, inclusive. O marido sempre se mostrou compreensivo e disposto a colaborar, o menino também, mas a filha passou por uma fase de desarmonia e ciúme ao testemunhar o profundo envolvimento emocional da mãe com aquela remota e desconhecida família irlandesa. Tinha receio de não encontrar espaço suficiente para si mesma no coração de sua mãe Jenny, ocupado com os órfãos de Mary. O assunto foi conversado de maneira madura, civilizada e convincente entre mãe e filha até que tudo se acomodou em nível mais alto de compreensão e a paz voltou ao coração de ambas.

Essa é, pois, a dramática história de Mary Sutton, que foi para a dimensão póstuma, por lá ficou cerca de vinte anos e voltou, como Jenny Cockell, para empreender a viagem sentimental em busca de seus perdidos filhos. Aproveitando sua nova passagem pela terra, além de recompor o cenário em que se moveram Mary Sutton e sua família, ela cuidou do presente estágio, ao mesmo tempo em que se projetou numa existência que já está à sua espera em algum lugar do Nepal, no próximo século. Por isso, a gente fica com o direito de se perguntar: Que história é essa de presente, passado e futuro que a gente nunca entende direito? Se estamos, ao mesmo tempo, lá atrás, aqui e lá na frente, que tempo é esse e onde estamos nós? Não tenho, obviamente, respostas a oferecer, mas arrisco um palpite: estamos em Deus, o dono absoluto da eternidade. E Ele não criaria o tempo para deixar-se aprisionar nas suas malhas. Por isso, às vezes ele deixa a gente vazar por uma das secretas malhas cósmicas, a fim de contemplar um pouco do passado e até do futuro e se convencer de que, se não somos eternos, é certo que somos imortais. Ou imorríveis, se você preferir.

A Reinvenção Da Morte

Em junho de 1866, *mr*. Browning tornara-se um doente terminal, consumido aos poucos por um tumor, provavelmente maligno, pois eram intensas as dores. Ainda não completara oitenta e cinco anos de idade; vivia em Paris há cerca de quinze anos, aos cuidados de sua devotada filha Sarianna, num pequeno apartamento nas imediações dos Inválidos. Robert Browning, o famoso filho poeta, também viúvo – desde 1861, de sua querida e não menos brilhante poeta, Elizabeth Barrett Browning –, viera trazer ao velho pai moribundo a solidariedade e o carinho de sua presença.

– "Ele está na mais completa paz de espírito" – escreveu o poeta ao filho, também Robert, conhecido na intimidade como Pen ou Penini. – "Vai levando tudo à sua maneira, com inteira confiança, sem nenhum tipo de dúvida quanto à sua futura condição, dado que 'tinha a promessa de Alguém incapaz de mentir.'"

O 'Alguém', não explicitamente identificado, parece ter sido o Cristo. Dotado de surpreendente erudição para um autodidata, o velho Browning revelara-se razoável teólogo amador. Com frequência, pedia à filha que lesse para ele algum trecho evangélico, cuja localização mencionava com precisão. Para as últimas leituras, escolheu, como especialmente apropriados a uma pessoa "em minhas circunstâncias", os capítulos 14 a 17 do Evangelho de João.

Ao transmitir essa informação ao filho, o poeta recomendou a Penini que lesse, pela manhã, os capítulos indicados, "em memória do que estava se passando" nas horas finais do velho Browning. "Não fará nenhum mal a você" – explica – "saber em que uma pessoa extraordinariamente culta e competente como Nonno – que poderia ter sido um grande homem se tivesse pelo menos um pouco de interesse nisso –, encontrou consolação, suponho eu, para os mais intensos sofrimentos de toda a sua existência."

O velho Browning manteve-se lúcido e consciente até o fim, a despeito do assédio implacável da dor. Em algum ponto da agonia, perguntou ao filho poeta: "Que você acha que é a morte? Será assim como uma pontada ou um desmaio?"

Uma boa pergunta, essa, entre muitas outras que poderão ser formuladas em torno da mesma temática. Escolhendo-a, entre tantas, *mr*. Browning marcava nítida posição filosófica. Demonstrava uma curiosidade meramente tópica sobre o ato em si, de morrer, não sobre as consequências da morte. Que disto tinha certeza – era um espírito imortal.

Mr. Browning viveu, em Paris, exatamente os anos de ouro durante os quais Allan Kardec lançou os livros básicos da codificação. Pelo que me informaram certos amigos espirituais – não me peçam detalhes, por favor –, o velho inglês leu diligentemente as obras do professor Rivail, conheceu-o pessoalmente e com ele esteve mais de uma vez a conversar.

•••

Estranho como possa parecer, há uma universal unanimidade acerca da morte. Todos nós, seres conscientes, crentes ou descrentes, cultos ou incultos, materialistas ou espiritualistas, estamos convencidos de que, mais cedo ou mais adiante, temos encontro marcado com ela. O consenso também 'morre' nesse ponto, porque começa aí o grande debate. Desde aspectos – digamos – operacionais, até especulações tidas por metafísicas, além das científicas e religiosas, naturalmente.

Quanto à definição, mestre Imbassahy não via problema de vulto, a despeito da aparente dificuldade proposta pela questão. "A morte" – escreve (p. 9) – "é a extinção da vida." Oferece, a seguir, outros aspectos, ao considerar a morte como "desaparecimento dos processos vitais", "desaparecimento definitivo dos processos químicos", ou, ainda, numa visão filosófica, "alteração dos elos da cadeia infinita".

Estou citando, naturalmente, *O que é a morte*, um dos imperdíveis estudos do querido pensador e escritor espírita, que sempre se lê e relê com proveito e encantamento. Esta obra, aliás, me é especialmente cara, pelo toque pessoal de que se revestiu. É que o respeitável confrade acrescentou à generosa dedicatória de 7 de dezembro de 1966 uma de suas bem-humoradas quadrinhas, assim redigida com sua letra inconfundível: "Dirá consigo o Miranda, / lamentando a triste sorte:/ Esta vida já desanda,/ inda me mandam a Morte!"

É com o seu peculiar senso de humor no trato de coisas sérias que Imbassahy discorre sobre a morte, ao examiná-la dentro da moldura doutrinária do espiritismo, em confronto com uma riquíssima bibliografia – mais de uma centena de obras, em francês, inglês, italiano, alemão, além do português, seu grande instrumento de trabalho cultural. Lembra, a certa altura (p.13), os frades trapistas da Tebaida, que tinham por norma um procedimento realmente paranoico em relação à morte. Vagavam soturnamente pelos corredores do convento como autênticas 'múmias ambulantes' a resmungar uns para os outros a mensagem central das suas vidas (vidas ??!!): *Memento mori* – lembra-te de que vais morrer. Um horror! Desperdiçavam com essa estranha 'filosofia' preciosas oportunidades de viver de modo construtivo, e criativo. Pois não é a morte apenas um processo inteligente de renovação da vida? A existência na carne é como um 'ano letivo' que viemos frequentar para, depois de feito o dever de casa e prestados os exames prescritos, passar as 'férias' em outras dimensões mais confortáveis da realidade.

Entre os obcecados monges da Tebaida e os alienados de variado matiz, que parecem nem tomar conhecimento da morte, contudo, há uma incalculável multidão de seres para os quais a morte continua sendo uma incógnita ou tema a ser simplesmente ignorado e que ninguém, em seu juízo perfeito, deve explorar em maior profundidade. Para os mais exagerados, pode até constituir algo de mau gosto, vergonhoso mesmo, que não deve ser mencionado em sociedade. A dra. Elizabeth Kübler-Ross identificou esse problema, pregou-lhe o rótulo de *rejeição da morte* e partiu para uma campanha de repercussão internacional para mudar essa imagem equivocada.

Para materialistas e agnósticos em geral, a morte é um mero mergulho do ser no nada. Morreu, acabou – dizem. Muitos destes acham-se – e o dizem explicitamente – inteligentes demais para admitir 'crendices' como a existência e a sobrevivência do ser. Não falta entre esses um forte componente de arrogância. Exigem provas (que provas?), lançam desafios, desenham, nos lábios, condescendente sorriso de superioridade intelectual e cultural, quando discorrem sobre suas convicções. Não há como discutir a questão. A prova que desejam (ou será que não a desejam?) será, necessariamente, de natureza pessoal, intransferível. Ninguém convence ninguém. Cabe a cada um de nós convencer-se a si mesmo, no momento certo, não antes. O momento decisivo ocorre precisamente quando se morre. Aí, sim, quer acredite ou não, você dá – como costumo dizer – de cara consigo mesmo e verifica que o nada é nada mesmo.

Com o propósito de evitar decepções dessa natureza, egípcios e tibetanos escreveram seus *Livros dos mortos*, verdadeiros guias turísticos destinados a orientar o recém-desencarnado na exploração do território cósmico do além. É lá que a morte despeja, a cada momento que passa, enorme quantidade de gente, em grande parte inteiramente despreparada. Longos trechos desses livros eram lidos para os moribundos a fim de que partissem mais bem informados a respeito do que os esperava do outro lado da cortina.

Entre os despreparados, há a considerar milhões e milhões de pessoas que se deixaram convencer de que a morte carimba o passaporte da criatura para o céu ou para um não menos fictício inferno. Para outros, acena-se com a possibilidade de um estágio no purgatório, com esperanças, portanto, de eventual promoção para o céu. Os 'condenados', no entanto, que percam suas desesperadas esperanças. Lembram-se da tabuleta que Dante pregou nos portões do 'Inferno'? *Lasciate ogni speranza, voi ch'entrate!*.

Nem se pode dizer que tais fantasias estejam superadas – elas já nasceram obsoletas.

Mesmo assim, foram estampadas muitas vezes, literalmente, a ferro e fogo na memória de muitos, no correr dos séculos. E lá permaneceriam por séculos afora, passando de geração em geração, como persistentes, incômodos e aterrorizantes arquétipos. Poucos foram os que cuidaram de questionar e demolir tais conceitos, a fim de que, removido o entulho, pudessem adotar modelos inteligentes e racionais de interpretação da vida.

A doutrina dos espíritos, no meado do século XIX, trouxe uma singela e dramática proposta renovadora, resultante da destilação de milenares conteúdos de sabedoria. Por ela, ficamos sabendo que o ser humano é espírito imortal, sobrevivente, reencarnante, responsável, em contínuo processo evolutivo, rumo à perfeição. O corpo físico é mero instrumento de trabalho, necessário ao mergulho na matéria densa. O corpo morre, desintegra-se, devolve-se aos imensos depósitos cósmicos de onde saiu; o espírito, não – é da essência divina, desvencilha-se dos zilhões de átomos aos quais ficou provisoriamente imantado, e segue em frente. A morte é apenas momento de transição, entre uma etapa e outra, uma dimensão e outra, uma realidade e outra. Nunca *somos* o corpo, apenas *estamos* nele, mesmo assim, por algum tempo, não mais que umas tantas décadas.

Foi por saber de tais realidades, ainda hoje tão surpreendentemente ignoradas, que Paulo lançou à face da morte o seu irrespondível desafio: "Ó morte, onde está tua vitória? Onde está o teu aguilhão?" Que vitória é essa que apenas impressiona àqueles que só têm olhos para as coisas da matéria e não os olhos de ver de que falava o Cristo? Provavelmente, foi pensando nos cegos da realidade espiritual que o Cristo manifestou-se em plena glória da sobrevivência. Infelizmente, muitos continuaram cegos, porque interpretaram a dramática demonstração da continuidade da vida como inexplicável devolução da vitalidade ao cadáver. E esconderam a luminosa evidência da realidade espiritual atrás do esdrúxulo biombo da ressurreição.

Numa releitura dos ensinamentos, dos exemplos e da vivência do Cristo, o espiritismo desmitificou e desmistificou para sempre a morte. Na oportunidade, acabou reescrevendo os antigos *Livros dos mortos*, para que fossem lidos, estudados e praticados pelos 'vivos', desde cedo, sem rituais, sem mistérios e terrores, e não, depois, já nos momentos finais da vida física. O *livro dos espíritos* é livro de vivos, pois vivos estamos e estaremos sempre, desde que fomos criados simples e ignorantes, como nos foi ensinado. Com ele, reinventou-se a morte, mostrando sua verdadeira face, tranquila, serena, sábia, feliz até, como mero ponto de transição. Aquilo a que nos acostumaram a chamar de morte é apenas o final de um dia de trabalho. Se com átomos construímos a morada provisória do corpo físico, com vidas incontáveis escalamos as amplidões onde mora a perfeição.

É assim que, com *O livro dos espíritos* nas mãos – e principalmente, no coração –, estaríamos, hoje, habilitados a responder à pergunta de *mr*. Browning ao filho poeta:

"A morte, *mr*. Browning, não é uma pontada nem um desmaio, e sim um adormecer do lado de cá para que a gente possa acordar do lado de lá da vida. O corpo físico pode até estar assediado pela dor, mas a morte em si não dói nada. Como, aliás, o senhor teve oportunidade de verificar."

Fontes secretas me dizem que *mr*. Browning passou cerca de meio século, 'em férias', na dimensão espiritual, e voltou à carne para matricular-se em novo ciclo de aprendizado. Estava certo, portanto, aquele 'Alguém', incapaz de mentir.

A Mediunidade da Princesa Católica

O Diário da Princesa

Um tanto na brincadeira e muito mais a sério, escrevi, certa vez, que o fenômeno mediúnico acontece até nos centros espíritas. Quis dizer com isto que não é só entre nós, espíritas convictos e praticantes, que há pessoas dotadas de faculdades mediúnicas e que as tenham em operação ou inativa, mas em potencial. Manifestações mediúnicas ocorrem com toda gente, a qualquer tempo e por toda parte: na rua, em casa, no trabalho, na igreja, na condução, no campo, na cidade, entre os ricos, no meio dos pobres, com mulheres, crianças, jovens e velhos. Como se pode ver na Bíblia e em outros livros considerados sagrados pelas diversas denominações religiosas, fatos mediúnicos acontecem desde remotas eras, ao tempo esquecido em que algum antepassado nosso entreviu na caverna o vulto do primeiro fantasma. Tanto sabiam disso os povos primitivos que desenvolveram seus cultos, danças e rituais em torno de uma inequívoca realidade espiritual, que talvez não entendessem em todas as suas implicações, mas que respeitavam e aceitavam sem discussões estéreis.

O espiritismo não inventou, pois, a mediunidade, nem a reencarnação ou a comunicabilidade com os chamados mortos, apenas observou adequadamente os fenômenos que compõem a realidade espiritual, propôs termos novos para caracterizar melhor alguns de seus aspectos e deduziu dos fatos uma estrutura doutrinária, recorrendo ao ensinamento dos instrutores colocados à disposição do professor Rivail (Allan Kardec).

Acontece que todo este precioso acervo de conhecimentos tem permanecido numa espécie de circuito fechado no âmbito da doutrina e do movimento espíritas. Não porque assim o desejemos ou porque estejamos sonegando tais informações para nosso uso egoísta e ciumento, mas porque são poucos os que se interessam em estudá-las mais detidamente e pôr em prática o aprendizado correspondente, que poderia ajudar tanta gente a entender melhor certos mecanismos da vida.

Vejo a questão da seguinte maneira: reencarnação, mediunidade, sobrevivência do ser, comunicabilidade entre vivos e mortos são ou não verdades? São ou não são realidades? Se não são, então vamos deixar tudo isso de lado e, como escreveu Paulo, comamos e bebamos, pois daqui a pouco estaremos todos mortos e acabados. Afinal de contas, não é só o espírita que sobrevive à morte corporal, reencarna-se, produz ou testemunha fenômenos de natureza mediúnica. Estamos, portanto, lidando com aspectos vitais da realidade, que a todos interessam, sejam quais forem suas crenças ou descrenças. Estamos lidando com fenômenos naturais, tão naturais como a chuva, o sol, as estações do ano, o crescimento das plantas, o movimento dos astros. E como fenômenos naturais, regidos por leis naturais, esses aspectos da vida deveriam ser ensinados nos lares, nas escolas, nas instituições culturais e religiosas. Deveriam constar de livros, estudos, papéis, conferências e aulas, para que não houvesse tamanho despreparo das pessoas no tratamento do que ocorre nessa área tão importante quanto desconhecida do psiquismo humano. E desconhecida porque ignorada, e ignorada deliberadamente. É uma lástima.

Essas reflexões emergiram, mais uma vez, na minha mente, em 1993, e vou explicar como e por quê.

Andávamos, minha mulher e eu, em busca de alguns cartões postais, quando alguém nos indicou a papelaria que funciona ao lado da Igreja Matriz de São Lourenço, no sul de Minas. Lá fomos e, de fato, ela encontrou os cartões que procurava. Quanto a mim, sempre atraído como limalha de ferro pelo campo magnético que parece cercar os livros, comecei a percorrer alguns títulos numa estante. Lá estava aquele curioso livrinho intitulado *Minhas conversas com as pobres almas*. (Gráfica Editora São Lourenço Ltda., sem data). Trata-se do *diário* da princesa Eugenie von der Leyen, traduzido pelo frei columbano Gilberto, OFM, que esclarece ter feito uma *adaptação de trechos* do texto original alemão.

Na sua breve introdução, o tradutor informa que Eugenie nasceu em 15 de maio de 1867, em Munique, na Baviera, e morreu em 9 de janeiro de 1929. De certa forma, a trajetória de Adolf Hitler cruzou-se ou emparelhou-se com a dos von der Leyen. Em 1924, o futuro ditador esteve preso na fortaleza de Landsberg, a dez quilômetros de distância do castelo da família, em Waal, e não muito distante do outro castelo, o de Unterdiessen. Mais tarde, nos anos de glória e poder, Hitler costumava repousar em Berchtesgaden, também nas vizinhanças dos dois castelos. Sabedor da existência do *diário*, teria proibido sua publicação.

Informa ainda o tradutor que o papa Pio XII era amigo íntimo da família e os recebia sempre em audiência particular. Foi depois da Segunda Guerra Mundial, que a princesa Ludovica entregou pessoalmente ao papa os originais do diário de sua falecida sobrinha Eugenie. Frei Gilberto acrescenta que somente traduziu e adaptou, "ao português e ao nosso ambiente, os trechos que mais (o) impressionaram". Sem os originais para confronto, ficamos sem saber que adaptações terá ele feito, mas ele explica que "o Magistério da Igreja ensina claramente a existência do purgatório" e admite "necessidade de uma purificação depois da morte se a alma tiver algum resíduo de pecado, por mínimo que seja, ou alguns castigos a expiar por pecados cometidos".

Para encurtar a história, é preciso dizer logo que a princesa Eugenie von der Leyen era dotada de exuberantes faculdades mediúnicas e mantinha intenso e exaustivo intercâmbio com numerosas pessoas desencarnadas, ou seja, com 'as pobres almas' sofredoras do purgatório, segundo o modo de ver de seus orientadores espirituais. Como pode imaginar o ouvinte ou leitor familiarizado com as práticas mediúnicas, se a mediunidade já não é nada fácil de ser exercida em ambiente no qual ela é estudada e praticada adequadamente, imagine-se a dificuldade de exercê-la em contexto religioso que, além de desconhecer suas complexidades e sutilezas, ainda está preso a uma estrutura dogmática de pensamento e ação.

Provavelmente para tranquilizar seus leitores, frei Gilberto esclarece que "o diário de Eugênia não contém nada em desacordo com o ensino da Igreja e dos ensinamentos dos santos que se têm pronunciado sobre a matéria".

Não é bem isso, como ainda veremos, mas o tradutor não vê riscos para a fé na divulgação do dramático texto da princesa, antes, pelo contrário, os diálogos dela com os desencarnados – perdão, com as almas – podem até representar o chamamento para uma reavaliação do problema, ao "relembrar verdades importantes que não estavam recebendo dos teólogos, e até do Magistério da Igreja, a devida consideração". Uma dessas importantes verdades, no entender do tradutor, é precisamente a do purgatório, que parece andar um tanto desprestigiado ultimamente.

Para maior tranquilidade de alguma leitora ou leitor preocupado, frei Gilberto acrescenta que o *diário* da princesa "foi escrito por ordem do confessor e do diretor espiritual" dela, Sebastian Wieser, bem como meticulosamente estudado e aprovado pelo dr. Anton Seitz, professor da Universidade de Munique, além de comentado pelo vigário dr. Peter Gehring.

Tudo, portanto, dentro dos mais seguros e confiáveis parâmetros doutrinários. Seja como for, *Minhas conversas com as pobres almas* constitui dramático depoimento de uma nobre senhora que exerce suas notáveis faculdades praticamente por intuição e boa vontade, sem nenhuma orientação específica de alguém familiarizado com a problemática da mediunidade, sequer com a realidade espiritual.

AMOR E GENEROSIDADE SUPREM DESPREPARO

O relato começa em 9 de agosto de 1921, com as primeiras vidências. Figuras humanas surgem de repente nos jardins, salas e corredores do palácio. Tão inesperadamente como surgem, desaparecem, sem nada dizerem à perplexa princesa. A primeira delas, por exemplo, era uma freira, "vestida do hábito das Irmãs de Mallesdorf" e que teoricamente deveria estar no céu, portanto. Não estava. Certa noite, foi ao quarto da princesa, que despertou, *acendeu a luz* e lá estava a freira. Eugenie tomou um pouco da água benta, que sempre mantinha ao alcance da mão, e aspergiu com ela o espírito, perguntando-lhe o que desejava. A freira desencarnada fixou o olhar penetrante na princesa e lhe disse, "sem mexer a boca", que havia deixado de remeter determinada importância em favor do trabalho missionário. Ao que parece, o 'pecado' era irrelevante, porque o espírito logo se recuperou e se apresentou, dias depois, livre do hábito negro de antes, tão luminosa que, à distância, a princesa pensou que esquecera a luz do quarto acesa. Não sei se o texto sofreu aqui alguma das 'adaptações' ou se a freira teria sido, afinal de contas, uma excelente pessoa, que apenas se equivocara com a sua maneira de antecipar a realidade póstuma. O certo é que por uma simples esmola esquecida ou negligenciada ninguém iria parar no purgatório, mesmo que ele existisse.

Aquilo era apenas o início de exaustivas tarefas mediúnicas de uma senhora doutrinariamente despreparada para exercê-las, mas dotada de generoso coração disposto a ajudar os sofredores da dimensão póstuma. Não sabemos se o *diário* original da princesa começa antes do relato da primeira aparição e se vai além da última, em 11 de novembro de 1926, dado que o tradutor selecionou trechos a seu critério, mas é certo que Eugenie viveria alguns anos difíceis, como ponto vivo de atração magnética de numerosas entidades desesperadas, sem saber ao certo como lidar com elas. Além disso, tentava enquadrar tudo aquilo que testemunhava, e de que partilhava, nos estreitos limites da sua formação católica, supervisionada de perto pelo seu confessor e diretor espiritual. Além do mais, eram frequentes os conflitos vibratórios, se assim podemos dizer, dado que, na presença de seus parentes e amigos, ela fazia verdadeiros prodígios para não deixar alguém perceber que ela convivia, por toda parte e a horas inesperadas, com entidades espirituais em lamentável estado de desarmonia, muitas delas temporariamente convertidas em seres assustadores, de aparência horripilante e até monstruosa, como em alguns casos de zoantropia. Por isso, o tradutor adverte: "Pessoas impressionáveis não leiam trechos que elas acham forte demais. Marcarei esses trechos pelo sinal +++." (Respeito a redação original.)

O problema é que o bem intencionado frei Gilberto não marcou os trechos, ou a editora do livro esqueceu-se de fazê-lo, e a pessoa somente pode saber se certas passagens são `fortes demais' para o seu gosto, depois de lê-las.

De qualquer forma, as notas que o tradutor plantou em numerosos pontos procuram orientar o leitor desprevenido. Seria de perguntar-se, por exemplo, que estariam fazendo tantas 'almas' confusas no quarto de dormir da princesa-médium se são, supostamente, habitantes do purgatório. É o caso de uma condessa desencarnada que Eugenie vê no espelho, certo dia. "A alma da condessa – ensina o tradutor – confirma a opinião de muitos místicos – independentemente de quaisquer mensagens do além, que muitas almas passam seu purgatório nos lugares onde, em vida neste mundo, têm cometido pecados."

Ou seja, o muito falado purgatório não é um local, mas um estado de espírito. É certo, por outro lado, que muitas entidades desencarnadas são como que atraídas para os locais onde tenham vivido na Terra, não exclusivamente porque ali cometeram seus erros.

Compreensivelmente assustada com tais visitas inesperadas e até indesejáveis, a princesa refugia-se na prece, nas missas, nos sacramentos, numa pequena lasca tida por autêntica da cruz na qual o Cristo foi sacrificado e na água benta, que usa em profusão. Nem assim consegue livrar-se do assédio. As entidades desejam tocá-la e abraçá-la, em busca de amor fraterno, de transfusões magnéticas de uma pessoa boa e caridosa como a princesa. Precisavam de alguém que as pudesse ver, com quem pudessem conversar e receber atenções e cuidados. A essa altura, a princesa ainda achava que poderia isolar-se na segurança do seu quarto de dormir. Tudo em vão. Os espíritos entram pelas janelas ou portas, abertas ou fechadas, ou atravessam as paredes, como se não existissem. Num dos pisos superiores do palácio instalara-se uma pintora, à qual algumas pessoas visitavam para conversar e ver os trabalhos. A princesa aproveita para perguntar à condessa desencarnada por que não ficam ela e seu companheiro lá em cima. A resposta é esclarecedora: "Porque eles não nos podem ver."

Em pouco tempo, estabelece-se uma trágica e dolorosa rotina para a princesa apavorada, mas dotada de grande bravura. Os espíritos descobrem que ali encontram lenitivo para suas dores e desesperos. A impressão é a de que algumas entidades esclarecidas e compassivas encaminham para o castelo dos von der Leyen espíritos necessitados de ajuda. A médium, contudo, é a primeira a confessar seu despreparo:

> Miguel [antigo marceneiro e sacristão] me preocupa muito; vem todas as noites, e é terrível por não saber eu como tratá-lo. Esteve comigo trinta minutos, desde as quatro até as quatro e meia, correndo pelo quarto. Era repelente o seu aspecto.

Promete-lhes missas e ora com eles e até se deixa tocar por figuras assustadoras. No meio da noite de 21 para 22 de março de 1923, por exemplo, desperta com uma voz que lhe pergunta se quer ajudar algumas almas, como ajudou a ele. Ela acende a luz para ver de quem se trata e, desta vez, é o próprio e falecido vigário, que o livro identifica apenas com a letra "S".

Às vezes são grupos maiores de seres que comparecem ao quarto da princesa. Alguns ela conheceu em vida, outros não. Poucos lhe falam ou se explicam. Olham-na com uma mirada triste, acompanham a prece que ela diz, recebem aspersão de água benta e desaparecem.

Há uma ex-governanta por nome Babette que se apresenta de maneira aflitiva:

> Foi-me bastante desagradável. Ela curvou-se de novo sobre mim. Sua boca, de aspecto detestável, semelhante a uma grande úlcera, o lábio inferior, todo preto. Também seu olhar é muito desagradável. Eu gostaria tanto de ajudá-la, mas ela não fala. Ela se esforça para falar, mas não o consegue.

Em nova visita, daí a dois dias, a princesa se lamenta por não saber como ajudar a pobre criatura deformada. "Rezei, mas não posso ficar rezando o tempo todo. Sua boca é abominável." Dias depois, há um diálogo precário entre as duas. Perguntada sobre se estaria condenada ao inferno, ela nega com a cabeça. Acaba dizendo que andou mentindo demais ao padre.

ALMA TEM CORPO?

Mas a médium não tem, aparentemente, a quem recorrer para aprender a lidar com aqueles pobres seres em doloroso estado de angústia. Pouco ficamos sabendo – quase nada – do que lhe dizia o seu diretor espiritual e confessor, mas não é difícil imaginar, mesmo porque o tradutor de seu *diário* repercute uma ou outra observação pela qual se pode avaliar a dificuldade da princesa-médium.

> "As almas do purgatório [escreve frei Gilberto, em nota à página 27] nunca aparecem para assustar, mas quando, com permissão divina, se mostram em forma humana – porque *na realidade não têm forma humana* – é unicamente para pedir ajuda." (Destaque meu.)

Pode ser até que não apareçam para assustar, mas assustam a desinformada princesa, dado que elas próprias estão espantadas com a inesperada realidade póstuma para a qual não estavam preparadas. Teoricamente, segundo a doutrina católica, os 'mortos' não podem ter corpo, que somente lhes será restituído por ocasião da ressurreição. Como, porém, a realidade não tem nada a ver com dogmas e teorias, as chamadas 'pobres almas' continuam a apresentar-se à médium tal como foram em vida e, quando não muito deformadas, por ela são reconhecidas, como o sr. vigário desencarnado e a freira, com a qual começa o relato.

Acresce que, à falta de argumentos e de conhecimentos doutrinários adequados, às vezes a princesa vai ao desespero, como no caso de um vulto que a agarrou certa noite. "Foi terrível! – escreve, em 16 de junho. – Aquele vulto me agarrou, sacudindo-me os ombros. Foi um momento horroroso. Dei-lhe um soco e lhe disse: 'Você não deve me tocar!' O vulto se retirou a um canto."

Esclarece, logo a seguir, que não sentiu "a resistência de um corpo, mas minha mão esbarrou em algo que se parecia a um pano úmido e quente. Acho que eu não aguentaria outra vez terror semelhante."

Na verdade, aguentaria muitos e até piores. Seu coração generoso não sabia recusar a ajuda da sua solidariedade e da prece, mesmo vencendo, a duras penas, a repugnância pelas lamentáveis figuras deformadas que a procuravam e queriam tocá-la para receber um pouco de suas energias pacificadoras.

O *diário* vai ainda pelas páginas iniciais e já o prestimoso tradutor questiona-se, presa de certa ambiguidade:

> Hesitei muito em fazer esses murais [confessa] e, de vez em quando me pergunto se vale a pena continuar a tradução do *diário*. Pois há muitos, hoje em dia, que já não acreditam mais na existência do purgartório e muito menos na possibilidade de existir entre certas pessoas um como que intercâmbio com as pobres almas. Além disso, os fatos descritos são, às vezes, simplesmente terríveis.

Para acrescentar, mais adiante, este apelo, em itálico: *"Ficaria muito grato de conhecer a opinião dos meus leitores se convém ou não continuar com esse assunto."*

Como o livro avança até a página 228, creio legítimo supor que os leitores deram seu apoio moral ao tradutor, como eu teria dado, se consultado em tempo hábil.

A despeito de seus contínuos sobressaltos, a generosa princesa vai-se habituando ao convívio dos sofredores. "Parece que meus nervos já não sofrem tanto com essa convivência com as almas – revela. – Já me acostumo a suas visitas embora que venham sem pedir licença. Quando vão embora, durmo bastante bem."

Além disso, ela vai aprendendo alguma coisa da sua tarefa com as próprias entidades manifestantes, ainda que nem sempre entenda o que lhe querem dizer. A um espírito que ela identifica como G., e que morrera há algum tempo de varíola, ela pergunta por que procuram por ela.

> – Por que vem você justamente a mim?
> – Porque a passagem a você está desimpedida. – foi a enigmática resposta.
> – Como desimpedida? – insiste a princesa.
> Não recebi resposta, infelizmente – comenta ela –, senão talvez, eu poderia ter fechado a tal passagem...

No dia seguinte, arrepende-se de seu 'egoísmo abominável' e propõe a retirada da expressão: não deseja mais 'fechar a passagem', ou seja, não pretende mais trancar os portões da mediunidade a fim de rejeitar a visita dos infelizes que a buscam, paradoxalmente, no desespero da esperança última.

Novamente interfere o tradutor para reiterar que "as pobres almas não têm corpo; apenas se mostram para indicar às pessoas neste mundo que por elas se sacrificam, o que aconteceu e o que está acontecendo com a alma em estado de purificação."

Mesmo decidida a continuar servindo, contudo, a brava princesa ainda fraqueja, às vezes. Com um deles há o seguinte diálogo:

> – Diga-me, por que procuram vocês justamente a mim?
> – Você nos atrai.
> – Mas de que modo?
> – Por sua alma.
> – Você pode vê-la?
> – Sim.
> – Mas, francamente, não gosto que vocês me apareçam. Procurem outras pessoas, melhores que eu.
> – Eu não venho (virei) mais, pois também outros querem vir a você.

Uma assassina confessa, que se apresenta ainda com o punhal do crime, pede-lhe a mão e ela recusa, para depois arrepender-se.

> Eu senti tanto medo e tanto nojo que simplesmente me senti incapaz de satisfazer-lhe o desejo. Agora me arrependo de ter sido tão covarde. Quero vencer-me, quando ela voltar, mas sofro muito com isso pois sei quanto queima a mão quando ela a aperta. Mas pior é o nojo que dela sinto...

As entidades são cada vez mais horrendas. Uma delas se mostra "muito agitada. É uma pessoa abominável. Sua boca está toda inchada, é repelente até o extremo. Veste uns farrapos cor de cinza".

Dois dias depois, logo pela manhã, a princesa a encontra no quarto de dormir e lhe pede que vá embora, porque se sente perturbada na sua presença. A entidade não aceita o apelo e parece esperar algo. A princesa ora com ela a prece matinal e a mulher desaparece. – Tenho medo dela – confessa a autora do *diário*. – Ela me enerva, eu poderia ser dura para com ela, mas onde fica meu amor ao próximo?

E acrescenta:

> – Esses problemas me oprimem sempre mais. Tenho que ficar no meio dos homens o dia todo; nem consigo pensar em mim mesma. Estou como que dividida. Minha alma está no outro mundo, meu corpo no meio dos homens que me cercam. Estou vivendo com as almas. Mas o outro 'eu' tem que fingir interesse por assuntos estranhos ao meu pensar. Meu 'eu' está dividido e essa luta íntima me cansa e me enerva.

Como se vê, a luta se desenvolve em duas frentes distintas, mas ligadas nas suas origens. É um tipo de atitude entre as pessoas encarnadas com as quais convive no seu dia-a-dia, e os pavores, geralmente noturnos, que enfrenta com os espíritos sofredores. A um deles, naqueles dias, falou com certa aspereza: "Se quer que eu reze por você, fique longe de mim. Não aguento sua presença."

Logo se arrepende, como sempre, cedendo ao seu temperamento compassivo e caridoso e acaba acolhendo a criatura desesperada.

Compensações

Às vezes tem suas compensações. Aparentemente, amigos espirituais invisíveis administram suas faculdades e atividades e a amparam nos momentos mais difíceis. Um desses episódios ela documenta em novembro, ainda em 1923:

> – Nos últimos tempos, no meio do meu trabalho e mesmo estando com outros, algo se apodera de mim que não sei explicar. É uma sensação de profunda felicidade – é como que mergulhar em algo totalmente diferente daquilo que costumamos experimentar, é uma presença de Deus – impossível de descrever. Às vezes, essa sensação me surpreende até quando nem penso em Deus. Tenho sempre reagido contra tudo quanto possa ser extravagante, mas agora tenho que suportar o que supera toda imaginação e experiência humana, pois aquilo simplesmente se apodera de mim.

A conclusão desse pequeno relato é poesia pura:

> – Mudou também minha vida de oração; nem sei se ficou melhor ou se piorou. Estou como que me abismando no infinito sem que eu possa formular orações. Estou totalmente penetrada do meu nada perante Deus.

O frei-tradutor esclarece que os místicos chamam esse estado em que se achava a alma da vidente "a noite escura da união íntima com Deus". E me pergunto eu, ignorante de misticismos: é escura a noite em que, por eventual estado de felicidade, sentimos de maneira tão dramática, a presença de Deus?

Logo a seguir, o tradutor coloca mais um de seus ensinamentos, ao declarar que "uma oração muito fácil e muito boa para ajudar as pobres almas é dizer: Pai do Céu, eu vos ofereço o Sangue de Jesus pelas pobres almas".

Cabe-nos agradecer-lhe pela ingênua pureza de sua boa intenção. Não é preciso nem recorrer à literatura doutrinária espírita para perceber que a tarefa com as chamadas 'pobres almas' é bem mais complexa. Basta ler sua própria tradução do *diário* da princesa Eugenie.

Uma dessas entidades revela um pequeno segredo. Ao despertar, durante a noite, a princesa encontra, ao lado do seu leito, Catarina, uma de suas visitantes, que parece compreender o sacrifício que representa para a médium a assistência espiritual àqueles que a procuram.

> – Quer você sacrificar-se ainda?
> – Sim; o que posso fazer por você?
> – Dar-me a paz.
> – Como posso fazê-lo?
> – Pelo amor – diz a entidade de maneira irretocável.

Catarina trazia uma inchação na boca torta e horrenda. Confessou que vivera semeando discórdia entre as pessoas. Como todos os demais manifestantes, Catarina ignora a 'proibição' teológica e se manifesta corporalmente. E mais:

> Está vestida [escreve a autora do *diário*] traz uma longa corrente de ouro. Pena que eu não sei desenhar. *Seu corpo* parece ter uns quarenta anos. Faço votos para que ela volte em breve: quase que já gosto das visitas que me faz. [O destaque é meu]

Para algumas entidades mais difíceis, o tradutor recomenda exorcismos, dos quais oferece dois modelos, o de santo Antônio e outro mais abrangente, que recorre à Trindade, à virgem Maria, anjos e arcanjos bem como a todos os santos.

Para atenuar o possível escândalo de leitores sobre "almas do purgatório (que) tenham se mostrado em forma de animais", o tradutor lembra que à Jacinta, uma das videntes de Fátima, foi mostrado "um pouco do inferno", onde, no relato posterior de Lúcia, ficou dito que "os demônios distinguiam-se por formas horríveis e asquerosas de animais espantosos e desconhecidos, mas transparentes como negros de carvões em brasa".

Dos carvões não sei eu. Talvez tenham entrado no texto por causa das tradicionais fornalhas infernais, mas de assustadoras deformações perispirituais nos falam depoimentos de entidades respeitáveis em numerosos textos confiáveis.

O 'MISERÁVEL'

Uma dessas entidades tidas por demoníacas apresenta-se à pobre Eugenie em pânico. Ela o identifica no seu texto como 'O Miserável', tão horrível é a sua aparência.

> Olhei-o bem. O couro dele é marrom; o corpo todo traz tumores, chagas, empolas, feridas abertas e tumorações. Pensei que o chão ficaria salpicado de sangue; é medonho o aspecto dele. E esse monstro ficou ao meu lado e me fixava.

A luta íntima é grande. A entidade dirige-lhe um "olhar mau" e suscita nela "um asco violento", mas ela reage nobremente:

> É uma luta terrível que tenho travado já tantas vezes e que tenho de aguentar de novo. Tenho que amar esse Miserável, e não o consigo, e só serei capaz de o ajudar se eu me sacrificar e se eu amar essa pobre alma, desfigurada totalmente por asquerosidades.

Além disso, ela tem perguntas para as quais não encontra respostas. Gostaria de entender melhor o que se passa consigo mesma e com aquelas criaturas, nas quais mal se percebem traços humanos. Vencendo compreensível repugnância, pede ao 'Miserável' que se aproxime e lhe pergunta por que ele se apresenta sob forma animal. A criatura dá um salto e se põe agitadíssima, a gritar, em convulsões, até que se estende no chão.

> Aí pude ver bem seu tamanho descomunal [lê-se no *diário*] e os tumores, inchações, bolhas e feridas abertas. Seu corpo está todo coberto dessas ascosidades. O rosto é apenas uma massa informe, de dentro da qual me fixam seus olhos. Vendo tanta deformidade, fico tomada de compaixão profunda – levantei-me e ajoelhei-me ao lado dele e lhe disse: "Por que você não me deixa rezar? Só quero ajudar você. Vamos rezar juntos; vai ver que a oração ajuda."

Dá-se ali, mais uma vez, o milagre do amor. A criatura escutou calmamente o Pai Nosso e, em seguida, abraçou a princesa ("Ai, esse seu braço horrível!"– queixa-se ela). As preces continuam e os dois começaram a chorar. De repente, ele soltou-a do abraço e ajoelhou-se ao lado da médium, mas ainda não tinha condições de falar, embora entendesse o que ela lhe dizia. "Ficamos amigos", diz ela. Mas ainda lhe restava um longo, paciente e difícil trabalho junto daquele infeliz. Ele buscava ansiadamente o contacto com ela, abraçando-a ou segurando-lhe as mãos. Já falava alguma coisa, quando conseguiu explicar que isso lhe proporcionava certo alívio. O poder mágico da prece, tanto quanto do amor fraterno e compassivo por aquele infeliz, começa a suscitar nele as primeiras reações positivas, que se traduzem numa espécie de recomposição perispiritual.

Esquecido da observação anterior de que as 'almas' não têm corpo, o tradutor observa:

> Certas Almas do Purgatório aparecem, no começo, tomando forma vaga, nebulosa, ou simples sombra. Outras Almas, em aparência de animais. Quanto mais progride o estado de purificação, *tanto mais aceitam forma humana*. [O destaque é meu]

ASPECTOS TEOLÓGICOS

Sempre que possível, o texto ressalta aspectos teológicos que considera relevantes. As situações aflitivas sob as quais se apresentam algumas entidades, como o 'Miserável', são atribuíveis mais ao descumprimento dos ritos e sacramentos do que propriamente a outros pecados. Quando a princesa lhe pergunta se ele não conseguira confessar-se antes de morrer, ele responde, também no contexto da religião dominante, ao declarar que sim, conseguira, e que até fora perdoado (pelo sacerdote, naturalmente), mas que não cumprira a penitência prescrita. Afinal de contas, foi ou não foi perdoado? O perdão sacramental vale ou não vale? Para explicar essa discrepância, o prestimoso tradutor informa:

> Na hora da morte, a alma que se salva recebe o perdão de todas as culpas. Mas pelos castigos, merecidos pelos pecados, a Justiça Infinita de Deus exige que a Alma tem que fazer penitência até que a Justiça Infinita fique totalmente satisfeita.

Logo, o perdão de última hora não tem o valor e a amplitude que se lhe atribui. Ou, para ser mais enfático: nada vale.

Eugenie von der Leyen acabou identificando o ser humano metido em toda aquela horrenda aparência póstuma. Fora também um nobre, certo Heinrich von M..., que, dado como "redimido pela princesa, ...entrou no céu", segundo o bom frei Gilberto.

Estávamos, a essa altura, em janeiro de 1924. Preocupado com as lutas e sofrimentos da princesa-médium, seu confessor entendeu que ela deveria pôr um fim àquele trabalho, deixando de atender aos espíritos que a procuravam, pois eram evidentes o seu desgaste emocional e os prejuízos à sua saúde orgânica. Não havia como, porém, estancar a romaria dos desesperados em busca de socorro espiritual e nem como ignorá-los nas suas aflições. Em outras palavras, a princesa continuou atendendo aos infelizes. Mais uma observação inserida no texto do *diário* informa que "era a vontade de Deus que Eugênia expiasse os castigos que elas (as almas) haviam merecido e assim aliviasse e abreviasse os seus sofrimentos".

Ao que se depreende, a princesa sentiu-se um tanto dividida entre o dever de obediência ao seu diretor espiritual e o impulso de atender aos sofredores. Venceu, como de outras vezes, a generosidade de que era dotada. Depois de tentar ignorar uma entidade que reagiu energicamente à sua indiferença ("Por que você se opõe?" – perguntou-lhe o espírito.), ela decidiu: "A minha consciência me diz que devo retomar minha atitude antiga, dialogar com as Almas e procurar ajudá-las". Tomada a deliberação, "ouvi, novamente, aquela estranha música..." Seus amigos da dimensão espiritual manifestavam-se, discretamente, através da música, aprovando-lhe a corajosa atitude de renúncia. Já sabia que a música era um sinal de aprovação superior invisível.

Ainda que ignorando os mecanismos da mediunidade e a técnica do atendimento aos seres desarvorados que a procuravam, ela supria as deficiências com o seu devotamento e agudo sentimento de fraternidade e compaixão. Por isso, as entidades continuaram a procurar por ela, que se transformara num ponto magnético de atração. Dizem-lhe algumas que havia como que um caminho de luz que as levava até ela.

Mais uma vez o tradutor aproveita para a sua doutrinação paralela, lamentando que "muita gente já não enxerga mais as Pobres Almas" e nem delas se lembra para orar. Pior que isso: "Muitos nem mais acreditam na existência do purgatório" por entenderem que a propalada e prometida 'ressurreição' se dê logo em seguida à morte. Lembra, contudo, o comentarista que Jesus mencionou claramente a "prisão onde ficarão as Almas culposas até que paguem totalmente, até o último centavo, o que devem à Justiça Divina".

A Terna Mensagem da Andorinha

Mesmo a despeito de sua boa vontade, contudo, ela se mostra consciente das responsabilidades e dificuldades que a tarefa lhe impõe. São frequentes suas observações de que percebe doações de considerável energia pessoal, como se dela retirassem algo em proveito das entidades que socorre. Mas as dúvidas persistem e a colocam num estado de ambiguidade que a aflige. Percebe também que aprende coisas importantes com os espíritos que a visitam e com os quais trabalha tão intensamente, mas ainda se pergunta, e a eles também, por que não procuram outras pessoas, melhores do que ela. Nesses momentos de depressão e crise íntima, os amigos espirituais parecem atentos ainda que sutis.

> Eu estava muito oprimida [escreve ela, em agosto de 1924]. O que se dava comigo me angustiava. Sofria uma verdadeira obsessão, devido a uma forte dúvida se eu estava cumprindo a vontade de Deus em aceitar a convivência com as Pobre Almas; eu havia pedido ao Bom Deus que me desse um sinalzinho qualquer de que eu estava certa.

O sinal veio, como sempre com um toque de ternura, poesia e beleza. Meditando sobre essas coisas, ela passeava pelo jardim. "De repente – escreve –, uma andorinha caiu a meus pés. Eu a levantei, ela deixou-se acariciar como se tivesse juízo, e depois levantou voo." O pequenino pássaro deixara com ela o recado de mais alto.

Em outubro, experimenta novamente indescritível sensação de paz, felicidade e harmonia.

> Eu estava no jardim. De repente, algo de muito belo me envolveu. Cores e luzes que nem sei descrever. Eu estava cercada de luz e ouvia aquela música. O gozo dos olhos, dos ouvidos era pouco em comparação com o enlevo que sentia minha alma. Tudo tão indizivelmente belo que não posso expressá-lo. Ao mesmo tempo sentia uma força extraordinária penetrar todo o meu ser que fiquei indizivelmente feliz.

Ainda em outubro, vê com nitidez a figura do avô desencarnado "tal e qual como estava em vida. Foi uma grande alegria poder vê-lo. O rosto expressava íntima paz e felicidade e ele deu-me um belo sorriso". Em dezembro, após o Natal, o visitante é um sacerdote, exatamente aquele que, por longos anos, havia sido o professor de religião dela. É evidente que o padre não se sente feliz. Não consegue ainda falar e "se encontra num estado de profunda tristeza. Eu gostava muito dele, e sua tristeza me dói", escreve ela.

Lá pelo final de janeiro do ano seguinte, já o padre consegue comunicar-se com ela, que se mostra bastante surpresa de não se encontrar ele "no céu".

– "O orgulho espiritual" – confessa ele bravamente – "me colocou na solidão".

Em fevereiro, ele parece estar melhor, mas ainda não se considera 'libertado', embora consiga ver tudo agora com maior clareza. Acrescenta que iria para um local de onde não teria mais permissão para voltar a ver a princesa. Ela aproveita para perguntar-lhe se "é tudo assim como você me ensinou".

– Sim – reponde ele –; no entanto, a língua humana não é capaz de expressar aquilo que não cabe em palavras humanas.

Não temos para esse comovente encontro da discípula com seu antigo professor de religião o comentário do tradutor. Ficamos sem saber o que pensou ele disso tudo.

Informes Sobre a Vida Póstuma

Às vezes as informações, ainda fragmentárias, avançam um pouco mais no conhecimento da dimensão espiritual póstuma. Um ser que começou a apresentar-se sob forma animalizada consegue recuperar-se e confessa que assim aconteceu porque a vida dele "tem sido como a de um animal" e que "a Justiça Divina vê o íntimo da alma, e não só o exterior, e julga bem diferente do modo como julgam os homens". Acha que se salvou (do inferno, naturalmente) porque experimentou um arrependimento de última hora e teve fé. Quanto ao Além, "... é claridade, é conhecimento perfeito e total. Quem aproveitou a vida para semear, vai recolher no além", ensina. Perguntado sobre se está no purgatório, responde que não, e sim numa "esfera intermediária".

Também aqui ficamos sem o comentário do diligente tradutor.

Um ser que se apresenta como assumido caluniador acredita que a médium expia por ele os erros cometidos. Não concorda em identificar-se ("Meu nome não deve ser pronunciado."), mas está bem consciente de que a calúnia que difundiu "continua fazendo estragos porque está escrita: a mentira continua viva", conclui desalentado. Diz, ainda, que seu corpo está enterrado em Leipzig.

Outros religiosos desarvorados continuam a procurá-la. A vida póstuma nada tem daquilo que eles ensinaram, pois é evidente, no mínimo, certo desconforto da parte deles, como se viu com o padre O., antigo professor de religião da princesa. Em abril, manifesta-se o vigário N., que "veio 14 vezes desde a última anotação. Nunca me apareceu alma mais inquieta" – comenta a autora. "Ele não para um instante sequer".

Em setembro é um 'dominicano' que se apresenta à vidência da médium. Sua aparência é lamentável.

> O rosto irreconhecível; mais parece uma forma, uma massa grosseira, informe e cinzenta; o jeito dele é bastante calmo; murmura palavras incompreensíveis, parece que é latim.

Passa a visitá-la diariamente. A essa altura ela já o identificou como um sacerdote francês, que conhecera bem, em vida. Seus diálogos com a médium são pouco esclarecedores, como se ele estivesse a evitar o assunto. Informa apenas que se salvou (do inferno, claro), mas, obviamente, não está em nenhuma posição confortável no Além, embora haja seres em planos ainda mais aflitivos, como também informa.

A propósito de uma entidade que pede missas, comenta o tradutor que: "Quem, em vida, não ligava à santa missa, pouco ou nada aproveitará da santa missa no purgatório!"

Muitas vezes ela não consegue entender certas informações que lhe passam as entidades. A uma delas ela formula uma de suas questões habituais, ou seja, como é que elas vêm à sua presença.

– Como foi que você me encontrou?

– Foi você que andou em nossa procura – é a resposta –, e foi você que nos encontrou.

A explicação lhe parece absurda e inaceitável, e ela contesta com veemência. Como iria em busca daqueles seres de aparência horrenda no mundo póstumo, se vive levando sustos com eles, sofre com a presença deles e se aflige quando a procuram?

O espírito faz um comentário antológico a essa observação: "Seu coração" – diz ele – "fala de modo bem diferente que sua língua". Ou seja, a visão que a médium tem do problema enquanto desdobrada na dimensão espiritual é bem diversa daquela que ela tem quando instalada no corpo físico. Por isso, o que fala a língua é dos terrores da personalidade humana, mas o que sente o coração vem da visão mais ampla da individualidade, do ser em si, do espírito.

Os ex-religiosos continuam a comparecer. Um deles, ou melhor, uma delas, é uma freira, mas a médium somente fica sabendo disso depois que a entidade manifestante consegue apresentar-se sob forma humana. Também esta pobre criatura está insatisfeita consigo mesma, a despeito de todas as práticas exteriores, pelas quais se pressupunha uma passagem direta para o 'céu'. Identifica-se como "alma sedenta". A terrível forma sob a qual se apresentou – parecia uma enorme serpente – fora a "imagem de sua vida", um "símbolo, promessas não cumpridas, juramentos quebrados – tudo foi mentira e fingimento", lamentar-se-ia em novo diálogo, dias depois.

– Você foi freira? [pergunta-lhe a princesa]
– Sim, fui.
– Por que não pede ajuda a suas coirmãs?
– Estive com elas, mas não me enxergam.

DESINFORMAÇÃO

A propósito de uma entidade feminina que agride a médium porque, aparentemente, incomoda-lhe a melhor posição espiritual desta, temos um comentário do tradutor que, ao mesmo tempo em que dá uma informação correta, conclui equivocadamente.

> Muitos acham que na hora da morte a pessoa mude de caráter e de sentimentos e fique de repente boazinha [escreve ele]. Não é assim. A alma fica com todas as suas más qualidades que possuía na hora da morte.

Até aí, tudo bem, embora se saiba que, no entender da Igreja, uma vez arrependido, confessado, penitenciado e perdoado, o maior pecador estaria purificado e pronto para o céu, o que também não é assim. Aí, conclui frei Gilberto: "Além disso, ela não pode mais ganhar mérito algum e não recebe mais as graças que, em vida, a cada instante, estavam à sua disposição."

A observação milita contra o que está documentado no próprio *diário* da princesa. Os seres desencarnados, ou, como quer o livro, as "Pobres Almas", continuam contando com a misericórdia infinita de Deus e a se beneficiarem dos trabalhos mediúnicos em que se envolve a devotada médium. Ou, então, não teriam condições de se livrar, como muitos conseguiram, daquela terrível condição espiritual que a Igreja prefere continuar chamando 'purgatório'.

É uma pena que toda essa gente – religiosos ou não, encarnados e desencarnados, o tradutor inclusive – não tenha procurado instruir-se melhor acerca da realidade póstuma, em vez de persistir no circuito fechado das superadas e obsoletas doutrinas medievais, que continuam prescrevendo exorcismos e missas.

AS ESPERANÇAS DE UM MODELO INTELIGENTE

Certamente a querida e dedicada princesa Eugenie teria realizado trabalho bem menos sofrido e eficaz se tivessem chegado às suas mãos livros como os da codificação espírita, que, quando ela nasceu, em Munique, em 1867, já haviam sido publicados em Paris. Isto não lhe diminui os méritos nem o devotamento verdadeiramente cristão que demonstrou e colocou a serviço dos sofredores, mas o desconhecimento do intercâmbio com os espíritos constituiria motivo de constantes perplexidades para ela, tanto quanto para as próprias entidades que lhe eram encaminhadas. Seja como for, onde quer que esteja, esse nobre espírito merece todo o nosso respeitoso carinho e fraterno amor.

Concentramos nossa atenção aqui no caso específico da mediunidade exercida no contexto católico, a fim de utilizar para meditação e aprendizado o texto colocado à nossa disposição pela Editora de São Lourenço. Reiteramos, contudo, a observação inicial de que a fenomenologia mediúnica está por toda parte, onde quer que criaturas humanas vivam suas experiências evolutivas. Se, no âmbito da doutrina e do movimento espíritas, ainda temos tanto a aprender a respeito dessas nobres faculdades que Paulo chama de carismas, imagine-se quando os fenômenos são suscitados em ambientes nos quais são desconhecidas.

Enquanto a mediunidade for considerada apenas um aspecto da doutrina espírita, continuaremos a conviver com incompreensões e distúrbios gerados pelo desconhecimento quase total da questão. Um dia se descobrirá que mediunidade, tanto quanto reencarnação, intercâmbio espiritual e sobrevivência do ser não são invenções nem propriedades da doutrina espírita, mas fatos, realidades, aspectos relevantes da lei natural. A partir desse momento, poderá ser montado um modelo inteligente para atender às multidões que vivem, na dimensão espiritual, o desespero de suas angustiantes aflições, tanto quanto aos encarnados que ignorem os próprios recursos de que foram dotados para servir, aprender e evoluir.

QUE TEM KENNEDY A VER COM LINCOLN?

Sabemos da história apenas o que tem sido possível reconstituir a partir do escasso material preservado em documentos de pedra, cerâmica, papiro, couro ou papel, quase sempre mutilados e nem sempre representativos. O resto é especulação e inferência, no esforço de preencher lacunas, decifrar enigmas, imaginar explicações, propor hipóteses, intuir motivações. É de justiça assinalar que os historiógrafos têm conseguido superar dificuldades, apresentando boas reconstituições das diversas etapas do processo civilizador. Persistem, não obstante, áreas mal iluminadas ou escuras de todo, em torno de episódios ou aspectos que desejaríamos conhecer melhor, distorções que precisariam ser corrigidas, lacunas que gostaríamos de ver eliminadas e mistérios que ainda nos desafiam.

Mesmo um período prioritário, como o do faraó Akenaton, continua envolto em obscuridades, a despeito de meticulosas pesquisas. Cyril Aldred, no seu competente estudo, lembra que, à exceção de Cleópatra, nenhum outro governante do Egito suscitou "maior torrente de tinta da pena de historiadores, arqueólogos, moralistas, romancistas e até de simples maníacos" do que o faraó herético. No entanto, fica o historiador algo perdido ante os inseguros registros oficiais da época, mascarados, consciente ou inconscientemente, pelas técnicas nada modernas de criar imagens favoráveis para alguns faraós, interessados em reduzir a estatura de seus antecessores para que a sua própria pudesse destacar-se nas galerias da glória futura.

Se focalizarmos o interese em episódios de nossa proximidade cronológica, continuaremos com perguntas ainda não respondidas. Por exemplo: o assassinato do presidente Lincoln resultou de uma conspiração ou de gesto isolado de John Wilkes Booth? Se foi conspiração, quem participou dela e quem a teria liderado? Se não foi, por que tantos enigmas permanecem na apuração dos fatos? E por que tantas simetrias históricas entre Lincoln e John Kennedy? Existiria alguma conexão oculta entre esses dois dramáticos eventos?

Há, portanto, nesse episódio, excepcional volume de indagações expressas ou implícitas e de questionamentos desatendidos. A historiografia dispõe, no entanto, de metodologia alternativa de pesquisa ainda não explorada, senão timidamente e nem sempre por estudiosos suficientemente preparados para sua correta utilização. O leitor talvez prefira considerá-la como exercício de faculdades extrassensoriais. Tudo bem. O nome não importa, e sim o conteúdo da função, que opera no psiquismo humano, no contexto mais amplo da realidade espiritual. Estou falando de conceitos como espírito, sobrevivência do ser, reencarnação e comunicabilidade entre 'vivos' e 'mortos'. Essas palavras aí ficam protegidas por aspas porque, em verdade, vivos somos todos nós, revestidos de um corpo físico ou desvestidos dele, após descartá-lo como inservível. O que desejo dizer com isto é que o psiquismo humano é o mais amplo e confiável arquivo da história, documentada em todas as suas minúcias, na memória daqueles que viveram os grandes e pequenos lances do passado, como meros expectadores ou como atores, no imenso teatro da vida.

No livro *Arquivos psíquicos do Egito*, resgatamos de injusto esquecimento o trabalho com o qual o dr. Frederic H. Wood e o prof. Howard Hulme conseguiram, por intermédio de uma jovem inglesa por nome Rosemary, demonstrar como se falava a língua dos faraós, até então encerrada no mutismo elegante dos hieróglifos, lidos, mas não ouvidos, desde remotas eras.

Estudamos alhures o fascinante trabalho do dr. Andrija Puharich com o cogumelo sagrado, a *amanita muscaria*, espécie de passaporte para os esquecidos tempos da IV Dinastia, há quase quatro mil anos.

Devo, ainda, lembrar outros escritos nos quais a arqueologia contou com o apoio instrumental da mediunidade, como o trabalho de Frederick Bligh Bond, na abadia de Glastonbury, na Inglaterra, e o do dr. Jeffrey Goodman, em Flagstaff, nos Estados Unidos.

Cuidaremos aqui do material de pesquisa constante do livro *Window to the Past – exploring history through ESP, (Janela para o passado – exploração da história através da ESP)*, no qual Hans Holzer enfrenta alguns enigmas históricos e os desvenda com auxílio da mediunidade de sua amiga Sybil Leek. O autor selecionou para esse livro o assassinato do presidente Lincoln, o segredo de Mayerling, o papel de Nell Gwyn na vida de Charles II, da Inglaterra, a lendária figura de Camelot e outros. Como nos seria impraticável trazê-los todos, ou mesmo alguns deles, para o contexto deste papel, resolvi tomar apenas a tragédia do assassinato de Lincoln. Venho, aliás, perseguindo esse tema há longos anos, mais intensamente a partir de 1963, quando a morte do presidente John F. Kennedy suscitou um debate de amplitude internacional e revelou incrível quantidade de coincidências e simetrias históricas com o caso Lincoln. Debate, aliás, que se reacendeu há algum tempo, com o lançamento do filme, adequadamente intitulado, *JFK – A pergunta que persiste*.

Tanto quanto eu saiba, Holzer foi o primeiro autor a propor a hipótese de que o assassinato de Lincoln tenha sido tramado por Edwin Stanton, que exercia, à época, o cargo de *secretary of War*, correspondente ao de ministro da Guerra, ou seja, do Exército. Essa tese sairia consideravalmente reforçada no livro *The Lincoln conspiracy*, de David Balsiger e Charles E. Sellier Jr., publicado pela Schick Sunn Classic Books, em 1977.

Vamos por partes.

Convém primeiro apresentar Hans Holzer. Como os meios de comunicação sofrem de certa 'alergia' pela terminologia dita ocultista, o autor prefere, como vimos, caracterizar seu estudo como pesquisa baseada na ESP, percepção extrassensorial. Holzer é reconhecida autoridade em parapsicologia. É autor de vários livros dedicados a essa temática, que também apresenta em conferências, no ambiente universitário e na televisão, para a qual também produziu alguns documentários. Sua escolaridade revela formação em história, arqueologia e jornalismo, nas universidades de Columbia, nos Estados Unidos, e na de Viena, Áustria. Suas credenciais são, portanto, respeitáveis e ele sabe do que está falando ou escrevendo.

O mais extenso estudo em seu livro é, precisamente, sobre Lincoln. Começa com a observação de que cinco anos após a morte de Kennedy (seu livro foi escrito em 1968 e publicado em 1969), ainda perduravam incertezas acerca de quem realmente teria cometido o assassinato, praticado, num dia luminoso, à vista de milhares de pessoas, repórteres, cinegrafistas, policiais, guardas de trânsito e de segurança. As imagens colhidas pela TV e o cinema seriam posteriormente exibidas até a exaustão pelo mundo todo. Os técnicos estudariam os filmes, cena por cena, ruído por ruído, gesto por gesto. Raramente ou nunca tantos recursos humanos, materiais, tecnológicos e financeiros foram colocados a serviço da apuração de um episódio, como o assassinato do presidente Kennedy. Mesmo assim, decorridos mais de trinta anos, ao escrevermos isto, o caso ainda suscita controvérsias, dúvidas, teorias e hipóteses. Há uma espécie de inconformação da opinião pública com os resultados oficiais da meticulosa investigação, que tem sido, com frequência e veemência, questionada e posta em dúvida nas suas conclusões básicas.

Não menos impressionantes são as intrigantes simetrias históricas com o caso Lincoln, tudo minuciosamente pesquisado, comparado e catalogado como que a indicar uma óbvia conexão entre dois dos mais relevantes episódios da história americana. Teria Kennedy alguma coisa a ver com Lincoln? A pergunta ocorre também a Holzer, mas ele prefere deixá-la no ar, seja porque não dispõe de elementos conclusivos, seja porque decidiu não revelar todo o material que, eventualmente, tenha coligido. Respeitemos sua posição. Voltaremos a esse aspecto um pouco mais adiante nestas reflexões.

Holzer não parece muito convicto da realidade da sobrevivência do ser, embora conduza suas pesquisas como se o fosse. Explico-me. Acha ele, por exemplo, que locais emocionalmente saturados, como a Casa Branca, devem estar impregnados de "*remanescentes* de pessoas cujas vidas estiveram fortemente ligadas às suas estruturas". (O destaque é meu.) Que são, porém, restos ou remanescentes de gente? O autor se propõe a explicar-se, dizendo que define fantasmas como "memórias emocionais sobreviventes de *gente* que não tem consciência da transição chamada morte e continua a funcionar num plano mental, como o faziam ao tempo em que morreram, ou antes disso". (O destaque, desta vez, está no original inglês). Pelo que se depreende, portanto, o autor não considera as aparições como manifestações do próprio 'morto' em seu corpo sutil, mas simples lembranças das emoções que, de alguma forma não explicada, persistem após a morte.

Seja como for, ele chama a atenção para a evidência de que Lincoln era dotado de faculdades mediúnicas (ele prefere o termo extrassensorial, claro). É certo isso. O presidente manteve frequente intercâmbio com entidades espirituais através da médium Nettie Colburn Maynard, por meio da qual dialogava, entre outros, com Daniel Webster (1782-1852), estadista, orador e advogado famoso, que deixou sua marca na cultura e na civilização de seu tempo. Apesar dos habituais desmentidos, como se historiadores e estudiosos se sentissem algo envergonhados do seu grande presidente por essa 'fraqueza', Holzer informa que Lincoln confirmou seu envolvimento com o intercâmbio espiritual. Certa vez, o jornal *Plain Dealer*, de Cleveland, dirigiu-se respeitosamente ao presidente, pedindo-lhe permissão para publicar matéria jornalística já preparada sobre o interesse dele no assunto, ou, se ele preferisse, negasse as referências contidas no artigo. Eis a resposta do presidente, segundo Holzer:

– A única falsidade do relato está em que nem a metade foi contada. O artigo não diz nada das coisas que tenho testemunhado.

A sensibilidade psíquica de Lincoln ficou evidenciada, entre outras oportunidades, no dramático sonho profético, durante o qual testemunhou seu próprio velório, num dos salões da Casa Branca, no mesmo East Room, onde quase um século depois seria velado o corpo de John F. Kennedy.

A sra. Lincoln sobreviveu ao marido por muitos anos, tendo morrido em avançada idade. Conta Holzer que, bem antes de manifestar os problemas mentais que a infelicitariam, Mary Lincoln ouviu falar de um fotógrafo, por nome William Mumler, de Boston, que costumava obter, em fotos normais, imagens de pessoas desencarnadas.

Ora, a fotografia dita mediúnica foi tenazmente combatida no século passado. Que houve fraudes na sua prática, não há dúvida, mesmo porque, como negócio, era rendoso. Caso semelhante ocorreu, à mesma época, na França, com o fotógrafo Édouard Buguet, arrastado, com Pierre Gaetan Leymarie e outros, para o centro de uma controvérsia que foi parar na polícia e, posteriormente, no tribunal de justiça. Os implicados foram severamente condenados pelo juiz Millet, que funcionou mais como promotor do que como magistrado, de vez que, ao iniciar o procedimento legal, já demonstrava ter prejulgado o caso. A despeito desse lamentável episódio, há convincente evidência de que Buguet produziu numerosas fotografias autênticas, nas quais muitas entidades foram reconhecidas por pessoas da família e amigos, em sessões realizadas sob adequado controle. O julgamento do fotógrafo e de seus supostos 'comparsas' ficou conhecido como *O processo dos espíritas*. Para uma visão equilibrada do problema, o leitor é remetido ao livro *Procès des spirites (Processo dos espíritas*), no qual o material nele contido é apresentado, em texto de minha autoria.

Mumler não escapou à pecha de fraude, como se vê em breves notas, em dois livros de Harry Price*: Fifty years of psychical research* e *Confessions of a ghost hunter*. Price, conhecido pela sua extrema severidade com os médiuns em geral, falsos ou legítimos, não concede a Mumler nem o benefício da dúvida. Avaliação mais serena do fotógrafo encontramos em *Mediums of the 19th. century*, de Frank Podmore, que, no volume II, página 117, dá notícia do assunto, lembrando que a fama de Mumler começou em 1862, quando o dr. Gardner comentou que, em foto dele próprio, Gardner, aparecera a imagem de um primo seu, morto há cerca de doze anos.

Mumler foi processado judicialmente por exploração da credulidade pública e, por algum tempo, desapareceu da cena. Ressurgiu, em 1869, em Nova Iorque, e poucas semanas depois teve de enfrentar novo procedimento judicial, do qual saiu absolvido por falta de provas.

Operava ainda em Boston, portanto, quando a viúva de Lincoln o procurou, em 1880, sob o nome fictício de sra. Tyndall, envolta em pesados véus que lhe escondiam o rosto. Mumler deu início à sua rotina habitual e fez as fotos das pessoas presentes ao seu estúdio. Após a revelação, havia na foto da 'sra. Tyndall' uma figura de pé, com as mãos pousadas no ombro dela. Era um claro retrato do falecido presidente Lincoln. Junto dele mostrava-se, ainda, Willie, filho do casal, que morrera muito jovem, na Casa Branca.

Mumler trouxe as fotos para os clientes, que as esperavam na sala, com natural ansiedade. Antes mesmo que a 'sra. Tyndall' tomasse a sua nas mãos, já outra senhora comentava, admirada: "Ué, este aqui parece o presidente Lincoln!" Era. Só então, Mary Lincoln revelou sua verdadeira identidade.

Holzer informa, ainda, que, em 1937, outra foto do presidente Lincoln foi obtida, por via mediúnica, desta vez em Cassadaga, Flórida, funcionando como médium Horace Hambling que, com sua simples presença, suscitava o fenômeno. A experiência foi realizada por Ralph Pressing, editor da publicação *Psychic Observer*. As fotos foram batidas em ambiente de sessão mediúnica e o filme, enviado para revelação a um fotógrafo profissional, não informado da natureza delas. "Imagine a surpresa do homem" – escreve Holzer – "ao verificar, claramente definido, no negativo, o retrato do presidente Lincoln e quatro outras faces".

Segue o autor, declarando que ele próprio participou de outra experiência, em San Francisco, realizada sob a responsabilidade de um respeitável médico, o dr. Andrew von Salza, com sua câmera Polaroid. Isto ocorreu no outono de 1966, na presença de várias testemunhas, segundo conta Holzer, em outro livro seu *Psychic photography – threshold of a new science?*

Depois de Holzer examinar a câmera, a lente, o filme e o ambiente, o dr. Von Salza bateu algumas fotos. Em várias delas apareciam figuras humanas, conhecidas, em inglês, como 'extras'. A grande surpresa, contudo, foi uma na qual o presidente Lincoln mostrava-se ao lado do presidente Kennedy, assassinado, como sabemos, cerca de três anos antes. Em outra foto, Kennedy figurava sozinho e a palavra 'war' (guerra) estava escrita em ectoplasma branco, segundo Holzer.

Duas especulações formula o autor acerca dessas notáveis fotos. Primeira: será que Lincoln e Kennedy haviam encontrado alguma vinculação entre eles no mundo póstumo? Segunda: será que a palavra 'guerra' era uma advertência para que a humanidade 'se emendasse', ou seja, procurasse agir com sensatez?

Especulação por especulação, tenho as minhas, que seriam outras e, portanto, também outras as respostas às perguntas de Holzer. Ei-las: quanto à primeira delas, sim, em parte. O vínculo entre Lincoln e Kennedy é óbvio e já existia, imagino, de longa data e não apenas depois que Kennedy foi assassinado. Há coincidências demais entre ambos para serem meras coincidências. Existe um claro propósito nesse complexo jogo de simetrias. Na segunda foto, na qual Kennedy aparece sozinho, a palavra 'war' significa, no meu entender, que Kennedy poderia estar se identificando como Edwin Stanton, antigo ministro do Exército, no governo Lincoln, cujo título oficial era precisamente o de *secretary of War* (secretário da Guerra). A hipótese de que Stanton tramou o assassinato de Lincoln, como vimos ainda há pouco, é admitida por Holzer e, de maneira muito mais enfática e documentada, por Balsiger e Sellier. Nenhum deles, contudo, chegou, que eu saiba, à 'ousada' hipótese de que John Kennedy teria sido Edwin Stanton reencarnado.

Estes dois últimos autores listam, logo no início do livro que escreveram, algumas das impressionantes razões que, no mínimo, sugerem o envolvimento de Stanton no assassinato de Lincoln. Aí também podemos identificar mais algumas das numerosas simetrias.

Por exemplo, teria o assassinato de Lincoln (como o de Kennedy) resultado de uma conspiração, ou fora ato isolado de um indivíduo (John W. Booth/ Lee Oswald)? Por que razão, a despeito de ameaças e da certeza de complôs, o secretário da Guerra – que os autores caracterizam como "um obcecado pelo poder" – não providenciou qualquer medida extra de segurança para o presidente? Por que tantas pessoas recusaram o convite para ir ao teatro com o presidente naquela noite fatal? Por que a única pessoa incumbida da segurança do Presidente se ausentara do teatro precisamente no momento do crime, e mais, por que esse homem nunca foi punido, sequer interrogado? Por que todas as saídas de Washington foram fechadas, exceto a que Booth usou para fugir? Quem teria bloqueado todas as comunicações telegráficas de Washington com o país, durante horas, após o assassinato? Teria sido mesmo de Booth o corpo da pessoa morta na fazenda dos Garrets? Os autores acham que não e que Booth teria escapado e morrido cerca de quarenta anos depois, na Europa. O homem morto em seu lugar tinha a mesma aparência física e até as mesmas iniciais, JWB! Mais grave que tudo isso, as dezoito páginas finais do diário escrito por Booth não foram exibidas à comissão investigadora do crime e somente reapareceram há poucos anos, em poder de descendentes de Stanton.

Isto leva a crer que John Wilkes Booth (ou alguém em seu lugar) teria sido eliminado por um processo hoje chamado no Brasil de 'queima de arquivo', tal como Lee Oswald, em relação ao assassinato do presidente Kennedy. É incrível, neste caso, que um homem acusado de ter matado o presidente americano possa ter sido eliminado nas barbas de todo o aparato de segurança, perante a nação estarrecida e atenta aos meios de comunicação, que acompanhavam cada passo das providências.

Bem, não podemos alongar demais estas especulações, senão o suficiente para montagem do cenário em que vai entrar Hans Holzer, com suas pesquisas históricas via mediunidade, ou ESP, como ele prefere. O que ficou nos registros oficiais é que tanto Lincoln como Kennedy foram assassinados por indivíduo isolado, agindo por sua própria conta, sem nenhum apoio logístico e sem qualquer envolvimento em esquemas conspiratórios.

Há muito vinha Holzer tentando uma investigação discreta, *in loco*, na Casa Branca, em busca de uma oportunidade de contatar alguns dos seus 'fantasmas'. A primeira tentativa foi em 1963, através do secretário Pierre Salinger, ainda ao tempo de Kennedy. Nem resposta lhe deram. Em março de 1965, ele insistiu, junto a Bess Abell, secretária social da sra. Lyndon Johnson, que recusou a solicitação "por motivo de segurança". Holzer não desistiu; escreveu de novo, dizendo que apenas desejava permanecer no local cerca de meia hora, em companhia da sra. Sybil Leek, em dois pontos específicos e raramente usados da Casa Branca: o *East Room* e o antigo quarto de dormir de Lincoln. Bess Abell respondeu que a administração da Casa Branca não poderia permitir a presença de estranhos nos "aposentos particulares" da família presidencial. Holzer voltou a escrever, sob a educada alegação de que o presidente não se servia do antigo quarto de Lincoln para dormir e que, quanto ao *East Room*, raramente era utilizado, a não ser em cerimônias muito especiais. Os cômodos que ele desejava visitar, aliás, costumavam ser mostrados a levas de turistas, de hora em hora. (Eu mesmo, autor destas linhas, lá estive, numa dessas breves excursões, na década de 50, quando vivia em Nova Iorque, onde trabalhava profissionalmente.) Holzer estava disposto a submeter-se a qualquer norma de segurança ou restrição julgada necessária. Novamente Bess Abell escreveu para dizer que a "apertada agenda" do presidente e a da sra. Johnson não permitiriam a visita. Holzer escreveu de novo, para dizer que aceitava qualquer horário considerado conveniente pela Casa Branca, de dia ou à noite, quando o casal Johnson estivesse fora de Washington, em viagem. A resposta continuou sendo "não". Seria, talvez, porque a investigação de Holzer tinha algo a ver com a famigerada mediunidade, perdão, ESP? É o que ele pensa.

O pesquisador, porém, demonstrou uma tenacidade inabalável. Tentou obter a desejada visita recorrendo ao prestígio do senador Jacob Javits. Nada! A próxima investida foi através de James Ketchum, administrador da Casa Branca e ao qual Holzer fora apresentado por um amigo comum. Propunha uma visita, na qual o roteiro fosse o mesmo que seguiam os turistas, dentro do mesmo horário e sob as mesmas condições de segurança. Só que sem os turistas... Outra negativa.

Em março de 1967, Bess Abell, que continuava sendo bombardeada com cartas de Holzer, informou que, além de amigos pessoais da família, somente a convite do governo americano poderia alguém ter acesso aos cômodos que Holzer queria visitar.

O pesquisador contatou, a seguir, a sra. Elizabeth Carpenter, que ele sabia algo inclinada a admitir a realidade da ESP. Carpenter era assessora de imprensa de Johnson, mas, a despeito das esperanças de Holzer, pelo menos por uma desculpa mais bem formulada, respondeu que a concessão constituiria "precedente impossível".

Sem desistir de todo do projeto, ele resolveu 'esquecer' temporariamente o assunto.

Em 1967, uma jovem por nome Phyllis Amos, de Washington, estado da Pennsylvania, assistiu a uma entrevista com Hans Holzer na televisão e escreveu-lhe uma carta, em consequência da qual o pesquisador organizou uma visita, não à Casa Branca, com a qual sonhara, mas ao local onde funcionou, ao tempo de Lincoln, uma taverna de propriedade da família Surrat. Segundo os registros da época, foram realizadas ali muitas reuniões entre os conspiradores do assassinato do presidente. A moça vivera no casarão por algum tempo, na infância, e se lembrava de estranhos fenômenos ali ocorridos, como ruídos, visão de figuras fantasmagóricas, sussurro de vozes desconhecidas e uma sensação generalizada de mal-estar e de se encontrarem as pessoas da casa sob constante observação de alguém invisível.

Para encurtar a história, Holzer visitou a casa, restaurada há tempos, mas em condições precárias por causa do abandono. O pesquisador entrou no casarão em companhia de uma amiga, a condessa Gertrude d'Amercourt, que os levara de carro à pequena cidade, bem como Sybil Leek, a médium, a jovem Phyllis Amos e o casal Miller, proprietários da casa.

Sybil Leek sintonizou-se prontamente com o local e, dentro em pouco, uma entidade, posteriormente identificada como irmão de Booth, o assassino do presidente, começou a falar por intermédio dela. Mostrava-se ainda assustado e, obviamente, preso à atmosfera psíquica do casarão, onde ficara à espera do irmão, que fugira para esconder-se por algum tempo, no mato. Ao mesmo tempo em que insistia em dizer que seu irmão fora um louco e matara alguém, deixava claro que o irmão era também um sujeito muito inteligente. Não diria, porém, a quem ele matou. Ante a insistência de Holzer, respondeu asperamente: "Não direi. Você sabe ler!" Ou seja, o noticiário da época estava todo ocupado pelo trágico evento. Não era preciso explicar a ninguém o que acontecera e quem seu irmão, John, havia assassinado. Citou, porém, nomes que identificavam alguns conspiradores.

A confusão mental do comunicante, contudo, suscitava anacronismos no seu relato, de vez que, ao mesmo tempo em que dizia que o irmão matara alguém, manifestava o desejo de ir "à cidade grande" (Washington?), a fim de procurar deter o irmão e levá-lo para algum lugar onde pudesse descansar. Seja como for, seu irmão John matara "aquele homem". Por quê? "Porque era injusto com os irlandeses."(?!) Logo a seguir, contudo, declara que o irmão o matou porque "ele" era injusto, não mais com irlandeses, mas por causa das leis que promulgara, especialmente as que "libertavam gente", ou seja, os escravos. Estava, ainda, consciente de que seu irmão se tornara, de repente, uma celebridade nacional. Era claro, também, que ele considerava seu irmão apenas uma peça em esquema bem mais amplo, e que fora traído e morto como um cão. De quem era a responsabilidade, então? quis saber Holzer. A enigmática resposta foi a de que a culpa era do "exército", que se personificava, para ele, em certo *major general Gee* (ou G.). Seria Grant? pergunta Holzer. Não. Seria um *major general* Robert Gee, declara a entidade. Segundo se depreende do confuso e tenso diálogo, o plano consistia em provocar um tumulto nas galerias do Teatro Ford e, na balbúrdia que se estabelecesse, matar o presidente. Mas, ao que parece, John W. Booth adiantou-se e disparou a arma assassina, num grande lance dramático, como de seu feitio de ator medíocre.

A entidade insistia, contudo, em que a ordem para matar o presidente teria vindo de muito alto, na hierarquia militar, ou seja, do próprio *head of the Army*, isto é, o dirigente máximo do exército. Um tal de coronel Sherman sabia do esquema, segundo o manifestante. Além do mais, o desconhecido (Holzer) fazia muitas perguntas. Por quê? Para quê? Como costuma acontecer em situações como essa, conta Holzer que precisamente no momento em que revertia a fita, no gravador, a entidade teria respondido parcialmente à sua insistente questão sobre quem era, afinal, o mandante de tudo aquilo. Num sussurro, o comunicante deixou escapar apenas duas letras: S-T. Seria Stanton? – pergunta-se Holzer.

O resultado da agitada sessão no casarão abandonado exibe a tonalidade da frustração, mas não deixa de conter algumas observações dignas de mais extensa investigação. Holzer, porém, parece convicto de que somente pode encontrar certos 'fantasmas', como diz, nos locais em que viveram seus dramas e suas angústias. Ele tem razão, em parte, porque muitas são as entidades que se sentem como que aprisionadas ou fixadas nesses pontos, mas não é preciso, necessariamente, ir ao encontro delas para conseguir as desejadas informações.

Mesmo insatisfatórias, contudo, as pesquisas de Holzer sobre o caso Lincoln/Kennedy produziram uma evidência a mais no sentido de robustecer a convicção de que a mediunidade constitui eficiente instrumento à disposição de arqueólogos e historiadores suficientemente liberados de preconceitos a fim de considerarem a mediunidade e outros conceitos da realidade espiritual como legítimos instrumentos de pesquisa. Com trabalhos assim, o dr. Hans Holzer marca sua presença entre os pioneiros que recorrem ao rico e pouco explorado banco de dados arquivados no psiquismo humano.

Os 'Obsessores', Gente como a Gente

Qualquer abordagem à complexa problemática da obsessão deve começar, a meu ver, com uma atitude preliminar de humildade e amor fraterno. Ainda que isto possa parecer mera pregação com um toque de falsa modéstia, não é nada disso. A humildade constitui ingrediente indispensável a qualquer tarefa de natureza mediúnica, dado que é ainda bastante limitado o conhecimento dessa preciosa faculdade humana. Temos de nos apresentar diante da tarefa com a honesta intenção de aprender com o seu exercício, ainda que, paradoxalmente, munidos de todo o conhecimento teórico que for possível adquirir previamente. Quando a gente pensa que já sabe tudo sobre a mediunidade, eis que ela se revela sob aspectos que ainda não tínhamos percebido ou apresenta facetas desconhecidas e aparentemente inexplicáveis. É como se cada sessão tivesse uma espécie de individualidade diferente de todas as demais, ainda que semelhante em suas características básicas. Tal como as pessoas, ou seja, tão iguais umas às outras e, ao mesmo tempo, tão diferentes.

E por falar em pessoas, vamos colocar a segunda preliminar, a de que o trato com a obsessão deve ser iluminado pelo amor fraterno. Por uma razão tão simples e óbvia que parece infantil, mas que se põe como de vital importância para o bom êxito do trabalho pretendido, ou seja, a de que os espíritos são gente como a gente. E gente que sofre e que, portanto, precisa de compreensão e paciência. São pessoas em conflito consigo mesmas e, portanto, com os outros, com o mundo, com a vida, com Deus e com o próprio amor. Creio que é em Emmanuel que a gente lê que o ódio é o amor que enlouqueceu. É verdade e tanto é verdade que mesmo esse amor enlouquecido ainda é amor, como temos tido oportunidade de observar tantas vezes.

Lembro-me de um caso desses em que foi por esse caminho que encontrei o acesso que buscava ao coração do manifestante enfurecido daquela noite. Sua desesperada indignação dirigia-se a uma mulher que, aparentemente, manipulara impiedosamente suas emoções no passado. Chegara para ele a hora da vingança e ele a exercia com a toda a força do seu ódio, tentando convencer-se de que o fazia com o maior dos prazeres. Agora, sim, tinha-a em seu poder! Sustentava-se no rancor secular e era isso mesmo que ele dizia. Sem aquele ódio, não seria nada nem ninguém, pois aquilo acabara constituindo a razão de ser da sua existência. Em situações como essa, o ódio e o ilusório prazer da vingança funcionam como biombos atrás dos quais a gente esconde, pelo menos por algum tempo, as próprias frustrações e procura abafar a voz incorruptível da consciência. Enquanto procuramos cobrar faltas cometidas contra nós, esquecemos dos nossos crimes e afrontas à lei divina.

Esse era o cenário e esse o drama que tínhamos diante de nós. Que estava ele na posição de um obsessor, estava. Não se importava que assim o considerássemos. A vingança, no seu entender, era direito que ninguém poderia contes-tar-lhe. 'Ela' não errou? A lei não diz que somos todos responsáveis pelos atos praticados? E não diz mais que quem fere com a espada, com a espada será ferido? "Está aí no 'seu Evangelho!'", dizem vitoriosos. "Ela é uma 'peste'. Você nem imagina como aquela mulher é ruim! E agora que estou aqui, cobrando a minha parte, vêm vocês com peninha dela! E sabe duma coisa? Não se meta nisso, não. O caso é comigo. Deixa comigo que eu resolvo!"

Esse é o tom. Como fazê-lo mudar, não apenas o discurso, mas o procedimento, a maneira de avaliar a situação e de redirecionar suas emoções em tumulto? E perguntam, às vezes: "Você não acha que eu tenho razão?" Até que sim, se examinarmos o problema na estreiteza do seu contexto pessoal. É compreensível o rancor, gerado por uma dolorosa decepção com a pessoa em quem confiou e à qual entregou seu próprio coração e até sua vida. Mas esse espaço mental é exíguo demais para se colocarem todos os dados do problema. A vida não é uma só, a lei não é punitiva, mas educativa e, acima de tudo, não há sofrimento inocente, a não ser nos grandes lances do devotamento ao próximo, nas tarefas missionárias. Por outro lado, se a lei permite ou tolera a vingança, embora não a aprove jamais, é porque aquele que erra se expõe à correção. Os obsessores mais 'experientes' – confesso que não gosto do termo obsessor – sabem que somente conseguem 'cobrar' aquilo que têm como crédito pessoal, precisamente porque, segundo ensinou o Cristo, o "pecador se torna escravo do pecado" e não sai de lá (das penas da dor) enquanto não pagar até o último centavo, ou seja, enquanto restar um reclamo na sua própria consciência. Não é preciso que ninguém cobre, mesmo porque a dívida é com a lei, representada em cada um de nós no silêncio da intimidade, mas o vingador não quer saber de tais sutilezas.

Todo aquele que se expõe ao duro retorno do reajuste pode estar certo de haver-se atritado com a lei anteriormente. A conclusão lógica e inescapável é a de que, quando o nosso querido passou pelo dissabor de uma traição ou do abandono, estava na fase do retorno, na sofrida simetria de seus equívocos anteriores. Isto, porém, nunca estamos prontos para admitir quando nos encontramos na dolorosa postura do obsessor. Achamos, então, que esta é a nossa vez. "Que perdão, nada! Sempre que perdoei me dei mal", costumam dizer. "Vence, no mundo, aquele que grita, impõe e domina, não o que abaixa a cabeça e marca a si mesmo com o carimbo da covardia."

Em suma: o nosso querido obsessor não era diferente de nenhum de nós, ainda prisioneiros de paixões milenares que repercutem e ecoam de século em século e vão aos milênios. É um ser humano, uma pessoa, gente como a gente. O que ele deseja, embora nunca o admita espontaneamente, é que tenhamos paciência para ouvi-lo, compreendê-lo, cuidar da sua dor, ainda que, conscientemente, também não a reconheça. Por isso, após todo o seu catártico destampatório, ele se mostrava convicto de estar coberto de razão e, por isso, vitorioso no seu valente debate com o grupo. Só nesse ponto, contudo, tinha alguma condição para nos ouvir. Até então fora dono absoluto da palavra, dos argumentos, da indignação, da situação, enfim. Ele perseguia a moça porque queria e porque podia fazê-lo e estamos conversados.

Estava, portanto, dando a conversa como encerrada e pronto para retomar logo sua tarefa de ficar à espreita da sua vítima, como o "gato que vigia o rato", no preciso e curioso dizer de Allan Kardec.

É nesses momentos, contudo, que a inspiração parece funcionar melhor e, por isso, nosso doutrinador comentou, como quem apenas dá conta de um fato óbvio por si mesmo: "Isso tudo quer dizer, então, que você ainda a ama, não é?" Recuperado do momentâneo aturdimento, ele teve a honestidade e a bravura de reconhecer que sim, ainda a amava, a despeito de tudo. Tínhamos chegado, afinal, ao seu coração, ao âmago da sua angústia, ao núcleo de suas dores e até de suas esperanças. E mais uma vez tínhamos diante de nós não um implacável obsessor convencido do seu legítimo direito de cobrar uma falta cometida contra si mesmo, mas um ser humano igualzinho a nós, sofrido, solitário, perdido na sua dor, mas, principalmente, no seu ódio que, afinal de contas, não passava de um grande e inesquecível amor enlouquecido. Pois não é isso mesmo que acontece com a gente? Ou, pode acontecer? Ou já aconteceu? Não é um irmão (ou irmã) que ali está ansioso, na secreta esperança de que consigamos, afinal, convencê-lo de que ele ainda ama? Por isso sempre digo a eles, e a mim também, que amar é um estranho verbo, porque não tem passado. Você não diz que amou alguém. Se amou mesmo, de verdade, então continua amando. Mário de Andrade dizia que amar é verbo intransitivo e tinha razão, mas é também defectivo, porque não se conjuga em tempo passado. O amor é para sempre. Por isso, também dizia Edgar Cayce que o amor não é possessivo, ele apenas é. Claro, ele é da essência de Deus e, portanto, do ser, isto é, de todos nós. E ser é verbo e é substantivo.

Foi por essas e outras que acabei descobrindo que o amor é também da essência da tarefa dita de desobsessão e que prefiro conceituar como diálogo com atormentados companheiros de jornada evolutiva que, eventualmente, estejam vivendo dolorosos papéis de obsessor. Quem não se sentir em condições pessoais de ver no chamado obsessor uma pessoa humana como a gente mesmo, então deve dedicar-se a outra tarefa no grupo. A seara é imensa, não falta trabalho para ninguém. Já alertava o Cristo, ao seu tempo, que era necessário orar para que o Pai mandasse mais obreiros, sempre escassos e insuficientes. Com a sua deslumbrante lucidez, Paulo explicitou para a posteridade as numerosas tarefas à nossa disposição em qualquer grupamento humano que se propõe a servir ao próximo. É só ler, para recordar, os capítulos 12, 13 e 14 da sua Primeira Epístola aos Coríntios, e que constituem o primeiro 'Livro dos médiuns' do cristianismo. Aqueles que desejarem devotar-se ao trabalho gratificante da desobsessão que leiam de maneira especial, demorada e meditada, o capítulo 13, no qual o tema tratado é o da caridade, ou seja, o amor atuante.

Ao colocar o amor como alicerce de sua doutrina, Jesus tem sido, através do tempo, o grande doutrinador de nossas obsessões. Se conseguirmos passar para alguém um pouco do tanto que ele nos deu, muitos serão os novos amigos a seguir junto de nós rumo à paz definitiva. Lembro-me da funda emoção de uma noite dramática, quando um desses companheiros desavorados rendeu-se ao apelo do amor fraterno e declarou, em pranto, que, se pudesse, colocaria em cima da mesa a oferenda do seu próprio coração. Sabia, a essa altura, que o nosso ele já o tinha.

Por tudo isso e mais o que não ficou dito, entendo que, na tarefa da chamada desobsessão, o ingrediente básico é o amor, que sempre saberá como encontrar o que dizer ao ser humano que temos diante de nós na mesa mediúnica. Doutrinação é palavra inadequada para caracterizar esse trabalho. Que teria eu a ensinar ao companheiro ou à companheira que comparece ao grupo mediúnico? Não há como ensinar pontos doutrinários teóricos a quem está vivendo a realidade, que conhecemos mais pelo estudo do que pela vivência. Eis porque costumo dizer que muito pouco ou quase nada tenho ensinado às pessoas desencarnadas que comparecem aos nossos trabalhos mediúnicos. Em compensação, devo a todos eles ensinamentos preciosos, recortados diretamente das páginas pulsantes da vida. E por isso, nunca saberia expressar toda a minha gratidão pela oportunidade que me foi concedida de trabalhar junto dos queridos 'obsessores'...

REALIDADE IGNORADA

Sobre inúmeras coisas discordam os seres humanos, mas creio possível distinguir-se no troar de tão ruidosas manifestações de desentendimento o estribilho de um consenso a nos assegurar que vivemos uma época de perplexidade e, por conseguinte, de transição. Dependerá de nós, criaturas deste século que se extingue, se o milênio que se avizinha trará no seu bojo a tão sonhada e adiada felicidade coletiva ou se continuaremos a tatear na escuridão dos descaminhos.

A esperança de um encontro com nosso verdadeiro destino parece autorizada precisamente porque o momento é de inquietação e desorientação. Explica-se o aparente paradoxo. Se estamos insatisfeitos com os modelos civilizadores até agora experimentados, é porque ansiamos por propostas e, obviamente, soluções mais inteligentes, menos traumáticas e tão definitivas quanto o permite a mutabilidade da própria vida.

Um exame retrospectivo, mesmo superficial, mas honesto, informa que ainda estamos tentando corrigir disfunções do processo civilizador trabalhando mais com as instituições do que com o ser humano que nelas se integra. Insistem pensadores, filósofos, sociólogos, governantes e líderes de toda espécie em traçar programas estruturais destinados, teoricamente, a melhorar a condição humana, mas – novo paradoxo! – ignorando o principal componente da equação da vida, ou seja, o ser humano, por mais que a demagogia ou a incúria estejam a trombetear que é tudo imaginado em proveito da sociedade. Não é. Nossos desacertos são gerados, antes de qualquer outra consideração, por problemas humanos. Mas como equacioná-los corretamente e gerir com um mínimo de competência os esquemas propostos, se ainda não acrescentamos às fórmulas ditas salvadoras o indispensável ingrediente da realidade espiritual?

As leis, os decretos, os códigos jurídicos, os programas sociais, os planos econômicos, as disciplinas científicas, os sistemas políticos não estão ainda informados de que somos todos espíritos imortais, sobreviventes e reencarnantes, responsáveis perante a lei maior que regula o cosmos e as criaturas que o povoam.

Os aflitivos atritos entre árabes e judeus, por exemplo, se deslocariam prontamente para outra perspectiva se uns e outros se tornassem conscientes de que o árabe de hoje pode ter sido o judeu de ontem, em vidas anteriores, ou vir a ser o de amanhã, em vidas subsequentes.

Aquele que busca o enriquecimento a qualquer custo social ou ético precisa saber que estará sujeito a severo ajuste perante as leis divinas quando retornar ao mundo, em existência de privações e carências. A crescente preocupação com as condições ecológicas, especialmente entre os mais jovens, constitui evidência do desconforto que estão experimentando as novas gerações de encontrarem aviltado, a caminho de total destruição, aquele mundo em que viveram há umas poucas gerações, limpo e harmonioso no funcionamento de seus mecanismos de equilíbrio ambiental. Ainda trazem aqueles, na memória inconsciente, lembrança de um mundo no qual se podia beber a água cristalina dos rios, ouvir o canto dos pássaros, saborear a fruta e o legume sem tóxicos, respirar o ar incontaminado, contemplar o céu despoluído, caminhar sobre as paisagens sem as feias cicatrizes das minerações mutiladoras.

"*Après moi, le déluge*" ("Depois de mim, o dilúvio"), teria dito um soberano francês, num impulso arrogante de que-me-importismo egoísta. É difícil imaginar onde e como estaria hoje esse pobre espírito, mas não resta dúvida de que armou contra si mesmo o mecanismo infalível da correção, dado que todos os nossos atos e até pensamentos constituem atitudes responsáveis, pelas quais temos de responder de alguma forma, algum dia, em algum ponto do universo.

Não há, pois, fórmulas mágicas nem modelos competentes para equacionamento e solução das assustadoras crises sociais, políticas, econômicas e religiosas que marcaram, com a sua presença, a tônica deste final de século. Os desajustes são profundos, antigos e resistentes. Não se resolvem no âmbito acanhado das leis humanas, nem com lideranças desinformadas da realidade espiritual. Enquanto esse componente básico e vital não for incorporado às estruturas do pensamento, seremos todos reféns da insatisfação em vez de hóspedes da felicidade. Curioso, contudo, que, por mais dramáticas que sejam as consequências e amplitudes desse conceito revolucionário, ele começa com a singela e tão ignorada verdade de que o ser humano é, antes e acima de tudo, um espírito imortal.

Teoria do Perdão

Dizia, às vezes, coisas tão estranhas o Cristo que os próprios discípulos entreolhavam-se perplexos e se queixavam da dificuldade de entender e traduzir em ação aquilo que ele lhes ensinava. Despreocupado de certas minúcias protocolares – curar num sábado, por exemplo, ou sentar-se à mesa com os publicanos – recomendava ele, por outro lado, cumprimento da lei antiga e, em alguns casos, ia além do procedimento tradicional, na severidade de sua interpretação pessoal. Não era só o adultério que condenava, mas a mera intenção de cometê-lo, revelada no olhar equívoco para a mulher alheia; não apenas o assassínio, mas a cólera contra o irmão; não somente o perjúrio, mas o juramento em si, de vez que, abstendo-se de jurar, a pessoa livra-se automaticamente de perjurar, ofensa grave perante sagrados preceitos religiosos do povo de Israel.

Sob outros aspectos, propôs reinterpretações inesperadas. Em lugar do olho por olho da antiga lei, recomendava oferecer-se a outra face àquele que já esbofeteara a primeira; em vez do ódio ao adversário, pedia o amor por ele; não condenava a oferenda ao templo, segundo o costume, mas sugeria que, antes dela, fosse o ofertante conciliar-se com o seu desafeto.

É na conceituação do perdão, contudo, que vamos encontrar os mais fortes contrastes no confronto entre a lei moisaica e a nova mensagem do amor universal. Relativamente à sua extensão e volume físico – os textos evangélicos representam cerca de vinte por cento da Bíblia, isto é, uma página em cinco –, há no Antigo Testamento menor número de referências ao perdão do que no Novo, e mesmo assim com enfoque bem diverso. Somente nas linhas finais da Gênese (50,17) cogita-se do perdão. Depois de tramar contra José e o vender como escravo, seus irmãos se veem ante a surpreendente realidade de que o irmão desprezado e aviltado tornara-se uma das personalidades mais importantes do Egito, depois do faraó. Temem até uma vingança arrasadora, nada surpreendente naqueles tempos. É hora, portanto, de pleitearem o perdão do poderoso irmão. Tudo discutido e combinado, mandam alguém dizer-lhe que, ao morrer, o pai deixara-lhe um recado nestes termos: "Perdoa a teus irmãos seu crime e seu pecado" – teria dito o velho Jacó – "e todo o mal que te fizeram".

O poderoso ministro foi também generoso: em lugar da vingança, optou pelo perdão e acolheu irmãos, cunhadas e sobrinhos, dando-lhes proteção até a morte, aos cento e dez anos de idade.

Pelo que se depreende de outras passagens, no entanto, perdão assim era gesto raro, pois nem mesmo o irado Deus de Israel mostrava-se inclinado a perdoar e não fazia disso nenhum segredo. Em Êxodo (23,21), no contexto do Código da Aliança, o anjo que está sendo enviado leva consigo a autoridade correspondente: "Respeita a sua presença" – adverte o Senhor – "e observa a sua voz e não lhe seja rebelde, porque ele não perdoará a vossa transgressão, pois nele está o meu Nome".

Nesse mesmo livro (32,32-34), conta-se que Moisés vai ao Senhor tentar obter o perdão de uma falta coletiva cometida por sua gente. Reconhecia que o povo cometera gravíssimo pecado ao fabricar um deus de ouro, mas ali estava, em nome de todos, a pedir perdão. Caso o Senhor não concordasse – acrescentou – "... risca-me, peço-te, do livro que escreveste". Javé não se deixa pressionar pela imposição nem impressionar-se pelo dramático apelo e responde: "Riscarei do meu livro todo aquele que pecou contra mim."

Com o tempo surge a engenhosa doutrina da propiciação. A lei vedava, por exemplo, que um homem coabitasse com escrava ou concubina de outrem, mas Levítico (19,22) documenta uma fórmula mágica de 'lavar' o pecado: bastaria ao culpado arranjar um carneiro e levá-lo ao templo para ser sacrificado. "Com esse carneiro da reparação" – diz o versículo – "o sacerdote fará sobre o homem o rito da expiação diante de Javé, pelo pecado cometido; e o pecado que cometeu ser-lhe-á perdoado". Estava, assim, inventado o bode (ou carneiro) expiatório, expressão que se preservou na linguagem de outros povos – o *bouc emissaire*, do francês, o *scapegoat*, do inglês etc.

O descumprimento, por inadvertência, de qualquer mandamento também tinha sua reparação prevista, em Números (15,25): "O sacerdote fará o rito da expiação por toda a comunidade dos filhos de Israel e o pecado lhes será perdoado."

Não há dúvida, porém, de que esses ritos não passavam de artifícios para burlar a lei desrespeitada e tranquilizar consciências pouco exigentes. Vemos, ainda aí, uma inteligente manobra geradora de prestígio, de vez que, afinal de contas, era o sacerdote o instrumento do perdão divino, ao sacrificar um inocente e indefeso animal que nada tinha a ver com os pecados dos homens, pelos quais respondia com a vida.

Em Números 14, o momento é de crise coletiva. O povo está revoltado e se apresta para apedrejar Moisés e seu irmão Aarão, quando Javé se manifesta, em toda a sua glória, na Tenda da Reunião. Está, obviamente, indignado, mas resolve ceder ante a argumentação de Moisés e, excepcionalmente, perdoa a todos.

No versículo 19, refletindo, aliás, o Decálogo, Javé é caracterizado como "... lento na cólera e rico em bondade, tolera a falta e a transgressão, mas não deixa ninguém impune, pois castiga a falta dos pais nos filhos na terceira e quarta geração".

O perdão não é, contudo, graça que um Deus pessoal e casuístico conceda a alguns e negue a outros; o perdão é universal e está assegurado a todos os que erram, isto é, a todos nós. Isso não quer dizer, porém, que as faltas fiquem automaticamente canceladas, como se jamais houvessem sido cometidas. Ao praticar o erro, assinamos uma promissória com valor declarado e vencimento em branco. Um dia ela nos será apresentada para resgate, porque representa, de fato e de direito, uma dívida perante o instituto do amor fraterno. É que nossos erros ferem os outros e desafiam a harmonia cósmica. É vital que cada um aprenda a respeitar a lei e o direito de todos.

Há, no entanto, outro aspecto do perdão que costuma ser subestimado, ignorado ou incompreendido. Quando alguém erra contra nós, claro que a lei não nos impede que a tomemos nas mãos e procuremos exercer justiça por nossa própria conta e risco, apelando para o mecanismo da vingança. A lei não interfere com o exercício do livre-arbítrio. O ponto crítico da questão foi lucidamente percebido e expresso pelo apóstolo Paulo e pode ser resumido numa só palavra: Convém? "Tudo me é lícito" – ensina ele –, "mas nem tudo me convém."

Se posso me vingar da ofensa, da agressão, do crime? Sim, posso. O grande e trágico equívoco dessa atitude, porém, está em que a vingança, que se nos afigura exercício de um legítimo direito à reparação, reabre para nós o ciclo da culpa, que já poderia estar encerrado.

Dominados pela cegueira fatal da vingança, achamos que, se não a exercermos pessoalmente, aquele que nos feriu seguirá impune, ainda mais que muitas vezes goza de aparente invulnerabilidade pela posição social que ocupa ou pelos altos cargos que exerce. Não há dúvida, porém, de que um dia chegará, por um correio infalível, a promissória vencida, cujo resgate lhe é exigido sem apelação.

Há manifestações mais sutis, mas não menos equivocadas, de perdoar. Testemunhamos com frequência depoimentos de famílias atingidas pela violência exacerbada de nosso tempo, perdoando o agressor, mas esperam que a justiça seja feita. Ora, esse tipo de perdão condicional tem cheiro, cor e sabor de vingança e está sob a inspiração do ódio. É como se incumbíssemos a lei humana ou a divina de exercer, por nós e em nosso nome, a desejada vingança que não temos como praticar.

A vítima que conseguiu dominar seus impulsos e perdoar seguiu em frente, liberada. Paradoxalmente, contudo, mas com toda lógica, o perdoado é que continuou preso ao seu erro, pois, antes de ser contra o irmão ou a irmã, seu crime é uma afronta à lei da harmonia cósmica que diligenciará para que a reparação seja feita e, mais importante que tudo isso, que a lição seja aprendida pelo que errou, de vez que a lei de Deus nunca é punitiva, e sim educativa.

O que levou a bofetada e não a revida demonstra que já aprendeu a lição; o agressor, não. Por isso o perdão é uma atitude inteligente, além de ética, ao passo que a vingança apenas serve para nos confirmar no desespero. Quem sabe se, em algum tempo futuro, a lei divina vai até utilizar-se de nós mesmos para ajudar àquele que nos ofendeu tão gravemente? Se isso acontecer, tanto melhor. Se nos revelarmos dignos do privilégio de servir, passaremos no teste, ao demonstrar que já aprendemos a lição universal da fraternidade.

ELIZABETH KÜBLER-ROSS:
ORDENS DE CIMA

Com alguma força de expressão, posso dizer que acompanhei a carreira da dra. Elizabeth Kübler-Ross desde o início de sua corajosa campanha para mudar a cara da morte nos Estados Unidos ou, pelo menos, desde que ela começou a aparecer na mídia, discorrendo sobre a sensível questão. É bem verdade que, de início, sua cruzada me pareceu, como a tantos outros, meio quixotesca. Convivi durante cinco anos com os americanos, na primeira metade da década de 50, e tenho acompanhado de perto o que se pensa lá acerca da morte, ou melhor, o que se pensava, pois a doutora ganhou sua guerrilha particular. Antes dela, era um tanto industrializada e despersonalizada a rotina da morte, sobre a qual o melhor era calar-se, tanto quanto possível, como se morrer fosse algo inconveniente ou mesmo vergonhoso, que não devesse ser comentado em sociedade, entre gente de bom gosto e educação, a não ser em voz baixa e recorrendo a uma estudada coleção de metáforas. Pouco faltava a termos como câncer, morte e enterro para serem considerados palavrões. O doente, hoje chamado terminal, morria cercado de toda a parafernália tecnológica da medicina contemporânea, mas longe de apoio, carinho e conforto de parentes e amigos, reduzido, praticamente, a um caso clínico, meticulosamente anotado no prontuário. O procedimento padrão tinha sequência prevista logo após a morte. O corpo passava às casas funerárias, onde, para usar a terminologia da dra. Kübler-Ross, continuava a desenrolar-se o drama silencioso da "negação da morte". O cadáver era preparado como se ainda viva a pessoa fosse a uma festa, com suas melhores roupas e a mais caprichada maquiagem, além de perfumes, joias e flores. Só então era levado ao velório e, dali, para o cemitério ou para o crematório.

Não especificamente com um doente terminal, mas eu mesmo passei por uma experiência que me proporcionou oportunidade de conhecer de perto o sistema. A filha de um colega que fora do Brasil para trabalhar comigo chegou a Nova Iorque passando muito mal. O médico consultado determinou a imediata internação da criança – de cerca de um ano de idade. Fomos levá-la a um hospital não apenas para servir de intérpretes, como para suprir algum apoio moral à desolada família. Foi duro convencer os pais da menina – especialmente a mãe – que tinham de entregar a doentinha a toda aquela gente estranha e voltar para o hotel. As normas vigentes eram inflexíveis e foram cumpridas à risca. Convém acrescentar que, graças a Deus, a criança ficou boa ao cabo de alguns dias.

Era esse o esquema que a dra. Kübler-Ross queria mudar. Para ela, morrer não era nenhum vexame imencionável a ser vivido e sofrido em segredo por toda a família, o mais discretamente possível, como que a pedir desculpas a todos os circunstantes pela 'inconveniência'. Além disso, manifestações emocionais eram tidas como socialmente indesejáveis. O que se esperava de parentes e amigos do agonizante era uma atitude controlada, uma demonstração de bravura.

A jovem doutora, suíça de nascimento, formara-se na conceituada Universidade de Zurique, onde nascera, e clinicara em Meilen, pequena vila não muito distante de onde vivia Carl G. Jung. Seus pacientes morriam, de preferência em suas próprias casas, com a assistência médica necessária, mas cercados pela família e visitados pelos amigos, ou seja, continuavam sendo gente até o fim da vida terrena e não um código numérico na ficha hospitalar.

Foi aí por volta de 1965, já nos Estados Unidos, para onde emigrara com o marido, o dr. Emmanuel Ross, que Kübler-Ross entrevistou, pela primeira vez, diante de um grupo de estudantes, um jovem paciente terminal, algo impensável para a época. Diz ela, no prefácio de seu livro *Death – the final stage of growth* (*Morte – estágio final da evolução*), que a entrevista não fora "planejada nem preconcebida" e que ninguém poderia imaginar, àquela época, que estava surgindo ali uma longa e impactante série de seminários sobre a morte e a inevitável rotina de morrer. A própria doutora, já formada também em psiquiatria, não pensava senão em dar uma boa aula prática sobre sua mais recente especialização profissional. Confessava-se, a essa altura, "impressionada pela ausência de compreensão e de uma real avaliação da psiquiatria pelos estudantes de medicina". Afinal de contas, mais cedo ou mais tarde, e muitas vezes, todos eles teriam de vivenciar situações terminais, cara a cara com a morte.

Kübler-Ross estava determinada a mergulhar mais fundo no problema que esse confronto suscitava para todos, médicos, paramédicos, sacerdotes, parentes, amigos e até estranhos. E para ela só havia um jeito de aprender o que desejava saber. "Durante muitos anos" – escreve no já mencionado prefácio – "continuei convidando pacientes terminais para serem nossos mestres". Uma jovem assistente social colocara a situação com inteligência e clareza ao queixar-se de que se evitava falar da morte por causa da terrível e insuportável sensação de que "nada se tem a dizer ou fazer para consolar o paciente (terminal)". A doutora Kübler-Ross queria saber o que dizer e fazer nesses casos, em vez de fugir do assunto, como toda gente.

A batalha foi longa e difícil, mas ela continuou organizando seminários para debater o assunto, de preferência ao vivo, entrevistando pacientes perante o corpo médico. O problema principal de que ela se queixaria mais tarde estava com os próprios médicos. "Primeiro" – depõe –, "eles ignoravam os seminários; em seguida, recusavam permissão para entrevistar seus pacientes". Um dos argumentos usualmente invocados era o de que o paciente podia nem mesmo estar à morte e ser logo devolvido ao convívio dos seus, em casa. Mas isso não convencia a teimosa doutora, mesmo que somente restassem alguns poucos dias de vida ao doente. A questão fundamental, para ela, estava em que todos nós temos mesmo de morrer um dia e precisamos estar preparados para isso. Daí, no seu modo de ver, a grande e principal lição que aprendeu em suas entrevistas com os doentes. "*Viva*, de modo que você não tenha que olhar para trás e dizer: Meu Deus, como desperdicei minha vida!"

Foi em 1970 que Elizabeth Kübler-Ross publicou *On death and dying* (*Sobre a morte e o morrer*), seu livro mais impactante e renovador. Acrescentou ao título um explicativo para que ficasse bem nítida, na mente do leitor, a posição da autora: "O que os agonizantes têm a ensinar aos médicos, às enfermeiras, aos sacerdotes e às suas próprias famílias." Do que se depreende que até então todo mundo discutia, opinava e decidia, menos o doente, necessariamente o maior interessado, que, não raro, morria sem saber de quê.

Na precisa avaliação do jornalista Jonathan Rosen, o livro "foi uma declaração de guerra à negação da morte nos Estados Unidos" e desencadeou "uma revolução nos assépticos corredores da instituição médica".

Para ela, portanto, a morte não era para ser ignorada, dentro de uma silenciosa cumplicidade, mas encarada olho no olho, mesmo porque tinha muito a ensinar a todos. O livro tornou-se um fenômeno editorial. Em lugar de manter-se em evidência por algumas semanas ou meses e, em seguida, desaparecer das listas de *best-sellers* e das livrarias, continua sendo consistentemente reeditado há vinte e cinco anos, no original inglês e nas suas várias traduções.

Mencionei Jonathan Rosen sem apresentá-lo. Rosen é editor-associado da publicação *The Forward*. Leio sua entrevista com Kübler-Ross no prestigioso *The New York Times Magazine*, de 22 de janeiro de 1995.

A história é a mesma de sempre – o jornalista competente, descrente e irreverente (juro que não houve intenção de rimar) perante uma singular entrevistada, que não se importa nem um pouco em dizer coisas chocantes e – para ele – inaceitáveis. O resultado é um documento notável, ao qual não faltam algumas brilhantes e sutis ironias, de parte a parte: o jornalista perplexo com o que ouve e a doutora a observar, literalmente com olho clínico, o impacto de suas palavras sobre o entrevistador.

Rosen não faz segredo da origem de sua perplexidade, ao escrever logo no terceiro parágrafo de seu texto que a mesma doutora que promoveu toda aquela campanha porque os americanos insistiam em ignorar a morte declarou, em seu livro mais recente – *Sobre a vida após a morte* –, que sua verdadeira tarefa consiste em dizer a toda gente "que a morte não existe". Do que se conclui que o jornalista parece não ter entendido nada do que Kübler-Ross quer dizer com seus livros, ou seja, que a gente não precisa ignorar a morte precisamente porque ela não existe como essa coisa final e irrevogável que despacha a pessoa para o nada, como tantos ainda acreditam. Em outras palavras: não existe morte, apenas uma continuidade da vida em outro plano existencial. Não há, portanto, nada a temer.

Mas não é só isso que impressiona Rosen, porque há, no livro da doutora, outras passagens não menos indigestas, como aquela em que a autora conta como foi visitada, em plena Universidade de Chicago, por uma ex-paciente morta. Para o jornalista é o mesmo que "ligar a televisão e ouvir Billy Graham" – o lendário pregador evangélico – "declarar que Deus não existe".

A impressão que a gente tem da entrevista é a de que, mesmo preparado para ouvir alguns disparates, o jornalista ainda se surpreende com as coisas que lhe diz sua ilustre entrevistada e com o que observa na sua reclusa propriedade rural, na Virgínia, onde vivia há doze anos. A famosa médica é "uma presença desleixadamente dramática" e está vestida com simplicidade – *jeans* desbotados e uma suéter turquesa. Pende-lhe do pescoço um isqueiro preso por uma tira de couro decorada artesanalmente de contas. No para-choque do carro (uma pick-up Dodge vermelha), uma bem-humorada frase dizia assim: "Estou neste planeta apenas em visita."

Foi pelo cigarro que começou a conversa. "Meus fantasmas" – comentou ela – "me disseram que eu devia parar de fumar cigarros americanos porque estão cheios de tóxicos, mas que posso fumar quantos quiser desde que sejam de fumo puro. Perguntei-lhes o que era fumo puro e me disseram: Dunhills." O entrevistador parece não se surpreender com o inesperado comercial da marca Dunhill, mas pediu à doutora para esclarecer, por favor, o que estava querendo dizer com aquela história de "fantasmas". E ela, sem passar recibo: "Meus fantasmas, meus anjos da guarda, ou como você queira chamá-los."

Estava dado o tom da conversa. Rosen teria outras oportunidades de conferir sua transparente objetividade ao discorrer sobre o que ele chama de "misticismo". Não tão mística, no entanto, como parece, pois ela reclama com veemência dessa gente exageradamente envolvida com o movimento da Nova Era (*New age*), que aparece lá em sua propriedade para trabalhar durante o verão. De hora em hora, eles caem em transe e meditam durante dez minutos. Diz ela que não aguenta essa birutice. A questão é que o jornalista acha que ela também tem lá suas esquisitices e está "perigosamente longe da séria cientista que foi". Ou seja, pelos padrões de Rosen, a doutora não pode falar muito da birutice alheia. Aliás, a reportagem traz em destaque, a opinião do dr. Samuel Klagsbrun, segundo o qual Kübler-Ross "... está, ativamente, destruindo o seu próprio trabalho, matando-o ao negar a morte". Pelo que a gente conclui, no entanto, a doutora não está nem aí para as críticas ou para a espantada reação que percebe no jornalista ante suas imprevisíveis e desinibidas tiradas. Se ele não acredita em fantasmas, deve pensar ela, azar dele.

A doutora começou a chamar a atenção para o seu trabalho a partir de um seminário conduzido por ela na Universidade de Chicago, dirigido basicamente a estudantes de medicina e religiosos. Foi nessa ocasião que ela formulou os cinco estágios da negação da morte: a negação, a raiva, a negociação, a depressão e a aceitação. Do seminário saiu o livro *On death and dying*, escrito em três meses. Pouco depois da publicação da obra, uma reportagem na revista *Life*, no dizer de Jonathan Rosen, "tocou, mundialmente, um nervo exposto" e a doutora ficou instantaneamente famosa. Até hoje recebe cerca de duzentas e cinquenta mil cartas por ano de gente que quer falar com ela sobre a morte.

Enquanto mudava a abordagem ao problema da morte pelo mundo afora, não obstante, ela própria começou a mudar. Mais uma vez Kübler-Ross resolveu aprender com os moribundos o que tinham a ensinar-lhe. Viam-se tais pessoas flutuando acima do corpo físico e percebendo a presença de parentes e amigos falecidos, mas a doutora hesitava em mencionar tais descobertas, não só para não prejudicar seu próprio livro, mas porque estava apenas interessada em ajudar seus pacientes terminais a morrerem com dignidade e em paz, sem expô-los ao incômodo de serem considerados doentes mentais em adição às mazelas já conhecidas. Nas suas palestras e *workshops*, contudo, ela começou a mencionar as novas descobertas acerca da morte, mesmo porque desejava ter uma palavra de consolo para os pacientes e seus familiares, em lugar da atitude padrão dos religiosos que costumavam ler um salmo do livrinho preto e sair sorrateiramente, "rápidos como um coelho", no seu dizer. Desaprovava, igualmente, a técnica dos psiquiatras, aos quais se refere empregando a gíria americana *shrink*. Diz que isso não funciona. Ela própria foi uma *shrink* durante muito tempo e sabe o que está dizendo. "Eles apenas falam, falam, falam, falam, sem dizer nada."

Sua opinião é a de que ninguém precisa morrer para saber o que se passa no Além. Por isso, no dizer de Rosen, ela tem respostas moduladas em conceitos orientais, mas expressos com a objetividade e a presteza ocidentais.

Como se viu, Elizabeth Kübler-Ross não é pessoa de fazer as coisas pela metade. Depois de mudar o conceito da morte no contexto americano e, por extensão, mundial, ela resolveu estudar mais detidamente as informações que seus pacientes terminais lhe estavam passando acerca da própria rotina da morte em si. Foi por esse tempo, aliás, que começaram a surgir depoimentos de outros pesquisadores debruçados sobre o instigante problema da morte.

Raymond Moody Jr., por exemplo – de quem, aliás, ela comprou a propriedade rural na Virgínia. *Vida depois da vida*, de Moody, lançado em 1975, com um significativo prefácio de Kübler-Ross, já vendeu mais de onze milhões de exemplares. *Embraced by the light*, de Betty J. Eadie, foi para a lista de *best-sellers* do *New York Times*. *Closer to the light*, do pediatra Melvin Morse, que escreveu o prefácio ao livro de Eadie, foi outro sucesso, em 1990, ao narrar experiências de morte aparente vividas por crianças. Aliás, o dr. Morse entrou meio sem querer na ciranda. Seu objetivo inicial foi o de contestar depoimento de Elizabeth Kübler-Ross, na televisão, em 1980, acerca da "natureza espiritual" da morte. "Pensava divertir-me um pouco à custa dela" – declarou a Jonathan Rosen. Divertiu-se tanto que aderiu às suas ideias e descobriu que também dispunha de valioso material sobre o assunto. Tenho um exemplar do seu livro. Os casos que apresenta são retirados de depoimentos convincentes narrados com toda a pureza e a espontaneidade das crianças, incapazes de forjarem uma história dessas.

Apesar de pouco haver escrito a respeito de seu tema favorito após a publicação de seus dois livros principais, Kübler-Ross é uma prodigiosa divulgadora. No período que antecedeu a um problema circulatório, ela vinha realizando palestras a um ritmo de quinze mil pessoas por semana. Reunindo, principalmente, material de suas conferências e seminários, *On life after death*, seu livro mais recente, foi lançado em 1991 por uma editora de pequeno porte, sem grande publicidade. Mesmo assim, já vendera, à época da entrevista, em janeiro de 1995, quarenta e sete mil e quinhentos exemplares, recomendados usualmente, de boca em boca, pelos seus admiradores e leitores habituais.

Como todos os pioneiros, Elizabeth Kübler-Ross abre caminho para si e para os outros, ao mesmo tempo em que deixa consternados muitos de seus colegas cientistas que lamentam sua adesão ao rejeitado esquema da realidade espiritual, variadamente rotulada de misticismo, ocultismo, orientalismo, ou pura e simples debilidade mental. Vimos há pouco a opinião do dr. Samuel Klagsbrun, a queixar-se de que Kübler-Ross está destruindo seu próprio trabalho anterior ao se pronunciar tão explicitamente em favor da continuidade da vida após a morte. Pelo que diz, entende-se que ele considera a doutora uma espécie de "caso perdido", mas espera que o trabalho de contestação à prática de negação da morte resista à sua própria tentativa de destruí-lo. Parece, portanto, que poucos, além do grande público, estão entendendo que Kübler-Ross não nega nem tenta destruir seu próprio trabalho, mas, ao contrário, dá-lhe continuidade e consistência, ao explicar que não só a crise da morte deve ser encarada como um dos aspectos da realidade humana, como a vida continua depois que o corpo morre. Já o dr. Sherwin B. Nuland, autor de *How we die* (*Como morremos*), livro premiado, em 1994, com o National Book Award, "lamenta amargamente", conforme declarou a Jonathan Rosen, a impossibilidade de discorrer sobre a morte "sem ser bombardeado de todos os lados por conceitos místicos, pois facilmente se é levado a servir de veículo para eles. É um fenômeno aterrador", conclui. Para o dr. Nuland, portanto, não é a morte que é aterradora em si mesma, mas o lamentável fato de que, falando sobre ela, se a gente não tiver muito cuidado, acaba-se envolvido em aspectos "inaceitáveis" como o da sobrevivência do ser e, portanto, o da existência da alma. Essa ala mais ortodoxa da ciência deseja apenas estudar o fenômeno da morte em território considerado neutro, seguro e aprovado de antemão pelo modelo científico vigente. Nada de envolvimento com qualquer coisa que possa sugerir que eles estejam pensando em conceitos ditos místicos, pois na sólida opinião de tais estudiosos, não há o que se poderia caracterizar como *next stage* – ou seja, a próxima etapa. Para eles a etapa seguinte à morte é o nada e do nada ninguém, em seu juízo perfeito, deve cuidar.

Outros, porém, estão prontos a admitir que Kübler-Ross abriu caminhos que levaram a uma aceitação maior da discussão sobre o que pode acontecer depois da morte. James Redfield é um destes. Reconhece que seu livro *A profecia celestina* foi beneficiado pelo impulso resultante da corajosa campanha na qual a dra. Kübler-Ross jogou todas as fichas do seu prestígio pessoal. De alguma forma, falar sobre aspectos da realidade espiritual vai deixando de ser privilégio de gente marginalizada pelo rótulo de mística ou ocultista. Vimos, contudo, que mesmo Kübler-Ross ainda é considerada mística pelo jornalista que a entrevistou para o *The New York Times Magazine*. Aliás, a dra. Helen Wambach também se queixava desse tratamento, pois eram frequentes, nas suas entrevistas, a pergunta de sempre: "Como é que a senhora, uma cientista famosa, se envolveu com o ocultismo?"

Enquanto isso – é o próprio Rosen quem observa –, aqueles que trabalham diretamente com os moribundos (enfermeiras, assistentes sociais e outros servidores menores dos hospitais) acorrem, em números crescentes, às palestras da doutora. Ela, por sua vez, não é de economizar palavras ou contornar temas considerados delicados com eufemismos – prefere ir direto ao assunto, às vezes até de modo contundente. "Você não pode trabalhar com os moribundos por algum tempo" – garante – "deixando de lado o componente espiritual, a não ser que seja um impostor."

A doutora não se deixa impressionar ante a clara rejeição de seu entrevistador pelas suas ideias. Acendendo um novo cigarro (Dunhill, naturalmente), ela dispara, como que a consolá-lo: "Não se preocupe. Mais cedo ou mais tarde você também chega lá e vai ter uma agradável surpresa!" No decorrer da entrevista, aponta para a foto de uma bela jovem e comenta: "Ela está do lado de lá agora, dançando e cantando. Era paralítica da cintura para baixo." Jonathan Rosen nem comenta. Talvez ache que uma mulher tão notável quanto Elizabeth Kübler-Ross tenha todo direito a algumas excentricidades. Fica sabendo também de um plano dela para cuidar de cerca de vinte bebês aidéticos. Queria uma espécie de arca de Noé na fazenda, provavelmente, para distrair as crianças, mas o projeto não se concretizou porque a vizinhança protestou contra a presença de aidéticos na região.

A cada passo, Rosen tem uma das suas muitas surpresas. Ante o retrato do falecido marido, a doutora disse que, a seu ver, casamento é para sempre. Mesmo que o dr. Emanuel Ross a tenha abandonado por "aquela jovem Lulu", ele continuava sendo seu marido. O problema era dele, não dela. Por isso, cuidou dele nos estágios finais e está convencida de que voltarão a conviver no Além.

Quanto à carruagem puxada por cavalos, que o repórter viu numa ampla garagem, a explicação foi dada sem rodeios ou meias palavras: "Isso é para (ser usado) depois das modificações planetárias" – comentou ela com simplicidade. A propósito, teria ele já visto algum mapa futuro dos Estados Unidos? De volta à casa, ao mostrar-lhe o mapa, ela acertou-o com outro petardo. Ao saber que ele residia em Nova Iorque, abanou a cabeça tristemente e acrescentou com suavidade: "Você deveria mudar-se. Nova Iorque é um dos locais marcados para desaparecer." Aponta, a seguir, para um vazio no mapa, onde deveria figurar o estado do Arizona. "Meus fantasmas" – detona ela com a voz imperturbável de sempre – "me dizem que isto (o desaparecimento de Nevada) se deve aos testes nucleares realizados aqui; destruímos muita coisa."

Longe, porém, de inquietar-se por si mesmo, em Nova Iorque, ou pelo futuro da Califórnia e de Nevada, Jonathan lamenta a própria doutora, ao comentar, no seu texto, que tais ideias "cobrem com uma grande massa de sombras suas enormes e inegáveis realizações, sendo difícil evitar-se a conclusão de que todos aqueles anos que ela passou a observar homens, mulheres e crianças morrendo levaram-na a embriagar-se com a morte".

A única explicação alternativa para essa desconcertante atitude, segundo Rosen, estaria no fato de que Elizabeth Kübler-Ross teve seu interesse despertado para o trabalho com os agonizantes depois de visitar um campo de concentração em Maidaneck, que lhe teria inspirado a visão da morte como uma passagem aberta para a vida, ou seja, uma fuga às atrocidades do sofrimento.

Mas a doutora ainda não esgotou seu arsenal de perturbadoras observações. Enquanto o entrevistador contempla os `implacáveis' mapas, que exibem um território americano todo fraturado pelos esperados fenômenos telúricos, ela consulta seus livros de receitas de tricô. (Ela faz suéteres para obter dinheiro com o qual pacientes terminais sem recursos possam frequentar seus seminários). Imagino aqui um longo silêncio entre ela e o repórter. Em dado momento ele lhe pergunta: "A senhora não fica horrorizada pela morte de toda essa gente?" Como sempre, a resposta é, no mínimo, embaraçosa: "Por que haveria de ficar? A morte não é o fim. Eles apenas estarão em algum outro lugar."

A rigor, a entrevista termina por aqui, mas tem uma sequência não menos dramática. Dois dias após a visita do jornalista, "a imaginação de Kübler-Ross para o desastre tornou-se estranha realidade" – a casa dela foi totalmente destruída por um incêndio e uma de suas lhamas, morta a tiro. A polícia não conseguiu descobrir as causas do incêndio e a morte do animal continuou sendo um mistério. Desgostosa, a doutora resolveu mudar-se de sua fazenda, na Virgínia, para o Arizona, onde vive seu filho e onde pretende comprar uma casa.

De alguma forma, contudo, a entrevista ainda não estava de todo encerrada. No dia seguinte ao da visita à fazenda e, portanto, na véspera do incêndio, o jornalista e a doutora encontraram-se no aeroporto local. Ela estava de viagem para uma cidade da Pennsylvania, onde iria receber uma homenagem em reconhecimento público pelo seu trabalho profissional. Falaria, em seguida, aos médicos e enfermeiras, na universidade. Não foram mencionadas na conversa as catástrofes programadas para o fim do século vinte – ela se limitou a lamentar que as autoridades houvessem resolvido interditar o recinto do aeroporto aos fumantes. Kübler-Ross foi lá fora, para um cigarrinho rápido. A cada momento, era reconhecida por alguém que lhe manifestava admiração, respeito e carinho. "Não é maravilhosa a dra. Ross?" – perguntou, reverentemente, a moça que controlava a bagagem de Jonathan Rosen no raio X.

Voaram num avião de pequeno porte, com apenas seis dos vinte e um lugares ocupados. Rosen notou que, durante a decolagem, a doutora olhava distraída pela janela, enquanto o chão se afastava rapidamente, lá embaixo. Perguntara-lhe, na véspera, se não tinha medo de voar. Ela abriu um alegre sorriso de menina e mandou mais uma de suas certeiras flexadas: "Não tenho medo de morrer. Estou apenas à espera de ordens lá de cima."

A despeito da rude franqueza de alguns de seus comentários, o jornalista tratou a entrevistada com o respeito devido a uma pessoa do porte intelectual da doutora, mas, cá entre nós, ele deve ter-se despedido com uma pena infinita dela. Coitada! Uma mulher tão brilhante, como se deixou envolver por essas fantasias de sobrevivência do ser, de espíritos manifestantes e coisas desse tipo? Uma pena...

Quanto a mim, se o leitor deseja saber da minha opinião, fico com a dra. Elizabeth Kübler-Ross e suas embaraçosas e místicas excentricidades. Também sou do ramo.

Lembranças do Futuro

Ao encerrar-se a década de 70, três psicólogos americanos, todos devidamente adornados com honrosos PhDs, introduziram na psicologia clínica o conceito da reencarnação, como se pode conferir com a leitura de seus depoimentos: Helen Wambach, com os livros *Reliving past lives (Revivendo vidas passadas)*, em 1978, e *Life before life (Vida antes da vida)*, em 1979; Edith Fiore, com *You have been here before (Você já esteve aqui antes)*, em 1979, e Morris Netherton, com *Past lives therapy (Terapia de vidas passadas)*, também em 1979.

Não é nosso propósito, neste artigo, desenvolver comentários sobre essas obras, que definiram clara posição doutrinária, tanto quanto marcaram época na evolução das ciências da mente; elas são conhecidas no Brasil, onde se acham difundidas no original e em traduções brasileiras e portuguesas. O objetivo deste papel é o de comentar trabalho mais recente da dra. Wambach, morta em consequência de problemas circulatórios, em 18 de agosto de 1985, dia em que completava sessenta anos de idade. Estaremos, para isso, examinando o livro *Mass dreams of future (Sonhos coletivos do futuro)*, de Chet B. Snow, outro PhD.

O dr. Snow recorreu à dra. Wambach, em 1983, em busca de ajuda profissional para problemas de natureza pessoal. Tornaram-se amigos e passaram a debater questões científicas. Em breve, ele se engajou no projeto de pesquisa com o qual a doutora vinha trabalhando há algum tempo e acabou escrevendo o livro que ora temos para estudo.

Pesquisa da Memória

Leitores da dra. Wambach sabem que seu segundo livro (*Vida antes da vida*) trata basicamente de regressões de adultos ao momento do parto. A eminente pesquisadora desejava saber das emoções do nascituro, seus projetos de vida, seu possível relacionamento anterior com os pais, irmãos e outros familiares, bem como das razões pelas quais teria escolhido nascer homem ou mulher, e por que nesta época e não em outra. *Vida antes da vida* é leitura imperdível.

O livro anterior da mesma autora, não menos importante, apresentara-se com diferente enfoque, ao concentrar-se em aspectos históricos e antropológicos embutidos no processo evolutivo do ser humano. A doutora utilizou-se da instrumentação regressiva para buscar na memória das pessoas informações que lhe permitissem montar uma visão mais precisa do contexto em que tem vivido a comunidade humana, no passado. Valeu-se para isso de um conjunto de perguntas simples e bem elaboradas sobre alimentação, vestuário, habitação, estruturas sociais, culturais, religiosas e econômicas. Tabulados, com paciência e competência, os dados colhidos desenham um quadro realista e coerente de hábitos e costumes através dos tempos. Pela primeira vez, produzia-se um estudo baseado na memória das pessoas que *estavam lá*, vivendo remotas experiências na carne, em lugar de proceder a penosas escavações, nas quais o contexto deve ser recomposto a partir de fragmentos e vestígios, muitas vezes enigmáticos e insuficientes.

A Alma das Coisas

E quanto ao futuro? pensou a dra. Wambach. De que maneira os americanos de hoje considerariam suas potenciais vidas futuras? Em que cenário? Sob que condições? Seria possível dar uma espiada no futuro que nos aguarda a um ou dois séculos na frente? Ela achava que sim, de vez que percebera, no decorrer de suas pesquisas, pacientes em ligeiro transe hipnótico que demonstravam, com frequência, capacidade de antecipar perguntas e comentários que ela ainda não havia formulado. Aliás, ela se convenceu de que um sistema de comunicação direta, sem palavras, funciona livremente por toda parte, entre os seres vivos. Chet Snow, autor do livro e parceiro nas pesquisas, acha mesmo que a própria terra é um organismo vivo sobre o qual não apenas nossos atos, mas também pensamentos, atuam de maneira dramática, o que não seria surpresa para Emmanuel. No livro *Emmanuel*, psicografado por Francisco Cândido Xavier, em 1937, vamos encontrar esta observação do autor espiritual:

> O orbe terrestre é um grande magneto, governado pelas forças positivas do sol. Toda matéria tangível representa uma condensação de energia dessas forças sobre o planeta e essa condensação se verifica *debaixo da influência organizadora do princípio espiritual*, preexistindo a todas as combinações químicas e moleculares. É *a alma das coisas e dos seres*, o elemento que influi no problema das formas, segundo a posição evolutiva de cada unidade eventual. Todas as correntes eletrônicas, portanto, ou ondas da matéria rarefeita, são *elementos subordinados às correntes de fluidos ou vibrações espirituais*; aquelas são *instrumentos passivos*, estas as forças ativas e renovadoras do universo. (Pp. 112-113, 2ª edição, FEB, 1938, sendo de observar-se que os destaques são meus).

Arqueologia do Futuro

A dra. Wambach declarou ao dr. Snow que uma das mais valiosas lições de toda uma existência dedicada à tarefa da psicologia clínica foi a de que *as palavras são cortinas de fumaça*, o que confere com o conceito de antigo autor – lamento confessar a ingratidão de haver esquecido seu nome –, segundo o qual as palavras foram inventadas não para expressar o pensamento, mas para ocultá-lo.

Com essas ideias em mente, já em 1980, pouco tempo depois de publicado *Vida antes da vida*, a dra. Wambach decidiu embarcar em outra pesquisa de grande porte, desta vez para explorar a possibilidade de promover uma espécie de arqueologia do futuro, na memória de pacientes sob hipnose, segundo o já consagrado 'método Wambach'. Obteve para o projeto o apoio de sua amiga Beverly Lundell e o do dr. R. Leo Sprinkle, psicólogo e professor da Universidade de Wyoming. O objetivo era o de explorar, no psiquismo de pessoas suscetíveis e dispostas a colaborar, os períodos de 2100-2200 e 2300-2500, ou seja, os séculos 22, 24 e 25. Em 1983, quando Chet Snow a conheceu, Wambach já estava coligindo material resultante de progressões realizadas por ela e pelos seus dois amigos e colaboradores. Em breve, o dr. Snow passaria a promover *workshops* de regressão e progressão, nos Estados Unidos e na França, onde iria viver por algum tempo a fim de documentar uma de suas próprias existências anteriores. Encontrava-se Snow na França, em 1985, quando foi notificado da morte da dra. Wambach.

Estado Alterado

Convém observar, antes de prosseguir, que o conceito de *progressão de memória*, em contraste com o de *regressão*, não constitui novidade absoluta. O coronel Albert de Rochas dá conta, em sua obra, *Les vies successives (As vidas sucessivas)*, de experiências nesse sentido, realizadas durante a última década do século dezenove e a primeira do século vinte. É certo que tais experiências foram esquemáticas e sem o desejável aprofundamento, mas há, no texto do coronel, evidência de que é possível 'levar' uma pessoa hipnotizada ou magnetizada ao futuro, da mesma forma que, na regressão, é 'levada' ao passado. Tomo a liberdade de remeter o leitor, porventura interessado neste e em outros aspectos do problema ao meu livro *A memória e o tempo*, no qual o trabalho de de Rochas é discutido com maior amplitude.[20]

Chet B. Snow não apenas aderiu ao projeto da dra. Wambach, como acabou concordando, ele próprio, em submeter-se a uma experiência de progressão, no que, aliás, revelou-se excelente *sujet*. Foi assim, numa tarde de julho de 1983, no consultório da dra. Wambach, na Califórnia, que, após mergulhado

---

[20] Nota da editora: A obra *As vidas sucessivas*, obra-prima da pesquisa de Albert de Rochas, foi recentemente publicada pela editora Lachâtre e encontra-se, portanto, disponível para o público de língua portuguesa.

no estado alterado de consciência sugerido pela psicóloga, Chet Snow viveu uma dramática 'lembrança do futuro', na qual se via, em 1998, em desolada região do estado do Arizona, como integrante de pequena comunidade de pessoas que haviam sobrevivido a violentos cataclismas. As condições climáticas locais mostravam-se profundamente alteradas em relação ao que são hoje, de vez que, no mês de julho, em pleno verão no hemisfério norte, e em local onde a norma seriam as temperaturas elevadas, fazia frio e soprava um vento glacial. Além do mais, a região parecia despovoada e com escassas possibilidades de comunicação com o resto do país. As condições de vida eram primitivas, a alimentação constituía prioridade absoluta, a habitação (coletiva) não passava de um abrigo precário para algumas dezenas de pessoas lideradas por uma mulher.

Não é de admirar-se, pois, que Chet Snow tenha regressado com enorme sensação de alívio, ao 'aqui e agora', no consultório da dra. Wambach, no luminoso verão californiano. Seja como for, a ser válida a experiência, o terrível cenário em que se metera ele durante a progressão estava à sua espera dentro de quinze anos. Era uma ideia mais do que inquietante, aterradora.

UM PLANETA DEVASTADO

Outras 'viagens' ao futuro faria o dr. Snow sob a competente pilotagem da dra. Wambach, não apenas ao desolado território do Arizona, no fim deste século, como a outros tempos e locais, em futuro mais remoto. Desdobrava-se o projeto desenhado com a finalidade de investigar o que poderão revelar sobre o futuro 'os sonhos coletivos' em que mergulhamos tantos de nós, seres vivos, nesta época dominada por tensões e sombrios presságios.

As primeiras imagens do contexto explorado nas progressões revelaram-se tão deprimentes que a doutora pensou, de início, em suspender a pesquisa. A visão que se antecipava nela era a de um planeta devastado, desestruturado e poluído, cidades em ruínas e campos abandonados, sistemas de comunicação e transportes desarticulados e dramática escassez de alimentos. Era um verdeiro pesadelo, dentro do qual a prioridade maior era a de sobreviver, se possível, mais um dia ou dois.

Entre 1980 e 1985, a dra. Wambach e sua equipe haviam realizado regressões e progressões em cerca de dois mil e quinhentos americanos (Snow trabalhara também com alguns franceses). Inesperadamente, apenas cerca de cinco por cento das pessoas progredidas viam-se reencarnadas por volta do ano 2100, a umas poucas gerações adiante, portanto. A conclusão era óbvia, ainda que inquietante, dado que indicava um declínio de cerca de noventa e cinco por cento na população mundial, dizimada, por essa época, por gigantescos cataclismas, em inúmeras regiões da Terra.

Tais resultados foram encontrados, isoladamente, pelos pesquisadores, em diferentes grupos de pessoas. Consistentemente, cerca de apenas cinco por cento viam-se encarnadas por volta do ano 2100, ao passo que, mais à frente, em torno do ano 2300, a percentagem subia para treze ou quinze, o que parece indicar uma retomada do crescimento populacional, após o drástico decréscimo.

Sonhos Coletivos

Apesar de deprimida pelos resultados, a curiosidade científica da dra. Wambach prevaleceu e a pesquisa prosseguiu. Era preciso, não obstante, ampliar a base, para que o estudo não ficasse prejudicado e exposto a críticas por ter sido demasiado restrito o universo pesquisado. Para chegar-se a números confiáveis, porém, seria necessário progredir pelo menos dez mil pessoas, o que inviabilizaria o projeto a médio prazo. Com o propósito de contornar a dificuldade, a dra. Wambach decidiu selecionar, para as progressões, pessoas comuns, dotadas de bom senso e equilíbrio emocional. Suas experiências com sensitivos e médiuns revelaram-se decepcionantes, ao que ela supõe, por causa de interferências do interesse pessoal de cada um deles, mais propensos às usuais 'profecias' sobre gente famosa e eventos de menor interesse coletivo, a fim de manter o *status* de bons videntes, do que em concentrarem-se no que estariam, eles próprios, fazendo, onde e quando, em futuro próximo ou mais remoto.

Muitos foram os voluntários interessados na nova fase das pesquisas, mas ela selecionou apenas três, que lhe pareceram emocionalmente estáveis, e passou a trabalhar com eles. Essa abordagem certamente não eliminaria o inconveniente de estudar um universo reduzido, para os padrões estatísticos, mas poderia produzir uma indicação a mais em relação a outros dados anteriormente colhidos. Ademais, o autor do livro adverte, já no prólogo, que as previsões não devem ser consideradas "incontroversas ou irreversíveis"; é certo, porém, que foram garimpadas nos "sonhos coletivos" que estão sendo projetados por muitas mentes e, nesse sentido, constituem indicações dignas de consideração sobre o que poderemos estar experimentando no futuro. Pelo menos é o que está sendo lido, hoje, no inconsciente das pessoas.

Realidade Espiritual

Não há como compactar num papel como este, que pretende apenas dar uma notícia sobre o livro do dr. Snow, toda a riqueza do material nele posto à disposição do leitor, como, por exemplo, o conteúdo do capítulo 3, no qual a profecia é examinada do ponto de vista histórico; ou o capítulo 9, que suscita estimulante debate em torno das recentes propostas da física quântica e suas implicações metafísicas, bem como sobre o conceito de linearidade do tempo. Temos de sacrificar esses e outros aspectos (para os quais o leitor terá mesmo de recorrer ao livro do dr. Snow), a fim de abrir espaço para informações menos eruditas e de maior interesse imediato para nós.

Após examinar detidamente e tabular os dados recolhidos de cento e trinta e três pessoas, sobre as expectativas para o ano 2100, o dr. Snow encontrou trinta e cinco vivendo no espaço, em viagens constantes ou em colônias orbitando em volta da Terra. O depoimento dessas pessoas, bem como o das que continuavam vivendo na superfície da Terra, parecem indicar que o intercâmbio espacial ter-se-á tornado atividade praticamente de rotina, aí pelo ano 2100. O segundo grupo, composto de vinte e quatro pessoas – sempre dentro do universo de cento e trinta e três progredidas no tempo –, seria constituído de gente vivendo em pequenas comunidades terrenas, basicamente rurais ou, pelo menos, afastadas dos grandes centros, e que, embora sem confortos e sem sofisticada tecnologia, seriam autossuficientes e até felizes. Essa gente revela-se bem informada a respeito da realidade espiritual e familiarizada com os conceitos de reencarnação, sobrevivência do ser, comunicabilidade entre vivos e mortos e outros tantos dessa natureza. O terceiro grupo, do qual deram notícia quarenta e uma pessoas, encontrava-se vivendo em comunidades fechadas, altamente sofisticadas em termos tecnológicos, implantadas em espaços protegidos por cúpulas imensas que as mantinham isoladas do ambiente externo, usualmente árido e hostil. Ao contrário das comunidades do segundo grupo, que se revelam felizes e descontraídas, os habitantes dos grupos fechados mostram-se descontentes e indiferentes, como se a vida fosse uma desagradável imposição rotineira e não um privilégio e uma oportunidade valiosa. Levam, tais criaturas, uma existência algo artificial, subsistindo à base de alimentos industrializados, muitos deles sintetizados em laboratórios. Ao que parece, mantêm ativo intercâmbio com seres espaciais e só se aventuram fora de suas redomas coletivas por pouco tempo e protegidos por vestimentas e capacetes especiais que, em alguns casos, desarranjam-se e acarretam a morte da pessoa, segundo depoimento de alguns. O quarto e último grupo, na classificação proposta pelo dr. Snow, é constituído por pessoas que ele considera como "sobreviventes", seres marginalizados pelas catástrofes. Vivem, a duras penas, em regiões desoladas, usualmente em ruínas das grandes cidades do passado, como que regredidos a condições de vida mais precárias do que as do século dezenove, ainda dependentes de transporte animal, praticamente sem recursos que permitam um mínimo de conforto e segurança.

Agressões Ecológicas

Ressalvada a exiguidade do universo consultado e admitindo-se a validade da metodologia utilizada, a amostragem é reveladora em mais de um sentido. Não há, por exemplo, indício de nenhum apocalipse nuclear no período, ainda que conflitos localizados, dessa natureza, possam ter ocorrido. O desastre parece resultar mesmo de uma espécie de reação do planeta a séculos de maus tratos e agressões ecológicas, como previu Emmanuel, em 1938. Mas não apenas isso.

> Aparentemente [escreve o dr. Snow], se tais relatos são ainda que parcialmente válidos, os desastres naturais, e nossa incapacidade para conter a raça humana no presente afã de poluir o ambiente causarão maior dano às gerações futuras do que quaisquer explosões atômicas.

Não deixa o autor passar a oportunidade de advertir, alhures, no livro, de que certamente a severa lei de causa e efeito trará de volta à Terra, para encarar as consequências de seus atos, precisamente aqueles que mais contribuíram para que tanto e tão rapidamente se desarticulasse o sistema ecológico do planeta.

Seja como for, o quadro que tais depoimentos desenham é desolador. O cenário é o de um planeta devastado pela arrasadora ação combinada de erupções vulcânicas, enchentes e abalos sísmicos, quando regiões inteiras desaparecem sob as águas dos oceanos, enquanto outras ressurgem do fundo dos mares.

Distúrbio Apocalíptico

Já as progressões que levaram as pessoas até o período 2300-2500 revelam cenário menos desesperador. A população mundial supõe-se bem maior, a partir dos dados tabulados. As comunidades mais espiritualizadas – o autor usa para identificá-las a expressão *"New Age"* (Nova Era) – parecem consolidadas e em expansão. Seus componentes apresentam, também, mais elevados índices médios de longevidade: 99,6 anos, em confronto com apenas 56,7 anos para os habitantes das comunidades tecnológicas – *hi-tech*, na terminologia do autor. Há, ainda, indícios de que começa, por aquela altura, certa aproximação entre esses dois grupos. São numerosos os que se veem em atividades espaciais, ao passo que os marginalizados "sobreviventes" tendem a diminuir. Outro dado digno de nota está na informação de que formas de violência (assassinatos e conflitos de maior vulto) persistem entre os componentes das diversas comunidades, exceto naquelas que o autor classifica como *New Age*, ou seja, nas quais as pessoas têm consciência da realidade espiritual.

No capítulo 8 – II – *Operation Terra*, o dr. Snow oferece ao leitor suas reflexões acerca das causas de todo o distúrbio apocalíptico que estaria programado para vitimar o planeta, no final do século vinte, ou, mais precisamente, a partir de 1998.

Além das razões meramente geológicas, conhecidas e previsíveis, como o esperado terremoto na costa leste dos Estados Unidos, ou, simplesmente, possíveis, como uma eventual alteração na posição do eixo da Terra, há no texto considerações dignas de exame quanto a influências, digamos, imateriais. Apoiado em estudo de autoria do dr. Jeffrey Goodman, o dr. Snow alerta para as implicações da "relação direta de causa e efeito entre o psiquismo humano e as forças naturais, como tremores de terra, erupções vulcânicas e condições climatéricas". Goodman, do qual conheço excelente estudo (universitário) sobre arqueologia e mediunidade, criou até um termo para caracterizar esse fenômeno – *biorrelatividade*. Por isso, escreve Snow que "quanto mais semeamos discórdia e violência, poluindo nossa atmosfera emocional, mais intensa será a poluição ecológica natural que teremos de suportar no futuro". O que também confere com as observações de Emmanuel.

Experiência Confirmada

Creio oportuno alinhar algumas conclusões, num esforço de avaliação do livro do dr. Chet B. Snow. O leitor, certamente, terá oportunidade de elaborar as suas próprias.

Em primeiro lugar, convém reiterar que a técnica de progressão da memória na direção do futuro está ainda ensaiando seus primeiros passos de maneira ordenada e consistente. As experiências do engenheiro e coronel Albert de Rochas, como vimos, foram episódicas e ele é o primeiro a reconhecer que, à época, não lhes atribuiu a importância que, potencialmente, sugeriam. Além do mais, suas progressões foram realizadas em universo diminuto e a curto e médio prazos, sem o alcance pretendido pela dra. Wambach e sua equipe, que as estendeu por uma faixa de quinhentos anos e duas mil e quinhentas pessoas. Numa de suas experiências, de Rochas pôde observar que as projeções não se realizaram da maneira descrita pela sensitiva. Em outro caso, a pessoa descreveu o que teria sido uma existência sua na França do século vinte, na qual se via como uma adolescente, em 1972, numa cidade ou vila por nome Saint-Germain-au-Mont--d'Or. Procurei testar a informação, por via postal, e não consegui confirmá-la ou negá-la. O correio francês não localizou nenhuma cidade ou vila com o nome indicado, a despeito de haver tentado várias alternativas possíveis. Pelo menos uma experiência de de Rochas, contudo, deu certo. Projetada no futuro mais próximo – cerca de dois anos à frente – a pessoa se viu tendo uma criança em cima de uma ponte sobre o rio Isère, do qual fora anteriormente salva de uma tentativa de suicídio por afogamento. O parto sobre a ponte pareceu coisa tão esdrúxula, que o pesquisador descartou a previsão sumariamente, como fantasiosa. Enganou-se, contudo. As coisas aconteceriam exatamente como previstas. Seduzida, mais tarde, por um jovem, a moça atirou-se ao rio e foi salva. Algum tempo depois, atravessava a ponte, quando sentiu as dores do parto e, ali mesmo, teve o filho, antes que pudesse ter sido removida para local adequado.

O Futuro já é Passado?

O dr. Snow, por sua vez, informa que uma das suas próprias antecipações por ocasião da sua primeira progressão realizou-se algum tempo depois, quando ele foi passar uma temporada na França, o que de forma alguma estava nos seus planos à época da experiência com a dra. Wambach.

Se ainda não dispomos, portanto, de uma confiável massa de dados que nos assegure ser a progressão da memória capaz de antecipar cenários e eventos, é certo que contamos com evidências de que, em princípio, isso é possível e que o assunto merece, no mínimo, a atenção de pesquisadores responsáveis e a continuidade da busca.

Se isto subverte conceitos sobre a linearidade do tempo, tanto quanto sobre a debatida dicotomia livre-arbítrio/determinismo? Sim, subverte, mas e daí? Nunca é o fato bem observado e documentado que está errado, e sim o seu enquadramento nas leis que precisa ser reformulado sempre que houver alguma discrepância entre ambos. Estamos aqui diante de um fato, o de que o futuro pode ser visto e vivenciado por antecipação. A profecia vem demonstrando essa realidade há milênios. Há, portanto, alguma coisa na estrutura do nosso conceito de tempo que precisa ser reexaminada. Ao leitor interessado no problema, recomendo com entusiasmo o capítulo 9 do livro do dr. Snow, ao qual ele atribui o título "Será que o futuro já é passado? – *New age*, a física e o universo holográfico". Podemos até não concordar com tudo quanto diz o dr. Snow, mas, certamente, ele tem reflexões estimulantes a oferecer. Só tenho a lamentar que o capítulo seja um tanto indigesto para meus modestíssimos conhecimentos científicos.

PERFEIÇÃO E FELICIDADE

O livro do dr. Snow coloca para exame do leitor um material explosivo e potencialmente perturbador. Ou, no mínimo, inquietante para aqueles que se mantêm alienados da realidade espiritual. Não é de admirar-se que a dra. Wambach tenha passado por um momento de hesitação antes de dar prosseguimento às suas pesquisas rumo ao que conhecemos por futuro. Não se trata, contudo, de um documento pessimista e amargo; pelo contrário, sua mensagem é otimista, no sentido de que está montado sobre uma postura renovadora. Depreende-se dos achados que o livro coloca diante de nós que o planeta se prepara para uma reacomodação em outro nível de estabilidade, após um período de ciclópicas demolições, como tarefa indispensável, ainda que dolorosa, ao projeto global de reconstrução e depuração de que tanto temos ouvido falar.

Para aqueles, como nós, convictos da realidade espiritual, o quadro é, certamente, desconfortável e até inquietante, mas não desesperador. Essas projeções indicam a preparação de uma nova era, um novo ciclo para o ascendente processo evolutivo. As dores previstas não se apresentam como vingança ou castigo divino, dado que as leis cósmicas não são punitivas e sim educativas, dotadas, como são, de determinação inexorável, ainda que paciente, em levarem os seres humanos aos últimos patamares da perfeição e da felicidade. Ademais, o grande ciclo do sofrimento individual e coletivo é mera resultante das matrizes de rebeldia que a própria humanidade criou com a insensatez. Um planeta ecologicamente balanceado não estaria, como este, prestes a desmoronar, como um velho edifício mal cuidado e depredado que, de repente, se transforma num monte de ruínas.

OBJETIVO FINAL: O AMOR

O leitor espírita experimenta a alegria de identificar no texto do dr. Snow conceitos que se habituou a encontrar no estudo da doutrina dos espíritos. Observamos, ali, pessoas vivenciando suas próprias reencarnações e falando das alheias. Há, por toda parte, a certeza da sobrevivência do ser, do intercâmbio entre vivos e mortos, tanto quanto dos aspectos cármicos, traduzidos explicitamente no vaivém da dicotomia causa/efeito. Testemunhamos o alívio, a agradável surpresa de muitos, a se reconhecerem livres, vivos e pensantes, na dimensão póstuma, após cumprida a dura etapa de aflições e aprendizado num mundo que desmorona nas dores da retomada.

Não estávamos acostumados, até bem pouco tempo, a ler tais coisas em textos pesquisados e produzidos por tantos PhDs...

> [...] nosso objetivo final [escreve o dr. Snow, à página 92] é o amor, não o passatempo emocional e egoísta da atração e da posse sexual que tão frequentemente passa por amor aqui na Terra, mas o amor altruísta, do espírito e da Mente Universal ou Deus.

Ou, à página 93:

> É particularmente crucial entender que todas as fontes mediúnicas concordam em que nossa natureza fundamental é espiritual, não física. Nossas almas residem em sucessivos corpos físicos e personalidades, da mesma forma como usamos roupas e vivemos em casas.

O MUNDO NÃO VAI ACABAR

Outro exemplo, tomado aleatoriamente, encontramos à página 154. Consciente, como não poderia deixar de estar, do impacto potencialmente perturbador do livro, o dr. Snow tem uma palavra de bom senso, ao alertar que não há necessidade de correrem todos, a partir de amanhã, para abrigos à prova de cataclismos ou evacuar áreas densamente povoadas, como Manhattan, Moscou ou Los Angeles, ou, ainda, começar a empilhar alimentos, na expectativa dos eventos previstos nas progressões. Há que considerar sempre o aspecto condicional de tais antecipações, como ficou claro, segundo ele, na mensagem de Fátima e, mais recentemente, na de Medjugorje. Lembra, ainda, que a "mente é que constrói", conforme dizia Edgar Cayce, ou seja, o pensamento dispõe de poder criador. Acha o dr. Snow, portanto, que, em vez de corrermos para áreas de segurança ou buscar a fuga "no álcool, nas drogas e em outros tipos de escapismo", o correto será "elevar, em todo o planeta, o nível de conscientização de nossa verdadeira identidade imortal e espiritual".

E prossegue:

> A prece ou a meditação individual e coletiva, se praticadas com sinceridade e diligência, são capazes de produzir milagres. Isso tem sido provado ao longo da história humana em épocas de crise. E poderá produzi-lo novamente.

Aí ficam, pois, a esperança, a advertência e o recado com os quais creio podermos nos declarar de pleno acordo. O problema consiste, apenas – e este é um dramático *apenas* –, em convencer bilhões de seres pelo mundo afora, e logo, de que são espíritos imortais e que uma poderosa corrente de vibrações positivas poderia, talvez ainda a tempo, produzir uma inflexão no traçado que já desenhou a alternativa da demolição reconstrutiva, se me permitem o paradoxo. De minha parte, bem que gostaria de acreditar nessa expectativa otimista, mas o insensato comportamento do ser humano no passado, tanto quanto no presente, tem sido, em tais aspectos, desencorajador. Seja como for, o mundo não vai acabar. Onde quer que estejamos, em qualquer ponto do universo, haverá um lugar para nós no coração imenso de Deus.

PSIQUISMO BIOLÓGICO

Afirmei em meu livro *A memória e o tempo* que, ao finalizar-se a existência na carne ou mesmo ante ameaça mais vigorosa e iminente de que ela está para terminar, dispara um dispositivo de transcrição dos arquivos biológicos para os perispirituais, do que resulta aquele belo e curioso espetáculo de *replay* da vida, para o qual estamos propondo o nome de recapitulação.

E mais adiante:

> Uma vez transcrita a gravação nos *tapes* perispirituais, o corpo físico é liberado para a desintegração celular inevitável – os arquivos já se acham preservados e o cérebro físico com todas as suas maravilhosas funções e dispositivos torna-se um instrumento inútil, descartável.

É evidente que tais observações, como outras contidas no livro, trazem teor especulativo e representam suposições e hipóteses a serem testadas por pesquisadores credenciados, a partir do momento em que a realidade espiritual comece a ser considerada como componente inseparável do contexto em que vive o ser humano. Não se pode afirmar com segurança o como e o porquê desses lampejos de intuição. É preciso considerar, ainda, que o processo intuitivo está sujeito a certa margem de erro, mas isso é válido para qualquer metodologia que procure antecipar conhecimentos. Mesmo assim, o autor espiritual de *A grande síntese* ensina que o método dedutivo já exauriu suas possibilidades criativas, cabendo à próxima etapa evolutiva valer-se dos recursos da intuição para conquistar novos espaços ao vasto território do desconhecido.

Seja como for, minha observação acerca da transcrição dos arquivos para os registros perispirituais foi recebida com estranheza por alguns confrades estudiosos e atentos, por entenderem que os impulsos magnéticos da memória não teriam condição de se gravarem na matéria mais densa de que se compõe o corpo físico. Pesquisas e reflexões posteriores à publicação de *A memória e o tempo* resultaram em convicção de que, até prova em contrário, me parece acertada a ideia da transcrição a que me refiro naquele texto. Vejamos por que assim penso.

• • •

Em primeiro lugar, convém estarmos alertados para o fato de que costumamos traçar limites rígidos demais entre os componentes básicos de corpo físico, perispírito e espírito, ao passo que as fronteiras entre tais manifestações do ser são algo difusas, num meio tom vibratório, sem o qual, aliás, se tornaria difícil, senão impraticável, a mais estreita operacionalidade entre eles. Não são abruptas tais demarcações, e sim gradativas, matizadas.

Houve certa celeuma em alguns setores intelectuais do espiritismo doutrinário, quando o competente cientista Hernani Guimarães Andrade lançou a sua "teoria corpuscular do espírito", sugerindo a hipótese de que também os componentes invisíveis de nosso ser estariam sujeitos a estruturações semelhantes às da matéria. Não faltou quem propusesse logo a correção de que ele deveria ter dito "teoria corpuscular do perispírito" e não do espírito. A controvérsia é, hoje, superada e não é nosso propósito aqui ressuscitá-la, mesmo porque os estudos de Hernani prosseguiram e se elevaram a níveis exploratórios que muito enriquecem o acervo científico de apoio às formulações doutrinárias do espiritismo. Será que o nosso Hernani – pensou-se, à época – estaria sugerindo que também o espírito é matéria? Não sei. Mas ainda que o fizesse, não estaria propondo nenhuma hipótese revisionista.

De fato, encontramos em *O livro dos espíritos* uma indagação que assim ficou expressa na questão número 82:

– Será certo dizer-se que os espíritos são imateriais? – perguntou Kardec.

> – Como se pode definir uma coisa, quando faltam termos de comparação e com uma linguagem deficiente? [respondem os instrutores] Pode um cego de nascença definir a luz? Imaterial não é bem o termo; incorpóreo seria mais exato, pois deves compreender que, sendo uma criação, o espírito há de ser alguma coisa. É a *matéria quintessenciada*, mas sem analogia para vós, e *tão etérea* que escapa inteiramente ao alcance de vossos sentidos. [Grifos meus]

Quintessência, que Aurélio prefere grafar quinta-essência, se conceitua, no seu *Dicionário*, como 1. Extrato levado ao último apuramento. 2. O que há de principal, de melhor ou de mais puro; essencial. 3. O mais alto grau; o requinte, a plenitude, o auge. Do que se depreende que, embora constituído de componentes em estado de pureza e rarefação, o espírito é ainda matéria, no dizer dos instrutores da codificação.

Com a precisão de linguagem que sempre as distingue, as entidades responsáveis por esses ensinamentos abordam o assunto da composição do perispírito com a mesma coerência, em resposta à pergunta número 93, de Kardec, ao responderem o seguinte:

> – Envolve-o uma *substância*, vaporosa para os teus olhos, mas ainda *bastante grosseira* para nós; assaz vaporosa, entretanto, para poder elevar-se na atmosfera e transportar-se aonde queira. [Destaques desta transcrição]

Ou seja, a *substância* de que se constitui o perispírito é mais densa do que a que serve de estrutura ao espírito, sendo, por sua vez, muito mais sutil do que a matéria que compõe o corpo físico. Há; portanto, no ser encarnado, três fases, etapas ou faixas vibratórias de matéria, desde a mais compacta e grosseira que dá consistência a ossos, carne, nervos e sangue, até à que serve de estrutura ao nosso espírito, bem como uma de densidade intermediária para o perispírito.

Melhor não se poderia dizer nos textos da codificação, numa época em que Einstein ainda não havia decifrado para nós a equação matéria/energia. Daí a compreensível dificuldade que assinalam os espíritos com a terminologia de que necessitavam para expressar com maior precisão aquilo que tinham em mente. É justa, pois, a queixa de que a linguagem por eles utilizada é deficiente.

• • •

Não deve surpreender-nos essa intimidade entre as três fases da matéria que servem à manifestação da vida em seres encarnados. Há um intercâmbio entre elas, uma interação contínua e, ante a dificuldade de o espírito, na sua "quintessência", movimentar diretamente a matéria mais densa do corpo físico, é que se tornou óbvia a necessidade de atuar através de campo vibratório intermediário que é precisamente o perispírito. Certas influências recíprocas, em ativo processo de *feedback* são também identificáveis entre os três componentes do encarnado.

Interessado em conhecer o estado mental do ser que acaba de sofrer uma decapitação, Kardec pergunta se persiste nele, "por alguns instantes, a consciência de si mesmo". Os espíritos respondem que "não raro a conserva durante alguns minutos, até que a vida orgânica se tenha extinguido completamente". Kardec vale-se da oportunidade para comentar esse aspecto, acrescentando:

– Trata-se aqui da consciência que o supliciado pode ter de si mesmo *como homem e por intermédio dos órgãos, e não como espírito*. [Destaques desta transcrição]

Do que se deduz que há impulsos de consciência atuando no nível biológico da pessoa encarnada.

Mais adiante, ao comentar a perturbação que o impacto da morte pode acarretar, em grau maior ou menor, ao desencarnante, ensina o Codificador, em seguida à questão número 165, o seguinte:

– ... A lucidez das ideias e a memória do passado lhe voltam, *à medida que se apaga a influência da matéria* que ela [a alma] acaba de abandonar, e à medida que se dissipa a espécie de névoa que lhe obscurece os pensamentos. [Destaques desta transcrição]

A estreita relação entre os três estados em que se apresenta o ser encarnado nos parece mais óbvia quando estudamos, em *A gênese*, que, na reencarnação...

– [...] Sob a influência do princípio vito-material do gérmen, o perispírito se *enraíza*, de certa maneira, nesse gérmen, como uma planta na terra. [Grifo meu]

Processo reverso ocorre no desencarne, quando se desfaz a união, logo que a força do princípio vital deixa de atuar.

– Então – escreve Kardec – o perispírito se desprende, *molécula a molécula*, conforme se unira, e ao espírito é restituída a liberdade.

Ora, para que haja tão íntima conexão operacional, corpo físico, perispírito e espírito precisam dispor de elementos básicos comuns, ainda que em níveis vibratórios e de densidade diferenciados. Do contrário, não teria o espírito como comandar a comunidade celular, da qual necessita para movimentar-se no campo da matéria densa.

Parece ser isso o que realmente ocorre, dado que, pela intermediação de uma eficiente rede transmissora, o espírito estende suas terminais até os últimos redutos celulares. Isso custa ao espírito perda de parte de autonomia na sua mobilidade e até na expressão de seu pensamento. Atenção, porém, para um aspecto importante: a entidade espiritual, em si e por si, continua livre e consciente, embora não consiga estar totalmente consciente, *na carne*, por causa das limitações impostas pelo cérebro físico, tanto quanto não pode movimentar à sua inteira vontade ou capricho a massa pesada que lhe constitui o corpo material. Mergulhada na carne, ela é forçada a um mínimo de obediência às leis específicas que regem essa modalidade de matéria. Chega, mesmo, a sofrer alguma influência reflexa, como vimos.

•••

Esclarecimentos adicionais sobre o "enraizamento" a que alude Kardec, do espírito na matéria corporal, vamos encontrar em várias referências contidas na obra de André Luiz. Por contingência de espaço e tempo, limitamo-nos aqui apenas ao seu livro *Evolução em dois mundos*.

Vejamos, em primeiro lugar, o mecanismo que assegura ao espírito encarnado a condição de comandar as células orgânicas. No "capítulo II – Corpo espiritual", ensina André:

– Essas células que obedecem às ordens do espírito, diferenciando-se e adaptando-se às condições por ele criadas, procedem do elemento comum, de que todos provimos...

Para que alguns desses comandos sejam modificados, entidades de elevada formação científica, plasmam "renovações e transformações *no comportamento celular*, mediante intervenções no corpo espiritual". [Destaques meus] As células não são, contudo, partículas inertes; ao contrário, André as considera:

– ... motores elétricos, *com vida própria*, subordinando-se às determinaçõesdo ser que as aglutina... [Destaques meus]

Tanto assim, que, desligadas do conjunto em que operam no tecido orgânico, elas tendem a regredir à condição morfológica rudimentar da ameba, ao passo que, enquanto fazem parte integrante do conjunto celular, vivem, no dizer de André, "sob as ordens da inteligência".

Ainda mais preciso, o eminente autor espiritual identifica o ponto em que o intercâmbio espírito/matéria se dá, a verdadeira câmara de compensação onde as ordens são processadas, ao caracterizar os cromossomas como concentrações fluídico-magnéticas especiais, e acrescenta:

– Os cromossomas, estruturados em grânulos infinitesimais de natureza *fisiopsicossomática*, partilham do corpo físico pelo núcleo da célula em que se mantêm e do corpo espiritual pelo citoplasma em que se implantam. [Destaque meu]

Os cromossomas são, assim, o ponto de ligação, território fronteiriço entre matéria e espírito – atuando este, logicamente através do perispírito – e é tão importante a função deles no processo da vida que André os caracteriza como indestrutíveis.

– Os cromossomas – escreve ele – permanecem *imorredouros* através dos centros genésicos de *todos os seres encarnados e desencarnados*, plasmando alicerces preciosos aos estudos filogenéticos do futuro. [Mais uma vez os destaques são meus]

Não resta dúvida, portanto, de que há nas células componentes de natureza física e os de natureza psíquica, como se depreende de Kardec e de André Luiz.

No capítulo V de *Evolução em dois mundos*, André caracteriza as células como "*princípios inteligentes* de feição rudimentar", a serviço do princípio inteligente superior, não apenas nos seres humanos, mas até em animais superiores. Mais do que isso, as células seriam "animáculos infinitesimais, que se revelam domesticados e ordeiros na colmeia orgânica", ou "peças *eletromagnéticas inteligentes*, em máquina eletromagnética superinteligente, atendendo com precisão matemática aos apelos da mente". [Grifos meus]

No mesmo passo considera ele os mitocôndrios como "acumulações de *energia espiritual*, em forma de grânulos".

Importantes ensinamentos a respeito da interação espírito/ matéria podem ser encontrados, ainda, no "capítulo IX – Evolução e cérebro", onde se lê que há "células psicossomáticas" que atuam precisamente nas fronteiras dos campos vibratórios diferenciados que constituem o ser humano encarnado. Identifica o autor espiritual, nesses corpúsculos, "um pigmento ocre, estreitamente relacionado com o corpo espiritual, *de função muito importante na vida do pensamento*". Prossegue André esclarecendo que a ciência terrena conhece a substância, mas ainda não atinou com as suas funções e que esse pigmento "é conhecido no Mundo Espiritual como *fator de fixação*, como que a *encerrar a mente em si mesma*". [Grifos meus]

Todos esses ensinamentos convergem, portanto, para a realidade de que o espírito implanta nas células orgânicas suas terminais para que possa exercer sobre todo o sistema o comando indispensável à movimentação do seu projeto evolutivo enquanto imantado ao corpo físico. O espírito realiza a sua parte, como que andando metade do caminho, produzindo o que André chama de "matéria mental", ao passo que a célula caminha outra metade, oferecendo condições propícias aos encaixes desejados, com substâncias de refinada consistência que aceitam impulsos magnéticos e expedem comandos que geram outras substâncias. Estas servem de veículo ou mensageiro aos comandos da vontade maior. Os automatismos indispensáveis ao funcionamento harmônico do sistema são, pois, implantados em pontos específicos de células especialmente dotadas, tal como a programação de um computador comanda as operações desejadas pelo operador. Há, portanto, toda uma rede magnética distribuída ao longo da multidão de células, vale dizer, um *psiquismo celular*, através do qual os comandos chegam às células e são executados.

Ao desencadear-se o mecanismo da desencarnação, reverte-se o processo, como se o espírito determinasse o meticuloso recolhimento de toda a programação, já que irá precisar dela, em futuras reencarnações, evitando, assim, que se percam no caos que se estabelece com a decomposição celular.

Realmente é o que parece acontecer. No capítulo XII de seu livro, módulo sob o título "Revisão de Experiências", André Luiz oferece breve notícia acerca do que ocorre.

> De liberação a liberação, na ocorrência da morte, a criatura começa a familiarizar-se com a esfera extrafísica.
>
> Assim como recapitula, nos primeiros dias da existência intrauterina, no processo reencarnatório, todos os lances de sua evolução filogenética, a consciência examina em retrospecto de minutos ou de longas horas, ao *integrar-se definitivamente* em seu corpo sutil, pela histogênese espiritual, durante o coma ou a cadaverização do veículo físico, todos os acontecimentos da própria via, nos prodígios da memória, a que se referem os desencarnados, quando descrevem para os homens a grande passagem para o sepulcro. É que a mente, no limiar da *recomposição de seu próprio veículo*, seja no renascimento biológico ou na desencarnação, revisa automaticamente e de modo rápido todas as experiências por ela própria vividas, *imprimindo magneticamente às células*, que se desdobrarão em unidades físicas e psicossomáticas, no corpo físico e no corpo espiritual, as diretrizes a que estarão sujeitas, dentro do novo ciclo de evolução em que ingressam. [Destaques meus]

Creio poder entender disso que até mesmo as células que se destinam à desagregação recebem um *comando magnético impresso* sobre o procedimento a ser adotado no novo ciclo de vida, dado que a morte é uma transformação, não um sumiço.

Em *Falando à Terra*, encontramos a confirmação desse procedimento, no dramático depoimento de Romeu A. Camargo, em mensagem intitulada "De retorno".

Informa-nos Zêus Wantuil, em *Grandes espíritas do Brasil*, que Romeu do Amaral Camargo, paulista de Rio Claro (1882 – 1948), foi advogado, jornalista e professor, tornando-se espírita a partir de 1923. Colaborou ativamente na imprensa doutrinária e deixou quatro livros dedicados, especialmente, ao conteúdo cristão da doutrina espírita. É ele quem nos relata, por intermédio do nosso querido Chico, suas experiências de recém-desencarnado, declarando, a certa altura, o seguinte:

> A visão pormenorizada de toda a existência humana, no estado de liberdade de nosso corpo espiritual, quadro que mereceu de Bozzano apontamentos valiosos e especiais, começa por reintegrar-nos na posse de nós mesmos.
> Enquanto a caridade dos irmãos mais velhos nos auxilia a libertação da grade orgânica do mundo, a *memória como que retira da câmara cerebral*, às pressas, o conjunto de imagens que *gravou* em si mesma, durante a permanência na carne, a fim de *incorporá-las definitivamente*, aos seus arquivos eternos.
> Sem capacidade para definir o fenômeno introspectivo, devo apenas registrar a impressão de que a vida efetua um *movimento de recuo*, dentro de nós mesmos.
> [Os destaques são meus]

•••

Continuo, pois, disposto a rever e corrigir as observações que, à época em que escrevi *A memória e o tempo*, me foram sugeridas pela intuição, ao entender o fenômeno da recapitulação *in extremis*, como transcrição de arquivos. As pesquisas posteriores, contudo, e de que acabo de dar conta nestes breves comentários, me asseguram de que não há, ainda, razões para rejeitar a hipótese, havendo, ao contrário, suportes confiáveis para ela, não apenas em textos doutrinários básicos, como em informes trazidos por André Luiz, bem como no convincente depoimento de um confrade experimentado como Romeu Camargo.

Portanto, reitero que entendo o fenômeno de recapitulação como resultante de um processo de transcrição de arquivos mnemônicos, ou, no dizer de André, uma reintegração de tais registros nas estruturas do perispírito. Camargo o considera da mesma forma, como incorporação definitiva aos arquivos permanentes do ser, das gravações feitas durante a existência carnal e que, de alguma forma, se achavam imantadas às células localizadas "na câmara cerebral", ou seja, um movimento de recuo da vida, que se recolhe à nossa mais profunda intimidade. Assim, o espírito pode proceder a uma reavaliação das suas vivências, ao mesmo tempo em que se prepara para novas tarefas no mundo espiritual e para a eventual retomada da experiência física, em outra etapa reencarnatória.

'XEROX' DE GENTE

Com muitos dos habituais ingredientes das narrativas de ficção científica, a história (verídica) começou a desenrolar-se em setembro de 1973, quando David M. Rorvik, escritor especializado em assuntos de ciência, recebeu, na sua residência campestre em Montana, um enigmático interurbano de Nova Iorque. O homem ao telefone identificou-se como admirador do jornalista, demonstrando conhecer bem a sua obra e a de outros autores. Confessou-se já adiantado em anos, mas ainda vigoroso. Seu interesse maior localizava-se na área de engenharia genética. Gostaria de explorar "todas as opções" existentes e declarou que dificilmente se encontraria alguém mais afinado com o pensamento de Rorvik do que ele. Por que não se encontravam para uma conversa a fim de discutir assuntos e interesses comuns?

O escritor estava em guarda. Quem seria aquele sujeito e o que realmente desejava dele? Enfileirou algumas razões válidas para recusar o encontro. Além do mais, estava empenhado, no momento, em escrever um artigo encomendado e já atrasado. Não dispunha de tempo, mesmo porque era um *free-lancer*, isto é, profissional autônomo, para o qual o tempo era uma das matérias-primas com a qual ganhava a vida.

Mas o homem insistia: provavelmente *ele* teria uma tarefa remunerada para Rorvik. Carta? Não. Era cedo para colocar as coisas no papel; ele preferia, antes, conversar pessoalmente. Aliás, estava com um compromisso marcado para a semana seguinte na banda ocidental dos Estados Unidos e podiam encontrar-se ali mesmo em Montana. Que tal?

Rorvik alinhou nova série de desculpas e evasivas. A longa conversa telefônica encerrou-se com uma frase de impacto:

– Você poderá ser, neste momento, a pessoa mais importante do mundo. Tenha cuidado!

Que seria aquilo? Elogio? Ameaça? Advertência?

Seja como for, o diálogo deixou o escritor perturbado. Nenhuma definição específica sobre quem era o homem e o que realmente desejava. Seria um maníaco com a cabeça cheia de fantasias, empenhado na tentativa de envolver Rorvik num esquema alucinado? Havia, por outro lado, um tom de confiança e lucidez na sua voz e na sua conversa. Tratava-se, por certo, de homem instruído e habituado ao comando. Sabia de descobertas e experiências que ainda não haviam alcançado os veículos de comunicação, inclusive o processo da manipulação de genes com o objetivo de criar novas formas de vida. Dizia-se o solteirão, vitorioso homem de negócios e desejava um *herdeiro masculino*, evidentemente não pelos métodos naturais, pois, nesse caso, não precisaria da ajuda de Rorvik. Que outras 'opções' tinha ele em mente? Seria 'aquela' opção?

Na semana seguinte ele ligou de novo para insistir no encontro que poderia ser em Montana mesmo ou em San Francisco. Ele pagaria a passagem de avião, é claro. Mantinha-se, ainda, evasivo quanto ao seu nome e às suas pretensões. O escritor não conseguia que ele fosse mais específico e menos misterioso. Tentou descartar-se, dizendo que, se o problema era ter um filho homem, ele poderia simplesmente consultar determinado médico da Universidade de Columbia para ter todas as suas perguntas respondidas com precisão e competência, pois há uma técnica para isso.

A resposta foi desconcertante. Sim, ele queria um filho, mas "não era exatamente um filho".

A essa altura, Rorvik tornou-se algo rude, deixando romper os diques da impaciência. Houve uma pausa e o homem do outro lado da linha começou a falar dos artigos nos quais Rorvik discutia o processo de clonagem, ou seja, a reprodução de plantas, animais e, teoricamente, de seres humanos, *sem* a união de duas células sexuais, caso em que a planta ou o ser produzido seria uma cópia exata, como gêmeo idêntico do original.

Após esse preâmbulo, o homem despachou a sua 'bomba' de uma só vez: estava disposto a gastar um milhão de dólares ou mais para obter uma cópia exata de si mesmo. Caberia a Rorvik reunir a equipe de técnicos capazes de realizarem a façanha. Negociariam um contrato de prestação de serviços tão logo pudessem conversar pessoalmente.

Embora o escritor houvesse suspeitado de que o objetivo do homem pudesse ser aquele, ele achara a coisa fantástica demais para que alguém desejasse tentá-la. Clonar gente era uma espantosa e remota possibilidade num contexto de pesquisa no qual tudo parecia um tanto irreal, como o da engenharia genética. Ademais, seria caso de fazê-lo por dinheiro?

O misterioso cidadão ao telefone sugeriu que Rorvik não tomasse nenhuma decisão precipitada. Teria tempo para pensar. Dentro de alguns dias ele chamaria de novo e então voltariam ao assunto.

A pausa para pensar era de fato necessária, mas Rorvik somente concordaria em retomar o assunto se o homem se identificasse. Ele queria, pelo menos, estar certo de que o incrível projeto fosse mesmo para valer e não o trote inconsequente de algum doido. O homem disse o nome que, aliás, nada significava para Rorvik. O escritor achava que um cidadão disposto a jogar um milhão ou mais numa aventura dessas teria que ser uma celebridade no mundo dos negócios. Pois não era.

Rorvik desligou o telefone com uma sensação de irrealidade. O homem dizia coisas tremendas com a voz mais tranquila e segura do mundo. Não era um agitado e incoerente lunático. Falava bom inglês e sabia dizer o que queria e, sem dúvida alguma, sabia querer o que dizia. Isso, porém, em vez de simplificar a situação, tornava-a mais grave e difícil, pois introduzia na vida de Rorvik um fator de incerteza e desarrumação. Por outro lado, havia aspectos éticos importantes em jogo, além de seu prestígio profissional, pois, se o projeto resultasse numa dessas rematadas loucuras de algum excêntrico, ele perderia sua credibilidade, duramente construída ao longo dos anos. Quem seria, afinal, aquele homem?

Rorvik lembrou-se de um colega que trabalhava para uma publicação financeira em Nova Iorque e ligou para ele. O amigo não tinha informações muito amplas, mas sabia algo sobre o estranho indivíduo. A pessoa existia, sim, informou ele. E era, no seu dizer, *very big* em determinado ramo industrial. Consultando rapidamente uma ficha, forneceu mais alguns dados históricos sobre o homem, que tinha reputação de ser extremamente hábil em orquestrar complexas operações de fusão de empresas. Era pessoa que não temia dificuldades de competição e tinha o cuidado de manter-se, tanto quanto possível, no anonimato.

Duas perguntas restavam na mente de Rorvik, ou melhor, uma pergunta só, com várias pontas soltas: "*Poderia* aquilo ser feito e, mais importante ainda, *deveria* ser feito?" Se as respostas fossem *sim, sim*: "*Deveria* ele, Rorvik, envolver-se no projeto?"

Na sua opinião, a humanidade já tem problemas demais por causa do seu crescente desligamento das bases naturais da vida, que ele identifica como "ar-terra-água", estando já muito envolvida com substâncias sintéticas, pré-embaladas e manipuladas pelos meios de comunicação. Ou seja: a vida já está ficando muito artificial. A clonagem seria um golpe a mais para a perplexa mente de muitos milhões de criaturas, ao preconizar a criação de seres humanos igualmente sintetizados, plastificados, como 'xerox' de gente. A óbvia conclusão seria a de que tais criaturas, produzidas mediante rígidas especificações, como o pão industrializado, seriam, também, desprovidas de alma. Pelo menos era o que muitos pensariam.

A despeito de tudo, David Rorvik acabou concordando em ir a São Francisco para conversar com o misterioso milionário. Ainda um tanto inseguro quanto ao episódio que estava vivendo, teve a "paranoica preocupação" de informar a um amigo de confiança o nome da pessoa com quem iria encontrar-se. Tudo era possível num clima desses.

O industrial morava numa imponente e moderna mansão construída sobre uma elevação do terreno. Mandaram-no entrar e esperar num amplo escritório forrado de livros. Aguardasse ali alguns minutos, por favor.

Quando o dono da casa entrou, Rorvik observou que ele era bem mais alto e aparentemente mais jovem do que ele imaginara. Parecia ter uns ciquenta anos, no máximo cinquenta e cinco e não os alegados sessenta e sete. Vestia-se discretamente de terno e gravata e usava óculos de aros metálicos. Os cabelos eram escuros, grisalhos e curtos. Era fácil de ver-se que tinha confiança em si mesmo e estava habituado a ser obedecido. Após a vaga conversação inicial, entraram firme no assunto que os reunira. Durante horas estiveram naquela casa a discutir o problema. Pedira que o chamasse simplesmente de Max.

Como Rorvik insistisse numa exposição detalhada e franca das suas motivações, Max contou, com algum embaraço, um pouco da sua história pessoal e do mistério das suas origens. Órfão ou abandonado pelos pais, passara, em criança, por uma série de lares adotivos. Achava que ter um filho era coisa muito importante – pelo menos "tão importante como dirigir um carro", para o que se exige permissão e habilitação específicas, como declarou Francis Crick, o Prêmio Nobel. Ele queria um herdeiro, mas não desejava expô-lo aos azares da genética. Em suma: morreria em paz (expressão que usou mais de uma vez) se pudesse ser o primeiro ser humano a "reconstruir-se", ou seja, "nascer de novo" num outro ser que teria, assim, a origem bem definida que lhe faltara. Acreditava que, dessa maneira, sua identidade poderia ser transferida para o seu rebento clonal. Haveria em tudo isso um risco: o de a criança resultar roubada da sua própria identidade, frustrada no seu desejo de ser ela mesma.

Considerava, também, a probabilidade de conseguir, dessa maneira, "enganar o destino" e, "possivelmente estender sua consciência além das fronteiras que a natureza parece ter imposto".

Como o leitor percebe, Max estava pensando em sobreviver à morte na pessoa de uma 'xerox' de si mesmo. Aliás, é o que deixa consignado Rorvik neste trecho, que traduzo:

> Tem sido aventada a ideia de que os participantes de uma só clonagem poderiam experimentar uma desusada empatia, quase telepática e presciente. Admitiu-se mesmo a ideia mística de que a noção consciente do mundo poderia, de certa maneira, sobreviver à morte do corpo, localizando-se na consciência clonada.

Em outras palavras: uma vez conseguida a reprodução clonada de várias pessoas, todos os que integrassem aquele conjunto de indivíduos da mesma origem biológica estariam intimamente ligados entre si, como se se utilizassem de uma só mente repartida entre eles.

Vamos dar uma parada na apreciação do livro de David Rorvik (*In his image – À sua imagem* – Hamish Hamilton Ltd., Londres, 1978), para examinar mais de perto o problema da clonagem.

• • •

Basta o leitor recorrer à sua biologia ginasial para saber que quase todas as células do corpo humano têm no núcleo um jogo completo de quarenta e seis cromossomos nos quais está gravado o código genético do indivíduo. Quase todas e não todas porque as células específicas da reprodução – o óvulo, na mulher, e o espermatozoide, no homem – têm apenas metade dos cromossomos, isto é, vinte e três, motivo pelo qual o mecanismo da geração de um novo ser somente é ativado quando essas duas células se unem. A não ser, pois, estas células, digamos *incompletas*, todas as demais dispõem da informação necessária para reproduzir um corpo físico.

Daí a hipótese aventada de que, se for possível, por um processo delicadíssimo de microcirurgia, retirar o núcleo de uma célula – qualquer célula, menos a sexual – sem danificá-lo e colocá-lo dentro de um óvulo, do qual também houver sido extraído o respectivo núcleo, estaremos ante a probabilidade de desencadear o processo reprodutivo. Naturalmente que o ser resultante seria geneticamente idêntico ao doador do núcleo implantado, sem nenhuma herança genética da mulher que doou o óvulo, pois o código se acha gravado no núcleo da célula, onde se encontram os genes, e não no citoplasma. A contribuição genética da mãe se tornaria, nesse caso, desnecessária, porque o núcleo retirado do doador já traz a programação completa nos seus quarenta e seis cromossomos.

Daí partiram as especulações mais fantásticas. J. B. S. Haldane, considerado um dos mais brilhantes cientistas deste século, imaginou clonar gente com algumas "características desejáveis" especiais, como insensibilidade à dor, capacidade de excluir seletivamente da audição os ultrassons, visão noturna, estatura diminuta etc. Tudo, como se vê, com finalidades estratégico-militares. (Ninguém imagina criar, por exemplo, um indivíduo mais compassivo, mais resistente ao mal, e assim por diante.) Jean Rostan, famoso biologista francês, acha que a clonagem poderia ser usada para promover a imortalidade através de uma série de indivíduos que iriam sendo substituídos como exemplares usados de um livro por uma nova edição do mesmo livro. O dr. Joshua Lederberg, Prêmio Nobel, achou possível eliminar o hiato das gerações (*generation gap*), de vez que, em virtude da similaridade das células neurológicas entre doadores e clonados, seria possível passar o conhecimento diretamente de uns para outros. O dr. Elof Axel Carlson, da UCLA, sugeriu a clonagem de alguns mortos importantes, a fim de trazê-los de volta à vida. Acha mesmo viável 'reconstruir' o faraó Tutancâmom a partir de DNA residual ainda existente em sua múmia. O dr. James Danielli sugere colocar em ambientes diversas cópias idênticas do mesmo indivíduo, a fim de dirimir a velha controvérsia acadêmica que arde em torno do dilema: seria o caráter produto do meio ou da hereditariedade? Já o dr. James Watson, outro Prêmio Nobel, acha que a clonagem humana será o fim da civilização ocidental se não forem tomadas providências para impedi-la.

Tais especulações adquiriram impulso no princípio da década de 60, quando o prof. F. C. Steward e seus colegas da Cornell conseguiram obter brotos e raízes minúsculas a partir de células individuais retiradas da cenoura. Colocados na terra esses brotos e raízes vingaram e produziram cenouras perfeitamente normais. A palavra clonagem deriva do termo grego *klon*, broto, ramo, galho. É portanto, basicamente, um processo de enxertia.

Daí se admitiu que, sendo possível clonar legumes, nada impede que, em teoria, seja também possível clonar gente. Tanto quanto sabemos, ninguém, até o momento, está cogitando do espírito. Todos esses geniais cientistas estão convictos de que o ser humano é apenas um aglomerado celular criado por um feliz conjunto de acasos evolutivos e mantido por um processo meramente bioquímico, ainda que da mais alta complexidade.

Em consequência, alguns apologistas da clonagem fizeram um levantamento, indicando certas aplicações vantajosas para o método. Vejamos umas poucas:

· reprodução de indivíduos geniais ou excepcionalmente belos, a fim de melhorar a espécie humana e "tornar a vida mais agradável";
· reprodução dos mais sadios, visando a excluir o risco das doenças genéticas implícito na "loteria da recombinação sexual";
· obtenção de amplas quantidades de seres humanos geneticamente idênticos, de modo a permitir o estudo da influência do meio na formação do caráter;
· obtenção de filhos pelos casais inférteis;
· obtenção de crianças previamente especificadas à escolha dos seus responsáveis – genes de alguém famoso, de um parente morto, de um só dos esposos etc;
· controle do sexo dos filhos;
· produção de seres idênticos para tarefas especiais que exijam comunicação de natureza telepática "na paz e na guerra (não excluindo a espionagem)";
· produção de réplicas embrionárias de cada pessoa e que, armazenadas em congelador, serviriam para uso eventual como "peças de reposição" em transplantes;
· suplantação dos russos e chineses, de modo a prevenir o hiato clonal (*cloning gap*).

Como se observa, uma loucura total, em clima de autêntica ficção científica, da mais aterradora, tudo no pressuposto de que o ser humano é apenas matéria. Dentro desse esquema, para o qual só uma palavra seria adequada – diabólico –, seríamos todos criaturas sem alma, sem compromissos espirituais, programáveis em computadores e manipuláveis à vontade, segundo as fantasias e a estranha moral dos brilhantíssimos mestres da engenharia genética.

Já há mesmo quem especule sobre a existência futura de exagerada demanda para genes especialmente desejáveis, como os de Mick Jagger, John Kennedy e outros.

– Um pedaço de pelo – escreve Rorvik – poderia, de repente, valer uma fortuna no mercado negro da clonagem.

Dessas especulações e de inúmeras outras ainda mais desvairadas, emergiu um novo ramo de especialização intelectual: a bioética, que tem por finalidade discutir e, eventualmente, disciplinar, já que não teria poderes para prevenir, ou impedir, o inevitável envolvimento da pesquisa com os aspectos éticos da vida. Como por exemplo: o cientista é livre para tentar qualquer experiência, mesmo que contenha implicações de impacto previsivelmente negativo dos mecanismos que o processo evolutivo construiu ao longo dos milênios? E se criar um monstro? Ou um bacilo rebelde a qualquer droga inibidora? Ou uma mutação totalmente indesejável no ser humano?

• • •

Voltemos agora ao fio da nossa conversa.

Em princípio, toda a tecnologia necessária à clonagem de um ser huamano já existia ou estava a um passo de ser criada. Max queria um herdeiro masculino clonado, cópia fiel de si mesmo, e assegurava que dinheiro não seria problema. Cabia, portanto, a Rorvik reunir a equipe capaz de realizar a proeza que consistiria, esquematicamente, no seguinte:

· conseguir um óvulo humano sadio (Max desejava que a mulher fosse jovem, bonita e virgem.);

· extrair-lhe o núcleo e substituí-lo por um núcleo de uma célula não-sexual de Max;

· conseguida a 'fecundação' *in vitro*, isto é, em laboratório, reimplantar o ovo, já em desdobramento celular, no organismo da mesma jovem ou de outra, desde que o ciclo reprodutivo estivesse na fase certa;

· acompanhar cuidadosamente a gestação;

· fazer o parto.

• • •

Depois de muitos contactos, marchas e contramarchas, Rorvik conseguir persuadir um grande nome da ciência médica a aceitar o encargo. Como sua identidade também teve de ser preservada no anonimato, Rorvik chama-o simplesmente (e significativamente) de Darwin.

Em reunião realizada no rancho de Max no sul da Califórnia (ele tem uma coleção de residências pelo mundo afora), o assunto foi exaustivamente debatido. Impraticável seria para nós examinarmos no exíguo espaço de um artigo meramente informativo todas as ideias "atiradas à mesa".

Não resisto, porém, ao apelo íntimo de abrir uma exceção para destacar um dos aspectos abordados.

O médico que Rorvik chama de Darwin não acha que a clonagem seja um processo inatural. Segundo ele afirma, "o mundo está cheio de partenogenones (em inglês *partenogenone* é aquele que nasceu de partenogênese) e a maioria deles surge sem a ajuda do homem". Tais seres, cuja formação não é muito diferente da que produz clones, resultam dos chamados "partos virginais" (*virgin births*), ou seja, criaturas geradas exclusivamente pela mãe. O fenômeno tem sido observado em muitas espécies e foi até mesmo induzido artificialmente em mamíferos no princípio da década de 30 pelo dr. Gregory Pincus, que mais tarde se tornaria famoso como um dos "pais da pílula anti-concepcional".

Segundo Darwin, há certa quantidade de partenogenones humanos. A dra. Helen Spurway, especialista em eugenia e biometria do University College, de Londres, assegurou que uma em cada um milhão ou dois de mulheres seria provavelmente nascida de mães virgens por autofecundação do óvulo sem interferência do fator masculino.

Convém lembrar, para esclarecer, que somente a célula reprodutiva masculina contém o cromossomo Y, capaz de criar um ser do sexo masculino. No óvulo, em vez da dupla XY do homem, existem dois X (XX).

• • •

Retomemos, uma vez mais, o fio da narrativa.

Em local não identificado, com pessoas não identificadas, por meios não claramente descritos, tudo isso por óbvias razões de proteger o anonimato, começou a desenrolar-se o drama da criação clonal de um ser humano. Num país que suponho (não me perguntem como nem por quê) ser localizado no sudeste asiático, foi montado um moderníssimo laboratório de pesquisa anexo ao hospital ali mantido pela organização agroindustrial de propriedade de Max. Darwin e uma dupla de assistentes conseguiram um dia – cerca de dois anos e alguns milhões de dólares depois – chegar às condições desejadas e ansiosamente esperadas.

O óvulo de uma jovem sob o belo nome-código de *Sparrow* (Andorinha) 'aceitou' o núcleo de uma célula de Max (sem nenhum contacto sexual naturalmente). Não me ficou bem claro, mas o núcleo parece ter sido extraído de uma célula cancerosa que, pela sua maior velocidade de reprodução mais facilmente se sincronizaria com o ritmo duplicador da célula sexual. O ovo começou a duplicar-se normalmente em ambiente de cultura apropriado. Em seguida, no ponto certo, foi reimplantado no útero da jovem que também o aceitou sem rejeição e a gestação prosseguiu tranquila, sob a mais intensa vigilância da equipe. Com a necessária antecipação, a moça foi levada para algum ponto dos Estados Unidos, onde a criança nasceu em dezembro de 1976.

Sparrow, uma jovem de grande beleza e não menos marcante personalidade e inteligência, não permitiu que se filmasse o evento, como queriam, pois seria 'imodesto' fazê-lo. Concordou, porém, em que um gravador ficasse ligado para documentar o primeiro vagido do primeiro ser humano clonado.

Seria impraticável, a meu ver, descrever a cena final da aventura milionária sem reproduzir literalmente as palavras de David Rorvik:

> Sparrow disse que desejara que a criança chegasse no Natal – que ainda estava a duas semanas. Max sentia-se visivelmente feliz de que houvesse acontecido aquilo em 1976 – sua contribuição ao bicentenário americano, disse ele. Darwin estava radiante. Mary (assistente de Darwin) parecia quase beatífica. Max sentara-se à beira da cama de Sparrow. Ela segurava a criança envolvida num pequeno cobertor, junto ao seio. Não era, pensei eu, exatamente um núcleo familiar. Mas era uma cena emocionante aquele velho, aquela menina e aquele estranho bebê. Fiquei a imaginar o que aquela enrugada criaturinha estaria a ver. E o que poderia saber. E se seria um bravo.

• • •

Uma palavra final, para concluir.

De minha parte, aceito, em boa-fé, a realidade desse menino. Seria injurioso tomar o livro de Rorvik como disfarçada ficção científica escrita de maneira especial para criar as aparências da realidade. É mais correto – é inevitável – aceitá-la como realidade imitando a ficção mais imaginosa. Suas implicações são tremendas e, infelizmente, muitos milhões de seres estão despreparados para absorver esse impacto sem grandes abalos. Aqueles que continuam a pensar obstinadamente que o ser humano não passa de uma construção meramente bioquímica, ainda que terrivelmente complexa, vão achar que a ciência acaba de confirmar o materialismo biológico. Mais uma vez, pensarão, o homem agiu como Deus e criou a vida.

O menino clonado é, sem dúvida, uma 'xerox' humana de Max, gerado no organismo de Sparrow, a partir de um núcleo celular extraído do corpo de seu pai (Pai?). Max acha que ele será também igual a ele, idêntico, psicológica, moral e intelectualmente e que, no bebê clonado, ele, o velho Max, vai sobreviver na consciência partilhada.

Darwin e creio que até Rorvik hão de admitir esses conceitos ou coisa muito semelhante, pois vivem todos dentro do mesmo contexto materialista. Não é sem razão que o livro se chama *À sua imagem*.

Não sei o que pensa Sparrow. O livro reproduz dela um mero "retrato falado", mesmo assim, bastante impressionante. Sinto no seu espírito insuspeitadas profundidades e não seria surpresa se um dia viéssemos a saber que ela é senhora de milenar sabedoria. Eis a esperança.

Quanto ao seu filho (Filho?), não há dúvida: ali está um espírito que, encontrando reunidas as condições mínimas exigidas pelas leis divinas, reencarnou-se para uma importante tarefa, qual seja, a de demonstrar quão misteriosos são os desígnios de Deus e infinita a Sua sabedoria que por toda parte criou alternativas para o maravilhoso processo de renovação da vida.

– Não há nada que a natureza tanto deseje – disse Darwin a certa altura – quanto um bebê.

Um dia, quando o homem descobrir que nem a sua arrogância é maior do que a misericórdia de Deus, ele perceberá que, em vez de criar um ser inteligente, apenas descobriu um método que Deus havia criado para nos oferecer o maior número possível de opções entre as muitas que deixou abertas para que possamos chegar de volta a Ele.

– Dom gratuito de Deus é a vida eterna – disse Paulo aos Romanos (6,23).

UMA ÉTICA PARA A GENÉTICA

Todo um universo de insuspeitadas dimensões está surgindo da penetração da pesquisa pelos domínios da biologia. Tamanha é a massa de informações que está sendo colhida e tão extraordinário o seu conteúdo que muitos cientistas, fascinados pela excitação intelectual do êxito, imaginam-se novos deuses capazes de criar a vida à sua imagem e semelhança. Não sabem que, longe disso, estão apenas começando a descobrir os maravilhosos segredos que Deus coloca nas coisas que faz.

O nosso futuro está sendo jogado em partidas pesadas nos laboratórios do presente por homens e mulheres de ciência que têm o seu próprio código de ética, que talvez não seja o que melhor convém à sociedade humana. É que nesse verdadeiro exército de cientistas são percentagem desprezível aquêles que têm consciência da grandeza de Deus e do sentido espiritual da vida. Vendo-os trabalharem nos seus magníficos laboratórios, concentrados no estudo do homem, ocorre a nós, que estamos voltados para a realidade espiritual, a nítida impressão de que estão estudando os componentes materiais de marionetes, mas ignorando totalmente a consciência e as motivações que fazem os bonecos se moverem. Ah! que falta nos fazem cientistas espíritas que se dediquem, com reverência e amor, ao estudo das forças que impulsionam a vida e que lhe dão forma e sentido e não apenas dos componentes materiais em que ela se apoia!

Surgem, por isso, dilemas atrozes que envolvem milhões de seres. "Se permitirmos que os fracos e os deformados vivam – diz o doutor Theodosius Dobzhansky – e propaguem a sua espécie, teremos que enfrentar um crepúsculo genético. Mas, se os deixarmos morrerem ou sofrerem quando podemos salvá-los, enfrentaremos a certeza de um crepúsculo moral".

A equação não está bem armada porque a pesquisa ainda não recebeu o impulso certo na direção correta. O pensamento deve ser reformulado. Que processos espirituais ou psicossomáticos desencadeiam deficiências físicas? Podem ser revertidos? Podem ser evitados? Podemos impedir que se propaguem? Certamente que essas possibilidades poderão ser exploradas com segurança, a partir do instante em que o cientista se convencer de que o homem não é meramente um mecanismo biológico, mas um ser espiritual. O problema é realmente difícil para aquele que não aceita, nem como hipótese de trabalho, a realidade espiritual. É que, para atuar no mundo material, o espírito precisa ter na matéria os contatos e as 'tomadas' necessárias, junto aos quais atua através do seu perispírito.

Até que se assuma tal posição, no entanto, muita desorientação ainda há de provocar danos imprevisíveis aos processos da vida e, por conseguinte, ao homem das futuras gerações. É que, sem o saber, a ciência está interferindo em alguns dos dispositivos da própria reencarnação, ao manipular genes, na tentativa de acelerar ou provocar desvios no sistema evolucionista da vida. O homem moderno tem pressa; não quer esperar pela sabedoria das leis divinas. Está, assim, tentando obrigar a natureza a dar saltos, coisa que ela nunca fez. Os planos são muitos e cada qual mais mirabolante. Ainda na infância espiritual, os homens de ciência descobriram no universo do ser um imenso e imprevisto quarto de brinquedos, os brinquedos da vida. Os projetos são inúmeros e o limite é a imaginação de cada um. Um deles é aumentar a caixa craniana para ter homens mais inteligentes. E fazer o que com a inteligência?, perguntamos nós. Os astronautas não precisam de pernas, portanto, vamos mexer nos genes para criar homens sem pernas. A mulher deseja filhos? É fácil: faça-se nela a inseminação com material genético devidamente estudado e preparado. Quer filhos, mas não deseja a gravidez? Implante-se seu óvulo em mãe mercenária. Quer filhos homens, de olhos azuis e cabelos louros? Basta alterar os genes, no ponto certo, tirando partículas e acrescentando outras. Se homens e mulheres desejarem conservar do sexo apenas o prazer momentâneo, então os seres poderão ser criados em úteros artificiais, em série, fabricados em incubadeiras coletivas, às quais qualquer um poderá encomendar seus filhos pelo crediário, com rígidas especificações, como se fosse um novo automóvel. Se o país precisa de um novo exército 'gera-se' um, clonando células de grandes militares. Para transmitir conhecimentos, basta injetar as "células da memória" de um ser que sabe noutro que não sabe. Para preservar a vida física indefinidamente, pensam os biologistas em clonar seres humanos de reserva, que ficariam cuidadosamente depositados em congeladores para fornecerem 'sobressalentes', tais como coração, pulmões, rins, braços ou pernas, e até cabeças novas para aqueles que se desgastaram pelo uso ou abuso.

Há planos para criar um monstro meio homem meio máquina, chamado *cyborg*, que seria um cérebro vivo, ligado a um mecanismo que apenas servisse às suas limitadíssimas necessidades. Já se pratica a técnica da criogenia, segundo a qual se congelam as pessoas doentes ou desgostosas da vida para que no futuro, quando for possível resolver os seus problemas biológicos ou psicológicos, sejam trazidas de volta à vida ativa. E o espírito? Disso ninguém cuida, dele ninguém sabe, por ele ninguém se interessa.

Os centros das sensações estão sendo identificados e 'mapeados' nas ignotas regiões do cérebro. A introdução de elétrodos em determinados pontos provoca sensações novas e extraordinárias. Experiências feitas em ratos levaram os pobres animais a uma completa alucinação na busca desesperada do prazer, até a morte por exaustão, completamente desinteressados de tudo o mais, inclusive alimentação e atividade sexual. Descobertas como estas criam problemas imprevisíveis de comportamento futuro. Já há quem preveja "centros de experimentação" em substituição às drogas, aos bares e aos cafés, onde as criaturas se reuniriam para viverem horas de prazeres nunca dantes experimentados, ligados a uma aparelhagem verdadeiramente diabólica.

Sensações artificialmente provocadas levariam a um mundo onde tudo o mais seria secundário. Edgar Cayce, o notável médium americano, falou muitas vezes, nas suas comunicações (*readings*), que os cientistas da Atlântida haviam adquirido controle sobre seres que passaram à condição sub-humana, porque desde o nascimento recebiam implantações de alguns instrumentos no cérebro e se tornavam (Cayce chamava-os de "coisas" – *things*) escravos-robôs. José Delgado, um fisiologista americano, realizou experiências conclusivas segundo as quais consegue deter, a poucos metros, um touro enfurecido, enviando-lhe, por meio de um transmissor de rádio, uma determinada faixa de onda à região onde o animal tem implantado um elétrodo.

Acham outros cientistas que, retirando de um indivíduo alguns componentes genéticos, podem reproduzi-lo à vontade, com todas as suas características físicas – cor de pele, dos olhos e dos cabelos –, e ainda com absoluta identidade mental e espiritual. Seria, assim, fácil criar um milhão ou dois de novos Lincolns ou Einsteins. É claro que, se isso fosse possível, não faltaria quem desejasse criar uma quadrilha inteira de Al Capones ou uma nação de Hitlers. Nesse ponto, o embriologista Robert T. Francoeur, autor de *Utopian Motherhood* (Maternidade Utópica), diz um – basta! – que é um brado de alerta: "Xerox de gente? Não deveria ser praticada em laboratório, nem mesmo uma só vez, com seres humanos".

A questão é que os cientistas escolhem seus métodos e decidem sua própria ética. E é por isso que já se pensa nos Estados Unidos, a sério, na proposição de leis que instituam um código ético básico para traçar limites ao que pode ou que não pode ou não deve ser realizado, em laboratórios, com o ser humano. O problema é, no entanto, muitíssimo mais complexo, porque a tais atitudes respondem muitos cientistas declarando a impossibilidade de pesquisar dentro de faixas rigidamente determinadas por legisladores que não estão preparados para decidir questões de âmbito científico.

Por outro lado, mesmo que seja possível estabelecerem, os próprios cientistas, um código voluntário de ética, quem poderá assegurar a aplicação ética das descobertas que forem realizadas? Isso porque a ciência pura não se interessa – em princípio – pela utilização de seus 'achados'. Os homens que começaram a desvender os segredos do átomo talvez não permitissem que se atirassem bombas sobre populações indefesas, se para isso tivessem autoridade política e militar, mas os que jogam bombas não são os mesmos que descobrem os processos de liberação da energia nuclear.

Não é minha intenção, neste brevíssimo e incompleto sumário, inquietar ou assustar o leitor, mas creio que é útil a todos nós dar essa espiada ligeira em alguns dos problemas que estão ocupando os melhores intelectos do mundo moderno. Não podemos, no entanto, livrar-nos de uma pesada e opressiva sensação de melancolia, ao vermos que tanto esforço, tempo, dinheiro e talento, são colocados na tentativa infantil de 'corrigir' a obra de Deus. Nessa atmosfera de ficção científica, onde tudo é possível para os cientistas, onde está o espírito? Onde está Deus? Vemos, desalentados, que essas entidades não são tomadas em consideração nem mesmo como hipóteses de trabalho, para ajudar o raciocínio ou testar experimentações incompreensíveis, quando deveriam ser a base, o princípio dominante de toda a especulação em torno dos fenômenos da vida, manifestação legítima da grandeza infinita de Deus.

Ao contrário, o que vemos nessas pesquisas e nesses estudos são homens brilhantíssimos, donos das mais respeitáveis culturas técnicas, trabalhando nos mais avançados laboratórios, mas de cabeça baixa, voltados para a matéria, só matéria, matéria sempre, sem saberem que o átomo é apenas o suporte transitório da vida, muleta de que o ser precisa por algum tempo, no início da sua carreira evolutiva na sua escalada para o infinito, na direção de Deus.

Para tomar um só exemplo, vejamos o que está sendo pesquisado em torno da memória. A história começa com a sensacional descoberta do RNA (ácido ribonucleico) e do DNA (ácido desoxirribonucleico), ingredientes básicos do gene existente nas células de todos os organismos vivos. Esse achado científico foi considerado tão importante quanto a desintegração atômica, porque foi surpreender fenômenos da vida nas suas bases de sustentação e propagação. Na realidade, as pesquisas vão de tal forma adiantadas que Arthur Kornberg, da Universidade de Stanford, conseguiu produzir uma fieira de moléculas de DNA capaz de reproduzir-se, tal como um vírus.

Experiências posteriores, partindo do conhecimento obtido acerca do comportamento do RNA, sugerem a possibilidade de transferir informações armazenadas na memória de um ser para a memória de outro, mas os próprios cientistas ainda têm muitas dúvidas sobre a validade dos dois testes feitos, que não acham bastante conclusivos. No entanto, já se partiu para a especulação das possibilidades e perspectivas resultantes da experimentação. Alguém imaginou as "pílulas do conhecimento" que, compradas na drogaria ali da esquina, poderiam proporcionar àquele que as ingerisse conhecimento de línguas, de arte ou de matemática. A coisa, porém, não é tão simples assim, porque então, como diz James MacConnell, psicólogo da Universidade de Michigan, para que desperdiçar todo o vasto conhecimento adquirido por um eminente professor? Em lugar de aposentá-lo ao cabo de uma vida de trabalho, a solução melhor seria os alunos comerem o mestre...

Brincadeira ou não, o certo é que as aventuras no domínio da genética e da biologia prosseguem na ignorância total da condição espiritual do homem.

Wilder Penfield, um cirurgião canadense, ao realizar uma operação cerebral com anestesia local, descobriu que certos pontos do cérebro, eletricamente estimulados, levavam o paciente a ouvir uma canção antiga, ou a reviver, com todos os seus vívidos pormenores, uma esquecida cena da infância, ou uma senhora a experimentar, novamente, as sensações de uma antiga gravidez. Daí, concluíram alguns cientistas que o cérebro tem capacidade para registrar e conservar com precisão incrível todas as sensações que recebe, por menos importantes que sejam. O espiritismo sabe disso há muito tempo, ensinando que esse registro se faz no perispírito, mesmo porque as memórias que guardamos não são apenas as desta vida, mas as das anteriores também, até onde alcançar a nossa consciência. A demonstração disso está no fenômeno da regressão de memória.

Alguns pesquisadores suspeitaram, a seguir, que as memórias eram arquivadas por meio de impulsos elétricos, mas onde guardar tanta informação – bilhões e bilhões delas – no simples compartimento de um cérebro? Experiências posteriores vieram demonstrar que animais de laboratório conservam a lembrança do que aprendem, mesmo quando a atividade elétrica de seus cérebros é afetada por frio intenso, drogas ou choques, ficando prejudicada apenas a lembrança de fatos recentes; os mais antigos persistiam, a despeito das condições adversas. Conclusão – pura e inteiramente materialista: a de que algo mais permanente era necessário para explicar a persistência da memória a qual, portanto, não poderia ser arquivada num simples impulso elétrico que facilmente se descarrega; a base da memória seria, então, um composto químico! Estudando mais o assunto descobriram que, realmente, a mensagem levada por um neurônio somente passa de uma célula para outra quando existem entre elas certas substâncias químicas que funcionam como transmissoras. Com esta conclusão ainda preliminar, é verdade, mas admitida por muitos, a memória não passaria de um conjunto de informações guardadas numa substância química. Dispersada a substância com a morte do indivíduo, tudo se perderia para sempre. Quer dizer: não saímos do círculo vicioso do materialismo estreito, por mais que os homens estudem, por mais que pesquisem e por mais ricos que sejam os seus laboratórios reluzentes.

Abismado pelas complexidades e grandezas da biologia molecular, o homem ainda não aprendeu a ser humilde diante da obra de Deus e perguntar, como

George Washington Carver, o que desejou o Criador dizer com as maravilhosas coisas que fez. Em lugar disso, o homem quer criar e corrigir a obra da natureza, uma obra da qual ele ainda não entendeu sequer os princípios fundamentais.

Vejamos, por exemplo, uma lição de humildade. Há uma bactéria no aparelho digestivo chamada *scherichia coli*. Uma colher de chá de DNA dessa bactéria é capaz de armazenar informações que somente seria possível fazer-se com um computador cuja memória tivesse cento e sessenta quilômetros cúbicos! Mas, isso não é nada, porque o homem possui mil vezes mais DNA do que a bactéria. E mais ainda: certos animais marinhos, como a salamandra, ou mesmo vegetais, como a alga, têm ainda muito maior quantidade de DNA que o homem. Assim, a despeito da extrema miniaturização do cérebro humano, ainda lhe é fantasticamente superior. Já imaginaram um homem com um cérebro de cento e sessenta mil quilômetros cúbicos? E os cientistas ainda não sabem que o ser humano traz em si, também, as memórias de inúmeras vidas passadas...

Todas essas descobertas e debates estão preocupando os pensadores, teólogos e filósofos dos tempos modernos. Que vai sair desses laboratórios ameaçadores? Um ser artificial? Um *cyborg* a ditar ordens implacáveis? Multidões clonadas por cópias, como xerox? Seres sem alma? Nada disso! Se forem criadas artificialmente as condições existentes na mais profunda e sagrada intimidade do organismo materno, o espírito aí se encarnará, mas o homem não poderá criar a vida, isto é, um ser humano pensante, mesmo que tente copiá-lo de um já existente!

A fantasia, no entanto, está solta. Um biofísico chamado Leroy Augenstein escreveu, em 1969, um livro intitulado *Come, Let Us Play God* (*Venha, vamos brincar de Deus*). Acha ele que o homem sempre assume o papel divino quando Deus falha, e que, aliás, já tem feito isso através dos tempos, mudando a face da Terra, desde que usou o arado até às modernas obras de engenharia. Não precisamos ser geniais para concluir que foram desastradas muitas dessas interferências; do contrário, não teríamos hoje o desequilíbrio ecológico a que estamos assistindo, nem o tremendo problema da poluição, nem a extinção de plantas e espécies animais úteis ao bom funcionamento da vida sobre a Terra, nem fome e miséria num mundo que tudo pode dar para todos.

Brincar de Deus... Não sabemos ainda nem como brincar de homens!

Esse é o quadro que a biologia molecular e a genética estão compondo neste exato momento em que o leitor lê estas linhas. O homem está brincando é de aprendiz de feiticeiro e se os poderes espirituais não tomassem as medidas necessárias, no tempo oportuno, a civilização moderna se suicidaria em poucos decênios. Muitas dores por certo ainda hão de vir enquanto brilhar a inteligência divorciada da moral, mas não está muito longe o dia em que Deus vai mostrar, mais uma vez, que o Universo que Ele criou não anda à matroca, nem precisa de correções, a não ser aquelas que forem necessárias para corrigir os desvios provocados pela vaidade humana.

Há, pois, uma urgente necessidade, neste ponto da civilização: a uma ética para a genética.

O ENDEREÇO DE DEUS

Numa bela frase de efeito, disse alguém que o ser humano perdeu o endereço de Deus.

Se o nome de Deus desapareceu subitamente do seu caderninho pessoal, nem tudo está perdido. Ligue para Harold Bloom; ele sabe. Ou, mais fácil, leia *Presságios do milênio – Anjos, sonhos e imortalidade* (Objetiva, 1996, Rio de Janeiro). Deixe-me avisar logo que isto *não é* um comercial e sim um texto em que o vosso escriba oferece suas reações de simples leitor às ideias do famoso autor.

Há uns poucos anos, Bloom era para mim apenas um nome na memória, pescado em alguma leitura ocasional. Fiquei sabendo, depois, que se tratava de um dos mais destacados críticos literários no circuito acadêmico internacional.

Não que ele seja uma unanimidade, pois, assim como tem seus admiradores, conta com a cota normal de discordâncias. Ao que parece, ele não está nem aí e segue escrevendo exatamente o que pensa e da maneira que julga mais apropriada ao seu modo de ser e de ver as coisas.

Bloom leciona nas universidades de Yale e Nova Iorque. Seu ídolo literário é Shakespeare, a quem considera "o deus mortal" (*Presságios do milênio*, p.85) e que seria, a seu ver, o gênio que "inventou o humano" (Ver *Shakespeare – A invenção do humano*, Objetiva, 2000).

Mas não é sobre o crítico literário que proponho conversarmos aqui, e sim sobre o crítico dos modelos religiosos prevalecentes em nosso tempo. No que, aliás, se revela não menos brilhante e polêmico.

Logo na introdução do livro, o autor dá o tom da fala, sem rodeios ou subterfúgios, ao declarar que, em todas as religiões ocidentais, "Deus é encarado como essencialmente externo ao eu" (p.11).

Em contraposição à concepção de uma divindade externa, ensina que a gnose revela sua "familiaridade e conhecimento do Deus interior".

É estimulante ouvir um intelectual dessa estatura dizer que suas "experiências e convicções religiosas são uma espécie de gnose". Acrescenta mais adiante, que seu livro "é uma espécie de sermão gnóstico", onde distingue perfeitamente a salvação prometida pelas igrejas, da libertação pelo conhecimento, que é a proposta gnóstica. O que confere com a postura do Cristo ao declarar: "Conhecereis a verdade e a verdade vos libertará".

O autor aproveitou a aproximação do novo milênio – o livro foi lançado em 1996, como vimos – para examinar inquietações filosófico-religiosas e disparidades comportamentais contemporâneas, quando tanto se fala de anjos, sonhos premonitórios e experiências de quase-morte.

Para nutrir suas próprias meditações, recorreu ele às gnoses cristãs (gnosticismo propriamente dito e catarismo), bem como ao sufismo xiita muçulmano e ao cabalismo judaico. Encontrou nas três um "veio comum, talvez hermetista", que, segundo ele, nos interessa esclarecer numa época de transição como a que estamos vivendo.

Caracteristicamente, Albert Schweitzer declarou, em *The Mysticism of Paul the Apostle*, que "todos os elementos do gnosticismo já estavam presentes nele" (em Paulo). Poderia ter acrescentado que estavam também em Jesus, como estão na doutrina dos espíritos.

Não quero dizer com isto que Jesus tenha sido um gnóstico, pois ele a tudo isso transcende e nem que Paulo o tenha sido, mas os conteúdos da realidade espiritual, tal como a entendiam gnósticos e cátaros, constituem substrato indispensável na formatação de qualquer religião ou código ético que se preze. Como ignorar, em tarefa desse vulto e de tão abrangentes implicações, a realidade na qual estamos todos inseridos, aqui ou na dimensão póstuma?

Chegamos, porém, a tal ponto de paradoxalidade, que o "veio comum", a que se refere Bloom foi ignorado na reformatação do cristianismo e tido por herético e perseguido até à extinção, como ocorreu com o catarismo.

Para mencionar apenas um aspecto, falta às estruturas de pensamento católico e protestante a realidade fundamental das vidas sucessivas. Esse vazio acabou preenchido por especulações fantasiosas como unicidade da vida, pecado original, céu, inferno, demônio, ressurreição da carne e tantas outras teorias e hipóteses igualmente inaceitáveis e irracionais. Não é de admirar-se, por isso, o estado de perplexidade ideológica e desorientação em que se debate a comunidade planetária de nosso tempo.

A terminologia e as posições do eminente crítico e professor diferem, aqui e ali, das adotadas pela doutrina dos espíritos, mas, no fundo, estamos todos falando de existência, preexistência e sobrevivência do ser à morte corporal, de reencarnação, imortalidade e comunicabilidade entre "vivos" e "mortos", de mediunidade, causa e efeito e, finalmente, de um Deus impessoal, "inteligência suprema e causa primária de todas as coisas.", no seio do qual vivemos e nos movemos como escreveu Paulo há quase dois mil anos.

É preciso acrescentar que cientistas e pensadores mais recentes – Ken Wilber, por exemplo – propõem o modelo de um universo holográfico, no qual seríamos todos hologramas vivos e individualizados.

Outros autores mais voltados para especulações de natureza teológica, consideram que a gnose não apenas faz falta às religiões ocidentais majoritárias, como é indispensável ao melhor entendimento da vida.

Geddes MacGreggor, (*Gnosis – a renaissance in Christian thought*, 1979) identifica elementos "parapsicológicos" no cristianismo primitivo e declara que "as grandes verdades sobre o universo encontram-se nas suas realidades psíquicas" (leia-se: espirituais). Para ele, o renascimento do cristianismo estaria à espera do acolhimento de tais conceitos, como, aliás, expressou logo no subtítulo de seu livro.

Charles Gillabert (*Jésus et la Gnose*) é ainda mais enfático, ao declarar "que o mundo de amanhã será gnóstico ou não será".

Ora, seria incorreto dizer-se que espiritismo e gnosticismo e catarismo são sinônimos, mas não há como deixar de reconhecer que trabalham tais correntes de pensamento com aspectos semelhantes.

Não há, pois, divisão ou separação entre criador e criatura. Ou, para dizer a mesma coisa em linguagem de Harold Bloom: o erro no sistema ideológico hoje predominante, no Ocidente, está em que se teima em considerar Deus "essencialmente como externo ao eu". "Eu e o Pai somos um", confirmou Jesus.

Estamos divididos, portanto, "dentro" de nós mesmos, desatentos aos tesouros de experiência e conhecimento acumulados "do outro lado" de nosso próprio ser, naquele "endereço" onde Jesus situou o Reino de Deus. É o que consta em Lucas (19:20):

> Havendo-lhe perguntado os fariseus *quando* chegaria o Reino de Deus, lhes respondeu: O Reino de Deus vem sem se deixar sentir. E não dirão: Vede-o aqui ou ali, porque o Reino de Deus *já está dentro de vós*.

O *logion* 11 do Evangelho (gnóstico) de Tomé ensina, por sua vez que, perdida a unidade com Deus, perdemos também o rumo, e somente chegaremos à plenitude quando, dos dois que houver em nós, fizermos um só.

Mesmo aqueles que se revelam interessados na busca de Deus, procuram-no onde ele *não está*, ou seja, fora de si mesmos. A maioria esmagadora, contudo, nem pensa em buscá-lo, dentro ou fora de si. A cultura moderna, ainda sob a tirania consensualmente aceita do materialismo, empenha-se em solicitar-nos para o que Teilhard de Chardin caracterizou como "o fora das coisas". É de lá, desse "fora", que procede atordoadora oferta de prazeres, de liberdade mal entendida e mal praticada, de apelos para o que Mário de Andrade chamaria de "que-me-importismo".

Lembro-me da sensação de desconforto que me invadiu, quando, no final da década de 70 do século findo, vi, por toda parte, pregados nos postes de rua e nas paredes dos edifícios em Nova Iorque, pequenos papéis contendo, em duas únicas palavras, inquietante mensagem subliminar, pejada de assustadoras implicações. Diziam assim os papeluchos: "*Why not?*" ("Por que não?")

Realmente, a pensar-se desse modo, por que não usar drogas, por que não entregar-se à sexolatria, ao crime, à irresponsabilidade, à corrupção, à insensibilidade, à disputa desenfreada de poder, *status* e riqueza? Pois a vida não é apenas um momento fugaz entre berço e túmulo? Não acaba tudo com a morte corporal? Não é preciso 'aproveitá-la' de todos os modos possíveis?

Essa deprimente filosofia de vida não oferece um mínimo de condições ao recolhimento, à busca de Deus, à prece, às convicções de natureza espiritual, ao comportamento ético e nem mesmo à esperança.

É óbvio que esse caótico estado de coisas, tem tudo a ver com a falência das religiões ocidentais institucionalizadas.

Por isso, tornou-se tão difícil o acolhimento da doutrina dos espíritos pela comunidade humana em geral.

Ainda há pouco, o lúcido confrade Wilson Garcia comentava, em tom melancólico, a pouca expressividade estatística do movimento espírita no Brasil.

É claro que o espiritismo não tem o menor interesse em tornar-se quantitativo em vez de qualitativo e nem arregimentador como certos movimentos que se converteram em verdadeiras empresas multinacionais da fé (que fé?). Haverá, contudo, algo que possamos fazer para que a mensagem da realidade espiritual tenha melhor acolhimento pela cultura contemporânea?

Convém estarmos atentos para que nossas falas e textos possam interessar *também* àqueles que buscam respostas. O leitor em potencial pode não tomar um livro voltado para dentro do movimento como um estudo sobre mediunidade ou sobre práticas ditas desobsessivas, mas tem-se revelado, por exemplo, predisposto a ler *O evangelho segundo o espiritismo*, como se comprova com as expressivas tiragens dessa obra. Muitos são os que, a partir daí, passam a estudar os demais livros da Codificação, a fim de informarem-se melhor sobre a doutrina que oferece aquela visão dos ensinamentos do Cristo.

Afinal de contas, Kardec foi o primeiro a defrontar-se com o problema de escrever para um público-alvo não espírita. Concluído *O livro dos espíritos*, ocupou-se ele, nos quatro volumes subsequentes, de estudos sobre mediunidade, *evangelho*, conceitos teológicos como céu e inferno, e, finalmente, sobre a gênese, milagres, predições, visando a uma releitura de tais aspectos *segundo* a sólida e inteligente doutrina dos espíritos.

Mesmo assim, não nos iludamos: é árdua e frustrante a tarefa de introduzir nas estruturas vigentes de pensamento e comportamento os conteúdos da realidade espiritual.

Partilho, pois, da consternação manifestada pelo amigo Wilson Garcia, mas, tanto quanto ele tem feito, continuaremos a dar o recado de que fomos incumbidos.

Sabemos todos, ademais, que esta é uma fase passageira, por mais que dure, estágio doloroso em um processo de natureza inexoravelmente evolutiva. O que ora testemunhamos, em escala planetária, não estaria acontecendo se contássemos com dois mil anos de prática dos ensinamentos originais que constituem a herança cultural e ética do Cristo.

Em suma: nada disso teria necessariamente de acontecer, se tantos de nós, no passado, não houvéssemos perdido o endereço de Deus.

De qualquer modo, é reconfortante testemunhar a insatisfação de um ícone da crítica literária contemporânea, como Harold Bloom, com os modelos religiosos que nos são oferecidos pelas grandes religiões institucionalizadas.

PS – Devo sugerir, imodestamente, aliás, meus livros *O evangelho gnóstico de Tomé* e *Os cátaros e a heresia católica* como leitura complementar às reflexões aqui oferecidas.

ENTREVISTAS

ENTREVISTA À
REVISTA INTERNACIONAL DE ESPIRITISMO

1– Qual é a sua atividade profissional.
HCM – Minha formação profissional foi em ciências contábeis. Aposentei-me em 1980, após quarenta e três anos de trabalho, trinta e oito dos quais na Companhia Siderúrgica Nacional, em Volta Redonda – onde nasci –, em Nova Iorque e no Rio.

2 – E como o senhor participa do movimento espírita?
HCM – Do movimento propriamente dito posso dizer que não participo no sentido de estar ligado a tarefas administrativas em uma ou mais das numerosas instituições ou centros, espalhados por toda parte. Se é que o escritor pode ser considerado participante, então, sim, estou nele profundamente envolvido. Tive que optar, pois dificilmente poderia me dedicar ao movimento simultaneamente com a tarefa de escritor. Uma delas ou ambas sairiam prejudicadas.

3 – O senhor viveu algum tempo fora do país. Como foi essa experiência, no que concerne à atividade espírita?
HCM – Ao tempo em que trabalhei no escritório da CSN, em Nova Iorque, na década de 50, eu ainda não era espírita. Foi somente depois de regressar ao Brasil, no final de 1954, após quase cinco anos nos Estados Unidos, que comecei a estudar a doutrina dos espíritos. Não há dúvida, no entanto, de que a permanência na América foi muito enriquecedora como experiência de vida, tanto para minha família como para mim pessoalmente. Para citar apenas um aspecto positivo, além do impulso que minha carreira profissional tomou, o inglês passou a ser minha segunda língua, o que muito me tem ajudado na busca de conhecimento.

*4 – Sabemos que o senhor desenvolveu pesquisas de regressão a vidas passadas, inclusive naquela que resultou em um livro em parceria com o Luciano dos Anjos (*Eu sou Camille Desmoulins*). Como o senhor explica essas regressões?*
HCM – Em primeiro lugar é necessário esclarecer que não cuidamos, em nossas pesquisas, de promover regressões por mera curiosidade e nem com finalidade terapêutica. Nosso objetivo, num pequeno grupo, foi basicamente

o de estudar o funcionamento dos mecanismos da memória. Do que resultou, aliás, o livro *A memória e o tempo*, hoje em quinta edição. A pesquisa com Luciano dos Anjos, pelo que depreendemos foi um projeto combinado na dimensão espiritual. *Eu sou Camille Desmoulins* não apenas demonstra convincentemente a realidade da reencarnação, como constitui um singular documento histórico sobre a Revolução Francesa.

5 – Qual é a sua atual linha de pesquisas espíritas?

HCM – Terminei há pouco um livro sobre Fénelon, um dos componentes da equipe espiritual que trabalhou, como se sabe, junto de Kardec na elaboração da doutrina dos espíritos. A ideia surgiu enquanto eu realizava a pesquisa para escrever *Alquimia da mente*. Mas eu desejava, antes do trabalho sobre Fénelon, que exigiria demorados estudos, escrever o livro intitulado *Guerrilheiros da intolerância* e mais o recém-lançado volume sobre o autismo, duas obras igualmente trabalhosas em termos de pesquisa. É que me chegara ao conhecimento seis existências de Fénelon, desde o tempo do Cristo, e a curiosidade me levou a mergulhar no tema. Especificamente sobre Fénelon, por exemplo, foi necessário discorrer sobre ele na sua condição de arcebispo de Cambrai, ao tempo de Luís XIV e, posteriormente, já desencarnado, e ainda como espírito. Como entidade desencarnada ele participou ativamente junto de Kardec, como vimos, mas também no grupo de Bordeaux, onde atuava a sra. W. Krell, conhecida por sua excelente mediunidade. Foi esse o grupo que recebeu a muito conhecida "Prece de Cáritas". Encontramos comunicações mediúnicas de Fénelon-espírito também no raro livro *La survie*, de 1897, coordenado por Rufina Noeggerath.

Meu livro deveria intitular-se *As seis vidas de Fénelon*. Depois de concluído, no entanto, descobrimos 'por acaso', que Lavater também poderia ser considerado como uma possível vivência da mesma entidade que vivera como Fénelon. Resolvi incluí-lo, modificando o título do livro para *As sete vidas de Fénelon*.

Tenho outros projetos a desenvolver, mas no momento estou dando uma trégua a mim mesmo.

6 – Qual é a sua opinião acerca da doação e transplante de órgãos?

HCM – Tive, de início, ao tempo em que os transplantes começaram a ser feitos, algumas dúvidas sobre o assunto, sobre o qual ainda me sinto um tanto dividido. Não me parece que possamos contar com padrões éticos suficientemente confiáveis para lidar com algo tão complexo como isso. Numa sociedade perfeitamente eslarecida e convicta da realidade espiritual, esse aspecto seria minimizado, mas, lamentavelmente, ainda estamos bem longe disso, como sabemos. Esses temores já emergiam em escritos meus publicados há quase trinta anos, como "Uma ética para a genética" e outros. Não só eu temia pela mercantilização do sistema, e até pela implantação de um câmbio negro de órgãos, como não me parecia suficientemente examinado o componente espiritual envolvido. Ainda penso assim. Um amigo médico me enviou há pouco, artigos publicados no exterior, nos quais são relatados casos de influenciações e interferências psíquicas em pessoas que receberam transplantes. Por outro lado, não me parecem suficientemente seguros os critérios reguladores da extração dos órgãos e sua distribuição. Impressionou-me de maneira dramática um filme – ficção, mas assustadora – no qual um cardiologista 'encomendava' corações para uma verdadeira máfia que escolhia o involuntário doador segundo especificações bem estudadas e o executava friamente.

As implicações do processo me parecem, pois, amplas e profundas demais para um contexto em que a pessoa humana é tida como máquina biológica em vez de uma entidade espiritual reencarnada.

7 – E sobre a clonagem de seres humanos?

HCM – A clonagem inclui-se no mesmo contexto de insegurança mencionado há pouco. Não me parece que os pesquisadores estejam conscientes das enormes responsabilidades que assumem ao interferir com os processos da vida. Os instrutores da Codificação advertiram sobre o risco de tais interferênias. Clonar seres humanos para ter peças de reposição é evidente temeridade. O ser humano é espírito encarnado e não uma engenhoca biológica. É claro que sempre que forem criadas em laboratório condições para que um corpo físico se forme, alguma entidade espiritual estará presente para reencarnar-se naquele corpo. Não é isso, contudo, que a gente lê, ouve ou vê na mídia. Há muita gente por aí tentando "brincar de ser Deus". Ainda não sabemos ao certo como ser gente!

8 – Como o senhor está vendo a imprensa espírita na atualidade, incluindo o rádio, a televisao e a Internet?

HCM – Penso que a divulgação do modelo de vida contido no espiritismo precisa ser amplamente difundido, claro, mas não atabalhoadamente. O espiritismo não tem uma 'mercadoria' para vender, mas uma proposta muito séria de comportamento, uma visão nobre e inteligente da vida e da chamada morte. A doutrina espírita não deve e não precisa, contudo, entrar na disputa de espaço na mídia a qualquer preço, à custa de sensacionalismo. Claro, contudo, que deve recorrer aos recursos disponibilizados pela tecnologia moderna. Imprensa, rádio, TV, internet e toda a parafernália periférica estão aí para isso e a mensagem que temos para divulgar é da melhor qualidade. Mais do que isso, o grande público precisa desesperadamente dela para retomar o perdido rumo da vida moderna.

9 – A propósito, o espiritismo é uma religião?

HCM – Ainda que em palavras diferentes, tenho por hábito propor sempre a mesma resposta a essa pergunta. Há que se definir preliminarmente o que estamos entendendo por religião. Se você acha que religião é ritual, é hierarquia sacerdotal, é dogma, é interessse pelo poder, é excluxividade salvacionista, a resposta é um firme, decidido e definitivo NÃO. Se, contudo, você entende religião como um instrumento de maturação espiritual, então a resposta é SIM.

Não há nisto nenhuma novidade. A despeito de tudo quanto se possa dizer, o Cristo não fundou uma religião, ele pregou e exemplificou um irretocavel modelo de comportamento do ser humano perante si mesmo, perante o seu próximo e perante Deus. Não teria o menor sentido alguém perguntar a Jesus, ao tempo em que viveu na Palestina, se ele estava cuidando de fundar uma nova religião. Religião por religião já as havia. E, como sempre, não funcionavam como instrumento válido de aperfeiçoamento evolutivo.

10 – Considerações finais.

HCM – Insisto e reitero que entendo o espiritismo como uma doutrina inteligente, clara e simples. Seus ensinamentos se purificaram de todas as fantasias, do misticismo, do obscurantismo, das disputas teológicas, dos rituais, dos dogmas, dos mistérios. Sinto-me um privilegiado por ter renascido numa época em que a essência da sabedoria dos milênios nos foi entregue a cintilar numa taça de não menos brilhante cristal. É nossa responsabilidade, sim, cuidar de que seja preservada, mas também que continue seu próprio processo evolutivo, como nós mesmos, seres humanos e como toda e qualquer ideia ou conhecimento. A doutrina dos espíritos nos oferece um abrigo seguro, ao qual podemos nos recolher, afinal, ao cabo de uma longuíssima jornada à procura da verdade. Nessa construção, ela abriu para nós amplas janelas para a vida lá fora, no universo. Cabe-nos cuidar da casa para que tudo nela esteja em ordem e possa servir ao nosso semelhante que ainda não encontrou as respostas que busca. E certamente precisaremos dela novamente, quando voltarmos para aqui, em futuras reencarnações. Precisamos, contudo, olhar pelas amplas janelas panorâmicas abertas para a vida. Que tem o espiritismo a dizer, por exemplo, sobre os temas aqui abordados nesta entrevista? Que tem a doutrina a nos dizer sobre aspectos da vida como o autismo, o conceito de inconsciente, o drama humano da personalidade múltipla? O que tem a ensinar-nos a respeito das especulações que estão saindo dos laboratórios de pesquisa, ou das mais avançadas ciências como a física quântica? O que é mesmo o cérebro, em suas óbvias implicações espirituais?

Muitos desses aspectos, senão todos, ainda escapam ao meu entendimento, mas quero aprender mais e mais, pois me sinto agora seguro, com os pés bem apoiados no território do espiritismo. Jamais poderia dizer isto de qualquer vida minha anterior, quando predominavam religiões dogmáticas, bitoladas, empenhadas na mera disputa de poder terreno.

Acima de tudo, sinto-me confortável no contexto espírita porque a sua lúcida doutrina restituiu-nos, em toda a sua pureza primitiva, os ensinamentos daquele moço que crucificaram há cerca de dois mil anos porque, em vez de uma nova religião que também entrasse na corrida desenfreada da competição com outros credos, ensinou a gente a entender a vida a fim de poder vivê-la em toda a sua plenitude. O espiritismo é uma fé que *sabe* e não uma que apenas *crê*. Por si só a posse da verdade não basta – é preciso usar o conhecimento para amadurecer espiritualmente.

ENTREVISTA AO GEAE[21]

Desejo, de início, agradecer o interesse dos internautas pelos meus escritos e pela generosa avaliação feitas sobre eles. É bom saber que a mensagem que a gente procura veicular vai encontrando espaço nos corações e nas mentes de tantos.

MÓDULO 1

Reúno numa só resposta duas perguntas que cuidam, praticamente, do mesmo assunto.

A primeira delas está assim redigida:

Alguém que não atenda ao apelo do protetor espiritual para não viajar, num avião, por exemplo, e venha a desencarnar sem que isso tenha sido determinado para acontecer, comete suicídio?

A segunda diz o seguinte:

Os integrantes do Mamonas Assassinas que desencarnaram num trágico acidente tiveram vários sinais de que aconteceria uma tragédia, como sonhos, avisos de videntes etc. Em um caso desses, em que somos avisados de que algo ruim está para acontecer, o destino não está totalmente definido e podemos mudá-lo? Ou se eles conseguissem escapar daquele acidente haveria outro e desencarnariam do mesmo jeito, pois era uma fatalidade que não podia ser evitada?

Os verdadeiros amigos espirituais costumam ser muito discretos e se revelam mais interessados em nos orientar no sentido de um comportamento ético, do que dizer como decidir as inúmeras situações que se nos apresentam no varejo da existência. Nota-se, da parte deles, um cuidado muito grande em não interferir com o exercício de nosso livre-arbítrio. Temos de aprender a tomar decisões. Estamos aqui para isso. Para assumir o ônus dos erros cometidos e ter o mérito dos acertos. Costumo dizer que viver é fazer escolhas entre as numerosas opções que se colocam a cada momento diante de nós. Creio, no entanto,

---

[21] Grupo de Estudos Avançados do Espiritismo. As perguntas desta entrevista foram coletadas na internet, entregues ao entrevistado para resposta e, posteriormente, divulgadas através da internet.

que, se ignorarmos avisos ou intuições de que não convém fazer a viagem, que acaba sendo fatal, não estaremos cometendo suicídio, a não ser que haja, de fato, o propósito de matar-se. Pelo que se ficou sabendo, um dos componentes do grupo dos Mamonas não seguiu com os seus companheiros por haver cedido seu lugar a outra pessoa. Em situações como essas, é impraticável saber-se tudo o que se passa nos bastidores de cada destino pessoal. Podemos especular, mas não dizer com precisão por que as coisas se passaram desta ou daquela maneira.

Outro aspecto a considerar é o de que o destino de cada um de nós não está fatalisticamente determinado. Trazemos, ao renascer, um plano de trabalho, projetos a desenvolver, tarefas a cumprir, retificações a promover. Poderemos ter um bom índice de êxito, cumprirmos parcialmente o programa, realizá-lo todo ou simplesmente não fazer nada daquilo e, em vez de nos resgatarmos de erros anteriores, acrescentar mais erros à carga que já carregamos do passado. Pelas numerosas comunicações transmitidas por intermédio de Chico Xavier, nos últimos anos, especialmente de jovens desencarnados em acidentes, percebe-se habitualmente a presença de um componente cármico embutido no processo, mesmo naquilo que parece perfeitamente aleatório, como uma bala perdida ou um disparo involuntário. Seja como for, o rumo de nossa vida na terra depende do comportamento de cada um. Muitos que vêm para a carne com pesados débitos de outras vidas resgatam-se pelo devotamento ao bem e ao próximo, sem aflições maiores. A lei divina não é punitiva – ela é educativa. Por isso, diz Pedro, na sua epístola, que "o amor cobre uma multidão de pecados".

Módulo 2

O jovem consulente formou-se recentemente em direito e pergunta se "*perante a lei divina, é correto o procedimento de julgamento dos homens*". Informa saber de jurados que inocentam criminosos por temerem a possível retaliação divina. Deseja saber, por isso, como devem proceder advogados, promotores e juízes, "*segundo os mandamentos de Kardec*".

Devo lembrar ao amigo doutor que me honra com as suas questões que, como ele sabe, não há mandamentos espíritas, menos ainda propostos por Kardec. O espiritismo é a doutrina da liberdade responsável. Estamos aqui para aprender a errar menos, até que saibamos escolher sempre a atitude correta entre as numerosas opções que temos diante de nós. Ao contrário do Decálogo, que é um documento de comando, no qual predomina o não, Jesus introduziu a doutrina do amor.

Especificamente, quanto à pergunta formulada, penso que, eventualmente, ao cabo de um longo processo evolutivo, a sociedade será praticamente autogovernável, sem necessidade de um Código Penal para catalogar crimes e dosar as penas, sem tribunais, cadeias e presídios. Cada um saberá de seus deveres e não pedirá mais do que aquilo que for de seu direito. No estágio evolutivo em que nos encontramos, porém, a sociedade não pode, infelizmente, prescindir de uma estrutura legal destinada a coibir abusos e distorsões de comportamento, a fim de garantir um mínimo de estabilidade política, social e econômica, tanto quanto o direito às liberdades básicas. Para aplicação das leis humanas – por mais imperfeitas que sejam – torna-se necessária toda uma estrutura jurídica, preparada para examinar cada caso e determinar as correções que se impõem. Não vejo como fazer isso sem advogados, promotores, juízes, credenciados pela sociedade para aplicação adequada dos princípios de salvaguarda dos mecanismos de convivência social. Acho, contudo, que a legislação humana ainda tem muito do caráter punitivo e pouco ou nada das conotações (re)educativas. Em muitos países ainda se manda assassinar (executar) aquele que assassinou. Como se fosse uma vingança. São inevitáveis, por outro lado, os angustiantes conteúdos humanos nos casos levados aos tribunais e isso introduz em qualquer julgamento um elemento imponderável de emoção, que não deve ser ignorado. A Justiça não deve ser cruel.

Módulo 3

Descreve-me alguém, em espanhol, o drama que vive no lar. Ao cabo de vinte e cinco anos, a esposa não o quer mais e nem mais acredita nele. E pergunta: *"Que esta pasando? Que puedo hacer?"*

Caro amigo: Infelizmente não há soluções mágicas para conflitos como esse. Além disso, desconhecemos as causas que produziram a situação de angústia que se criou, certamente para ambos. Não há como dizer-lhe, portanto, o que se passa. É bem provável que o desacerto entre vocês possa ter algum componente cármico, ou seja, compromissos decorrentes de equívocos cometidos em existências anteriores. Usualmente, os membros de uma família não se reúnem por acaso, mas para um processo reeducativo. Daí a importância da convivência tolerante e compreensiva no lar. Imagino que você já tenha procurado um entendimento negociado com a esposa. Tente persuadi-la a desistir de seus propósitos. Procure modificar, em você, as atitudes que, porventura, a tenham levado a tão drástica decisão. Se conseguiram conviver durante vinte e cinco anos, porque não será possível um pouco de tolerância mútua, de modo a viverem, juntos, outros vinte e cinco? Será possível falarem ambos com um conselheiro matrimonial? Ore, pedindo a Deus que os ajude e lhes inspire uma solução de consenso, na qual cada um ceda um pouco de sua parte para que a paz se faça.

Módulo 4

Este leitor (ou leitora) informa que já leu alguns livros meus, como *Nossos filhos são espíritos* e que, em *Muitas vidas, muitos mestres*, de um psiquiatra americano, notou a surpresa do autor, quando seus pacientes começaram a falar de vidas anteriores.

E pergunta:

a) *Há um tempo mínimo entre uma reencarnação e outra?*
Que eu saiba, não há regras fixas para definição desse lapso de tempo, de vez que cada caso é um caso. A matéria é tratada na questão número 223 de *O livro dos espíritos*. Allan Kardec formulou a seguinte pergunta: "A alma se reencarna imediatamente após a separação do corpo?" Eis a resposta dos Instrutores da Codificação:

> Às vezes, imediatamente, mas, na maioria das vezes, depois de intervalos mais ou menos longos. Nos mundos superiores a reencarnação é quase sempre imediata. A matéria corpórea sendo menos grosseira, o espírito encarnado goza de quase todas as faculdades do espírito. Seu estado normal é o dos vossos sonâmbulos lúcidos.

O cientista brasileiro Hernani Guimarães Andrade, meu particular amigo, publicou, certa vez, um estudo sobre a provável frequência das reencarnações e os respectivos períodos de intermissão (tempo entre uma e outra), levando em conta o nível populacional de cada época.[22] Numa época como a nossa na qual a população da terra é medida aos bilhões, claro que há maiores oportunidades de reencarnação para todos. Em tempos passados, quando a população do planeta era bem menor, os intervalos entre uma vida e outra teriam de ser, necessariamente, mais longos. Lamentavelmente, não tenho condições de identificar em que ponto da obra de Hernani se encontra esse estudo.

b) *É possível um espírito desencarnar e voltar numa geração seguinte, dentro da mesma família?*
É perfeitamente possível isso e acontece com frequência, até na mesma geração. Há casos bem documentados de desencarnados que renascem como filhos ou filhas dos mesmos pais. O livro *Twenty cases suggestive of reincarnation*, do prof. Ian Stevenson, menciona alguns desse tipo. Um deles ocorreu no Brasil, Rio Grande do Sul, na familia do prof. Francisco Waldomiro Lorenz, eminente linguista, escritor e professor. Nesse mesmo livro, Stevenson apresenta o caso de um homem que se reencarnou como filho de seu filho e, portanto, avô de si mesmo.

c) *Ele pode escolher reencarnar na mesma família, ou há uma designação, de um espírito mais elevado, determinando aonde ele deve reencarnar?*
Mais uma vez, temos de recorrer ao chavão: cada caso é um caso. Não creio que haja 'determinação' de algum espírito mais elevado. Há estudos, pesquisas,

---
[22] Nota da editora: Outro excelente trabalho que aborda este aspecto é *Reliving past lives: the evidence under hypnosis,* da dra. Helen Wambach, publicado no Brasil pela editora Pensamento sob o título *Recordando vidas passadas: depoimentos de pessoas hipnotizadas.*

debates e deliberações de consenso sobre o que mais convém a cada espírito reencarnante, na moldura geral de seu quadro cármico. Pesquise a obra do autor espiritual André Luiz e você encontrará informações minuciosas sobre as complexidades de alguns desses verdadeiros projetos de reencarnação.

Módulo 5

Este leitor (leitora?) formula quatro perguntas. Vejamo-las.

a) *A divulgação do espiritismo, bem como de outras religiões, poderá sofrer impactos nunca vistos, com a possibilidade de uso intensivo da rede internet por todo o mundo. Como o senhor sugere que deveria ser a presença de nossa doutrina na rede, se de uma maneira não articulada ou coordenada, a cargo de pessoas espíritas, engajadas no movimento espírita e com grande entusiasmo, porém, sem terem toda a experiência e conhecimento necessários, ou via a utilização de recursos que eventualmente pudessem ser disponibilizados pelo movimento espírita, através da FEB, e/ou órgãos federativos, como a USEERJ e a USE, devidamente coordenados.*

Realmente, a internet criou um sistema de comunicação de amplitudes nunca sonhadas. Tal sistema precisa e deve ser explorado na divulgação da doutrina dos espíritos junto a público gigantesco e presumivelmente predisposto a saber o que temos a dizer nesta hora na qual a civilização se mostra alienada, buscando, à deriva, mecanismos de fuga.

Acho, contudo, que, pior do que não entrar na internet com a mensagem espírita de esclarecimento e esperança, seria entrar de modo inadequado. O problema, a meu ver, não oferece dificuldades técnicas no enfrentamento das complexidades da informática, em si mesma, que isso pode ser resolvido com relativa simplicidade, entregando a matéria a ser divulgada a profissionais experimentados e competentes na sua apresentação. O problema situa-se na seleção e preparo desse material, ou seja, no seu conteúdo. Pelo menos numa primeira abordagem creio que seria impraticável e até contraproducente colocar, por exemplo, os textos da Codificação pura e simplesmente para estudo e consulta. Penso que deveríamos começar por uma dissertação em estilo leve e atraente sobre os aspectos fundamentais do espiritismo, com chamadas nas quais o micreiro pudesse clicar, aí sim, para receber mais amplas informações sobre cada ponto que lhe interessasse conhecer melhor, nos livros de Kardec e em outros. Sem capturar, logo de início, a atenção do micreiro nesse texto introdutório, ele abandonará a pesquisa, passando a outro *site* que lhe pareça mais acessível e atraente. Não cabe aí uma longa e cansativa especulação de caráter filosófico, nem uma tentativa de 'doutrinar' o eventual leitor. Tanto quanto possível, o texto deve ser ilustrado, não apenas do ponto de vista gráfico, mas com historinhas pessoais, casos concretos, sumariamente expostos.

Um aspecto prioritário, que logo se impõe ainda nas preliminares, é o da lingua. Por mais que amemos o idioma português, temos de reconhecer suas limitações na competição com o inglês, por exemplo, ou o francês e até o espanhol. Os esperantistas certamente proporiam colocar os textos no belo idioma criado por Zamenhof. E acho que estariam certos, a prazo médio. Entendo, porém, que, pela sua disseminação pelo mundo afora, especialmente entre os informatas, o inglês seria a primeira opção a considerar. Topamos, neste ponto, com outro aspecto delicado – a qualidade dos textos. Não são muitas as pessoas familiarizadas, ao mesmo tempo, com a doutrina espírita, com a língua portuguesa e a língua inglesa. Os brasileiros que estão procurando difundir o espiritismo nos Estaddos Unidos e na Inglaterra conhecem bem o problema e têm se esforçado por enfrentá-lo, conscientes, porém, de que ainda há muito o que fazer nessa área. Na verdade, a tradução de textos espíritas para o inglês tem sido um apertado gargalo que vem dificultando o trânsito da mensagem espírita, não apenas entre os povos de lingua inglesa, como entre aqueles que fizeram do inglês sua segunda língua, onde quer que estejam e onde quer que chegue um terminal acoplado à internet.

Acho, por isso, que um texto preliminar, doutrinária e linguisticamente satisfatório em português, deveria ser vertido para outras línguas – inglês em primeiro lugar – por tradutores profissionais de alto nível.

Esse texto básico, além de ser, obviamente, representativo consensual do melhor pensamento espírita, deveria ser preparado por um pequeno grupo de trabalho supervisionado por entidades oficiais responsáveis pelo movimento espírita no Brasil.

E aí se coloca um novo aspecto do problema. Costuma-se dizer que se você não quer que um projeto seja elaborado conclusivamente, deve entregá-lo a um grupo de trabalho, que logo se põe e inventar procedimentos burocráticos. Dizem até que o camelo é todo feio e desconjuntado porque foi criado num grupo de trabalho... O grupo teria de ser, portanto, pequeno, composto de pessoas competentes, dispostas a trabalhar dentro de um prazo negociado que prevesse a entrega de um documento acabado, em tempo razoável. O movimento dispõe de gente adequada para preenchimento de tais especificações, contando até mesmo com publicitários credenciados.

Trata-se, portanto, de um projeto de vulto e de grande responsabilidade. Para muita gente, no exterior, o texto que for eventualmente para a internet tem de ter, como se diz coloquialmente, "a cara do espiritismo" – uma 'cara' simpática, descontraída e, ao mesmo tempo, séria, convincente e que desperte no internauta o desejo e a disposição de mergulhar mais fundo na sua temática.

b) *Como o senhor vê a questão da transcomunicação instrumental (TCI) no Brasil? As pesquisas são sérias, profundas e à luz da doutrina espírita? E no exterior?*

A pergunta é ampla demais para as minhas limitações. Não conheço o assunto em profundidade e, por isso, não tenho como avaliá-lo. Tenho lido as matérias que costumam sair nas publicações doutrinárias brasileiras, entre elas as de autoria do cientista brasileiro dr. Hernani Guimarães Andrade, pesquisador da maior competência e seriedade, grande figura humana, a quem admiro, respeito e estimo há mais de cinquenta anos.

Como aprecio muito os escritos do jornalista e escritor americano Jess Stearn, li seu excelente relato sobre as pesquisas feitas por George Meek, um dos pioneiros daquilo que hoje conhecemos como TCI. O testemunho colhido por Stearn não deixa dúvidas quanto à seriedade de Meek, um sujeito lúcido, competente, brilhante mesmo, respeitado pela sua notável atividade como engenheiro-consultor do mais alto nível. Meek pôde dedicar-se ao seu projeto porque dispunha de amplos rendimentos pessoais produzidos por suas numerosas invenções patenteadas em uso na indústria americana e europeia.

Acho até válido o esforço em se criar instrumentação que possibilite o intercâmbio entre encarnados e desencarnados. Por que não? Os resultados que o sistema venha eventualmente a produzir pode ser de utilidade em convencer pessoas que se agarram à ideia de que a morte é ponto final e não ponto-e-vírgula. Os mais obstinados, contudo, continuarão acorrentados aos dogmas materialistas de sua preferência. Como a gente sabe, para alguns destes, a morte renova as ideias, mas há também aqueles que, mesmo depois de desencarnados, continuam arrastando consigo o cadáver de suas ilusões materialistas.

Como espírita, alegro-me de que os cientistas estejam empenhados em criar mais uma via de acesso ao plano espiritual, mas prefiro manter, como prioridade pessoal, minha contribuição – singela, por certo – a partir daquilo que já conhecemos acerca da realidade espiritual. Com todo respeito pela postura de companheiros e companheiras que se dedicam ao projeto TCI, entendo que os que se acham já convencidos de tal realidade devem trabalhar a partir do conhecimento de que já dispõem, pois, como dizia o Cristo, a seara é muito grande e os trabalhadores continuam escassos. Se puderem fazer ambas as coisas, tanto melhor.

c) *Sistematicamente, creio que há vários anos, o bispo católico da diocese de Novo Hamburgo, RS, d. Boaventura Kloppenburg, vem criticando os espíritas e a doutrina espírita, em órgãos da imprensa, tal como o* Jornal do Brasil. *Tenho visto, eventualmente, algumas réplicas por parte do presidente da* USEERJ, *Gerson Simões Monteiro, procurando esclarecer de forma precisa, em conformidade com o espiritismo, sempre com o cuidado de não ser deselegante. Pergunto a opinião do senhor se cabe, também, às pessoas espíritas redigirem cartas, contestando alguma coisa divulgada de maneira errônea na mídia, porém com o risco de que a contestação não seja formulada precisamente, dando ensejo a novas críticas de adversários do espiritismo, e aí, talvez, fundamentadas?*

Caro leitor, o ilustrado bispo de Novo Hamburgo é um antigo e diligente adversário do espiritismo. Está no desempenho de seu papel, tem o direito de fazê-lo e deve ser respeitado por isso. Como membro destacado da sua Igreja e cônscio de suas responsabilidades de pastor, combate o espiritismo com o propósito de orientar seu rebanho, como se lê no subtítulo de um de seus livros. É claro que ele apresenta a doutrina espírita dentro da sua óptica e, por isso, com as refrações pessoais ditadas pela sua postura religiosa. Não há como censurá-lo por cumprir o que entende por seu dever. Nem pôr em dúvida sua honestidade de propósitos. Tanto reconhece a força da doutrina dos espíritos que se pôs em campo para tentar deter o esvaziamento que vem sofrendo sua Igreja, nos últimos tempos. Faz isso alertando os fiéis sobre o que considera as "falácias e incongruências" que vê nos postulados básicos do espiritismo, tanto quanto na sua prática. Um brilhante e irreverente confrade e amigo meu muito querido costumava recomendar aos que se interessassem pela história do espiritismo no Brasil, um dos livros do dr. Boaventura, àquela época, frei Boaventura. O autor preparou bem seus deveres de casa, estudando a doutrina, a fim de combatê-la melhor. Acho isso muito bom, para ele, principalmente, porque, ao chegar de volta ao mundo espiritual, o conhecimento que leva do espiritismo lhe será muito mais útil do que tudo aquilo que se contém na sua respeitável erudição teológica católica.

Nada tenho a reparar quanto àqueles que procuram contestar suas contestações, como o dinâmico confrade Gerson Simões Monteiro. Gerson certamente está certo de que seria ilusória a expectativa de convencer o ilustre sacerdote de que a razão está com os espíritos. O debate serve para esclarecer um ou outro leitor desavisado, na melhor definição do que é e do que não é espiritismo. Como não tenho gosto nem competência para a polêmica, prefiro continuar escrevendo meus livrinhos.

d) *O centro espírita é o elemento-chave para o espiritismo, onde o homem irá encontrar o amparo, o conhecimento e o trabalho necessários ao seu aperfeiçoamento moral. No sentido de melhorar continuamente o funcionamento do centro, verifica-se, algumas vezes, a necessidade de se ampliar o mesmo a fim de dar melhor funcionalidade às atividades desenvolvidas na casa. Esse é o caso do que frequento, onde obras estão sendo realizadas para aumentar o número de salas e melhorar as atividades relacionadas com a evangelização infantil, mocidade e atendimento fraterno. Eu gostaria de saber do senhor, o que sugere, sempre à luz da doutrina espírita, como possíveis atividades válidas para obtenção de recursos financeiros para realização desse tipo de obra. Em tempo, destaco que rifas, bingos e assemelhados não são de forma alguma utilizados em nossa casa. Para obtenção dos recursos financeiros estamos realizando eventos, do tipo almoço fraterno e atividades como venda de brindes, de camisetas com motivos espíritas e de livros espíritas, em conjunto com as doações recebidas dos sócios e frequentadores da casa.*

– Talvez eu desaponte o caro leitor ao dizer isto, mas não tenho a menor experiência em tarefas de administração de instituições espíritas, pois nunca as frequentei regularmente, a não ser como membro do Conselho Superior da Federação Espírita Brasileira, durante cerca de quinze anos. Como você sabe, as reuniões desse conselho realizam-se, usualmente, apenas uma vez por ano, para aprovação das contas e eleição da diretoria. É que minha opção, logo ao me tornar espírita, foi pela tarefa de escritor e eu achava, como penso até hoje, que seria difícil desenvolvê-la a contento em paralelo com as intensas atividades profissionais e ainda com responsabilidades administrativas em alguma instituição de minha escolha, caso nela me atribuíssem qualquer responsabilidade administrativa. Orientação específica para decisões desse tipo a gente encontra na Primeira Epístola aos Coríntios, capítulo 12, versículos 4-30, onde Paulo recomenda que cada trabalhador escolha uma tarefa compatível com seus recursos, possibilidades e limitações. Foi o que procurei fazer. Tenho a impressão de que deu certo.

Quanto à especificidade de sua pergunta, me parece correta a atitude adotada pelo centro que você frequenta, procurando obter recursos financeiros sem recorrer a jogos de azar. No nosso caso, o grupo não dispõe de qualquer estrutura formal e, por isso, não há despesas a realizar, senão as que temos regularmente com as tarefas assistenciais em uma favela do Rio. Esse trabalho é custeado por algumas doações e, principalmente, pelos direitos autorais dos meus livros publicados pela Lachâtre. Refiro-me a esses especificamente porque as demais obras foram doadas a diferentes instituições, como a FEB, o Lar Emmanuel (Correio Fraterno do ABC), C.E. Caminho da Redenção (Divaldo Franco) e outras.

MÓDULO 6

Este leitor (leitora?) formula três perguntas. Uma delas, sobre o acidente em que morreram os Mamonas Assassinas, ficou respondida, no Módulo 1, juntamente com outra semelhante. Restam-nos duas a atender.

a) *Há casos de regressão de memória em que foi comprovado, através de pesquisas, que aquela personalidade do passado realmente existiu?*

– Sim, há muitos casos desses, a começar pelo de Bridey Murphy, em 1956. Por mais que a mídia tenha se esforçado por demolir o depoimento colhido por Morey Bernstein, no livro *The search for Bridey Murphy*, as evidências são convincentes, não especificamente sobre a existência de Bridey, mas pelos dados históricos relatados por ela. Pelo que se depreende, Bridey era uma pessoa obscura que não teria deixado nenhum registro pessoal. O leitor interessado deve recorrer ao meu artigo "Bridey Murphy: uma reavaliação", publicado em *Reformador*, janeiro de 1980, pp. 23-31.

Eu sou Camille Desmoulins, escrito por mim e por Luciano dos Anjos, é o relato de uma regressão com o próprio Luciano, que se indentifica como o jornalista, escritor e político da Revolução Francesa. Praticamente todas as informações dadas por ele, em transe, foram conferidas posteriormente e achadas corretas. O livro é uma edição Lachâtre e está em sua terceira edição.

Caso ainda mais recente é o de uma jovem senhora inglesa, que descobriu sua própria família de uma existência anterior, na Irlanda. A dramática experiência foi narrada por Jenny Cockell, a própria pessoa que a viveu, no livro *Across time and death* (Simon & Schuster, New York, 1994). O caso da sra. Jenny Cockell encontra-se relatado nesta coletânea, no capítulo intitulado "As muralhas do tempo". A sra. Cockell lembrava-se, desde menina e com impressionante realismo, de episódios de sua existência anterior. Ela sabia que havia morrido jovem, na Irlanda e deixara seis filhos, sendo a última ainda um bebê, com menos de um ano de idade. Após vários anos de pesquisa, ela conseguiu localizar os filhos, já idosos, exceto dois deles. Seu nome de solteira, naquela existência, era Mary Hand, nasceu em 1 de dezembro de 1895, casou-se em 22-7-1917, com John Sutton, adotando o sobrenome do marido. Morreu em 24 de outubro de 1932, aos trinta e sete anos incompletos. Renasceu, como Jenny, na Inglaterra, em 1953. A sra. Cockell conseguiu importantes documentos de sua vida anterior, como certidão de casamento e a de morte, bem como comprovação do batismo de todos os seus filhos, na igreja de São Silvestre, em Malahide, Irlanda, onde viviam os Suttons. Convém acrescentar que Jenny Cockell é pessoa intelectualmente bem dotada e faz parte da Mensa, sociedade integrada exclusivaente por gente de elevado QI. Na sua existência atual, ela é casada, tem um casal de filhos e exerce a profissão de quiropodista. Sugiro que você leia também *A memória e o tempo*, livro meu igualmente publicado pela Lachâtre.

b) *Como explicar o caso de 'regressão' em que na verdade a pessoa é levada ao futuro e não ao passado? Isso não seria uma contradição à ideia de que a regressão comprova a reencarnação?*

– Insisto em que você leia *A memória e o tempo*, onde encontrará, com minúcias que seria impraticável reproduzir aqui, o que se pode pensar do assunto. A 'ida' ao futuro é uma realidade insofismável, por mais que o fenômeno nos deixe perplexos. O coronel Albert de Rochas, em seu livro *Les vies successives*,[23] chama tais incursões ao futuro de *progressões*, em vez de *regressões*.

Confesso não haver entendido a razão de sua dúvida. A regressão é uma ida ao passado, onde o regredido encontra e revive (ou se recorda de) episódios de uma ou mais existências vividas anteriormente. A progressão é uma ida ao futuro, onde ele ou ela poderá experimentar vivências que, para as nossas limitações de tempo e espaço, ainda não aconteceram. Jenny Cockell, ainda há pouco citada, experimentou um fenômeno espontâneo de progressão, ao ver-se numa existência futura, como uma menina nepalesa. A escritora britânica Joan Grant, teve uma visão dessas, ao contemplar não apenas suas existências anteriores, como uma série de vidas futuras. Isso está narrado em seu livro *Far memory*. Não sei explicar esse mecanismo de atemporalidade. Chet Snow, em *Mass dreams of the future*, escreveu um capítulo inteiro para discutir a complexa temática do tempo, mas sua dissertação está fora do alcance da minha ignorância matemá-

---
[23] A obra encontra-se publicada em português, sob o título *As vidas sucessivas*, pela Editora Lachâtre.

tica. O caso é que, explicados ou não, os fenômenos de regressão e progressão constituem uma realidade desafiadora que aí está para ser estudada e decifrada. Seja como for, a progressão de memória, longe de enfraquecer a evidência da reencarnação, a robustece ainda mais.

Módulo 7

O leitor deseja saber em "qual área de pesquisa" eu trabalho.
– Não sou um cientista e nem tenho formação adequada para isso. Sou apenas um escritor que gosta de aprender para partilhar com eventuais leitores aquilo que aprende.

Módulo 8

Este leitor informa ter passado por *"uma fase em que, ao meditar e orar, 'via' seres em diversas situações, todos eles muito felizes. Às vezes, tais seres chegavam a parar em sua caminhada e olhar para mim. Depois prosseguiam em sua estrada. Nunca conversaram comigo, apenas* passavam diante *de meus olhos mentais, se me é lícito usar a expressão. Subitamente tudo isto diminuiu de intensidade e, no momento, quando medito, pouco ou quase nada tenho visto. Há uma explicação para isso?"* – pergunta.
– É conhecido o fato de que, em relaxamento, entre a vigília e o sono, no estado chamado hipnogógico, costuma ocorrer um desdobramento parcial entre o corpo físico e o espírito (sempre acoplado ao seu periespírito). Desse modo, imagens colhidas na dimensão espiritual são percebidas pela pessoa semiadormecida. Creio, porém, que o seu esforço em captar conscientemente tais imagens, acaba criando um estado de tensão e alertamento que leva você a não mais perceber as imagens. Em outras palavras: em vez de se manter meio-adormecido, você desperta e, aí, não vê mais nada. Sugiro que você leia meu livro *Alquimia da mente*, onde encontrará algumas especulações acerca da dicotomia alma/espírito.

Módulo 9

A pergunta está assim formulada:
Levando-se em consideração a grande quantidade de casos estudados e o crescente aumento no número de relatos públicos, gostaria de saber sua opinião sobre experiências fora do corpo, pois venho estudando este tipo de fenomelogia há alguns anos e gostaria de saber qual a opinião das principais figuras ligadas ao espiritismo.
Obrigado por me considerar, generosamente, uma das "principais figuras" no movimento espírita. Não sou mais do que um mero escriba.

Há, de fato, considerável material publicado acerca do fenômeno de OBE e acho que você faz bem em estudá-lo. Tenho lido coisas esparsas, a partir do livro de Robert Moore, há cerca de trinta anos, se bem me lembro, e, antes dele, o de Carrington. Foram, que eu saiba, dos primeiros a retomar o estudo do assunto que é tão antigo quanto o ser humano. Todos nós, em menor ou maior intensidade, nos desdobramos durante o sono fisiológico. A hagiografia católica menciona vários casos de desdobramento, como os de Antônio de Pádua, Tereza de Ávila e outros.

Emmanuel Swedenborg (1688-1772), "um dos maiores místicos de todos os tempos", no entusiasmado dizer de Lewis Spence (*in An encyclopaedia of occustism*), publicou cerca de oitenta livros para narrar suas experiências de desdobramento. Escrevi sobre ele, um opúsculo intitulado *Swedenborg – uma análise crítica*, publicado pelo Centro Espírita Léon Denis, do Rio de Janeiro.

Um especialista contemporâneo no assunto é o dr. Waldo Vieira, autor de alguns livros, como *Projeciologia*, um volumoso tratado sobre a temática do seu interesse e que, provavelmente, você já conhece.

Autores de língua inglesa costumam designar fenômenos de desdobramento – ou projeção, na terminologia do dr. Waldo –, pela expressão "*travelling clairvoyance*", ou seja clarividência itinerante. Sugiro que você leia meu livro *Diversidade dos carismas*, onde encontrará algum material acerca da OBE.

Especificamente, sobre sua pergunta, posso dizer que considero o desdobramento fenômeno anímico, ou seja, uma atividade do espírito encarnado, enquanto o corpo se encontra em repouso e relaxamento. Há, no entanto, aspectos mediúnicos no desdobramento, quando a pessoa desdobrada funciona como intermediária entre seres encarnados e desencarnados, segundo a definição proposta por Allan Karde, em *O livro dos médiuns*, capítulo final (Vocabulário), no qual reúne alguns termos utilizados na codificação.

Módulo 10

Este leitor informa que um amigo ateu quis demonstrar-lhe a inexistência de Deus com a seguinte pergunta: "*Se Deus é Todo-Poderoso, ele pode criar uma pedra tão pesada que ele mesmo não possa carregar?*" Sugiro ao leitor que não se preocupe com os ateus, seu amigo inclusive. Eles ainda não perceberam que, como criaturas inteligentes, têm, necessariamente, de provir de uma causa inteligente, o Criador. No tempo devido, eles também despertarão para essa realidade. Jesus também os encontrou e aproveitou a oportunidade para louvar a Deus por haver ocultado "estas coisas aos sábios e doutores" e as revelado "aos pequeninos" (Mt 11,25). O prof. Saxton Burr declara enfaticamente, em *Blueprint for immortality*, que a natureza – um dos pseudônimos de Deus – "mostra-se relutante em revelar seus segredos ao intelectualismo arrogante". Paradoxos acerca de Deus, acho eu, são meros jogos de palavras a demonstrar a generalizada incapacidade da mente racional para lidar com os transcendentais conceitos de infinito, eternidade, onipotência. Há um ponto em que a razão – atributo da personalidade – deve ceder espaço mental à intuição, atributo da individualidade. Sugiro a leitura de meu livro *Alquimia da mente*, onde este aspecto é abordado, como também em *A grande síntese*, de Pietro Ubaldi.

Alguns ateus não se conformam de haver algo que não possam entender. Costumam ser, contudo, sinceros e honestos na sua descrença, como sinceros os que creem. Aliás, tanto faz a gente crer como não, Deus está aí, por toda parte "à minha volta", como escreveu Angelus Silesius. A existência de Deus não depende de nossas convicções filosóficas e teológicas. Num momento cultural, como este que estamos vivendo, não obstante, em que a física quântica declara precisar de uma superinteligência ordenadora do universo para explicar certos fenômenos, o ateísmo é, no mínimo, uma postura obsoleta.

Isto me faz lembrar um delicioso poeminha de Ronald Knox, que encontrei em *Alternate realities*, do dr. Lawrence LeShan. Tratam os versos de um diálogo entre um universitário e Deus. Ei-lo:

> There was a young man who said, 'God,
> must find it unusually odd,
> when he sees that the tree
> continues to be
> when there's no one about in the Quad'.

Prontamente, Deus mandou um bilhete para o jovem pensador. Nestes termos:

> Dear sir, it is you who are odd,
> I am always about in the Quad.
> And that's why the tree
> continues to be
> as observed by, yours faithfully, God.

Para os que não estejam bem familiarizados com o inglês vamos tentar aqui uma tradução livre e em prosa.

"Disse um jovem: "Deus deve achar muito estranho ver que a árvore continua existindo no pátio mesmo quando não há ninguém por perto para vê-la."

A resposta de Deus está assim redigida:

"Prezado Senhor, você é que é estranho. *Eu* estou sempre por ali, no pátio. Eis porque a árvore continua existindo, pois está sendo observada pelo, fielmente seu, Deus."

Como percebe o leitor, o ponto em discussão é um daqueles abstratos argumentos filosóficos, segundo o qual o mundo externo só existe quando há alguém a contemplá-lo.

Quanto ao 'argumento' de seu ilustrado amigo, podemos dizer que Deus criou a tal pedra – o Universo – e tem dado boa conta de carregá-la, acrescida do peso adicional de todos nós. Se Ele fosse depender de nossa crença para existir, estaríamos perdidos para sempre. Tão generoso, paciente e tolerante é ele, que até permite que a gente zombe dele e construa paradoxos algo irônicos sobre ele. Se Deus tivesse lábios, prestando bastante atenção, até se poderia perceber com os olhos da mente, como disse há pouco um internauta amigo, o esboço de um sorriso complacente.

Módulo 11

Alguém me propõe o seguinte problema: – *"Filho, por que está chorando?" Resposta: "Estou pensando na morte."* O leitor deseja saber sobre como responder a essa indagação da criança.

As crianças são espíritos reencarnados e, por conseguinte, trazem toda uma bagagem de conhecimento que permanece depositada intacta no inconsciente. Como todos nós, elas já passaram por muitas existências, morreram muitas vezes e voltaram a viver na carne. Se você explicar isso em palavras simples, compatíveis com seu vocabulário, ainda reduzido, ela entenderá. A morte não existe – ela é apenas a passagem de uma dimensão ou estado de ser para outro. O que morre é o corpo físico, mesmo assim simplesmente restituindo os átomos utilizados ao imenso reservatório cósmico. A preocupação dessa criança com a morte terá, certamente, sua razão de ser. Procure saber, sem pressionar, conversando descontraidamente, demonstrando seu amor e seu desejo de ajudá-la a compreender que estamos todos em Deus, 'mortos' – ou seja, sem o corpo físico – ou 'vivos'. É preciso dizer que, em vez de se preocupar com a morte; trate de preparar-se para a vida, pois certamente todos nós trazemos um programa para ser realizado aqui. Fale-lhe de Deus, ensine-o a orar, fale de Jesus e das coisas que ele ensinou com o seu exemplo e sua sabedoria. Em meu livro *Nossos filhos são espíritos*, você encontrará informações que poderão ajudá-lo a dialogar e conviver com as crianças.

Módulo 12

Eis o que me escreve um médico: *"Participo de grupo de desobsessão em hospital psiquiátrico espírita e, apesar de minha formação em medicina, muitas vezes não consigo formar opinião sobre os casos de doentes crônicos e residuais. Valeria a pena insistir no tratamento desobsessivo propriamente dito, ou apenas passes? Dos casos que tive oportunidade de acompanhar e registrar, apenas um obteve resposta considerada* (satisfatória? – o fax não imprimiu o final da pergunta).

– Caro doutor: você não está sozinho em suas indagações. Pelo menos eu também as tenho experimentado, com frequencia, em mais de trinta anos de intercâmbio com os espíritos trazidos ao nosso trabalho mediúnico. Muitas vezes, me sinto insuficiente perante a dor da entidade com a qual dialogo. A gente gostaria de entender tudo para ajudar a resolver os aflitivos problemas que se nos são propostos por tantos seres sofridos e angustiados. Como você se lembra, mesmo os apóstolos, instruídos na tarefa pelo próprio Cristo, falhavam em alguns casos de tratamento espiritual. Jesus explicou que para uma abordagem a tais situações era necessário praticar o jejum e a prece. Ou seja, são casos muito difíceis e que exigem devotamento e amor fraterno. Ele disse, também, em algumas oportunidades, depois de curar a pessoa de doenças orgânicas ou de possessão espiritual: "Vai e não peques mais para que não te aconteça coisa pior." E explicitava, ensinando que aquele que erra é escravo do erro e não se livra da dor correspondente enquanto não se resgatar perante a lei divina. Suponho, por isso, que há numerosos casos de dramático sofrimento que ainda não estão 'maduros' e predispostos a uma resposta positiva ao tratamento. Muitas vezes, a gente fica limitada a ouvir, orar e chorar com o que sofre uma lágrima de solidariedade e consolo. Em *Vozes do grande além* (Edição FEB), organizado por Arnaldo Rocha, há um levantamento estatístico dos casos de resposta positiva, de casos em que houve algum alívio e substancial percentagem de situações ainda inabordáveis, sem perspectiva de cura ou melhora a curto prazo. (O médium do grupo era o próprio Chico). A lei é paciente, porque espera e distribui a carga conforme nossas forças, mas é também severa. Tem de ser – se não o fosse, teríamos o caos ético. Continue com o seu valioso trabalho. Um só desses espíritos atormentados que a gente consiga resgatar de vez em quando já é suficiente para justificar o devotamento à causa do sofrimento. Há, no Evangelho, outra passagem ilustrativa do trato com as entidades sofredoras. A certa altura, regressam, eufóricos, alguns dos setenta e dois, de suas missões de caridade, porque haviam conseguido o afastamento de alguns obsessores e possessores. Mas o Cristo ensina que, mais do que isso, eles tinham, pelo seu trabalho, inscrito seus nomes nos céus.

Módulo 13

O leitor pergunta o que sei eu sobre "*o uso energético e terapêutico que certos grupos esotéricos e até espíritas têm feito de cristais assim como da cromoterapia*" e se conheço, a respeito, a opinião dos espíritos.

– Lamento informar que não sei praticamente nada acerca do emprego de cristais em terapia e menos ainda sobre a cromoterapia. Em meu livro *Alquimia da mente* há algo acerca dos cristais, não, porém, como instrumentos terapêuticos. Em princípio, acho possível o poder que alguns deles possam ter sobre os seres vivos, por causa da faculdade que dispõem de reordenar manifestações de energia como a luz. Como sabemos, o raio laser resulta de uma filtragem da luz que, ao passar pelo campo magnético do cristal, sai do outro lado reordenada, concentrada e potencializada. O cristal é capaz até de fazer 'cicatrizar' suas próprias fraturas, como se sabe do livro *Evolução anímica* de Gabriel Delanne. Quem sabe se com a reordenação e o redirecionamento das sutis energias que circulam pelo nosso corpo não podem eles promover a cura de algumas disfunções orgânicas?

Como você vê, isto são meras especulações. Não conheço a opinião de entidades espirituais sobre o assunto. Há referências sobre os cristais em André Luiz e em *A grande síntese*, como ficou dito em meu já citado *Alquimia da mente*. Ambas essas fontes de natureza mediúnica consideram o cristal como uma das mais rudimentares manifestações do esboço remoto de um psiquismo, mas não me lembro de referências ao poder curativo deles.

Entrevista à *Folha Espírita*

FE – *Quando e como foi que o senhor fez sua opção pelo espiritismo?*

HCM – Não fui levado ao espiritismo por crise existencial ou sofrimento, mas pela insatisfação com os modelos religiosos à minha opção. Alguém – mergulhado em transe anímico regressivo – me diria mais tarde que eu não aceitava tais propostas porque, de alguma forma que não me foi explicado, eu sabia que ali não estava a verdade que eu buscava. Essa atitude de reserva e até de rejeição contribuiu, acho eu, para retardar minha descoberta da realidade espiritual.

Um episódio irrelevante em minha vida desencadeou o processo. Eu quis, no entanto, entrar pela porta da frente. Consultei, para isso, um amigo de minha inteira confiança e ele me indicou com primeira leitura os livros da Codificação. Acrescentou os nomes de Gabriel Delanne e de Léon Dénis e me disse, como que profeticamente: "Daí em diante, você irá sozinho".

A surpresa começou com *O livro dos espíritos*. Inexplicavelmente, eu tinha a impressão de haver lido aquele livro antes, mas onde, quando? Antecipava na mente o conteúdo de numerosas respostas. Anos depois, ficaria sabendo que outras pessoas viveram experiência semelhante, entre elas, o respeitável e amado dr. Bezerra de Menezes.

FE – *Desde quando o senhor escreve sobre o espiritismo?*

HCM – Comecei a escrever regularmente para o *Reformador* e, em seguida, para outras publicações doutrinárias. Permaneci como colaborador assíduo do órgão oficial da FEB até 1980. Meus textos eram assinados nessa primeira fase, com as iniciais HCM. Posteriormente, o amigo dr. Wantuil de Freitas, presidente da FEB, me pediu que arranjasse um pseudônimo para evitar que dois ou mais artigos saíssem com o mesmo nome em um só número da revista. Foi assim que 'nasceu' "João Marcus".

A partir de 1976, começaram a sair os livros. *Diálogo com as sombras* foi o primeiro. Para alegria minha, foi bem recebido

FE – *O senhor tem hoje quase quarenta livros publicados. Como analisa sua obra?*

HCM – Costumo dizer que boa parte de meus livros é voltada para o meio espírita. *Diálogo com as sombras, Diversidade dos carismas*, bem como a série sob o título genérico *Histórias que os espíritos contaram* são exemplos desse tipo de livro que dificilmente leitor e leitora não-espírita tomariam para ler. Sempre achei, contudo, de meu dever escrever livros que, sem excluir o leitor espírita, pudessem interessar *também* o leitor não-espírita. Estão nesse caso *A memória e o tempo, Alquimia da mente, Autismo – uma leitura espiritual, Nossos filhos são espíritos, Condomínio espiritual e As mil faces da realidade espiritual.* Parece que o plano deu certo, pois essas obras atendem a dois objetivos: o de mandar nosso recado para além das fronteiras espíritas e, ao mesmo tempo, abordar assuntos não especificamente espírita com enfoque doutrinário, sem, contudo, fazer pregação ou com intuito meramente arregimentador. Na minha opinião, a gente deve ir ao espiritismo se e quando quiser e por suas próprias pernas, ou seja, sem ser 'arrastado'.

FE – *O senhor tem ideia de quantos exemplares de seus livros foram vendidos até agora?*

HCM – A repórter de uma grande revista semanal brasileira me fez, há tempos, essa mesma pergunta e muito se admirou por não ter eu condições de respondê-la. Continuo sem saber. Cheguei a tentar, mas não obtive a informação desejada. A razão disso está, em parte, no fato de que os direitos autorais da grande maioria de meus livros são doados a diversas instituições, como à FEB, ao Lar Emmanuel, do Correio Fraterno do ABC, ao Caminho da Redenção (Divaldo), ao Centro Espírita Amantes da Pobreza, de O Clarim, ao Centro Espírita Léon Denis. Com os rendimentos auferidos pelos livros publicados pela Lachâtre mantemos nosso próprio serviço social numa favela do Rio de Janeiro.

FE – *E quais os de sua preferência?*

HCM – Creio ser difícil para qualquer autor dizer de que livro ou livros gosta mais. É como perguntar a um pai ou mãe qual ou quais os filhos e filhas de sua preferência. Penso que a gente gosta de todos por motivos diferentes. Tanto quanto é possível considerar minha obra com um mínimo de objetividade e isenção, gosto de *Nossos filhos são espíritos*, pela surpreendente aceitação que encontrou dentro e fora do movimento espírita, o que também aconteceu com *Autismo – uma leitura espiritual*. Livros *como Cristianismo – a mensagem esquecida, As marcas do Cristo, O evangelho gnóstico de Tomé, Os cátaros e a heresia católica,* pela forte ligação emocional que tenho com a temática do cristianismo primitivo. Sobre as explorações intelectuais em território fronteiriço com o do espiritismo, citaria *A memória e o tempo, Alquimia da mente* e, novamente, por motivação diferente da anterior, *Autismo – uma leitura espiritual.*

Como se vê, isto não é propriamente uma lista de preferências, mas uma análise de cada grupo de livros, classificados por assuntos de minha preferência. Sobre a qualidade e o conteúdo dos livros, no entanto, prefiro que fale o público leitor.

FE – *Além de seus próprios livros, o senhor tem feito algumas traduções. Qual o critério adotado na seleção das obras traduzidas?*

HCM – Tenho dito que prefiro escrever meus próprios livros do que traduzir os alheios. É verdade, mas, às vezes, me vejo envolvido numa tradução motivado por fatores que diria imponderáveis, circunstanciais ou subjetivos. Não sei definir os critérios que me levaram a esse envolvimento. Cada caso é um caso.

FE – *O que pensa o senhor do espiritismo na sua interação com o mundo contemporâneo?*

HMC – Prefiro reformular a pergunta: O que se pode dizer acerca da interação da *realidade espiritual* com o mundo contemporâneo? Isso porque, no meu entender, não há uma rejeição ou indiferença em relação ao espiritismo especificamente, mas à realidade que a doutrina dos espíritos ordenou e colocou com simplicidade e elegância. O espiritismo continua sendo um movimento minoritário, até mesmo no Brasil, justamente considerado o país mais espírita do mundo. Como se percebe, a massa maior das pessoas ainda prefere uma das numerosas religiões institucionalizadas e tradicionais. Ou a aparente liberdade que proporcionaria a descrença, que não tem compromisso com coisa alguma senão com a própria negação. O que, no fundo, é também uma crença (na descrença).

FE – *O senhor tem algum projeto literário em andamento?*

HCM – Acho que projetos o escritor sempre os tem. Eu também; talvez mais do que deveria ou poderia ter. No momento, traduzo *The sorry tale* (*A história triste*), discutido livro mediúnico da autora espiritual que se identificou como Patience Worth, ao escrevê-lo através da médium americana conhecida como sra. Curran, a partir de 1918. Além de ser um fenômeno literário, a história se passa no tempo do Cristo, da noite em que ele nasceu até o dia em que foi crucificado. É espantoso o conhecimento que a autora espiritual revela da época: a geopolítica, os costumes, a sociologia, a religião, a história e tudo o mais. O tratamenteo respeitoso e amoroso que ela dá à figura de Jesus é comovente. O livro é considerado um fenômeno exatamente por esse grau de erudição histórica e pelo fato de ter sido escrito num inglês um tanto arcaico, o elizabetano do século 17, que faz lembrar Shakespeare e, por isso mesmo, um desafio para o tradutor. A entidade justifica essa linguagem arcaica exatamente para provar que a obra não era da médium, uma jovem senhora dotada de escassos conhecimentos.

FE – *Como o senhor escolhe os temas que desenvolve em seus livros, considerando-se a variedade dos assuntos neles abordados?*

HCM – Outra pergunta para a qual não tenho resposta objetiva. Às vezes (ou sempre?) me fica a impressão de que não fui eu que escolhi os temas; eles é que me escolheram.

FE – *Seu livro mais recente* – Os cátaros e a heresia católica – *aborda uma doutrina medieval bastante parecida com o espiritismo. Diga-nos algo sobre isso.*

HCM – O estudo sobre os cátaros esteve em minha agenda cerca de vinte e cinco anos. Até que chegou o momento em que a própria obra 'entendeu' que chegara a hora de ser escrita. Em parte, porque o tema exigia extensas e aprofundadas pesquisas na historiografia especializada francesa. Além disso, procurei sempre obedecer nos meus estudos uma escala de prioridades.

Não há dúvida de que o catarismo foi um dos mais convincentes precursores do espiritismo. Antes dele, o mais promissor e bem articulado foi o movimento gnóstico. A inteligente doutrina cátara foi elaborada a partir do Evangelho de João, de Atos dos Apóstolos e das Epístolas, principalmente as de Paulo. Tive algumas surpresas como a de encontrar referências ao Consolador, que com tanto relevo figura na doutrina dos espíritos. E mais: reencarnação, comunicabilidade entre as duas faces da vida, o despojamento dos cultos, sem rituais e sem sacramentos a não ser o do *consolamentum*. Seu propósito era o de um retorno à pureza original do cristianismo. E por isso morreram nas fogueiras da Inquisição.

FE – *O senhor tem obras não-espíritas publicadas?*

HCM – No início de minha atividade literária, na distante mocidade, escrevi alguma ficção. Nada de que me possa orgulhar, ainda que tenha sido premiado em concursos literários e ter tido acesso a importantes publicações brasileiras. Um desses escritos mereceu crítica bastante lisonjeira de significativos escritores como Eloy Pontes (*O Globo*), Monteiro Lobato e o temido e respeitado Agripino Griecco (estes dois em cartas ao autor). Logo compreendi, contudo, que meu caminho não passava por ali, embora o instrumento de trabalho – a palavra escrita – fosse o mesmo.

FE – *Sabe-se de sua limitada atividade como orador, expositor, palestrante ou conferencista. Por que isso?*

HCM – Considero-me orador medíocre. E nem me esforcei em desenvolver esse improvável talento, por duas razões: primeira – sempre sonhei e desejei tornar-me escritor. Sinto-me à vontade com as letras; segundo – que, no meu entender, não faltam bons oradores, expositores e conferencistas no meio espírita. Eu nada teria a acrescentar ao excelente trabalho que eles e elas têm feito nesse sentido.

FE – *Como tem sido sua atividade em grupos mediúnicos?*

HCM – Durante quase quarenta anos participei de trabalhos mediúnicos em pequenos grupos. A parte mais importante de minha obra surgiu da experiência adquirida nessa tarefa. Sou grato aos amigos espirituais que guiaram meus passos nessa nobre e difícil atividade, bem como aos companheiros encarnados – médiuns e demais participantes – e às numerosas entidades com as quais dialogamos no correr de todo esse tempo. Costumo dizer com toda sinceridade e convicção que muito mais aprendi com os chamados 'obsessores' do que lhes ensinei, se é que o fiz.

FE – *Dispomos hoje de computadores, internet, e-mail e outras tecnologias destinadas a facilitar a pesquisa. De que forma o senhor deu conta de seu trabalho sem o aparato de hoje?*

HCM – O computador me tem sido valioso instrumento de trabalho. Não tanto nas pesquisas, mas na tarefa mesma de escrever. No tempo da falecida máquina de escrever, os textos eram penosamente datilografados, corrigidos à mão ou na própria máquina e posteriormente passados a limpo, duas ou três vezes.

Não uso muito a internet para pesquisa, a não ser quando se torna necessária alguma informação adicional especializada. Ou quando à cata de livros. Isso porque, no meu entender, nada substitui o livro como objeto de estudo, consulta e citação. Obras como as que escrevi sobre o autismo, por exemplo, ou sobre os cátaros ou *Alquimia da mente*, exigiram preparo maior que só uma boa bibliografia em várias línguas poderia suprir. Em suma, por mais que os entendidos da informática desaprovem, o computador é, para mim, uma excelente e sofisticada máquina de escrever.

FE – *Qual deve ser a postura espírita diante da antiga dicotomia e até confronto entre religião e ciência?*

De serenidade e confiança. Não há o que temer. Ao lado de cientistas que têm procurado minimizar ou até demolir aspectos fundamentais da realidade espiritual, temos também outros tantos que produziram e continuam a produzir impressionante volume de trabalhos científicos que demonstram a validade do modelo adotado pela doutrina dos espíritos. Dizem nossos amigos advogados que o ônus da prova cabe a quem acusa. Que se prove, então, que essa realidade é uma balela ou uma fantasia. Kardec teve a corajosa serenidade de ensinar que a doutrina teria de estar preparada até para mudar naquilo que fosse demonstrado estar em erro. O que não aconteceu em quase século e meio. Deixou igualmente claro que o espiritismo é uma doutrina evolutiva e, portanto, aberta e atenta a todos os ramos do conhecimento. Ou seja, não deve deixar-se congelar dentro de um rígido modelo ou procedimento que o isole do que se passa "lá fora" de seu território ideológico.

FE – *Assuntos como clonagem, que vêm ganhando espaço na mídia, devem ser tratados pelos espíritas?*

HCM – Não tenho dúvidas de que a temática da clonagem nos interessa para estudo e tomada de posição, mesmo porque perguntas sobre esse fenômeno estão sendo dirigidas a nós. "O que você acha disso?" – perguntam-nos.

Em artigo intitulado "Xerox de gente" (*Reformador*, julho de 1980) cuidei do assunto, bem como, em outras oportunidades, da criogenia e do transplante. Este, por exemplo, foi tema proposto por Deolindo Amorim, em estudo do qual participei, no Instituto de Cultura Espírita.

Antes disso, em dois artigos intitulados "O homem artificial", publicados no antigo *Diário de Notícias*, do Rio, entendia eu o seguinte, em conclusão "... o que se chama um tanto pomposamente de *criação* do homem em laboratório, se reduz, a uma análise fria do problema, à criação de *condições* materiais à atuação de um espírito reencarnante". (Ver *De Kennedy ao homem artificial*, de Luciano dos Anjos e meu, FEB, 1975, p. 285).

O problema, portanto, situa-se no açodamento irresponsável de interferir nos mecanismos naturais testados, aprovados e consolidados ao longo dos milênios. Irresponsável porque não estão sendo levados em conta os aspectos éticos necessariamente envolvidos em tais pesquisas. Pensa-se, por exemplo, em criar com a clonagem um 'estoque' de 'peças de sobressalentes' destinadas a repor as que se desgastarem pelo uso e abuso praticados no corpo da pessoa que forneceu o material genético

A técnica de congelar cadáveres – criogenia – parte do pressuposto de que a ciência venha a desenvolver, no futuro, procedimentos e medicamentos capazes de curar as mazelas de que morreram as pessoas. E os espíritos? 'Onde' ficam? Sob que condições? Até quando? Disso ninguém cuida, pois a entidade espiritual acoplada àquele corpo é totalmente ignorada. Por ignorância mesmo, aquela que não sabe e não quer saber, por mais cultos que sejam os que realizam tais experimentações.

Sobre esse tema, escrevi, ainda, há cerca de trinta anos – não tenho, no momento, como precisar a data – um artigo intitulado "Uma ética para a genética" – uma espécie de pressentimento sobre o que estamos agora testemunhando.

Em resumo: os espíritas devem, sim, acompanhar a movimentação de ideias, fatos, estudos e pesquisas, no mínimo para se informarem do que se passa e para que continuem confiando nas estruturas doutrinárias que adotaram.

FE – *Gostaríamos que falasse sobre Chico Xavier e seu papel no contexto espírita.*

HCM – Não há muito que dizer. Chico é uma unanimidade. Portou-se com bravura e digna humildade. Anulou-se como pessoa humana para que por ele falassem seus numerosos amigos espirituais. Não há dúvida de que ampliou os horizontes desvelados pela doutrina dos espíritos, sem pôr em questionamento nenhum de seus princípios básicos; pelo contrário, os confirmou, sempre olhando para frente. O trabalho que nos chegou através dele demonstra que se pode expandir os horizontes da doutrina dos espíritos sem a mutilar.

FE – *Que acha o senhor do movimento espírita brasileiro? Vai bem?*

HCM – Não me considero com autoridade suficiente para uma avaliação do movimento espírita. Por contingências profissionais, não me foi possível participar dele como o desejaria, mas não apenas por isso. Tive de fazer uma opção e toda opção tem certo componente limitador, porque exclui outras. Minha prioridade era escrever. Isso tem sido uma espécie de compulsão, por ser, creio eu, a principal tarefa que me teria sido confiada ao me reencarnar. E para escrever você precisa ler, ler muito, estudar, pesquisar, meditar, organizar suas ideias e expô-las de modo consistente. Não me teria sido possível fazer tudo isso em adição ao intenso trabalho profissional e às tarefas que, porventura, me fossem confiadas no movimento.

FE – *Os princípios básicos da doutrina espírita já eram conhecidos na Antiguidade. Quais as civilizações que mais contribuíram para a formação desse patrimônio cultural?*

HCM – A pergunta é muito ampla para as limitações de uma simples entrevista. É certo, porém, que os fenômenos de que se ocupa a doutrina são tão antigos quanto o ser humano. O aspecto que me parece mais relevante, neste caso, é o de que a realidade espiritual sobre a qual se assenta a doutrina dos espíritos já estava contida nos ensinamentos de Jesus e foi ele próprio que dirigiu a equipe que trabalhou com Kardec.

FE – *Como o senhor considera o papel de Allan Kardec na elaboração dos livros básicos da Codificação?*

HCM – Seria ocioso repetir o que já sabemos. O papel dele foi fundamental na elaboração dos livros básicos. Sua percepção da relevância do que estava acontecendo com as mesas girantes, sua capacidade para ordenar todo o material que lhe foi entregue, digamos, em estado bruto, em simples cadernos de anotações e a sensibilidade para formular suas perguntas dentro de um esquema racional e sequencial evidenciam o acerto de sua escolha para delicada tarefa.

FE – *Fala-se e se escreve muito no meio espírita sobre os três aspectos da doutrina dos espíritos. Qual a sua posição nessa questão?*

HCM – Não me sinto atraído por debates ou polêmicas, como o que às vezes se armam em torno de questões como essa. Está claro, para mim, que o espiritismo tem sua vertente filosófica, a científica e a religiosa. Ao falar sobre isso, tenho em mente Religião com maiúscula; com todo o respeito devido, não me refiro às várias denominações cristãs contemporâneas. Mesmo porque o Cristo não fundou religião alguma – ele se limitou a pregar e exemplificar uma doutrina de comportamento, ou seja, como deve o ser humano portar-se perante o mundo, a vida, seus semelhantes e, em última análise, diante de si mesmo e da divindade. Ao que sabemos, jamais o Cristo cogitou de saber se sua doutrina devia ou não ser caracterizada como religião. E, no entanto, é religião, no seu mais puro e amplo sentido, de vez que cuida de nossa relação com as leis divinas. Minha opção prioritária, por assim entender, é pelo aspecto religioso do espiritismo, sem, contudo, ignorar ou minimizar os demais. Nada tenho e nem poderia ter contra os que pensam de modo diferente. Não vejo como nem por que disputar coisas como essa. Tenho eu de desprezar, combater, hostilizar, odiar e até eliminar aquele que não pensa exatamente como eu?

Se você prefere cuidar do vetor científico ou do filosófico, tudo bem.

Solicitado, certa ocasião, a um pronunciamento dessa natureza, entreguei pessoalmente ao eminente e saudoso companheiro dr. Freitas Nobre um pequeno texto sob o título "Problema inexistente", que ele mandou publicar em *Folha Espírita*. Por que e para quê todo esse debate? Começa que a posição a ser assumida ante o problema depende da conceituação preliminar do que se entende por religião. De que tipo de religião estaríamos falando?

FE – *Como o senhor situa o pensamento do Cristo no contexto da doutrina espírita?*

HCM – Kardec sabia muito bem o que fazia ao adotar a moral do Cristo. Afinal de contas e, ainda repercutindo a temática da pergunta anterior, o espiritismo nos pede mais, em termos de comportamento e reforma íntima, do que a ciência e a filosofia. Há quem me considere místico, mas o rótulo não me incomoda; ao contrário, acho-o honroso e o aceito assumidamente. Não consigo imaginar minha vida – e a vida, em geral – sem os ensinamentos do Cristo. Como sou um obstinado questionador, tenho, pelo menos, duas perguntas a formular: "Que é ser místico?" E, antes dessa: "O que é misticismo?" Um amigo meu, muito querido, costumava dizer-me isso, naturalmente, sem a mínima conotação crítica, como quem apenas enuncia um fato. Regressou antes de mim ao mundo espiritual. Passado algum tempo, manifestou-se em nosso grupo mediúnico e, entre outras coisas, me disse: "Você é que estava certo."

FE – *Qual é a sua formação profissional?*

HCM – Minha formação profissional é em ciências contábeis, função que exerci na Companhia Siderúrgica Nacional, em Volta Redonda, a partir de 1948, em Nova Iorque (entre 1950 e o final de 1954) e, posteriormente, no Rio de Janeiro, de 1957 a 1980, quando me aposentei. Devo acrescentar que, no decorrer dos últimos vinte e dois anos, estive sempre no exercício de cargos executivos no primeiro escalão da empresa ou no segundo.

FE – *Deixamo-lo à vontade para algo mais que queira acrescentar.*

HCM – Certa vez fui convidado por uma freira, amiga da família, para um encontro com seus alunos de teologia numa universidade brasileira. No dia e hora marcados, lá estava eu. Ela é doutora em teologia e sabia, naturalmente, de minhas convicções, e foi por isso mesmo que me convidou, concedendo-me oportunidade de verificar o quanto sua mente é arejada e despreconceituosa. Perguntei-lhe sobre o que ela desejava que eu falasse. Ela propôs dois pontos: a reencarnação e como o espiritismo considerava a figura de Jesus.

Dito isso, foi sentar-se modestamente entre seus alunos e, como eles e elas, formulou várias perguntas. Passamos ali, umas duas horas numa conversa fraterna, animada e desarmada.

Digo que ela escolheu bem os temas, porque, na minha maneira de ver, a reencarnação é o cimento que mantém os diversos aspectos da realidade espiritual consolidados num só bloco. Uma vez admitida a reencarnação, tudo o mais se encaixa no seu lugar com precisão milimétrica. Isso porque, sendo como é uma realidade por si mesma, uma lei natural e não objeto de crença ou de fé, a reencarnação pressupõe existência, preexistência e sobrevivência do ser à morte corporal, bem como a lei de causa e efeito, que regulamenta nossas responsabilidades perante a vida. Mais: a reencarnação exclui do modelo dito religioso qualquer possibilidade ou necessidade de céu, inferno ou purgatório como 'locais' onde se gozam as benesses da vida póstuma ou se sofrem as consequências de erros e equívocos cometidos. Do ponto de vista da teologia dita cristã contemporânea, portanto, a reencarnação é uma doutrina subversiva, no sentido de que desmonta todo um sistema teórico de ideias e conceitos tidos por irremovíveis.

Quanto ao Cristo, não há o que discutir, é a mais elevada entidade que passou pela terra.

Acho que a ilustrada irmã gostou da minha fala, dado que, algum tempo depois, me convidou novamente, desta vez para falar a um grupo de sacerdotes católicos já ordenados e seminaristas em final de curso. Que também foi uma conversa amena, fraterna e franca.

ENTREVISTA AO
CORREIO FRATERNO DO ABC

Herminio Corrêa de Miranda, um dos mais cultos e ilustres espíritas do Brasil, com inúmeros livros publicados e muitos projetos literários a realizar, abriu espaço em sua circunspecção e fala de sua vida e obra à jornalista *Yeda Hungria*, para as páginas do *Correio Fraterno*.

Yeda – *Quais seus dados biográficos?*

HCM – Sou uma pessoa sem biografia. Nasci em 1920, em Volta Redonda, RJ, de família modesta. Não tínhamos o supérfluo, mas o essencial nunca nos faltou. Tenho pouca escolaridade formal. Fiz um curso primário muito rápido, ou seja, compactado em poucos anos. Vim pra Minas Gerais porque em Volta Redonda não havia escolas adequadas e muito menos ginásio. Meu padrinho patrocinou-me a instrução, em Baependi, e depois, em Caxambu. Em 1933, fui para Barra Mansa, onde cursei o ginásio que, naquele tempo, era feito em cinco anos. Só na década de 40 cursei contabilidade, já casado, com a primeira filha nascida e trabalhando. Minha escolaridade é apenas essa. O resto é uma curiosidade insaciável de aprender línguas, de ler tudo quanto puder para ampliar conhecimentos. Tornei-me um bom profissional, embora a contabilidade fosse a última das opções, mas, já que iria ser contador, queria ser um bom contador. Entrei para os serviços da Companhia Siderúrgica Nacional, em Volta Redonda, em 1942, com vinte e dois anos de idade e, de simples auxiliar de escritório, cheguei a diretor, em 1967.

Yeda – *Como nasceu seu interesse pela doutrina espírita?*

HCM – Mamãe criou os dez filhos – oito homens e duas mulheres – na religião católica. Era uma pessoa de bom senso e inteligente, dotada de razoável formação cultural. Estudou em colégio de freiras. Escrevia muito bem, lia, sempre que lhe permitiam seus inúmeros afazeres, tinha uma letra bem talhada e excelente redação. Suas cartas são primorosas. Ela nos ensinava, em casa, a ler e a escrever e também um pouco de aritmética. Íamos para o colégio já sabendo um pouco de cada coisa. Dizia-nos que, enquanto estivéssemos sob sua responsabilidade, seríamos católicos, depois disso, que cada um seguisse seu rumo. Comecei a ler na adolescência. Lembro-me da impressão que me causou Schopenhauer, cujas ideias me pareciam brilhantes. Passei a questionar os ensinamentos da Igreja, suas práticas e tudo o mais. Por algum tempo não soube que rótulo teria, dado que o de católico não me assentava mais. Um dia, algumas pessoas da família fizeram a clássica reunião mediúnica com o copinho. Como você sabe, é uma experiência precária e até primitiva, mas impressionou-me observar como ele se movimentava, escolhendo as letras e construindo palavras e frases. Era óbvio que as pessoas não o impulsionavam. O 'copo' dava respostas simples e inteligentes. Era intrigante aquilo. Por essa época fui, a trabalho, para os Estados Unidos. Retornei cinco anos depois, decidido a estudar aquele fenômeno. Procurei um amigo que eu sabia espírita, o cel. Euclides Fleury, colega de trabalho na Siderúrgica, que me deu uma pequena lista de livros, a partir das cinco obras básicas da Codificação. Comecei a estudá-los e as coisas foram se aclarando em minha mente. Curioso que, ao ler *O livro dos espíritos*, tive a impressão de que já o conhecia. Anos depois, comentando o assunto com Divaldo Franco, ele me disse que, em encarnação anterior, eu vivera em Paris e até chegara a conhecer Kardec, com o qual estivera pessoalmente, mais de uma vez, propondo-lhe perguntas e trocando ideias com ele. Posteriormente, por outros meios, esta informação me foi confirmada e eu soube que fora um cidadão inglês que vivera em Paris, entre 1851 e 1866, os quinze anos finais daquela existência. Daí não me ser estranho *O livro dos espíritos*.

Yeda – *O que o levou à produção de livros espíritas?*

HCM – Quando comecei a ler e a estudar a doutrina, senti o impulso de partilhar com os outros as coisas que eu estava aprendendo e que me estavam sendo tão esclarecedoras. Assim, em 1956, arrisquei-me a escrever um pequeno artigo e o mandei para o *Reformador*. Publicaram-no. Anos depois, conversando com meu bom amigo Wantuil de Freitas, então presidente da Federação Espírita Brasileira, perguntei-lhe por que resolvera publicar aquela singela colaboração. Ele me disse que foi realmente estranho. Gostou do pequeno texto, concentrou-se numa prece e a intuição lhe disse para divulgá-lo. Eu, obviamente, ignorava que o *Reformador* fosse tão severo nos critérios de escolha de seus colaboradores. Aquele foi um momento decisivo para mim, porque, se a matéria houvesse sido rejeitada, talvez eu me tivesse desencorajado de escrever. Foi um teste. De 1958 em diante, durante vinte e dois anos, escrevi para o *Reformador*. Às vezes, estampavam até três artigos meus no mesmo número. Foi, aliás, por essa época que o dr. Wantuil me sugeriu que adotasse também um pseudônimo. Escolhi o de João Marcus. Criou-se, então, uma expectativa, um público que passou a me escrever e que demonstrava apreciar meu trabalho. Em seguida, vieram os livros, que foram tendo boa aceitação. Hoje tenho trinta títulos publicados, sendo que *Nossos filhos são espíritos*, sobre crianças, está na sétima edição, com mais de 70 mil exemplares vendidos.[24] É um livrinho despretensioso, no qual não me preocupo em doutrinar ou converter ninguém – conto fatos. As conclusões, deixo-as com o leitor. Quando se dá a alguém um livro doutrinário de caráter teórico, nem sempre quem o recebe está preparado para entendê-lo, ao passo que histórias da vida real, depoimentos, testemunhos são de mais fácil aceitação.

Yeda – *O que abordava o seu primeiro artigo publicado?*

HCM – A possibilidade de divisionismo no movimento espírita. Era uma preocupação tola, prematura, pois eu nem era, ainda, espírita militante. Não frequentava centro ou grupo, nem participava do movimento de outra qualquer maneira. Tinha, contudo, a intuição de uma tarefa a realizar, embora não soubesse precisamente qual fosse. Durante muitos anos continuei não sabendo. Escrevia artigos, sentindo que deveria fazer algo mais. Não me arriscava, ainda, a escrever um livro e nem contava com experiência em trabalhos mediúnicos. Hoje tenho cerca de trinta anos nesse tipo de atividade. Acumulei uma bagagem razoável de experiência, pois sou daqueles que reconhecem a importância do conhecimento que se adquire no intercâmbio com os companheiros desencarnados trazidos ao trabalho da chamada doutrinação. São inúmeros e dramáticos esses depoimentos e alguns deles foram aproveitados na série *Histórias que os espíritos contaram*, bem como em *Diálogo com as sombras* e *Diversidade dos carismas*, entre outros.

Yeda – *Qual o livro que exigiu maior trabalho de pesquisa?*

HCM – Cada livro é uma criança, um filho. Primeiro, a gestação, as dores, o trabalho, as angústias e as alegrias, naturalmente. Depois, a preocupação de saber se será aceito. Cada livro tem sua personalidade. Gosto de pesquisar. Sou paciente. Um livro que me exigiu muito foi *Eu sou Camille Desmoulins*, pois decidi confirmar as revelações de Luciano dos Anjos. Eram minúcias, detalhes, problemas miúdos da Revolução Francesa. Foram anos de pesquisas, refletidas na quantidade de notas complementares acrescentadas ao texto básico. Cada livro tem sua pesquisa específica. O que estou escrevendo, por exemplo, exigirá bastante trabalho. Farei um levantamento detalhado da obra de Fénelon, além de buscar mais amplas informações biográficas a respeito dele, o que não tem sido fácil.[25] *O evangelho gnóstico de Tomé* foi também obra que consumiu longas horas de estudo e pesquisa. Em *Alquimia da mente*, foram muitos os apoios de que necessitei para as teorias que nele desenvolvo. Já os livros mais simples, como *Nossos filhos são espíritos*, dispensam pes-

---

[24] Nota da editora: *Nossos filhos são espíritos* já ultrapassou, em 2011, os trezentos mil exemplares vendidos e as obras de Herminio Miranda já somam quarenta títulos.
[25] Nota da editora: Herminio se refere à obra já publicada pela Lachâtre *As sete vidas de Fénelon*.

quisas de maior vulto, pois tratam de depoimentos mais do que de citações eruditas.

Yeda – *Em uma de suas obras são mencionados os manuscritos do mar Morto, documentos com ensinos dos essênios e que teriam influenciado o pensamento cristão. Em outras, são citados os achados de Nag-Hammadi, no Alto Egito, cópias de textos cristãos primitivos. Qual a relação entre esses documentos?*

HCM – Os manuscritos de Nag-Hammadi originam-se de uma comunidade reconhecidamente gnóstica. O gnosticismo foi um movimento paralelo ao cristianismo primitivo, ocorrido entre os anos 120 e 240, século II e III, portanto. Os do mar Morto, descobertos em 1947, referem-se a uma seita judaica e seus rituais e procedimentos e, segundo os historiadores, anterior ao cristianismo. Ainda hoje se discute se seus membros eram ou não essênios. Há muito livro bom a respeito disso, como os dos eruditos franceses, Charles Guignebert e Maurice Goguel, além de autores mais recentes. Tenho a impressão de haver vivido lá, naquela época; daí porque vagas e imprecisas lembranças me agitam durante a leitura desse material e mexem com minhas emoções. É um tema que me atrai e, como disponho de textos importantes sobre a época, pretendo ainda trabalhá-lo. Não sei, porém, se terei tempo suficiente para escrever um livro a respeito. Anos atrás, eu participava de um grupo mediúnico familiar, no Rio de Janeiro. Numa sessão de regressão de memória, um amigo e eu discutimos a possibilidade de mergulhar nas lembranças ocultas de cada um de nós, a fim de pesquisar a história do cristianismo primitivo. Esse companheiro me dissera, numa das regressões, que, no primeiro século, eu havia sido judeu e ele, romano. Programamos reunir nossas reminiscências pessoais. Um dos aspectos que eu pretendia estudar era justamente a história dos essênios – quem eram, o que faziam, como pensavam e o que pretendiam. Infelizmente o projeto não foi adiante. A tese, contudo, é válida e espero demonstrá-la um dia, senão desta vez, em alguma existência futura, se isso for permitido. Algo semelhante ao que fizemos Luciano dos Anjos e eu, com a história da Revolução Francesa, em *Eu sou Camille Desmoulins*. Não creio que o Cristo haja sido um essênio, como especula, entre outros, Édouard Schuré. João Batista, sim, parece tê-lo sido. Não sei se Jesus teria conhecido pessoalmente a organização dos essênios. Seja como for, ambas as seitas – a dos essênios e a dos gnósticos, dois ou três séculos depois, tem muito em comum, no entendimento da realidade espiritual, ainda que com outra terminologia, pois sabiam da reencarnação, da sobrevivência do ser e da comunicabilidade entre 'vivos' e 'mortos'. Ambas pregavam e praticavam hábitos de pureza, dedicação ao próximo, de serviço à coletividade. Enfim, os ideais básicos eram semelhantes, mesmo porque tais ideias desenvolvem-se sempre que encontram ambiente propício.

Yeda – *Os Evangelhos canônicos citam superficialmente Tiago e Judas Tadeu como irmãos de Jesus. Determinadas correntes religiosas os consideram primos. O que revelam suas conclusões?*

HCM – Nas pesquisas realizadas tenho encontrado evidências convincentes de que Jesus teve vários irmãos e irmãs. O assunto é tratado com maior amplitude em meu livro *Cristianismo, a mensagem esquecida*, no módulo 3 – "Aspectos históricos específicos", verbete V – "Jesus teve irmãos?", páginas 54 a 58. Quanto a Judas Tadeu, o problema é complexo, porque os textos gnósticos, escritos em copta, colocam Tadeu como irmão gêmeo de Jesus, pois o nome *Tomé* quer dizer gêmeo, tanto quanto *Dídimo* (em grego). Em suma, Tadeu, Dídimo, Tomé são nomes aparentemente atribuídos à mesma pessoa. É difícil aceitar, contudo, que Jesus haja tido um irmão gêmeo, a não ser em sentido figurado, como alguém muito ligado a ele, uma espécie de alter-ego. Esse aspecto foi abordado por mim em *O evangelho gnóstico de Tomé*. Quanto a Tiago Maior, contudo, os textos das Epístolas de Paulo e de Atos dos Apóstolos são claros em colocá-lo como um dos irmãos de Jesus. Em Atos e nas Epístolas, quando Paulo e Barnabé foram a Jerusalém, no ano 49, a fim de obter a chamada Carta Apostólica, isto é, a permissão para pregar o cristianismo aos gentios, dispensadas, porém, certas práticas formalistas do judaísmo, a decisão final foi de Tiago, irmão de Jesus, como afirma Paulo, sem rodeios. Essa é, também, a opinião de Maurice Goguel e Charles Guignebert. Este último – que não aceita a hipótese de que os irmãos mencionados sejam primos – escreve que as referências "são razoavelmente frequentes no Novo Testamento e, em nenhuma parte, há qualquer ambiguidade acerca delas. Ao que tudo indica – prossegue – trata-se, inquestionavelmente, de irmãos de sangue".

Yeda – *As pesquisas nos textos gnósticos originaram seu livro* O evangelho de Tomé – *título mudado para* O evangelho gnóstico de Tomé, *na segunda edição. Pretende você escrever sobre os demais textos gnósticos?*

HCM – Sim, existe ainda muito material no volume *The Nag-Hammadi Library* – a tradução em língua inglesa dos textos coptas – que não foi aproveitada em *O evangelho gnóstico de Tomé*, mas tenho de estabelecer prioridades na ordem dos escritos. Projetos, tenho vários. Gostaria, se possível, de escrever três ou quatro livros simultaneamente, porque são muitos os temas que me atraem, mas há limitações incontornáveis a respeitar. A tradução inglesa oferece material riquíssimo, como os escritos atribuídos a Pedro e Felipe e a outros trabalhadores da primeira hora. Alguns aspectos podem até ser algo fantasistas, mas precisam ser estudados com vagar, mesmo porque, em muitos pontos relevantes, confirmam passagens evangélicas consagradas nos textos vigentes ou as modificam significativamente. Em *O evangelho gnóstico de Tomé*, tive de me contentar com uma simples e arbitrária amostragem. Maria de Magdala, por exemplo, apresenta-se nesses documentos como uma presença muito mais marcante do que a gente poderia supor à vista da relativa discrição dos textos digamos 'oficiais' que nos chegaram. Ela era dotada de poderosa mediunidade e exerceu papel preponderante no grupo de pessoas mais chegadas a Jesus. Deveria ser considerada, com todo direito, legítimo apóstolo. É uma figura pela qual tenho grande admiração. Em *Cristianismo, a mensagem esquecida*, escrevi uma página arrancada do fundo do coração, sobre ela.

Yeda – *Na sua obra* Eu sou Camille Desmoulins *é narrada regressão de memória com Luciano dos Anjos. Numa das passagens, vamos encontrá-lo em Paris, durante o período da Revolução Francesa. Você lhe solicita uma informação da época e ele, desconhecendo-a, vai a algum lugar buscá-la. Como se explica isso?*

HCM – Recebi, em envelope fechado, uma pergunta, cujo teor Luciano ignorava e que lhe deveria ser feita depois que ele já estivesse em transe. Somente depois de ter ele alcançado esse estado, portanto, abri o envelope e tomei conhecimento do seu conteúdo. Tratava-se de perguntar a Luciano, já regredido à condição de Desmoulins, qual a frase que dissera durante um jantar, com amigos. Ele observou que não se lembrava, pois dissera e escrevera muitas frases de efeito e não sabia a qual delas se referia a pergunta, formulada, aliás, por Murillo Alvim Pessoa, seu amigo pessoal e professor de desenho anatômico. Quis saber, a seguir, se eu julgava importante o atendimento à pergunta. Afirmei-lhe que sim, porque seria um elemento a mais para conferirmos os dados que ele vinha revelando. Disse-me, então: "Espera, que eu vou lá". Apliquei-lhe mais passes e ele aquietou-se e permaneceu em silêncio por alguns momentos. Em seguida me disse: "Já estou aqui. O que é mesmo, que você quer saber? "A partir daquele momento, ele não estava mais se lembrando do ocorrido; ele se encontrava em algum lugar na interseção tempo/espaço, no qual era capaz de resgatar os eventos como se ali estivessem documentados. Relatou, então, o clima de tensão vivido naquela fase da Revolução, que começava a devorar-se a si mesma, destruindo seus próprios líderes. Encontravam-se reunidos num jantar Danton, as respectivas esposas e amigos, todos muito tensos. Dirigindo-se a Danton, lembrou-lhe num versículo da epístola de Paulo: "...comamos e bebamos, que amanhã estaremos todos mortos". Falou em latim, para que as demais pessoas não percebessem o estado emocional em que se encontravam. Esse é o episódio. Não sei como explicá-lo. Em *A memória e o tempo* digo que o tempo é também um local. Ambos, tempo e espaço, para mim, tem algo em comum, o que aliás, se vê também, am *A grande síntese*.

Yeda – *Nesse mesmo livro é narrada sua reencarnação como pai do poeta inglês Robert Browning. Relembre-nos a passagem e acrescente o que julgar necessário.*

HCM – É uma longa história essa. Eu mandara vir da Inglaterra e dos Estados Unidos alguns livros, com o propósito de me informar sobre o poeta e sobre Elizabeth Barrett Browning, sua esposa, pessoa pela qual tenho muito carinho, admiração e respeito. Lembro-me da emoção que me invadiu, no Museu Britânico, em Londres, quando vi o caderninho em que ela escrevera, para o marido, seus famosos *Sonnets 'from the Portuguese*, tidos como dos melhores versos da língua inglesa, comparáveis até aos famosos sonetos de Shakespeare. Ao ler a biografia de Browning, identifiquei-me como seu pai, uma pessoa assim como eu, tal como eu penso, sou e me conduzo. O velho Browning não teve qualquer projeção na vida, a não ser como pai de um poeta famoso, era um simples funcionário do Banco da Inglaterra, mas muito culto. Um poema intitulado *"Development"*, no qual o poeta fala de sua formação cultural, começa assim: *"My father was a scholar, he knew Greek..."* ("Meu pai era um sábio, conhecia grego..."). No entanto, Browning-pai nada produziu de destaque, nem mesmo por conta da sua evidente capacidade artística, o que o filho lamentou. Quis eu ver desenhos de sua autoria que se encontram recolhidos ao acervo do Banco da Inglaterra, mas não me foi permitido. Foi uma existência modesta, obscura. Parece que eu teria ido para ali para descansar de antigas lutas. Vivera, anteriormente, existências muito agitadas, no meio religioso, lidando com ideias e pessoas, com eventos de conteúdo histórico, escrevendo livros, ensinando e fazendo pregação. Segundo informações de que disponho, teria participado, ainda, da Revolução Protestante, época de muita agitação, conflitos e tensões, por causa do choque com a Igreja tradicional. Teria, por isso, escolhido a Inglaterra para descansar por um período das tribulações do passado, e isso um amigo espírita me confirmou.

Yeda – *Para encerrar, gostaria que esclarecesse o conceito de tempo apresentado em seu livro* A memória e o tempo.

HCM – Gostaria muito de poder fazê-lo, mas não me sinto suficiente para isso. Acho que teríamos de sair do contexto de espíritos encarnados, em que nos encontramos, ou recorrer à intuição que, de certa forma, nos liberta da rigidez do raciocínio lógico. Vamos, porém, tentar. Vivemos numa dimensão na qual os eventos são lineares e sequenciais, ao passo que, na dimensão espiritual, não há relógios ou calendários e, ao que nos dizem, nem dias, noites ou estações do ano que nos ajudem a separar passado, presente e futuro. Entidades espirituais presas a angustiantes problemas não resolvidos referem-se a episódios vividos há séculos, como se fosse ontem, por se situarem numa realidade atemporal. Uma boa leitura a respeito disso é o livro *Mass dreams of the future* (*Sonhos de massa do futuro*), de Chet Snow, um PhD em psicologia, que me levou a escrever o artigo intitulado "Lembranças do futuro".

Yeda – E como fica o livre-arbítrio?

HCM – Meu primeiro impulso é o de dizer que isso é irrelevante, no caso. Mas não é bem assim, pois o livre-arbítrio é lei cósmica insuscetível de ser burlada e, portanto, de um jeito ou de outro faz parte do contexto. Estamos, como foi dito há pouco, perante uma realidade incontestável – há pessoas que possuem a faculdade de ir ao futuro e ver as coisas que estão acontecendo lá, seja isso, onde, como e quando for. O professor Tenhaeff, da Universidade de Utrecht, na Holanda, criador da primeira cadeira de parapsicologia universitária, realizou, durante anos, experiências com Gerard Croiset. Uma delas era o chamado "teste da cadeira", que consistia em tentar 'adivinhar', com antecedência suficiente de dias ou semanas, quem se sentaria em determinada cadeira em algum evento programado para o auditório. O sensitivo era convidado a descrever a pessoa sentada na poltrona número 32, por exemplo. O depoimento era gravado e preservado com todas as medidas de segurança necessárias. No dia do evento, quando as portas se abrissem, cada um buscava aleatoriamente seu assento. Era entrevistada, então, a pessoa sentada na poltrona número 32, o que, usualmente, conferia com a meticulosa descrição feita por Croiset dias ou semanas antes. Só nos resta aceitar que ele 'vira' antecipadamente, no futuro, aquela pessoa sentada ali e até percebia suas características. Como funciona isso? Não sei. Teria ele influído no livre-arbítrio da pessoa para que ela se sentasse naquela poltrona e não em outra? Acho que não. Penso que ele apenas 'viu' antecipadamente, que ela ocuparia aquele lugar e não outro. A dra. Louisa Rhine, em seu livro *Canais ccultos da mente*, apresenta casos dramáticos de pessoas que também viram, nos mínimos detalhes, cenas e fatos que só foram acontecer 'de verdade', alguns dias ou meses depois. Há, portanto, pessoas que vão ao futuro, veem as coisas e voltam para contar o que viram. Por isso, me pergunto se, quem sabe, o futuro já existe. Em *A memória e o tempo*, imaginei a hipótese de que Deus não pode ignorar nada nem ser tomado de surpresa pelos acontecimentos, e, se Ele sabe, como tem de saber, então o futuro já existe mesmo e Ele conhece antecipadamente que escolhas faremos para chegar ali, naquele momento, que, para nós, ainda não aconteceu. Qual a mecânica disso, porém, se é que as coisas se passam de tal maneira? Só nos resta, aqui, uma postura de tranquila, ainda que expectante humildade: Não sei! O futuro dirá, ou talvez, já o tenha dito. É só ir lá para conferir.

Por tudo isso, viver nunca será uma coisa monótona, pois são incontáveis as surpresas que nos aguardam pelos caminhos do aprendizado.

Conferências

A Hora Da Decisão

Em abril de 1977, em andanças pelo mundo, depois de contemplar o rio Nilo, visitar as pirâmides, a esfinge e o museu do Cairo, fomos – minha mulher e eu – conhecer a mesquita de Alabastro, frequentada por nossos irmãos muçulmanos.

Deixamos os sapatos na entrada, como recomendam os costumes, e entramos no amplo espaço reservado às preces e ao ritual do Islã. Foram necessários alguns momentos para recuperar-me do impacto inicial. O ambiente estava mergulhado na meia-luz e envolvido no silêncio místico dos templos de todos os credos por toda parte. Não havia imagens, naturalmente, o piso estava coberto por espessa camada de magníficos tapetes e candelabros imponentes pendiam do teto. Predominavam na decoração os riquíssimos desenhos de que os árabes parece terem o segredo. (É por isso, aliás, que se chamam arabescos.) Via, também, aquelas letras que, por si mesmas, constituem pequenas obras de arte, elegância e mistério. Eu não sabia o que diziam, mas eram, por certo, citações recolhidas no *Corão*.

Controladas as primeiras emoções, dei-me conta de que estava no interior de um templo e disse ao guia que precisava de alguns momentos para orar. Ele me olhou espantado e perguntou: "Mas o senhor não é cristão?" " Sou – respondi –, mas Deus não é um só?" Ele sorriu, ainda surpreso, lembrando-se, certamente, do próprio testemunho de sua fé que assim diz: "Não há Deus, senão Allah, e Maomé é o seu profeta." Retirei-me para o meu silêncio interior e orei ao 'dono' daquela casa magnífica, pai dos fiéis seguidores do Islã e, portanto, meu pai também, dado que só existe um Deus.

Como não era permitido, àquela época, o voo direto Cairo-Tel Aviv, ou vice-versa, fomos a Atenas, na Grécia e, de lá, voltamos ao Oriente Médio para visitar Israel. É ali que Antigo e Novo Testamentos estão escritos na topografia, nos grãos de areia, nas pedras e nas montanhas, nas águas de seus rios, lagos e mares; nos templos e monumentos.

Não tivemos oportunidade de entrar numa sinagoga, mas nos detivemos, reverentes, diante do Muro Sagrado do velho templo de Salomão. Ficou em nós a alegria de conviver por alguns dias com o povo de Israel. E de trocar com as pessoas, a saudação de que falou Jesus: *Shalom!*

"Ao entrares numa casa – ensinou ele –, se ali houver um filho da paz, tua paz repousará sobre ele; se não houver, ela retornará a ti."

Estou falando, portanto, de Javé, representado graficamente pelo tetragrama sagrado das respeitáveis tradições da numerosa descendência de Abraão. Também nossos irmãos judeus leem em seus textos, como está em Deuteronômio 6,4: "Ouve, ó Israel, o Senhor nosso Deus é o único Senhor!"

Lembro, ainda, a expressão de sábios índios americanos, que se referem ao Ser Supremo com veneração e amor, como *The Great White Spirit* – O Grande Espírito Branco.

Lembro Allan Kardec a perguntar aos seus amigos invisíveis "Que é Deus" e anotar a resposta, simples, curta e pejada de implicações: "Deus é a inteligência suprema, causa primária de todas as coisas."

Lemos no Evangelho de Tomé, logion 88: "Sou a luz que está sobre todos. Eu sou o todo, o todo saiu de mim e o todo retornou a mim. Rachem um pedaço de madeira: lá estou eu; levantem a pedra e me encontrarão ali."

Nesse mesmo texto, recomenda Jesus o que se deve dizer àquele que nos perguntar de onde viemos. "Respondam – diz ele –: Nascemos da luz, lá onde a luz nasce de si mesma..."

Falando de Deus, em 1529, na reunião de Marburg, proclamou Lutero, em um momento de superior inspiração e eloquência:

> Constitui marca de Sua eterna majestade fazer-se tão pequeno que um grão de trigo O contém e tão grande que preenche e excede a todos os mundos reunidos. Como pode Ele estar, ao mesmo tempo, todo inteiro, na menor de Suas criaturas e além das coisas perceptíveis? Quem pode dizer quem é Deus? Corpo, espírito, mais ainda que espírito. Ele é o incompreensível que nos cumpre adorar; Ele tudo contém e nada O contém.

Lembro-me das cenas, dos cenários e das palavras como se ainda me encontrasse lá, congelado no tempo, no seio aconchegante da mesquita de Alabastro ou diante do milenar muro de pedra, em Jerusalém. E me lembro disso, aqui, porque desejo repetir a pergunta que enderecei naquele dia ao guia árabe: "Deus não é um só?" E completar: "Portanto, o meu Deus é o mesmo de todos nós e, daqui onde estou, posso apontar para qualquer pessoa aqui dentro, ou lá fora, e dizer, no meu coração: 'Você é minha irmã.' ou 'Você é meu irmão'."

Não é, portanto, o nosso Deus que é diferente; nossa visão pessoal de Deus é que difere e cria separações fantasiosas porque inexistentes. É Deus o poder e a força que nos mantêm unidos e reunidos nele.

Saúdo, pois, com respeito e carinho fraterno, a todos os presentes. Estou me dirigindo a católicos e evangélicos, mais numerosos em nosso contexto sócio--religioso, mas também aos dignos representantes do judaísmo e do Islã, bem como a budistas, xintoístas, hinduístas, espíritas, umbadistas, pessoas de todas as crenças, enfim, mas também àqueles cuja fé se concentra na descrença.

Estamos reunidos sob a égide da boa vontade, neste espaço e neste tempo que a LBV abriu para todos nós. Viemos para falar e ouvir. Teríamos sido irrealistas se viéssemos em busca da utópica unanimidade. Viemos trocar ideias, partilhar experiências, confiar sonhos e cultivar esperanças. Diferenças posturais e divergências ideológicas não constituem necessariamente tropeços ao entendimento; ao contrário, estímulos ao exercício da compreensão. Fomos convidados para aqui estar e aceitamos vir porque fomos considerados suficientemente amadurecidos para identificar naqueles que pensam de modo diverso não adversários a combater, mas irmãos e irmãs para serem ouvidos com atenção, respeito e tolerância, como todos gostamos de ser ouvidos. Se pensássemos exatamente da mesma maneira, estaríamos repetindo uns aos outros as mesmas coisas e regressaríamos aos nossos afazeres as mesmas pessoas que para aqui vieram. E se pretendemos mudar algo no mundo em que vivemos – e este é um dos objetivos máximos deste *Forum* –, é necessário começar a mudar as coisas que estão em nós.

Por isso, inicio esta fala com aquilo que nos une – o conceito de um só Deus. Estou falando do Deus de muitos nomes, de inumeráveis histórias, de todos os tempos e de todas as galáxias.

No auge de acalorados debates em torno de divergências doutrinárias, em 1580, os pensadores da Reforma Protestante chegaram a uma posição consensual que ficou assim expressa: "Nos aspectos necessários, unidade de pensamento; nos desnecessários, liberdade; em todas as coisas, o amor."

Penso chegada a hora de conversar sobre tais coisas. Vai adiantado o relógio cósmico e há muito que fazer e desfazer para refazer e o tempo parece exíguo para tanta coisa.

Dizia há pouco, que, ao apontar para qualquer pessoa neste recinto ou lá fora, estarei identificando um irmão ou uma irmã, mas posso acrescentar que estarei igualmente apontando para um espírito preexistente, sobrevivente e imortal, que leva dentro de si a mesma centelha luminosa que nos identifica a todos como criaturas do mesmo Criador Supremo, seja qual for o nome pelo qual o conheçamos, quer a gente creia nele ou não. Deus não existe apenas para os que creem. Tanto quanto posso atestar, não há descrentes na dimensão póstuma, ou, pelo menos, não tanto quanto por aqui, onde estamos nós. Acho que se pode dizer até que também não há crentes, no estrito sentido em que os consideramos na dimensão na qual vivemos, de vez que a sobrevivência do ser à morte corporal não constitui problema de fé ou crença, e sim de conhecimento. Enquanto aqui, imantados a um corpo material denso e visível, podemos nos dar ao luxo de ignorar a realidade espiritual; do outro lado da vida ela se nos impõe pela muda eloquência de sua poderosa presença.

Na verdade, há, por toda parte, dois tipos de ignorância – a que *não sabe* e a que *não quer saber*. A primeira costuma ser humilde e aberta à aceitação daquilo que ignora. A outra, não – mostra-se arrogante e convencida de que sabe de todas as respostas. E por isso é mais difícil de curar-se.

Falei em dois tipos ou variedades de ignorância, mas uma terceira poderia ser acrescentada – a 'ignorância' (entre aspas) que o Cristo identificou como sutil manifestação de sabedoria nos simples de coração, que conhecem, segundo Mateus (11,25), verdades que se ocultam aos sábios.

Estou pretendendo dizer-lhes com estas reflexões que procuro me concentrar nos aspectos necessários, que nos propiciem a desejável "unidade de pensamento". Tento buscar os caminhos da fraternidade, que nos levem a um consenso sobre que coisa é a vida, o que estamos fazendo dela, por que estamos aqui, de onde viemos, para onde estamos seguindo e o que nos espera ali adiante na próxima curva nas rotas do infinito e lá, ao longe, além da linha do horizonte. Nossa nave espacial planetária está com problemas técnicos e éticos, e a tripulação – líderes políticos, religiosos, empresariais, intelectuais, cientistas, educadores – não está nada certa sobre o que fazer, ou talvez esteja tão ocupada em fazer o que não deve que não lhe sobra tempo, nem espaço mental, para fazer – urgentemente, aliás – o que precisa ser feito.

Penso que, em vez de entrarmos em pânico, precisamos conversar para nos entender. Para que isto funcione adequadamente, insisto em dizer que é preciso botar de lado possíveis divergências e ouvir o que tem a dizer o companheiro ou a companheira de voo cósmico que porventura tenha ideias diferentes das nossas.

Anos de experiência e meditação me autorizam a falar de convicções bem delineadas que podem não ser as de muitos dos que me ouvem neste momento. Não estou aqui para impor meus conceitos e nem solicitando assinaturas numa lista de adesões. Nosso problema cósmico é mais qualitativo do que quantitativo. Tanto quanto podemos observar, o planeta está vulnerável, para dizer o mínimo. Avaliações recentes mencionam pontos críticos em aspectos de dramática relevância nos mecanismos de sustentação da vida. Acham-se seriamente comprometidos os sistemas que automaticamente produziam as renovadoras e indispensáveis reciclagens.

A sensação de desconforto, inquietação e até de perigo iminente que estamos experimentando em termos de civilização reflete as aflições do próprio planeta ao qual estamos todos integrados. Vínhamos pensando até aqui que o universo era uma coisa e nós, seres humanos, outra coisa. E que poderíamos usar e abusar dos recursos naturais, agredir à vontade o ecossistema, poluir impunemente o ar, o solo e as águas, bombear do subsolo e queimar n a atmosfera fantásticas quantidades de petróleo, que nenhum dano resultaria da sistemática devastação ambiental. E se, porventura, alguma deterioração ocorre, justifica-se como preço que se tem a pagar pelo progresso da ciência, da tecnologia, do bem-estar social, da civilização em si. E, afinal de contas, o mundo não é mesmo nosso? Não foi criado para os seres humanos? Não é necessário 'dominar' as forças da natureza e fazê-las trabalharem para o ser superior da criação que o habita? E outra coisa: que importa a demolição do mundo? Como dizia Luís XIV, "Depois de mim, o dilúvio."

No entanto, numerosos pensadores e cientistas contemporâneos começam a nos descrever um universo bem diferente daquele que até aqui figurou em nossas cogitações. Há, até, os que falam de Deus!

Stephen Hawking encerrou *A brief history of time* renovando o desafio dirigido "a todos nós – declara – filósofos, cientistas e pessoas comuns" e que consiste em descobrir "por que nós e o universo existimos". Este seria, no dizer do eminente cientista, "o triunfo da razão humana, pois estaríamos, então, conhecendo realmente a mente de Deus."

Com o assegurado direito de pessoa comum, eu colocaria de modo diverso o desafio e também não conjugaria o verbo no tempo incerto do condicional. Não me parece que os mecanismos e a capacidade da razão humana sejam suficientes para conhecer a mente de Deus. Acho que precisamos incluir na busca os dispositivos da intuição e, principalmente, os do amor. É importante, porém, observar que os grandes pensadores estão empenhados em saber o que pensa Deus. Paul Davies tomou o desafio ao pé da letra e escreveu *A mente de Deus*, onde se lê o seguinte:

> O acesso ao conhecimento último, à explicação última, nos é vedado pelas próprias regras de raciocínio que nos impelem a procurar essa explicação. Se quisermos ir além, temos de adotar um conceito de compreensão diferente da explicação racional. (Davies, p. 233)

O dr. Amit Goswami, em *The self-aware universe*, garante-nos que vivemos num universo dotado de auto-percepção. Ou seja, um sistema cósmico vivo, consciente de si mesmo, constituído de matéria densa criada por processos conscientes e não por um jogo cego de acasos e coincidências. O dr. Joe Lewels repercute conceito semelhante em *The God hypothesis*, outro livro brilhante e não menos dramático e até preocupante, ao escrever (pp. 312-313) o seguinte: "Mais do que nunca, há sólida base científica para entender-se a alma humana e o conceito de Deus incorporados num universo vivo e consciente." A mesma concepção, segundo a qual a terra é um organismo vivo, está em James Lovelock (in *Gaia – a new look at life on Earth*). Para Peter Russell (in *The global brain*), a comunidade humana seria um "vasto sistema nervoso, um cérebro global, no qual cada um de nós seria uma célula individual". Mais uma vez, encontramos ideias semelhantes em Lewels, segundo o qual "todas as partículas subatômicas do universo estão interligadas, formando uma gigantesca consciência universal, uma inteligência que dirige a atividade do universo". (p.70) "No nível quântico – insiste ele (p.72) – tudo no universo é uma só coisa." Algo parecido diz David Bohm, ao declarar que "todo o universo (com todas as suas 'partículas', inclusive as que constituem os seres humanos, seus laboratórios, instrumentos de observação etc.) tem de ser entendido como um todo individido". (*Apud* Larry Dossey, *in Space, time and medicine*). James Jeans, ainda segundo Dossey, observa que, enquanto prisioneiros de tempo e espaço, nos entendemos como "entidades separadas dentro de um quadro multifacetado", mas que, transcendidas tais limitações, "seríamos todos membros de um só corpo". Schrödinger informa que "... o número total das mentes é um." Einstein, em carta a Max Born, declarava não temer a morte porque experimentava "uma sensação de solidariedade com todos os seres vivos" e que, por isso, não se importava em saber "onde começa e onde acaba o indivíduo".

E já que fomos convocados para debater, neste *Forum*, o dualismo ciência e espiritualidade ou, em outras palavras, ciência e religião, proponho retornarmos por alguns momentos ao dr. Amit Goswami, para destacar alguns dos seus *insights*.

No verão de 1982 – conta ele – estava concluída a primeira redação de seu livro sobre o universo consciente. O autor confessa, com elogiável humildade intelectual, no entanto [Part 4 – "*The reenchantment of the person*", p. 211 e seguintes], sentir "profundas inconsistências" no seu texto.

Ele as atribuía ao que considera "sutilíssima fixação sua em um dos princípios fundamentais da filosofia realista – o de que a consciência tem de ser, necessariamente, um epifenômeno da matéria".

Ou seja, o pensamento resultaria de mera atividade nervosa. Ou, ainda, como me disse um velho, experimentado e descrente médico, há cerca de quarenta anos: "Que espírito nada, meu filho, o pensamento é uma segregação do cérebro, assim como a bile é produzida pelo fígado!"

Foi numa conversa com Joel Morwood, a quem caracteriza como "um amigo místico", que o dr. Goswami encontrou, afinal, a resposta que há muito procurava.

Discorria sobre suas ideias, teorias e hipóteses, no jargão científico habitual, quando Joel comentou: "Você está usando antolhos científicos que bloqueiam seu entendimento."

E acrescentou, mais adiante: "Tente compreender o que os místicos estão dizendo. A consciência vem antes (do cérebro) e sem condicionamentos. Eis tudo. Nada existe senão Deus."

> A última sentença – confessa Goswami [p. 215] – desencadeou em mim algo impossível de descrever-se. O melhor que posso dizer é que disparou uma brusca sacudidela na perspectiva. Levantou um véu. Ali estava a resposta que eu procurava e da qual, no entanto, sempre soubera.

Era isso, portanto. "Segundo o conceito da não-localização quântica – conclui o autor – o céu transcendental, o reino de Deus está em toda parte, mas o ser humano não o vê, lamentou-se Jesus."

Eis porque o dr. Amit Goswami propõe que ciência e religião desempenhem no futuro, funções complementares, cabendo à ciência "preparar de modo objetivo os fundamentos do que precisa ser feito para reconquistar-se a visão mágica, e à religião, guiar as pessoas ao longo do processo".

Lê-se, em *News from the border*, pungente depoimento pessoal de Janet Taylor McDonnell, autora e mãe, sobre o autismo de seu filho Paul, que, a certa altura, ainda infante, faz-lhe uma pergunta espantosa: *Mãe! Quanto é infinito menos um?* Na minha cósmica ignorância matemática, eu diria que a resposta é infinito, dado que, por mais que se lhe tire, ele continua sendo o que é. Se o dividíssemos por si mesmo, o resultado seria um. Ou seja, ele continuaria sendo uma unidade, um todo.

O que esses pensadores estão nos dizendo, portanto, é que não apenas *estamos* no universo, mas *somos* ele e não somente pelos átomos e moléculas que constituem o corpo físico que ocupamos, mas pelo psiquismo de que somos dotados. Vivemos, pois, num universo solidário, hologramas vivos num sistema holográfico. Como os poetas costumam antecipar-se a cientistas, filósofos e teólogos, Francis Thompson (1859-1907) já escrevia, há cerca de um século, que não se pode tocar uma flor sem incomodar uma estrela.

Isso quer dizer, portanto, que qualquer dano físico ou ético causado a qualquer outro ser vivo – planta, animal ou ser humano, bem como ao próprio ambiente em que vivemos – tem sobre nós um efeito bumerangue. Segue-se que não estamos aviltando apenas o planeta com a insensatez que se apoderou do chamado processo civilizador, mas a nós próprios.

Em seu texto para o número especial da revista *Time* (17 de abril de 2000), Stewart Brand chama a atenção para o fato de que as emocionantes fotos coloridas do planeta, tiradas pelos astronautas durante a missão Apollo 8, em dezembro de 1968, proporcionaram, de repente, a oportunidade de nos vermos à distância, "do lado de fora". A terra mostrava-se, ao mesmo tempo, muito bela como "delicada joia" engastada na amplidão do espaço sideral e "diminuta, frágil e admirável".

Nesse mesmo número da revista, o presidente Bill Clinton lembra, no seu texto, que nos encontramos perante "os mais profundos desafios ambientais da história". E que é preciso agir logo, "no interesse de nossos filhos e de nosso planeta".

No entanto, a mesma ciência que nos passa tantas e tão preciosas informações mostra-se, em relevantes aspectos, relutante em dizer coisas que muitos gostariam de ouvir, e que tantos precisam ouvir, como, por exemplo, pronunciamentos acerca da realidade espiritual. Entendem, usualmente, os cientistas que isso constitui território reservado à teologia, quando não ao ocultismo ou à crendice.

Talvez por isso, o texto de Lewels tenha assumido um tom de impaciente urgência, ao dirigir suas críticas (p.288) aos líderes em geral, que, a seu ver, "... sabem que o desligamento do homem 'civilizado' (entre aspas) em relação ao mundo espiritual é que o leva a destruir a criação divina."

Sua proposta é a de que a "única solução para os problemas do mundo está na transformação de gente suficiente, a fim de que soluções espirituais e não tecnológicas possam emergir".

Sua visão, eminentemente crítica e até amarga, prossegue na observação de que a "sociedade contemporânea tem sido induzida em erro", ao considerar os povos nativos inferiores a nós, ditos civilizados, quando, na verdade, teriam muito a nos ensinar em termos de respeito à vida. A expressão do dr. Albert Schweitzer é "reverência pela vida".

Podemos até concordar em que tais observações sejam um tanto contundentes, mas não que sejam irrelevantes, num momento em que "continuamos esquecidos de tal verdade, enquanto o mundo está desmoronando à nossa volta." (p. 296)

De minha parte, entendo que a hora não é mais a da acusação, nem a da definição de responsabilidades ou, ainda, da mera rotulagem dos fenômenos que estão acontecendo conosco e em torno de nós, no planeta em que vivemos. Essa hora já é passada. Precisamos é de trocar ideias, debater conceitos, promover entendimentos consensuais em torno dos paradigmas utilizados até aqui, que se revelaram desastrosamente inadequados para produzir a desejada qualidade de vida com a qual sonhamos.

É evidente que estão equivocados nossos modelos sociais, econômicos, políticos, religiosos e éticos.

O dr. Harold Saxton Burr adverte, em *Blueprint for immortality*, que a natureza se mostra relutante em revelar seus segredos ao intelectualismo arrogante. E a verdade é que a temos tratado sistematicamente com arrogância, desrespeito, indiferença e até com crueldade.

O autor espiritual que se tornou conhecido como Emmanuel, escreveu, há mais de sessenta anos, que o planeta passaria a reagir aos maus tratos que lhe estavam sendo inflingidos. As mazelas que a Terra exibe hoje não lhe são próprias, são reflexos e consequências das nossas. Nós é que a contaminamos.

O meio ambiente em que vivemos não são apenas as terras, os ares e os mares, as árvores, as flores, os animais e demais seres vivos, inclusive nós próprios. São também, nossas intenções, emoções e desatinos; nossas crenças e descrenças, os rancores e os amores, as agressões e as orações, a doçura da ternura e a virulência da violência. Como assegura Teilhard de Chardin, há uma psicosfera a nos envolver, embutida na biosfera conhecida, ou seja, uma biosfera espiritual, invisível, da qual muitos de nós nem temos consciência, porque escapa aos sentidos com os quais identificamos esta realidade visível, palpável e mensurável, que julgamos ser a única.

Alguns dos estudiosos e especialistas reunidos pelo *Time* para uma reavaliação das condições planetárias, acenam com tímidas, quase desesperadas esperanças, não mais para reverter o processo, senão, pelo menos, para desacelerar a degradação. Em outras palavras: para que mudem para melhor as condições ambientais, nós é que precisamos mudar. E mudar muito, radicalmente, e logo, com urgência e determinação.

E aí reside meu desencanto. Não consigo pintar minha visão pessoal a curto prazo – devo confessar-lhes honestamente – com as tonalidades róseas do otimismo. Bem que gostaria de fazê-lo, mas ainda somos uma comunidade despreocupada de futuros dilúvios ou cataclismas telúricos e éticos, por entenderem as maiorias desatentas que aqui não estaremos mais, se e quando tais coisas ocorrerem. Bem dizia Paulo que se a vida termina no túmulo, então, "comamos e bebamos que amanhã estaremos todos mortos".

Para deter a demolição do planeta, teríamos de mobilizar maciçamente a opinião pública mundial. Sem tibiezas, hesitações e ambiguidades. E como promover uma tarefa desse vulto, se ainda nos identificamos com o corpo perecível e ignoramos aquele outro que sobrevive e continua? Se ainda nos orgulhamos de ser ateus? Se ainda ignoramos que poderemos renascer nesta mesma terra sofrida e cansada, como filhos e filhas de nossos filhos e filhas? Pois não estamos ainda convencidos de que a vida é uma só?

Para desenhar o cenário da esperança temos de abdicar a umas tantas obstinações teóricas, a outros tantos dogmatismos e alijar uma pesada carga ociosa de arrogância cultural, a fim, de abrir espaço em nosso ser para reconsiderações e reavaliações que nos proporcionem condições para recuperar, ainda que parcialmente, o mundo que destruímos.

Vimos, por exemplo, que o presidente Clinton se mostra preocupado com o futuro de nossos filhos e o do planeta que estaremos deixando para eles. Mas não é só isso. Ao contrário do que pensava o monarca francês, certo de que o dilúvio poderia tranquilamente submergir tudo após sua morte, a morte não existe. A vida continua e se renova ciclicamente, em sucessivos renascimentos. Há vida *antes* da vida, *durante* a vida, *entre* as vidas e *depois* da vida. Aqui estaremos, de novo, em futuras existências, para herdar o mundo que pensávamos deixar para sempre, como se jamais fôssemos precisar dele. Ou, então, seremos despachados sumariamente para regiões cósmicas inóspitas, nas quais teremos de recomeçar, lá em baixo, a aventura do viver, nos escalões mais ásperos das carências, a trilhar caminhos inviáveis, que outrora destruímos.

Estou imaginando uma pergunta muda emergindo na mente de muitos dos que me ouvem. "Então você acredita nessa história de reencarnação?" Minha resposta tem a singela postura da convicção, do "sim, sim; não, não" de que falou o Cristo. A verdade não se utiliza de imagens fantasistas e sofismas, nem pede desculpas por mostrar-se exatamente como é. A reencarnação não constitui problema de fé ou crença, e sim de conhecimento. Ou você a ignora ou você a conhece. Qualquer um dos que aqui me ouvem, neste momento, dirá o mesmo, se, suscetível ao procedimento regressivo, for perguntado a respeito do assunto.

A ciência como um todo ainda se mostra relutante em envolver-se nessa temática, mas já existe suficiente documentação de irrespondível qualidade técnica sobre a realidade das vidas sucessivas. A reencarnação é um fato, uma lei natural, como as que regem o ciclo renovador das estações, o périplo de planetas, astros e galáxias pelo infinito afora, tanto quanto a chuva, o sol, o crescimento das plantas, a química mágica com a qual natureza elabora suas cores, seus perfumes, suas belezas.

Não estou solicitando adesões – reitero – e nem me coloco na expectativa de educadas aceitações e concordâncias; estou falando de minhas convicções, dos marcos ordenadores de minha visão da vida. Estou propondo ou sugerindo esta temática para a meditação das horas silenciosas em que ficamos aconchegados a nós próprios, no monólogo dialogado do eu consigo mesmo. Eventualmente convencidos disso, os céticos só teriam a perder suas descrenças. Os crentes não precisam temer pelas suas crenças, dado que teriam novas concepções a enriquecer e iluminar suas meditações e, consequentemente, suas posições e atos perante a vida. O que estou propondo é um exercício, uma simulação mental para ver como se comportariam a estrutura e a dinâmica do ideário de cada um, uma vez admitida a realidade espiritual, a partir – aí vai a concessão – da *hipótese* das vidas sucessivas. Tome-a como hipótese de trabalho e medite sobre que efeitos e consequências ela produziria na sua abordagem pessoal àquilo que Teilhard de Chardin identificou como o fenômeno humano. Não estamos aqui para trocar ideias, conceitos, experiências e vibrações fraternas de entendimento? Não estamos aqui para ouvir-nos e entender-nos uns aos outros, primeiro passo para o amar-nos uns aos outros?

Mas eu falava há pouco da tonalidade não propriamente pessimista da minha visão, mas do cinzento que vejo a bloquear as cores dos meus sonhos; das cautelas e incertezas que me impedem o acesso a uma expectativa mais confiante a curto prazo quanto ao futuro da comunidade terrena. O processo de deterioração ambiental avançou demais e, se detê-lo é considerado extremamente difícil, o que pensar do propósito de revertê-lo? Devo reiterar que não me refiro apenas ao ambiente físico em que vivemos, mas também e principalmente ao mental, ou melhor, espiritual. Que há um estreito relacionamento entre os seres vivos e o ambiente, não há como questionar-se. O conceito de ecologia não se reduz à preocupação com o meio físico. Há uma poluição ética, espiritual, muito mais grave, causa e não efeito do espantoso desequilíbrio ambiental de que somos vítimas e testemunhas, mas também agentes responsáveis.

Temos colocado a poluição ambiental no banco dos réus como a grande culpada pela decadência de nossa qualidade de vida. De fato ela não está isenta de responsabilidade, mas é preciso lembrar que, entregue aos seus próprios recursos e dentro de certos limites, a natureza sabe como administrar o sistema através de seus mecanismos retificadores.

Se é que desejamos apreender corretamente o conceito de um universo solidário, a poluição não deve e nem pode ser isolada como bacilo maligno, responsável pelo espantoso desequilíbrio sistêmico do qual somos testemunhas, agentes e reféns. Nada nem ninguém pode ser isolado no contexto em que vivemos. Ao mesmo tempo em que a poluição é causa de tão aflitivas mazelas, é também efeito de outras tantas causas que se aninharam em pontos críticos na rede universal por onde circulam as energias criativas e regeneradoras da vida. Estamos impondo a essa gigantesca interface modelos educacionais, sociais, econômicos, tecnológicos, políticos e religiosos desarmônicos e equivocados. O sistema educacional, por exemplo, não forma profissionais necessariamente sensíveis aos problemas éticos e ambientais, e sim os que se apresentem ao mercado de trabalho em melhores condições de gerar lucros independentemente dos danos causados à natureza. Você não aprende nas faculdades aquilo que deseja aprender ou que precisa aprender, mas aquilo que lhe desejam ensinar. E elas ensinam aquilo que os sistemas políticos, empresariais e econômicos lhes exigem.

Não é necessário listar muitos exemplos, quando dois ou três são suficientes para sustentar o argumento.

A construção de barreiras e represas nos rios para montar hidrelétricas ou para 'retificar' o curso das águas impede que certos peixes, como o salmão, subam o curso dos rios para desovar nas cabeceiras, onde a água é mais pura e se mantém na temperatura adequada. No Brasil, o fenômeno chama-se piracema. Várias vezes temos visto nos documentários filmados a desesperada luta dos peixes tentando galgar desníveis impraticáveis, a fim de cumprirem o multimilenar e sagrado ritual da renovação da vida.

A interferência no curso dos rios reduziu a indústria da pesca do salmão a um índice desprezível no Canadá e em outros países. Recorreu-se, alternativamente, à criação de peixes em ambientes artificias, nas fazendas. Vemos no *Time*, no entanto, que o salmão assim produzido revela-se geneticamente enfraquecido, dependente de antibióticos e se torna predador de outras espécies por causa da alimentação que lhe é oferecida.

Enquanto isso, ocorre nos oceanos o que a revista americana identifica como *overfishing*, ou seja, excessiva atividade pesqueira apoiada em tecnologia predatória. Estima-se em quarenta por cento maior do que o necessário o número de barcos equipados para essa atividade.

O problema da exploração predatória é antigo e persistente. Aconteceu aqui mesmo, no Brasil, há séculos com o pau-brasil, que quase se extinguiu. E está acontecendo com plantas e animais das selvas e dos campos, como a inofensiva e indefesa ararinha azul, caçada implacavelmente, porque a natureza teria 'errado' fazendo-a bonita e rara, o que eleva seu preço no mercado negro internacional a níveis espantosos e, logicamente, dispara o mecanismo irresponsável da cobiça, a ânsia desesperada do lucro.

Ao fazer meu dever de casa a fim de preparar o texto deste documento que lhes apresento, resolvi reler *The voice of the great spirit*, do professor Rudolf Kaiser. O notável estudo cuida da sabedoria atemporal dos Hopi, a tribo de nativos americanos que melhor preservou suas tradições e seus valores culturais por causa do isolamento em que vivem e da atitude reverente que tradicionalmente cultivam perante a vida.

Os Hopi constituem uma comunidade de cerca de dez mil pessoas, setenta e cino por cento das quais vivem em doze aldeias no Arizona, nas proximidades do Grand Canyon.

> Suas profecias [escreve Kaiser (pp. 37-38)] não descrevem antecipadamente ou predizem a história, são, antes, uma tentativa de interpretar, do ponto de vista religioso e teológico, o sentido da história e suas potencialidades para o bem ou para o mal.

Não são, portanto, profecias no sentido habitual do termo, mas alternativas colocadas à nossa escolha, opções oferecidas ao livre-arbítrio. A concepção básica da filosofia de vida desse povo sábio é a de movimentos cíclicos, em vez da linearidade que as correntes dominantes de pensamento insistem em nos propor. Advertem os Hopi que o "Quarto Mundo" – este em que estamos vivendo – "passou, como os anteriores, de um estado de harmonia para o da ambição, seguida de crescente materialismo e, finalmente, por tribulações e sofrimentos." (p. 3)

O solo, para eles, bem como para outras tribos primitivas pelo mundo afora, não é mercadoria para ser comprada e vendida, mas uma doação do Grande Espírito. Entendem que

> todas as coisas viventes neste mundo – não apenas as pessoas – são impregnadas desse espírito. Há uma interdependência e uma interconexão de tudo no universo. Não estamos separados da natureza e livres para fazer dela o que bem entendermos. Somos parte do grande todo e tudo é sagrado. Nada de impor nossa vontade à natureza; ao contrário, temos de nos adaptar às necessidades dela.
> Cuide da Mãe Terra [ensinam] e ela cuidará de você. Cuide de seu irmão. Tome o de que você precisa, e nada mais do que necessita. Partilhe o que possui. Seja grato à fonte espiritual do universo.

Para essa filosofia de vida, religião é uma postura permanente, não episódica. Manifestam, por isso, suas reservas e desconfianças quanto a certas modalidades de cristianismo usualmente praticadas. Consideram esse modelo como "cristianismo dominical", incompatível com as suas tradições. Aliás – acrescenta Kaiser (p.108) –, não têm, sequer, uma palavra equivalente a religião, dado que "todo o nosso viver é, em si mesmo, uma religião".

Não é, pois, uma religião como a entendemos usualmente, mas uma doutrina, um código de comportamento perante a vida.

Por tudo isso, se é que queremos sobreviver – proclama Dan Katchongva, em livro de 1977, segundo Kaiser –, "temos de reverter ao modo inicial de viver pacificamente e aceitar tudo o que o Criador nos concedeu".

Para eles, portanto, "restauração e preservação da ordem que prevalecia no começo dos tempos são infinitamente mais importantes do que o 'progresso' e o 'desenvolvimentismo' em busca de algo 'novo'. (p.64)

Pensadores de vanguarda, entretanto, mostram-se menos otimistas do que os Hopi, no sentido de que começam a duvidar ou mesmo a negar a possibilidade de uma reversão no processo de demolição sistemática do planeta.

Um deles – igualmente citado por Kaiser (p.113) – é Hans Jonas, filósofo alemão – que denuncia o "potencial apocalíptico da tecnologia".

Outro alemão citado, Werner Remmers, ministro do Meio Ambiente da Baixa Saxônia, declarou em 1987, que "a sociedade industrial moderna começou, há muito tempo, a duvidar do mito do progresso". Acha Remmers que o velho modelo "de uma sociedade de consumo baseado em crescente produção já ultrapassou seus próprios limites". E que "ciência e tecnologia perderam a inocência. Não mais acreditamos – insiste – que seja ilimitada nossa capacidade de resolver problemas." E conclui: "... estamos metidos até o pescoço numa crise estrutural e de desenvolvimento".

Hiomar von Ditfurth, ainda segundo Kaiser (p.114), é breve e dramático na sua avaliação. "Estamos perdidos – declara. – A raça humana não terá como sobreviver, exceto, talvez, os poucos que estejam preparados para começar uma nova vida."

Entende, por isso, Kaiser (p.115) que a visão dos Hopi "coincide com as advertências de ecologistas e cientistas, segundo os quais o desequilíbrio na natureza já passou pelo ponto do qual não há como retornar".

Perdemo-nos – prossegue mais adiante:

> ... na fria racionalidade e no pragmatismo de nossas estruturas sociais e políticas, bem como na objetificação e despersonalização de nossas vidas. Nossa realidade foi despojada de todos os seus mitos e de sua magia e o mundo, de sua sacralidade.

Como estabelecer, ou restabelecer, no estágio atual, um relacionamento mutuamente criativo, harmônico e satisfatório entre nós, os humanos, e o meio ambiente em que vivemos? Estou destacando o ser humano, por ser o responsável único por essa tarefa, dado que os demais seres vivos sempre souberam como se comportar dentro das equações do equilíbrio ambiental. Nós é que nos tornamos os predadores. Há séculos vimos tratando a natureza não como a velha e generosa mãe-terra dos povos primitivos, mas como escrava de nossas paixões e vítima de nossos desatinos.

Gostaria de lhes falar dos insights que Robert Lawlor oferece em *Voices of the first day*, dramático e comovente estudo sobre os aborígenes australianos. Da sabedoria de toda aquela gente tida por ignorante e inculta, de suas intuições, do respeito à Mãe-Natureza, da consciência da realidade espiritual, do encanto pela magia da vida...

A tarefa de colocar em ordem o planeta que nos foi confiado tem de ser precedida pela determinação unânime de botar em ordem a nossa casa mental, o nosso relacionamento com Deus e a interface com as forças, as energias e os poderes da natureza. Alienamo-nos das leis reguladoras do universo ético. Perdemo-nos na prática da violência, no uso de drogas destrutivas, no culto ao dinheiro, na disputa do poder, na busca desenfreada do prazer, nos exageros da tecnologia, na alucinante geração de necessidades desnecessárias.

Penso ultrapassada a hora da advertência e a oportunidade do despertamento natural para as realidades invisíveis de que falava Paulo há dois milênios. Imagino que somente um choque de grandes proporções consiga produzir impacto suficientemente forte para acordar as esmagadoras maiorias sonâmbulas, a perambularem pelos caminhos da vida sem saber o que são, de onde vêm, para onde vão, o que estão fazendo aqui.

Se não for possível produzir, ainda a tempo, o milagre de uma radical mudança de comportamento coletivo, então que, pelo menos, nos preparemos para a dramática e impactante evidência de que o planeta em que vivemos não terá mais, dentro em breve, como proporcionar-nos condições mínimas de sobrevivência física. Em outras e mais realistas palavras: temos de estar preparados para testemunhar e vivenciar não o tão falado fim do mundo, mas o estágio final de uma era na qual a demolição se tornou inadiável e irreversível, a fim de que a reconstrução renovadora possa iniciar-se.

Desejo, contudo, encerrar esta conversa com uma palavra de cauteloso otimismo e realmente a tenho, não, apenas, quanto ao mundo material em que fomos colocados, mas também quanto às esquecidas realidades invisíveis. A vida em si é indestrutível e haverá lugar para todos nós, onde quer que estejamos no universo, pois, como ensinou o apóstolo Paulo, "vivemos e nos movemos em Deus e n'Ele temos o nosso ser". Aqueles, porém, que tanto trabalharam para demolir o mundo físico que nos foi concedido não têm, perante a vida, credenciais para reinvindicar outro planeta novinho em folha, um novo paraíso, como o que recebemos na origem dos tempos.

De muitas maneiras tem sido contada a história de como começou a fascinante aventura humana na Terra, mas ainda prefiro as imagens e as metáforas que um grande poeta anônimo colocou no texto com o qual se abre o primeiro livro bíblico.

"No princípio – está escrito lá – criou Deus os céus e a terra. A terra era algo caótica e vazia, as trevas cobriam a face do abismo e o espírito de Deus pairava sobre as águas."

Depois de despojar a terra de suas belezas e de quebrar a equação do equilíbrio que ela consumiu milênios sem conta para criar, estamos abandonando-a displicentemente à sua própria sorte, novamente caótica e envolta em sombras. As águas sobre as quais pairou outrora o espírito de Deus não trazem mais as sementes luminosas da vida, mas a poluída mensagem da decadência. Esquecemo-nos das lições do passado e nos tornamos indiferentes às expectativas do futuro. Ignoramos tragicamente nossa condição de seres imortais, sobreviventes, reencarnantes e responsáveis. Não sabemos mais – como os povos primitivos – que constituímos parte integrante, não apenas deste sofrido planeta, mas de todo o universo.

É chegada, portanto, a hora da decisão. Ou continuamos a sistemática depredação do planeta em que vivemos, insensíveis às implicações ambientais e espirituais envolvidas no processo de viver, ou resgatamos a respeitosa e amorosa simplicidade de nosso relacionamento primevo com a terra e, portanto, o encantamento pela magia da vida, de que nos falam Amit Goswami, Joe Lewels, Fritjof Capra, Rudolf Kaiser, Robert Lawlor e tantos outros.

O problema está em que, a cada momento que passa, a faixa reservada às nossas escolhas se torna mais exígua. Já as fizemos praticamente todas. Daqui mais alguns segundos cósmicos só nos restará uma delas: a determinação de recriar com o que nos restar o paraíso perdido sobre o qual escreveu John Milton.

Minha visão, contudo, insisto em reafirmar – não é apocalíptica. Ela é apenas melancólica. O cenário que já está montado e o drama que nele está para ser vivido não tinham que ser, necessariamente, esses. Estas palavras, portanto, têm apenas a despojada veemência do realismo. Limito-me a sugerir alguns temas para concentrada meditação. Luminosas entidades habitantes de dimensões superiores da vida nos asseguram uma era de harmonia aqui mesmo neste planeta a ser promovido, afinal, de mundo de expiação e provas a um espaço purificado destinado ao exercício da regeneração. O Cristo, por outro lado, nos garantiu que "os mansos herdarão a terra". Os mansos, disse ele... Os mansos... Não me perguntem pelos outros.

Por si mesmo e em nome de uma respeitável e bem informada comunidade científica internacional, o dr. Fritjof Capra invoca a multimilenar sabedoria do I Ching, ao transcrever:

> Ao término de um período de decadência sobrevém o ponto de mutação. A luz poderosa que for banida ressurge. Há movimento, mas este não é gerado pela força... O movimento é natural, surge espontaneamente. Por essa razão, a transforma-

ção do antigo torna-se fácil. O velho é descartado e o novo é introduzido. Ambas as medidas se harmonizam com o tempo, não resultando daí, portanto, nenhum dano.

Nas propostas meditações, que nos ajudarão a reconstruir nossa bela nave espacial cósmica e, principalmente, nosso universo interior, que nos inspire o mesmo e único Deus de todos os nomes, tempos e galáxias: O Grande Espírito Branco, Javé, Allah, o Arquiteto do Universo, a Inteligência Suprema, o Pai de Amor e Sabedoria.

Meditação exige silêncio e paz – em nós e à nossa volta. Para todos nós, portanto, SHALOM!

A Síndrome da Personalidade Múltipla e suas Implicações com a Obsessão e a Possessão[26]

Repetidamente tenho sido distinguido com o honroso convite para apresentar a esta respeitável instituição temas de particular interesse daqueles profissionais da saúde física e mental que também se dedicam ao estudo mais aprofundado da realidade espiritual. Nem sempre me tem sido possível comparecer aos simpósios, congressos e seminários promovidos pela AMESP, mas, das vezes em que pude trazer-lhes minha despretensiosa contribuição, tenho insistido, de uma forma ou de outra, em apontar para o espaço que se abre e se oferece aos profissionais brasileiros, na liderança do debate mundial em torno do psiquismo humano, tanto naquilo que já se sabe de tais questões como, e principalmente, daquilo que ainda está por formular-se sob a pressão de indisfarçável urgência, neste ponto de transição em que estamos situados.

Embora se tenha o Brasil como "o país mais católico do mundo", pesquisas recentes o apontam provavelmente como "o mais reencarnacionista do planeta", com cerca de sete milhões de espíritas ou simpatizantes da doutrina dos espíritos e alguns milhões a mais dispostos a admitirem a doutrina das vidas sucessivas. Entre esses milhões, gente de todas as classes sociais e de muitos níveis culturais, nas quais se contém elevada taxa de intelectuais e pessoas de formação universitária.

Há, portanto, uma predisposição cultural ou, pelo menos, uma tendência à aceitação dos conceitos básicos que compõem a realidade espiritual, em contraste com a obstinada resistência que essa realidade tem encontrado nos Estados Unidos e na Europa, especialmente no circuito acadêmico. Isto se evidenciou, mais uma vez, na década de 70, quando da introdução da técnica de regressão de memória no modelo terapêutico da saúde mental e, por via de consequência, o conceito operativo da reencarnação. Na década de 80, a psicóloga americana dra. Edith Fiore, que, com outros pioneiros (Wambach,

---
[26] Trabalho apresentado ao II Congresso Nacional – MEDENESP-93, promovido pela Associação Médico-Espírita de São Paulo, AME-SP, Maio/1993.

Netherton, Kelsey), arriscara sua reputação profissional com aquela 'exótica' concessão 'ocultista', inovou mais uma vez, ao admitir na sua prática clínica os conceitos de obsessão e possessão, como se pode ler no seu livro *The unquiet dead*, publicado em tradução brasileira da Pensamento, sob o título *Possessão espiritual*. Chega mesmo a autora a declarar, nessa obra, que seus verdadeiros clientes não são os que marcam a consulta com a sua secretária, mas as entidades que se acham acopladas ao psiquismo deles.

Com este 'gancho', chegamos, afinal, ao pórtico da temática selecionada para este papel, a das conotações obsessivas e possessivas na síndrome da personalidade múltipla, que proponho abreviar, por mera conveniência expositiva, para SPM.

Meu interesse pessoal e, obviamente, amadorístico, no assunto, é antigo e persistente, desde remotas e sumárias referências em numerosos textos de outros tantos autores. Logo cedo nessas leituras, comecei a colecionar documentação específica, em raríssimas obras, de acesso desanimadoramente difícil. Não há, porém, o que não consiga vencer a teimosa persistência da curiosidade. Em duas ou três décadas de atenta pesquisa, consegui reunir material suficiente para examinar mais de perto quatro casos de SPM no século 19 e quatro mais recentes, do 20. Não está considerado aí o notável depoimento do dr. Carl Wickland, com o seu desafiante estudo identificado com um titulo inequívoco: *Thirty years among the dead* (*Trinta anos entre os mortos*), injustamente esquecido no original em inglês e nunca lembrado para publicação em português. Que eu saiba, o dr. Wickland foi o primeiro a atinar com a presença de entidades invasoras acopladas ao psiquismo dos 'vivos' como causa de numerosos distúrbios orgânicos, psíquicos e, naturalmente, psicossomáticos. Desenhou ele uma engenhoca eletromecânica com a qual aplicava um valente choque na pessoa afetada, transferindo a entidade perturbadora, com a declarada ajuda de amigos espirituais, para o psiquismo mediúnico de sua esposa. Aí era a entidade doutrinada, nem sempre com palavras doces ou caprichados e diplomáticos circunlóquios. O dr. Wickland era desses que chamava um ignorante de ignorante mesmo.

Devo, neste ponto, valer-me do silencioso consentimento daqueles que me ouvem e mais o daqueles que porventura me lerão, para produzir um sumário relato de cada um dos oito casos de SPM ainda há pouco aludidos e que figuram no meu livro ainda inédito, *Condomínio espiritual – uma reciclagem nos enigmas da SPM*.

Antes, contudo, algumas observações preliminares se fazem imperiosas.

A síndrome da personalidade múltipla é caracterizada, no ambiente profissional, como neurose dissociativa histérica ou, para ser mais preciso, *la grande hystérie*, o que identifica suas origens teóricas com o pensamento científico francês, melhor ainda, com o eminente e famoso dr. Jean-Martin Charcot, o "César da Salpêtrière". Espaço e tempo nos proíbem de entrar aqui nos tortuosos caminhos que teríamos de retraçar a fim de se chegar a uma conceituação não mais que dúbia, para dizer o mínimo, acerca da histeria, que, pela época de Charcot e outros luminares do pensamento científico do século 19 e início do século 20, era muitíssimo mais abrangente do que hoje e podia acolher, praticamente, qualquer distúrbio emocional ou mental ostensivo. É o que se lê, entre tantos outros escritos, do maciço *Hypnotisme et suggestion*, do dr. Bernheim, ou no revolucionário *Estudo sobre a histeria*, dos drs. Freud e Breuer.

Foi ainda no século 19 e naquele clima intelectual – quando a própria ciência parecia histérica acerca da histeria –, que se montou o modelo clínico destinado a identificar, estudar, tratar e, eventualmente, curar, o distúrbio que se tornaria conhecido como síndrome da personalidade múltipla. Com insignificantes modificações, o secular modelo sobrevive, persiste, e ainda comanda o trato do problema. A SPM continua sendo entendida como uma cisão da personalidade nuclear em várias outras, conceituando-se a estratégia terapêutica como um processo de refusão ou ressintetização das personalidades secundárias, de volta à unidade originária. A gênese de tais clivagens seria devida, ainda segundo o modelo adotado, a impulsos de fuga ou despreparo para enfrentar situações estressantes da vida, tanto quanto para criar alternativas para expressar tendências ocultas do psiquismo. Dessa maneira, a pessoa emocionalmente contida, tímida ou inibida criaria uma personalidade secundária extrovertida ou claramente agressiva, tanto quanto o componente feminino de um homem poderia 'dissociar-se' numa personalidade homossexual, para expressar essas tendências ocultas.

Num dos primeiros casos mais extensamente documentado – o de Félida – o dr. Azam identificou apenas duas personalidades, uma nuclear e outra secundária, ignorando – deliberadamente, ao que parece –, outras, a fim de enquadrar o caso na teoria de que cada uma das personalidades utilizava-se de um dos hemisférios cerebrais.

Félida foi acompanhada pelo dr. Azam, seguida ou intermitentemente, durante cerca de trinta anos. A personalidade secundária, que começou a manifestar-se por breves minutos após a conhecida crise amnésica, foi ampliando continuamente seu espaço até dominar a outra, que passou à condição segunda e praticamente desapareceu.

O segundo caso, ainda na França e contemporâneo ao de Félida, foi o de Louis Vivé, tratado pelos doutores Bourru e Burot. A teoria dos circuitos hemisféricos era ainda menos aceitável para Louis, que se 'desdobrara' em seis ou sete personalidades distintas. Mais: cada uma delas apresentava-se com paralisias e contraturas eletivas, bem como inibições psicológicas distintas, ou conhecimentos específicos a cada uma das personalidades. Os médicos demonstraram excelente nível de criatividade nas suas experimentações com o paciente. As personalidades eram convocadas a partir de aplicação de ímãs ou de compostos químicos sobre diferentes regiões do corpo físico. A conclusão foi a de que as manifestações eram suscitadas por níveis diferentes de irrigação cerebral.

O terceiro caso foi o da senhorita Beauchamp, que o dr. Morton Prince tratou durante vários anos e sobre o qual escreveu fascinante e extenso relato que continua interessando os profissionais da saúde mental, tanto quanto leitores leigos. Também aqui eram muitas as personalidades integrantes da comunidade que o autor chama "a família Beauchamp". O dr. Prince tentou refundi-las por um processo de transplante intrapsíquico das memórias de cada uma, o que não deu certo.

O caso Beauchamp encerra os grandes relatos sobre a SPM no século 19, com uma única e dramática exceção, a do enigmático episódio das meninas de Watseka, nos Estados Unidos, acompanhado pelo dr. E. Stevens e reportado no seu precioso e raríssimo livrinho *The Watseka wonder*.

Uma paciente pesquisa de muitos anos começou para mim a partir de sua inclusão em *The principles of psychology*, o clássico estudo do dr. William James.

Watseka, ainda hoje uma pequena cidade do interior dos Estados Unidos, não muito longe de Chicago, Illinois, foi o cenário desta singular história verídica.

Uma jovem de dezenove anos, por nome Mary Roff, acometida de estranhos distúrbios ditos mentais, morreu num hospital para alienados. Cerca de doze anos depois, naquele mesmo lugarejo, uma adolescente chamada Lurancy Vennum começou a manifestar sintomas semelhantes aos da falecida Mary Roff, que, aliás, ela não chegou a conhecer pessoalmente. Estava para ser internada e, provavelmente, para viver o mesmo drama da outra, quando, num dos seus frequentes transes, manifestou-se nela, entre outras, a entidade Mary Roff, que fez aos circunstantes uma singular proposta. Ela, Mary, assumiria por algum tempo, o corpo físico de Lurancy, enquanto esta fosse tratada na dimensão invisível, identificada pela manifestante, como o "céu".

As famílias respectivas aceitaram o trato, Mary, a 'morta' assumiu o corpo de Lurancy em dia e hora previamente acordados e com ele ficou durante cerca de cem dias, enquanto a dona do corpo era tratada no plano espiritual.

Logo que se incorporou, Mary desejou ir para a casa de seus pais, onde vivera há cerca de doze anos, antes de morrer. Lá ficou, com o corpo emprestado de Lurancy. Foram incontestáveis as evidências de sua identidade como Mary Roff por todo o tempo em que conviveu de novo com a perplexa, mas equilibrada família. Findo o prazo, que ela mesma prefixara, devolveu o corpo a Lurancy, inteiramente curada. Mary regressou à dimensão póstuma e Lurancy ao convívio dos seus.

Tornaram-se amigas essas duas 'pessoas', Mary e Lurancy. (Ou será que já eram amigas desde muito?) Lurancy, deu sequência normal à sua vida, casou-

-se e, como nos antigos contos de fadas e princesas, foi muito feliz. Como também era dotada de faculdades mediúnicas, passou a receber visitas ocasionais de Mary, que, nela incorporada, conversava com os circunstantes. Mary assumiu, aliás, o comando do corpo, mais uma vez, a fim de poupar à amiga as dores do primeiro parto. Quando Lurancy o retomou, a criança estava nascida. Amiga é para essas coisas, como se diria hoje.

É uma pena que tenha sido tão resumido o relato do dr. Stevens, que acompanhou o desenrolar de todo esse estranho e singular caso, mas há nele material suficiente para uma segura avaliação do curioso episódio, que, como vimos, mereceu a atenção de William James, o criativo sistematizador da psicologia moderna. No devido tempo, ainda segundo o dr. William James, Richard Hodgson examinou o assunto, no local e com as pessoas que viveram o dramático episódio. Sua conclusão foi a de que o caso somente aceitava a explicação espírita, ou seja, tratava-se de uma legítima sequência de fenômenos mediúnicos que projetavam vultosas implicações científicas e filosóficas, entre as quais a da sobrevivência do ser à morte corporal e a da comunicabilidade entre 'vivos' e 'mortos'.

Frustrara-se qualquer tentativa de enquadrá-lo como episódio de SPM. A chamada "personalidade secundária" que, teoricamente, se teria cindido a partir de Lurancy Vennum, por incapacidade desta para enfrentar seus possíveis conflitos psíquicos, foi indiscutivelmente identificada como sendo Mary Roff, a 'falecida' jovem. Nesta curiosa segunda vida em corpo alheio, depois de morta, Mary tinha sua memória intacta, reconheceu seus pais e seus antigos conhecidos, o que foi confirmado pelo testemunho vivo de toda a pequena comunidade de Watseka.

Infelizmente o caso não teve a desejável repercussão, a não ser nos estreitos limites da região em que ocorreu. O competente relato do dr. E. Stevens perdeu-se numa acanhada edição local, que não alcançou projeção nacional. Acabou despenhando-se no poço do esquecimento e lá teria permanecido para sempre, não fossem breves referências em livros mais destacados, como o do prof. William James. No entanto, basta esse testemunho para se documentar que a síndrome da personalidade múltipla não deve ser rigidamente enquadrada no modelo da cisão mental.

Para continuar ilustrando algumas das peculiaridades e variações em torno da SPM, consideraremos, a seguir, quatro dos mais conhecidos casos ocorridos no século vinte: o das "três faces de Eve", o de Henry Hawksworth, relatado no livro *The five of me*, o de Sybil, na obra do mesmo nome e, finalmente, o de Billy Milligan (*The minds of Billy Milligan*), cujos créditos fazemos constar da bibliografia, no local próprio deste papel.

Em contraste com os estudos anteriores, somente encontráveis hoje em obras raríssimas, escritas por médicos e dirigidas basicamente a médicos, os livros mais recentes sobre a SPM foram produzidos por escritores profissionais, de maneira menos técnica, do que resultou alcançarem público bem mais amplo, que, aliás, respondeu com enorme interesse à fascinante temática da multiplicidade. O drama das três Eves projetou-se internacionalmente num típico filme "*made in Hollywood*", bafejado, aliás, por indiscutível sucesso. Por outro lado, tornou-se muito mais abundante o material pesquisado, documentado e colocado à disposição do público leitor. A despeito de tudo, o modelo clínico oficial continuou praticamente o mesmo, ao caracterizar a SPM como neurose histérica geradora de personalidades secundárias dissociadas, que precisam ser ressintetizadas, em busca da personalidade originária. A rigor, somente foi abandonada, ainda que não de todo – a tese da duplicidade proposta para acomodar a SPM ao fisiologismo dos hemisférios cerebrais. Digo não de todo, porque essa foi, ainda que não explicitada em todos os detalhes, a postura dos drs. Thigpen e Cleckley, que cuidaram do caso das Eves. O que se lê no livro que escreveram é que o corpo físico da paciente era disputado por Eve White (Branca), boazinha e tímida, e por Eve Black (Negra), desinibida e ardilosa, o que configurava uma espécie de confronto alegórico maniqueísta entre o bem e o mal. A concessão máxima consistiu em admitir-se que, da fusão das duas, surgira uma terceira que não seria uma nem outra, mas, paradoxalmente, ambas. Quando a própria paciente resolveu, mais tarde, escrever sua versão da história, os médicos somente admitiram que o episódio fosse narrado até o ponto em que as três Eves foram como que substituídas pela quarta, que seria, "a face final de Eve", como dizia o título da obra. O livro, porém, nasceu morto. Limitava-se a repetir o estudo anterior dos médicos, com alguns detalhes irrelevantes a mais e a única novidade da quarta Eve, teoricamene ressintetizada. Somente anos depois, a paciente, Christine Costner Sizemore, iria escrever, com seu nome verdadeiro e de parceria com a dra. Elen Pitillo, sua prima e amiga, o livro definitivo sobre o caso, revelando que eram mais de vinte as personalidades que viveram sequencial ou ocasionalmente naquilo a que resolvi chamar de "condomínio espiritual". Em suma, e que ninguém mais nos ouça ou leia: Chris Sizemore era simplesmente uma pessoa dotada de mediunidade dita de incorporação, como as demais pessoas afetadas pela dramática síndrome.

Não vejo como inventar hipótese diferente dessa para o caso Hawksworth, com suas cinco ou seis entidades possessoras, o de Sybil, com dezesseis e, finalmente, o de Billy Milligan, com cerca de duas dúzias. Não apenas as chamadas personalidades secundárias pensam, agem, falam, sofrem, amam, odeiam e vivem como gente, como se dizem gente, discutem com os seus respectivos terapeutas e reagem ao tratamento "faz-de-contista" a que são submetidas. Quero dizer com isto que a atitude-padrão da terapia consiste em tratar as personalidades secundárias como se fossem gente, mas 'sabendo' que não passam de lascas mentais desprendidas, por clivagem, da personalidade nuclear. "Sou gente, doutor – vivem a repetir aos diversos psiquiatras. – Gente de verdade!" A entidade Sally é ainda mais explícita com o dr. Morton Prince, identificando-se como espírito, o que, de fato, é. Vicky Scharleau ressente-se desse mesmo tratamento oblíquo e passa à doutora Wilbur a expressão de seu polido desagrado. O mesmo ocorre com algumas das entidades que integram o condomínio Milligan, que reafirmam a condição de seres autônomos, individualizados e com nítido perfil próprio. Creio mesmo que em nenhum caso é tão dramática a evidência da autonomia das personalidades ditas secundárias, como em Milligan. Temos ali, Arthur, o britânico típico, com sotaque e tudo, homem culto, inteligente, sofisticado, que, além da língua materna, lê, escreve e fala árabe. Em momento em que se sente mais seguro na posse do corpo, que disputa com mais de vinte entidades, toma um avião e voa para Londres. É lá que se sente em casa, é ali que se fala inglês sem aquele "horrível sotaque americano", é ali que os carros têm a direção do "lado certo", ou seja à direita e não à esquerda. Como não consegue manter-se no comando do corpo, acaba sendo substituído por uma entidade que não sabe onde está e o que está fazendo ali. Em contraste com Arthur, capitalista convicto, Ragen identifica-se como comunista de carteirinha, é dotado de incrível força física e reconhecida competência com o uso de armas em geral. Sua língua materna é o servo-croata, embora consiga fazer-se entender em inglês, que fala mal, em frases igualmente mal construídas. Vagas referências suas a lutas anteriores com os nazistas parecem indicar que ele tenha morrido em combate, na Europa, durante a segunda guerra mundial. Essas e muitas outras indicações incidentais e episódicas, permanecem, contudo, como pontas soltas do enigma central da SPM. Ninguém cogita de aprofundá-las, coligir material de estudo ou documentá-las historicamente com pesquisas locais. Retiro o ninguém, para corrigir. Um dos dois defensores públicos designados pela Justiça para o caso Milligan pensa em tentar reconstituir a vida pregressa de Arthur, na Inglaterra, tanto quanto a de Ragen, na Iugoslávia, mas o projeto jamais se concretiza. Como também ninguém se propõe a localizar na França a família da entidade que se identifica como Victoria Antoinette Scharleau, no caso Sybil. Para quê? Não se trata de mero fragmento de gente?

Das numerosas personalidades que povoam os condomínios espirituais, surgem dados que ainda não foram analisados com a profundidade necessária por pesquisadores familiarizados com a face espiritual da vida. São diferentes e às vezes bem afastados os índices de QI, tanto quanto o traçado dos eletroencefalogramas, a pressão arterial, o batimento cardíaco ou características grafotécnicas. Cada uma delas tem de si mesmas, imagens 'físicas' bem acentuadas e individualizadas, como cor da pele, dos cabelos e dos olhos, altura, peso, idade biológica, tom de voz, além de acuidade mental, grau de cultura, tendências artísticas ou ausência delas e preferências religiosas, tudo, enfim, o que constitui uma personalidade, do ponto de vista biomédico e psicológico, além de ético. Como enquadrar toda essa gente na rígida categoria de personalidades artificiais resultantes de sucessivas clivagens da personalidade nuclear? Como explicar conhecimentos específicos, às vezes de alto nível, a partir de pessoas, como Billy Milligan, que não chegou a concluir o curso médio?

Tanto quanto eu saiba, a dra. Edith Fiore é das primeiras profissionais americanas da saúde mental, depois do dr. Carl Wickland, a identificar entidades espirituais desencarnadas autônomas no que tem sido obstinadamente considerado há mais de século como fragmentos de gente, ou melhor, como dissociações da mente. Racha-se a mente como o cristal? Refunde-se a mente como pedaços de ligas metálicas desmembradas de uma barra inicial?

É neste ponto que vejo espaços para os profissionais brasileiros da saúde mental. De preferência aqueles de formação doutrinária espírita, a fim de dialogar com as chamadas personalidades secundárias, cientes e conscientes de que são espíritos manifestados e não fragmentos mentais dissociados. Se profissionais não informados dessa realidade começam a trabalhar com esses conceitos, por que não os de formação teórica espírita e alguns até familiarizados com as práticas mediúnicas? Quem melhor do que estes para enfrentar a rigidez do *establishment* e levar para a prática profissional não apenas o conceito de reencarnação, conquista ainda recente da saúde mental, mas também o de causa e efeito, o de sobrevivência do ser, o de comunicabilidade entre vivos e mortos?

Aí está o desafio, que, mais uma vez, estou reiterando perante o foro adequado, ou seja, numa instituição criada e mantida por profissionais espíritas da saúde física e mental. O modelo clínico oficial está necessitado de urgente reciclagem. A SPM não é uma dissociação histérica da mente e nem a técnica terapêutica deve orientar-se no sentido de uma refusão de peças supostamente explodidas ou implodidas. Pela ótica da realidade espiritual, histeria é apenas um nome inadequado para mediunidade; as personalidades acopladas ao psiquismo dos chamados múltiplos não surgem por dissociação, mas, ao contrário, por associação, e a SPM não se cura por refusão de fragmentos, mas precisamente às avessas, por dissociação, no sentido de que as entidades devam ser induzidas ou convencidas a abandonar seus propósitos parasitários junto ao hospedeiro mediúnico, inconsciente de suas próprias faculdades e, portanto, despreparado para geri-las de maneira correta e competente. Sugiro, em suma, que os múltiplos devam ser considerados médiuns que, por desconhecimento, acabam se tornando joguetes de entidades desencarnadas, seja por processo obsessivo comum, seja pelo método mais radical da possessão. Algumas de tais entidades acopladas podem ter algo a ver, carmicamente, com o paciente/médium/múltiplo, outros tantos, porém, parecem meros *drop ins*, que figuram na codificação kardequiana como "espíritos errantes"; 'entraram' apenas porque encontraram aberta e indefesa a porta de acesso ao psiquismo alheio. Foi o que observou o dr. Carl Wickland, em trinta anos de intercâmbio com os seus 'mortos'. É o que confirma a dra. Edith Fiore, com os seus "mortos inquietos". Há, portanto, espaços reservados aos profissionais espíritas, no projeto de reformulação das doutrinas científicas da saúde mental.

Conto com a vossa generosidade para que me seja relevada uma ou outra impropriedade na avaliação de certas sutilezas de vossa nobilíssima profissão.

ALLAN KARDEC E OS ESPAÇOS ABERTOS DA DOUTRINA DOS ESPÍRITOS[27]

Estamos aqui para prestar a Allan Kardec o testemunho de nosso respeito e gratidão pela excelência de seu trabalho na montagem das estruturas da Codificação Espírita, um dos mais relevantes documentos produzidos no século 19, a despeito de ignorado por grande maioria dos que tanto precisavam conhecê-lo.

Ainda que amplamente a mereça, creio que o eminente Codificador dispensaria de bom grado qualquer manifestação meramente elogiosa de nossa parte. Penso que a melhor e mais eloquente homenagem que podemos prestar-lhe consiste em estudar e difundir sua obra. Quando falo em estudar, quero dizer exatamente isso – estudar, atenta e assiduamente, seus escritos, observar o panorama que eles desdobram diante de nós, esquadrinhar suas minúcias, meditar sobre os ensinamentos que eles contêm e aplicá-los no melhor gerenciamento de nossas existências.

Pelo menos é o que tenho procurado fazer há cerca de quarenta anos. Não posso imaginar o que teria sido de minha vida e por que caminhos estaria hoje perambulando, não fosse o que aprendi com a doutrina dos espíritos. Mesmo assim, ainda me surpreendo com achados que, aparentemente, me passaram despercebidos de outras leituras ou que se me apresentam hoje com sentido diferente, mais amplo e profundo do que eu havia suspeitado. Além disso, alguns aspectos específicos somente se renderam ao meu entendimento após anos de meditação. Sobre dois destes pontos discorri longamente em *Alquimia da mente*: 1º – a sutil diferença entre alma e espírito (questões 134 e 149) e, 2º – o enigmático ensinamento de que cabe ao espírito a tarefa de "intelectualizar a matéria" (questões 25 e 71). Estou certo de que outras passagens como aquelas existem à espera do momento certo para que eu possa entendê-las melhor. Lembro uma, onde se lê que "os espíritos não têm sexo como o entendemos" (questão 200). Sobre esse tema, aliás, escrevi um capítulo na 'carona' que peguei no livro *O espiritismo e os problemas humanos*, do saudoso

---

[27] Esta conferência foi pronunciada no Instituto de Cultura Espírita, Rio de Janeiro, em outubro de 1995.

companheiro Deolindo Amorim. O assunto está longe de haver sido esgotado, mesmo porque a referência dos instrutores da Codificação é quase telegráfica, sem maiores desenvolvimentos. Esta é, aliás, uma das tônicas de *O livro dos espíritos*, ou seja, uma abordagem panorâmica, ampla, horizontal, mas necessariamente sintética a um espectro muito vasto de aspectos da realidade espiritual. Em qualquer das tomadas em que ligarmos nossos plugues mentais, encontraremos motivação para estudo e oportunidade de desdobramentos e aprofundamentos.

Em mais de um ponto, no diálogo com o professor Rivail, as entidades colocadas à sua disposição chegaram a declarar não lhes ser possível melhor explicitação das questões solicitadas por lhes faltarem, na linguagem humana, expressões adequadas ou porque elas mesmas ignoravam o assunto, como é o caso da origem do espírito.

Não é difícil entender a razão de algumas dessas limitações, impostas pelo estágio do conhecimento científico à época em que a Codificação estava sendo elaborada. Lembro, para exemplificar, as constantes referências aos fluidos – fluido universal, fluido vital, fuido nervoso, fluido elétrico, fluido magnético. Pela observação contida na questão 426, parece legítimo depreender-se que empregaríamos hoje o termo energia para substituir fluido, dado que o fluido vital é aí caracterizado como "eletricidade animalizada", que, juntamente com outras manifestações, seriam "modificações do fluido universal", espécie de matéria-prima cósmica. Mas, àquela altura, Einstein – que iria revelar a dicotomia massa/energia na sua famosa equação – ainda teria de aguardar vinte e um anos para reencarnar-se e mais vinte e sete anos para chegar a caracterizar a matéria como energia condensada.

De qualquer modo, *O livro dos espíritos* tem cento e trinta e oito anos e não se identifica nele a necessidade de uma revisão substantiva. O mesmo não se poderá dizer da ciência, que se tornou praticamente irreconhecível nesse período. A hipótese da geração espontânea, por exemplo, era discutida a sério; a física daquele tempo não existe mais, implodida que foi desde seus alicerces. Dos escombros surgiram espantosas arquiteturas de uma nova visão do mundo, o que, por sua vez, deslanchou impressionante inventário de tecnologias, hoje incorporadas ao processo civilizador.

As mudanças mais dramáticas, contudo, ocorreram no comportamento do ser humano, que passou a confundir liberdade com irresponsabilidade. Como enfrentar esse gigantesco desafio com estruturas de conhecimento que ignoram a realidade espiritual e suas vultosas implicações? O espiritismo tem nítidas formulações éticas a oferecer, mas, infelizmente, é ainda uma doutrina minoritária, o que confirma nossa responsabilidade em difundi-la.

Torna-se imperativa, portanto, certa vigilância crítica, a fim de preservar-se o edifício doutrinário com a dose certa de cuidados, mas sem os arroubos da reconstrução que, por certo, acarretaria deformações no projeto inicial. No afã de 'atualizar' a terminologia da época, poderíamos facilmente ser levados a uma descaracterização da doutrina. Estou falando, no entanto, em vigilância crítica, que se supõe inteligente, serena e criativa, não em patrulhamento ideológico que nos isole num contexto asséptico, desvinculado da realidade que nos cerca. Isto poderia suscitar entre nós o que costumo caracterizar como farisaismo, aprisionando-nos na letra, esquecidos do espírito, advertência que Paulo fez à comunidade de Corinto. Além do mais, Kardec entendeu o ensinamento dos espíritos como uma doutrina essencialmente evolucionista e, portanto, evolutiva, na qual previu espaços para acomodação de novos conceitos e revelações científicas. Disse mais, que a doutrina teria de estar preparada até mesmo para modificar-se naquilo em que, porventura, viesse a chocar-se com novos aspectos da verdade.

Essa corajosa atitude me impressionou fortemente quando de minhas primeiras abordagens a *O livro dos espíritos*. O que, exatamente, significava isso? – me perguntava. Entendia-se minha perplexidade porque, na visão ignara do neófito, a afirmativa do Codificador me parecia algo temerária. Ou ele estaria inabalavelmente convicto da solidez do pensamento espírita, ou, então, o espiritismo seria um corpo amorfo e invertebrado de ideias, suscetível de modificar-se ao sabor de ventos e eventos. Não foi necessário muito esforço nem tempo para perceber, contudo, que, mais uma vez, Kardec estava certo. Foi inabalável sua convicção de que, nos seus fundamentos, não haveria o menor risco de corrigir-se o espiritismo, apenas o que se confirmar nele. Essa tranquilizante realidade temo-la diante de nossos olhos, cento e trinta e oito anos após o lançamento de *O livro dos espíritos*, em 1857.

Aspectos secundários, no entanto, estavam àquele tempo – meados do século dezenove – e muitos estão, ainda hoje, sujeitos, não propriamente a correções, mas a melhores explicitações e aprofundamentos, tornados possíveis em razão, precisamente, do progresso científico e que Kardec deixou-nos – como continuadores do seu trabalho – incumbidos de acompanhar. Temos assistido a vários episódios desse tipo. Penso nisto ao ler sobre pesquisas contemporâneas na biologia, por exemplo, que estão a exigir, não a correção de possíveis equívocos no espiritismo, mas, ao contrário, a contribuição da doutrina na elucidação de enigmas que os pesquisadores conseguem entrever, mais pelas suas repercussões biológicas, do lado da matéria, do que pelas causas determinantes situadas na dimensão invisível do espírito.

Exemplo concreto disto encontramos nas experiências do dr. Harold Saxton Burr – in *Blueprint for immortality* – conclusivas no sentido de apontarem para a realidade indiscutível dos "campos vitais" – os *L-fields* –, que o cientista detectou, com voltímetros de extrema precisão e sensibilidade, nos seres vivos, das plantas ao ser humano. Não é, portanto, o espiritismo que teve de modificar-se para incorporar o 'novo' conceito dos campos vitais, mas é a biologia que está necessitando de *inputs* da doutrina espírita, de vez que a realidade detectada pelo professor Burr está lá, há mais de um século, com o nome de perispírito. Podemos dizer, portanto, sem a mínima pitada de arrogância, como singela admissão de um fato, que o espiritismo não se limitou a informar a existência do campo magnético vivo que os instrumentos do dr. Burr identificaram, mas foi além, estudando a importantíssima função que o campo perispiritual exerce na economia da vida encarnada e desencarnada.

Podemos disso concluir que as descobertas do dr. Saxton Burr encontram confortável acolhida no espaço reservado na Codificação àquilo que Kardec previa como futuras revelações de natureza científica. Mais do que isso, a doutrina tem contribuições importantes a oferecer aos achados do dr. Burr.

Enquanto isso, a física quântica encontra no binômio massa/energia propriedades que, no dizer dos entendidos, estão colorindo suas dissertações de tons considerados algo místicos, impensáveis em textos acadêmicos há alguns anos. Quando começaram a surgir os primeiros documentos de divulgação nesse campo de conhecimento, a revista *Time* concluiu, significativamente, uma de suas excelentes matérias de capa com a observação de que, ao chegar ao topo da montanha, o físico iria encontrar o místico à sua espera desde priscas eras... A observação poderia até conter uma sutil pitada de ironia, ou, pelo menos, de bom-humor, mas eu preferi interpretá-la como uma profecia, uma previsão, uma etapa a mais de aproximação entre a ciência e os aspectos religiosos da vida. Mesmo porque, o desentendimento – já o disse alguém – não é entre ciência e religião, mas entre a ciência e as igrejas de modo geral. Foram as crenças, congeladas no *freezer* paralisante do dogmatismo, que criaram um conflito ideológico onde não há motivos para divergências. Tudo está nas leis divinas que gerenciam o cosmo e, dentro dele, nós, individualizações do princípio inteligente, como diz a doutrina. Cabe ainda observar que o engessamento do pensamento religioso tradicional ocorreu, entre outras causas, porque, ao contrário do que recomendou Kardec quanto ao espiritismo, a teologia não previu, nas suas construções ideológicas, espaço para acomodar as inevitáveis contribuições evolutivas que os tempos trariam inexoravelmente. Com isso, a teologia dogmática ficou fixada no tempo, fechada sobre si mesma e voltada para o passado. Ao contrário disso, Kardec colocou a doutrina espírita virada para o futuro, olho no olho, sem temores e desconfianças, ainda mais que, se algum erro nela se constatasse, seria simplesmente eliminado pela força mesma da verdade. Kardec demonstrou saber que a verdade é intemporal e pertence a todos, sem exclusivismos de propriedade particular. Por isso, em vez de se desestabilizarem, conceitos como existência, preexistência e sobrevivência do ser, reencarnação e comunicabilidade, vão sendo, pouco a pouco, admitidos no pensamemnto leigo ou ficaria este sem condições de desenvolver modelos inteligentes de interpretação aos desafios que nos impõem inúmeros enigmas ainda indecifrados nos arcanos da vida. Aos princípios há pouco citados, devemos acrescentar os de perispírito, imortalidade, causa e efeito, além, obviamente, da existência de Deus.

Não faltam exemplos concretos em apoio do que estamos discutindo. Eminentes profissionais da psicologia começaram a falar de vida antes da vida; passaram, mais adiante, a discorrer sobre vida depois da vida e, recentemente, andam admitindo a ideia de vida entre as vidas, ou seja, vida sempre. 'Traduzindo' isto para a terminologia doutrinária: preexistência, sobrevivência, vida consciente no plano espiritual e, logicamente, reencarnação, bem como ação e reação (carma) e comunicabilidade.

Tomemos outro exemplo. A doutora Helen Wambach sugeriu, num de seus livros, que o autismo poderia resultar de uma rejeição à reencarnação. Ela não teve tempo nem oportunidade de explorar o seu *insight*, mas, tanto quanto posso ver no material que venho acumulando sobre o assunto, o achado de Wambach encaixa-se com a esperada precisão no contexto da realidade espiritual, em mais um dos espaços previstos por Allan Kardec. Há que se observar, ainda, que não teria ocorrido à doutora essa hipótese se, antes, não se tivesse convencido de tal realidade em consequência de suas numerosas experiências de regressão de memória.

Vejamos outro ângulo. Se o Codificador houvesse decidido, como outros pensadores – Auguste Comte, por exemplo –, fazer um corte cirúrgico para excluir do corpo doutrinário os aspectos ético-religiosos que nele estavam implícitos e explícitos, teríamos apenas mais uma filosofia, razoável, por certo, mas desvitalizada, porque sem instrumentos e nem capacidade plena para juízos de valor. A postura usual da ciência é a de trabalhar despreocupada de qualquer emolduramento ético, ou que ela considere sobrenatural, por entender que isto constitui objeto da religião e não da pesquisa científica. Trata-se, sem dúvida, de uma cômoda atitude, mas inaceitável, se é que pretendemos construir uma sociedade espiritualmente amadurecida e responsável. Os que lutam pela preservação de total liberdade na escolha de seus próprios caminhos na pesquisa têm seus argumentos, claro, mas há exemplos de desastrosas consequências para a comunidade universal, quando pensamos em pesquisas que levam à produção de armas nucleares com capacidade para varrer a vida da face do planeta. Ou em manipulações genéticas que podem criar riscos imprevisíveis e irreversíveis aos mecanismos evolutivos criados e aperfeiçoados pela vida no decorrer dos milênios.

Falávamos há pouco de Auguste Comte e proponho voltarmos a ele. Como sabemos, Comte não deixou de prever, no positivismo espaço, para a moral. Fez mais, conceituando-a como coroamento de sua proposta filosófica, mas excluiu de seu modelo a contribuição religiosa, ainda que tentando posteriormente abrandar essa rigidez com a formulação de sua religião da humanidade, com dogmas, cultos e práticas ritualísticas, mas sem Deus.

Kardec pensou de modo diverso. Ele, que previra acomodações para futuras expansões do conhecimento, não quis deixar espaços abertos para construções éticas ao sabor da fantasia ou do gosto pessoal de cada um. Ao contrário, declarou, positivamente, como sempre fez, não ser necessário inventar nenhuma espécie de moral nova, uma vez que já tínhamos a do Cristo. A opção do Codificador sofre até hoje de certas incompreensões, mesmo em nosso próprio meio, o que se pode demonstrar com o ocioso e estéril debate em torno da surrada controvérsia de ser ou não ser o espiritismo uma religião. Uma amiga americana, sabedora de minhas ideias, perguntou-me certa vez porque o espiritismo adotou o cristianismo. A verdade é que não foi o cristianismo institucionalizado que a doutrina tomou para modelo, mas a moral de Jesus. Tal como o conhecemos hoje, nas suas numerosas denominações, o cristianismo vigente é construção posterior, erigida, em grande parte, para preservar estruturas de poder civil. O pensamento do Cristo figura nas teologias como trampolim para especulações que o tempo rejeitou. Jesus não fundou uma religião, nos termos em que as observamos hoje – ele pregou e viveu na exemplificação uma doutrina de comportamento, sem exigir filiação a esta ou àquela igreja, a prática de tais ou quais sacramentos e rituais, e sim como deve a criatura humana portar-se perante as manifestações da criação. O toque mágico desse modelo de procedimento está na revelação da força irresistível do amor – a Deus, ao próximo, a si mesmo, à vida e até àquilo que nos habituaram a chamar de morte. Pois não descobrimos, com a doutrina dos espíritos, que a morte é apenas um processo de renovação da vida?

Às vezes me chamam místico por causa de tais posturas. Sou, sim, um místico assumido, no sentido de que me recuso a abrir mão dos ensinamentos do Cristo, como parâmetro de ação. De que me serviria uma doutrina que não me recomendasse a prece, a caridade, o amor ao próximo, o comportamento adequado e responsável? Não escreveu o Espirito de Verdade que devemos nos amar e nos instruir? Não disse Kardec que o verdadeiro espírita seria identificado pela sua transformação moral? Quero para mim essa transformação, pois estou bem consciente da dura realidade de que há muita coisa a corrigir dentro de mim, se é que pretendo galgar os patamares superiores da evolução.

Sobre a opção do espiritismo pela moral cristã tive, ainda, uma didática experiência pessoal. Correspondia-me regularmente com o ilustre dr. Karl Müller, que nos deixou uma valiosa contribuição com o seu livro *A reencarnação baseada em fatos*, do qual me enviara uma cópia do texto, ainda inédito. O dr. Müller, engenheiro, poliglota, de nacionalidade canadense, residia na Suíça. Suas cartas vinham escritas, ora em francês, ora em inglês ou espanhol. Certa vez ele me pediu para encaminhar ao *Reformador* – que lia regularmente – um artigo seu, em espanhol, no qual propunha uma de suas teses favoritas – a de que o espiritismo abandonasse o aspecto religioso, ou, para ser mais específico, cristão, a fim de poder interessar pessoas de outras crenças ou descrenças, muçulmanos, judeus, budistas, agnósticos e outros.

Respondi-lhe que, em nossa maneira de ver, isto era inaceitável, dado que, alijado o aspecto religioso, não teríamos mais o espiritismo tal como ficou preservado nos livros da Codificação. Não me recusei, contudo, a encaminhar seu trabalho ao caro amigo dr. Wantuil de Freitas, presidente da FEB, àquela época, que, como eu previra, recusou o artigo do dr. Müller. Resultou do episódio algum mal-entendido entre nós e, por algum tempo, nossa correspondência ficou suspensa, o que eu só tinha a lamentar. Ele deve ter pensando que eu não me esforçara suficientemente para que seu texto fosse publicado. Decorridos alguns anos, contudo, me escreveu uma bela carta, reatando a amizade de sempre e abordando, mais uma vez, sua tese da descristianização do espiritismo, mas certamente respeitando minha postura pessoal. Pouco depois, desencarnou, já em avançada idade.

Confesso minhas reservas a qualquer qualificativo porventura acrescentado à palavra moral. Para mim, a moral não é cristã, judaica, budista ou muçulmana. Ela está assentada em princípios universalmente aceitos. Amar ao próximo como a si mesmo é um desses princípios. Não desejar para os outros aquilo que não queremos para nós é outro, não importa qual a nossa crença ou descrença.

Nada temos a temer pela doutrina dos espíritos, enquanto preservar-se intacto nela o padrão aferidor que Allan Kardec deixou em nossas mãos; temos, sim, a temer por nós mesmos, na medida em que tentarmos introduzir na prática espírita desvios de comportamento, bem como ritualização, cerimônias, arremedo de sacramentos ou exercício remunerado de faculdades mediúnicas. É preciso, não obstante, que esses justos e necessários cuidados não resultem na criação, entre nós, de desconfortável clima de patrulhamento ideológico de conotação dogmática, disfarçado em zelo supostamente destinado a preservar a pureza doutrinária. Enquanto tivermos à nossa disposição os textos da Codificação, o conteúdo fundamental da doutrina estará preservado. No cristianismo, infelizmente, isso não aconteceu, porque os documentos que ainda reproduziam com relativa fidelidade o pensamento original do Cristo foram adulterados, perderam-se ou foram deliberadamente destruídos para ceder lugar à instrumentação necessária à conquista e preservação do poder político, à ânsia pelo crescimento quantitativo em lugar da ampliação qualitativa. Preservada na sua integridade original, teremos sempre a obra de Kardec com a qual confrontar a massa de novas informações que nos chegam a cada momento.

Não há o que temer, repito. A doutrina espírita é verdade e vida e tem de manter-se em contacto com a vida e não isolada numa redoma. Os conceitos fundamentais que ela nos oferece não resultam de meras especulações filosóficas mais ou menos ociosas ou hipotéticas – são expressões das leis naturais, deduzidas ao vivo, dos fenômenos observados.

Onde, pois, iremos debater as incessantes contribuições da ciência senão no âmbito sadio da doutrina dos espíritos? Checkando-as contra os princípios doutrinários, descobriremos, sim ou não, se as revelações científicas se encaixam, e onde e por quê, nos espaços deixados deliberadamente por Kardec.

Em papel que apresentei alhures, lembrei uma de tais descobertas – o conceito moderno de inconsciente, iniciado por Freud e Jung. A ideia constitui hoje uma realidade que não deve ser ignorada e, sendo uma das verdades previstas por Kardec, claro que terá de haver algum nicho para ela no contexto da doutrina. E tem. Procurei demonstrar isso em *Alquimia da mente*, sugerindo a hipótese de que o inconsciente proposto pelas ciências da mente possa ser considerado área operacional da entidade espiritual em si, aquilo que Aksakof, Bozzano e Delanne chamaram de individualidade, enquanto o consciente estaria situado no âmbito da personalidade, ou alma, que, por sua vez, a Codificação considera espírito encarnado. Está certa a hipótese? Se está, haverá encaixes para ela no corpo doutrinário, com o que se estará ampliando a área de contacto da doutrina com as demais manifestações da vida. Está errada? Não há o que temer, pois a doutrina continua intacta, tal como seus instrutores a passaram a Allan Kardec. Sejam quais forem as propostas especulativas daqueles que desejam a continuidade evolutiva do legado espiritual e cultural da Codificação, não há como demolir ou sequer pôr em risco os conceitos fundamentais do espiritismo, que peço licença para reiterar até à exaustão: preexistência, sobrevivência, reencarnação, comunicabilidasde, responsabilidade cármica, perispírito, existência de Deus. Não só precisamos examinar, de nosso ponto de vista, aquilo que a ciência vai nos revelando, seja para acolher ou rejeitar, como temos, de nossa parte, muito a oferecer àqueles que se interessam pelos avanços do conhecimento. Não será o inconsciente, por exemplo, o arquivo geral de todas as memórias de nossas vidas anteriores? Não será o autismo, como suspeitou a dra. Helen Wambach, uma rejeição à reencarnação? Não será a síndrome da personalidade múltipla basicamente exercício descontrolado da mediunidade, como já admite a dra. Edith Fiore?

Temos visto, nesse sentido, relevantes contribuições desde Léon Denis e Gabriel Delanne, parcialmente contemporâneos de Kardec, até o recente e meticuloso estudo de Osmar Ramos Filho, que esquadrinhou para nós toda a obra de Honoré de Balzac, a fim de confrontar com ela o livro *Cristo espera por ti*, psicografado pelo médium Waldo Vieira. Nesse ínterim, mais de um século transcorreu e foram muitos, encarnados e desencarnados, os que enriqueceram o patrimônio doutrinário e cultural que Kardec nos confiou.

Por isso dizia eu há pouco que uma das maneiras de homenagear o sizudo, competente e responsável prof. Rivail – além de estudar continuamente seus escritos – é usar a doutrina por ele organizada como padrão de aferição em nossa vivência de encarnados, tanto quanto como desencarnados. Nós, que a conhecemos melhor do que as maiorias que pouco ou nada sabem dela, somos os que têm maior interesse em preservá-la em sua integridade. Continuaremos a necessitar dela, nesta e nas próximas existências, na terra ou alhures, onde quer que estejamos.

É que vivemos hoje – e viveremos cada vez mais, no futuro – sob intensa barragem de informação. Temos de acompanhar, tanto quanto permitam nossos recursos materiais e intelectuais e nossas limitações, o que se passa à nossa volta e o que cientistas, pesquisadores, pensadores e escritores estão dizendo. O que essa gente diz, e faz, e escreve espalha-se por toda parte, invade nossos espaços pessoais e coletivos, entra-nos pela casa adentro e nos alcança nos locais de trabalho e de circulação. Mais do que isso, entra-nos pela mente adentro e mexe com nossos conceitos e emoções. Não há como ignorar essa avalanche de informações que precisamos examinar com espírito crítico, bom senso e seletividade, porque elas reagem em nós e somos, irresistivelmente, levados a reagir diante delas. Conhecedores de nossa opção doutrinária, são muitos os que desejam saber o que pensamos deste ou daquele aspecto dos numerosos problemas em discussão na mídia, nos livros, nas palestras e nas aulas. Criou-se terminologia própria para identificar esse novo fenômeno de massa, cujas reais dimensões e motivações ainda não temos como avaliar – chama-se interatividade. Exige-se de cada um de nós e de todos uma integração participativa, queiramos ou não, na verdadeira explosão cultural que está encontrando na informática seu veículo ideal. De repente, nos vemos envolvidos, vigiados, esquadrinhados e gerenciados por computadores de toda sorte e potência. Percebemo-nos subitamente apanhados como diminutos peixinhos numa coisa sem tamanho nem forma que batizaram de internet, uma rede mundial de informação e intercâmbio de proporções jamais sonhadas. Além do que imaginava MacLuhan, o mundo encolheu-se, de uma aldeia global, para o espaço de uma telinha de poucas polegadas nos monitores de TV ou de computador. Outro que nem sonhou com isso foi o eminente prof. William Crookes – espiritualista convicto, aliás – ao inventar o tubo que levou o seu nome e com o qual, por sua vez, inventou o futuro.

Sinto-me perfeitamente à vontade para falar de tais coisas nesta casa, tão chegada ao generoso coração e à mente esclarecida de Deolindo Amorim.[28] Ele soube, como poucos, manter uma nítida linha de equilíbrio entre a fidelidade inabalável aos postulados da doutrina dos espíritos e o atento acompanhamento do que se passa à nossa volta e de meditar sobre o que via, ouvia e sentia. Costumava selecionar tópicos mais relevantes e passar para nós outros suas reflexões, sempre objetivas, expostas em linguagem simples, mas nem por isso menos erudita ou menos profunda. Sua mente serena de ordenador de

---

[28] Nota da editora: Deolindo Amorim (23.01.1908 / 24.04.1984) – conferencista, jornalista e um dos mais eruditos escritores espíritas brasileiros, foi fundador do Instituto de Cultura Espírita do Brasil.

ideias tinha escaninhos específicos para cada um dos aspectos doutrinários e ele entendia, corretamente, que era preciso confrontar o que se observa fora do território doutrinário espírita com o que temos documentado dentro de nossas fronteiras ideológicas. À sua maneira serena de sempre, ele praticava a interatividade de que há pouco falávamos. A doutrina espírita não seria nunca, para ele, uma concha para nos escondermos, nem uma redoma dentro da qual se mantivesse isolada, mas um espaço aberto, amplo, tranquilo, seguro, iluminado, para que nele possamos meditar e manter nossos vínculos com a vida. Quando, por exemplo, a medicina foi às manchetes com o impacto da tecnologia dos transplantes de órgãos, Deolindo Amorim levou o assunto para um debate no Instituto de Cultura Espírita, na década de 70. José Serpa de Santa Maria falou sobre o ponto de vista jurídico da questão, Jorge Andréa examinou a reações bioquímicas, cabendo a mim opinar sobre as implicações da nova técnica cirúrgica no contexto do espiritismo.

Mais do que nunca, decorridos cerca de dois decênios, a doutrina dos espíritos confirma-se como nosso padrão, nossa âncora, nosso referencial, não um novo tipo de claustro, nem um corpo congelado de conhecimentos que nada tenha a ver com o que se passa na comunidade mundial na qual estamos inseridos. É nessa comunidade, vivendo seus problemas, que por sua vez interagem com os nossos, que precisamos estar situados. E atentos, participativos. É aí que nos quer o Cristo, aprendendo o que ignoramos e ensinando o que já sabemos das coisas que ele dizia serem do Pai; estando no mundo, sem sermos do mundo. Não somos donos do mundo, nem pretendemos sê-lo – apenas habitantes temporários –, mas não permitamos que o mundo se ponha como dono da gente, impondo-nos o estado de alienação em que vivem hoje esmagadoras maiorias desavoradas.

Como muito será pedido àquele a quem muito foi concedido, necessitamos de uma aguda consciência de responsabilidade pelo que a doutrina dos espíritos nos proporciona. Sugiro, a propósito, atenta releitura da introdução que o prof. Herculano Pires escreveu para a sua tradução dos originais franceses de *O livro dos espíritos*. Acho que, às vezes, não nos damos conta da importância desse livro no projeto evolutivo de cada um de nós.

Tenho, neste ponto, um testemunho a dar, aparentemente irrelevante, mas que não há como minimizar. Há cerca de trinta anos venho conversando e, quase diria, convivendo com numerosas entidades espirituais. Revela-se, em suas queixas e perplexidades, uma constante. É que, em impressionante maioria, após uma longa esteira de vidas, no vai-e-vem entre o mundo material e a dimensão póstuma, verdadeira multidão de seres se perde nos seus próprios labirintos. Consomem, desse modo, séculos, milênios, até, a repetir erros, marcando passo na rota evolutiva, a enveredar por atalhos e desvios, complicando-se ainda mais com as leis divinas, em vez de reporem-se perante elas. A causa é uma só – a ignorância deliberada ou descuidada da realidade espiritual, a partir do momento em que vestem a roupagem do corpo físico em cada reencarnação. Dizem-nos tais entidades, substancialmente, a mesma coisa de sempre: "Aqui, como desencarnado, esta vida de morto não é fácil!", desabafam às vezes. "– Sei que sou espírito, estou consciente de minhas responsabilidades, arrependo-me dos erros cometidos e resolvo mudar tudo para melhor, em nova existência na terra. Chegando aí, porém, esqueço tudo e volto a cometer os mesmos erros, desejar as mesmas coisas que já me infelicitaram no passado, e me vejo dominado pelas mazelas de sempre: arrogância, vaidade, orgulho, prepotência e tudo o mais. Se alguém me adverte de que é preciso mudar, acho que nem é comigo nem sobre mim que está falando – é sobre os outros, não eu. Além do mais, tenho aí mais sugestões e estímulos para continuar errando do que incentivos para acertar."

Há uma curiosa nota suplementar sobre isto: temos tido depoimentos semelhantes de pessoas que foram, aqui, espíritas militantes e até médiuns, igualmente insatisfeitos consigo mesmas, ou porque não fizeram tudo o que poderiam ter feito e estava programado, ou porque não fizeram nada do que foi planejado ou, pior ainda, porque fizeram errado o precisava ter sido feito certo.

Esse é, em suma, o cenário e estas as personagens que nele se movimentam. Lembro-me de uma delas em especial, cuja história contei em um de meus livros. Empenhara-se numa das cruzadas, lutou bravamente, matou alguns 'inimigos' e morreu em paz como 'soldado do Cristo'. O mínimo que lhe haviam prometido era um céu de recompensas eternas, onde seria recebido com honrarias e privilégios. Como nada disso ocorrera, ele começou a cobrar, indignado. "Que história é essa? Então eu faço e aconteço, mato, arrisco minha vida, perco a vida e estou aqui na pior?" Uma conversa com seu amigo espiritual foi dramática, esclarecedora e decepcionante. Não era nada daquilo! Em vez de recompensas a receber, ele tinha agora mais erros a reparar. As mortes que provocara interromperam vidas preciosas de pessoas que também tinham programação evolutiva a realizar. – Como é que ninguém, então, lhe fora dizer que estava tudo errado? – insistia ele.

Pois a doutrina dos espíritos o diz; ela é esse padrão de conhecimento e de comportamento de que a gente necessita. Ela nos ensina que somos seres imortais, responsáveis, programados para uma destinação de paz, de harmonia e de felicidade, em companhia dos que, antes de nós, chegaram aos planos mais elevados da evolução. Não temos, os espíritas, a desculpa de que ignorávamos tudo ou de que ninguém nos advertiu. Ademais, em lugar de nos dizer o que não devemos fazer, a doutrina ensina o que fazer, dado que seu roteiro é o do sim, jamais o do não. Quem tem de nos dizer "*não*", somos nós mesmos.

Essa é, portanto, a lúcida e competente mensagem que constitui o legado de Allan Kardec, o professor Rivail. Provavelmente ele não terá o que fazer de nossos inexpressivos elogios, mas, certamente, devemos a ele nosso testemunho de respeito e gratidão pelo que fez por todos nós. O que ele deseja é que estudemos meticulosamene os ensinamentos que coligiu e elaborou para nós e que nos utilizemos de tais conhecimentos como pauta de atividades para o processo evolutivo em que estamos todos empenhados. Penso ainda que, se estivesse novamente reencarnado entre nós, como lhe anunciaram seus amigos espirituais, não iria limitar-se a repetir o que já disse, sem mais nada acrescentar, mas continuaria a sua nobre tarefa de ampliar as fronteiras do conhecimento, preservando seu conteúdo, mas alargando as molduras da doutrina dos espíritos, inteligente modelo para uma civilização que se pretende iluminada pelo bem e que ainda está para ser construída. Temos todos o compromisso formal de zelar pela sua integridade, evitando que se descaracterize, mas, ainda, o de não obstruir o processo natural de crescimento a que ela também está sujeita. "... a doutrina – escreveu Kardec em *A gênese* – não foi ditada completa, nem imposta à crença cega..."

Os Vinte Espíritas
e Pesquisadores do Século

– Opções temáticas na obra de Herminio C. Miranda –[29]

WILSON GARCIA (São Paulo, SP)

Um dos escritores espíritas mais lidos da atualidade, também tradutor, Herminio C. Miranda, nascido em 1920, tem fôlego para pesquisas e leituras tão amplo que não seria de todo equivocado afirmar que é o escritor dos escritores. Equipara-se, talvez, neste aspecto e em certa medida a Ernesto Bozzano. Em sua obra, extensa e também densa, sobressaltam as referências bibliográficas, ao lado de suas preferências temáticas e de uma preocupação constante com as conceituações, que deseja colocar claras para melhor expressão de seu pensamento.

Contribui para isso a competente capacidade de ler em diversas línguas e uma memória privilegiada que Miranda demonstra possuir, valorizando sobremaneira o seu autodidatismo. Tendo residido por algum tempo nos Estados Unidos, a serviço profissional, aprimorou ali não só o seu conhecimento do inglês como também o gosto pela literatura profusa do país de tio Sam, em especial as obras relacionadas aos temas de sua preferência.

Sem qualquer pretensão de analisar a obra completa de Miranda, podemos destacar quatro de suas opções: cristianismo (leia-se teologia), mediunidade, regressão de memória e reencarnação. Esta última, porém, parece estar muito à frente das outras, como atesta o prefaciador de um dos seus livros. "Em doutrina espírita, o ponto que mais o atrai é a reencarnação". Mais do que isso, é também assunto frequente em praticamente toda a sua obra, pois, sempre que pode ele o introduz em reforço de seu pensamento.

Miranda não é um pesquisador do tipo Ian Stevenson ou Hernani Guimarães de Andrade. Enquanto estes se preocupam com a análise dos fatos em

---
[29] Artigo publicado no jornal *Abertura – Jornal de Cultura Espírita*, Santos, setembro de 2000.

seus detalhes comprováveis, quando trata da reencarnação Miranda se vale habitualmente de pesquisa biográfica com apoio em bibliografia consistente, em que estão presentes, inclusive, obras de história. É bem verdade que o seu livro mais denso sobre o tema – *Eu sou Camille Desmoulins* – escrito em parceria com o *sujet* da pesquisa Luciano dos Anjos, conta com um outro tipo de apoio: a regressão de memória. É também verdadeiro o fato de utilizar as experiências com regressão de memória em outras obras sobre a reencarnação. Sua argumentação, entretanto, privilegia a comparação de dados biográficos, no que é rigoroso, se assim podemos nos expressar.

O livro referido merece uma certa atenção, haja vista para as discussões que despertou quando de sua aparição no mercado, em especial por alguns detalhes curiosos. Luciano dos Anjos, *sujet* e personagem principal, é figura polêmica, por suas referências político-doutrinárias, em que se arrolam o discutível gosto pelo francês Roustaing (aquele do corpo fluídico de Jesus) e uma atuação extravagante no período em que esteve na Federação Espírita Brasileira. Estes fatos levantaram suspeitas sobre o livro, mas é preciso reconhecer a seriedade de Herminio Miranda tanto na condução das pesquisas quanto na comprovação das informações obtidas durante os transes. Aliás, a polêmica surgiu antes mesmo da publicação do livro, quando Luciano teria vetado a informação constante dos originais de que, em transe, se opunha à teoria roustainguista.

A seriedade de Miranda, nesta como em outras obras, é incontestável. Correndo o risco de ser contestado, avança ele na defesa de ideias próprias em alguns casos, inovando senão na originalidade do assunto pelo menos na utilização de novas designações para fatos conhecidos, como é o caso de seu *replay*, nome que atribui ao fenômeno observado por Ernesto Bozzano em *A crise da morte*, a respeito das lembranças que o indivíduo repassa no instante da desencarnação.

Seu pensamento é de que:

> ... o historiador ou historiógrafo não deve imaginar fatos inexistentes para preencher lacunas ou justificar a 'sua' filosofia da História. Deve limitar-se a narrar os fatos, tal como se apresentam na documentação existente ou na melhor e mais verossímil tradição.[30]

Ao lado de sua farta produção na linha da reencarnação, Miranda revela-se igualmente interessado nos fatos mediúnicos, privilegiado que foi pela convivência com alguns médiuns férteis em material de análise. Sua capacidade de registrar as informações obtidas por esta via, bem como de ampliá-las com pesquisas bibliográficas, permitiu-lhe escrever inúmeros livros, numa relação de que desponta a série *Histórias que os espíritos contaram* – nada menos de cinco volumes, três dos quais publiquei pela Correio Fraterno: *A dama da noite*, *A irmã do vizir* e *O exilado*. Nestas obras, surpreende o fato do autor trabalhar com a regressão de memória nos espíritos manifestantes.

[30] *Reencarnação e imortalidade*, p.17

Esta relação íntima com o plano invisível, que o autor diz ter durado algumas décadas em ambiente apartado do centro espírita, principiou por uma constatação:

> Ao iniciar-se a tarefa, o conceito que eu formulava acerca dos espíritos era o dos livros que estudara durante o período de instrução e formação. Para mim, seriam entidades que, de certa forma, transcendiam a condição humana, quase como abstrações vivas, situadas numa dimensão que meus sentidos não alcançavam. Mas não era nada disso, os espíritos são gente como a gente! Sofrem, amam, riem e choram. Experimentam aflições, desalentos, alegrias, esperanças, tudo igual.[31]

Também aqui, o material colhido por Miranda vai servir para as diversas outras obras que escreve, como é o caso, por exemplo, do livro *Condomínio espiritual*, em que penetra com certa ousadia no terreno das ciências psicológicas, analisa a síndrome da personalidade múltipla (SPM) e apresenta conclusões do tipo:

> Se o leitor estiver a perguntar-se por que razão entra em cena a mediunidade nesta discussão, devo dizer-lhe que, a ser legítima a proposta de que são autônomas as personalidades que integram o quadro da chamada grande histeria (SPM), é de pressupor-se no paciente faculdades mediúnicas mais ou menos indisciplinadas, mas atuantes, que permitem não apenas o acomplamento de outras individualidades ao seu psiquismo, como manifestações de tais entidades através do seu sistema psicossomático. (p. 26)

Para deixar ainda mais claro o seu pensamento, Miranda afirma: "Pela minha ótica pessoal, a SPM não seria psicose nem neurose, mas faculdade mediúnica em exercício descontrolado" (p. 252).

Ainda no plano das vidas sucessivas, Miranda acredita ser a reencarnação um de um dos fiéis colaboradores de Martinho Lutero ao tempo da Reforma, tendo por esta personalidade uma inusitada admiração. Seus estudos sobre vidas anteriores incluem Lutero (este seria a reencarnação de Paulo). Isto talvez explique, entre outras coisas, o também grande interesse de Miranda pela teologia e, em especial, o cristianismo, valendo destacar aí os dois volumes de *As marcas do Cristo* e ainda *Cristianismo: a mensagem esquecida*.

Não se pode, portanto, deixar de mencionar neste ponto duas coisas: sendo afeito ao estudo da teologia, Miranda não se mostra um místico do tipo comum, apesar disso, é francamente partidário do aspecto religioso do espiritismo, revelando-se aqui um dos poucos momentos de sua obra em que é contundente:

> O espiritismo está coerente com essa mensagem imortal e, por isso, implantou-se tão solidamente sober um alicerce de três 'pilotis': ciência, filosofia e religião. Hoje, examinando os fatos do ponto de vista privilegiado da perspectiva, sabemos que o suporte religioso é o mais importante dos três.[32]

Segue, portanto, a linha emanuelina, em que não se contenta apenas em apontar sua visão, mas destaca o que entende ser o aspecto primordial: o religioso. Eis que o confirma:

---

[31] *As mil faces da realidade espiritual*, p. 10.
[32] *As marcas do Cristo*, vol. I, Apresentação.

> O espiritismo (...) se resume, em última instância, em uma proposta clara e objetiva de esforço pessoal evolutivo para substituir religiões salvacionistas, dogmáticas e irracionais. Fé raciocinada, purificada, continua sendo fé, mais do que nunca. Se isto não é religião, que seria, afinal[33]?

Para finalizar, alguns aspectos curiosos em Herminio Miranda:

1. Ele não é um escritor que se poderia dizer popular. Conquanto em alguns instantes demonstre intenções nessa direção, sua linguagem o trai, seu estilo é denso e portador de uma seriedade do tipo que não se permite, leves que sejam, algumas pitadas de jocosidade. Às vezes tenta, mas não logra sucesso. Por isso, seria interessante analisar a razão da excelente vendagem de seus livros;

2. Miranda abusa das conceituações e dos esclarecimentos tendo por base os dicionários e enciclopédias. Tem-se a impressão de que escreve com o "*Aurélio*" e a "*Britânica*" ao lado, a eles recorrendo constantemente. Isso pode significar, por exemplo, uma tendência ao didatismo, ao mesmo tempo em que preocupação com o produto final da recepção do leitor;

3. Verifica-se, também nele, uma quase excessiva preocupação de convencer o leitor de que não deseja modificar sua opinião acerca de determinados aspectos especialmente ligados à crença. Ao analisar o conjunto de sua obra, este fato se destaca com certa nitidez, contrastando com a firmeza com que defende suas opiniões.

[Segue-se uma (incompleta) bibliografia]

Nota: Junto ao artigo de Wilson Garcia há uma foto de HCM autografando um de seus livros, com a seguinte legenda: "O escritor, tradutor e pesquisador Herminio Miranda é um dos escritores mais lidos na atualidade e produziu uma vasta obra sobre os mais variados temas."

Uma chamada na primeira página do jornal é ilustrada com outra fotografia de Herminio, tendo à esquerda uma de Ernesto Bozzano. A legenda é a seguinte: "Confira nas páginas 5 e 8, o perfil do pesquisador Ernesto Bozzano e do escritor Herminio C. Miranda (dir.), um dos espíritas e pesquisadores do século, escolhidos em pesquisa informal pela redação do Abertura."

Abertura é um periódico mensal da Livraria Cultural Espírita, Departamento Cultural da Comunidade Assistencial Espírita Lar Veneranda, e publicada sob responsabilidade do dr. Jaci Regis. Diretor e Editor. Rua Itororó, 111, Santos, SP, Cep. 11010-071.

A *homepage* é www.espiritnet.com.br/abertura.htm

E o *e-mail* é: kardecista@uol.com.br

---

[33] *As mil faces da realidade espiritual*, p. 271.

MINI-BIOGRAFIA

Herminio Corrêa de Miranda

Nasci em 5 de janeiro de 1920, em Volta Redonda, RJ, região onde meus ancestrais portugueses haviam se estabelecido em meados do século 18.

Meu primeiro emprego de carteira assinada foi em fevereiro de 1937, tendo me aposentado em 1980. Dos quarenta e três anos de trabalho, trinta e oito foram na Companhia Siderúrgica Nacional, em Volta Redonda, em Nova Iorque, nos Estados Unidos (entre 1950 e 1954) e, a partir de dezembro de 1956, no Rio de Janeiro.

Minha formação profissional foi em ciências contábeis. De 1958 até à aposentadoria exerci diversos cargos no primeiro e no segundo escalões da CSN, entre os quais, os de contador-geral, diretor-tesoureiro, superintendente de orçamento, chefe da auditoria e vice-presidente de controle, bem como o de presidente de uma das subsidiárias da empresa.

Tornei-me espírita no final da década de 50. A partir de 1958, artigos meus começaram a aparecer regularmente em *Reformador*, órgão oficial da Federação Espírita Brasileira, da qual fiz parte do Conselho Superior durante quinze anos.

Os livros começaram a sair aí pela metade da década de 70 e perfazem, hoje, trinta e um títulos, além de várias traduções e versões. Os de maior tiragem são *Nossos filhos são espíritos*, da Lachâtre, com mais de 300 mil exemplares, e *Diálogo com as sombras*, da FEB, com cerca de 150 mil exemplares.

OBRAS ESCRITAS POR HERMINIO MIRANDA:

A dama da noite (coleção "Histórias que os espíritos contaram")
A irmã do vizir (coleção "Histórias que os espíritos contaram")
A memória e o tempo
A noviça e o faraó - a extraordinária história de Omm Sety

A reencarnação na Bíblia
A reinvenção da morte (incorporada ao livro *As duas faces da vida*)
Alquimia da mente
Arquivos psíquicos do Egito
As duas faces da vida
As marcas do Cristo, publicada em dois volumes
As mil faces da realidade espiritual
As sete vidas de Fénelon (série "Mecanismos secretos da história")
Autismo, uma leitura espiritual
Candeias na noite escura
Com quem tu andas? (com Jorge Andrea dos Santos e Suely Caldas Schubert)
Condomínio espiritual
Cristianismo: a mensagem esquecida
Crônicas de um e de outro (com Luciano dos Anjos)
De Kennedy ao homem artificial (com Luciano dos Anjos)
Diálogo com as sombras
Diversidade dos carismas
Eu sou Camille Desmoulins (com Luciano dos Anjos), publicada também em francês com o título *Je suis Camille Desmoulins*
Guerrilheiros da intolerância
Hahnemann, o apóstolo da medicina espiritual
Histórias que os espíritos contaram
Lembranças do futuro (incorporada ao livro *As duas faces da vida*)
Memória cósmica
Nas fronteiras do além
Nossos filhos são espíritos
O espiritismo e os problemas humanos (com Deolindo Amorim)
O estigma e os enigmas
O evangelho gnóstico de Tomé
O exilado (coleção "Histórias que os espíritos contaram")
O mistério de Patience Worth (com Ernesto Bozzano)
O pequeno laboratório de Deus (anteriormente intitulada *Negritude e genealidade*)
O que é fenômeno mediúnico (série "Começar")
Os cátaros e a heresia católica
Reencarnação e imortalidade
Sobrevivência e comunicabilidade dos espíritos
Swedenborg, uma análise crítica

Além destas, Herminio traduziu e comentou as seguintes obras:
A feira dos casamentos (de J. W. Rochester, psicografada por Vera Ivanova Kryzhanovskaia)
A história triste, publicada em três volumes (de Patience Worth, psicografado por Pearl Lenore Curran)
O mistério de Edwin Drood (de Charles Dickens, com final psicografado por Thomas P. James)
Processo dos espíritas (de Madame Pierre-Gaëtan Leymarie)

BIBLIOGRAFIA GERAL

ALDRED, CYRIL. *Akhenaten, faraoh of Egypt*. Sphere Books, London, 1972.
AZAM. *Hypnotisme, double conscience et les altérations de la personalité*. Baillière, Paris, 1895.
BALSIGER, DAVID ET SELLIER JR., CHARLES E. *The Lincoln conspiracy*. Shick, Los Angeles, Sunn, 1977.
BLACKMORE, SUSAN. *Dying to live, near-death experiences*. Prometheus Books. Buffallo, NY, 1993.
BLIGH BOND, FREDERICK. *The gate of remembrance*. Thorsons, Inglaterra, Wellingborough, Nortamptonshire, 1978.
BOURRU ET BUROT. *La sugestion mentale et les variations de la personalité*. Baillière, Paris, 1895.
BUARQUE DE HOLLANDA, AURÉLIO. *Novo dicionário da língua portuguesa*.Nova Fronteira, Rio, 1975.
BURR, HAROLD SAXTON. *Blueprint for immortality*. Neville Spearman, London, 1982.
CAPRA, FRITJOF. *O ponto de mutação*. Cultrix, São Paulo, 1998.
CERMINARA, GINA. *Insights for the age of aquarius*. The Theosophical Publishing House, Wheaton. Ill, 1978.
——. *Many mansions*. Signet, New York, 1950.
——. *The world whithin*. Signet, New York, 1974.
CHARDIN, PIERRE TEILHARD DE. *O fenômeno humano*. Herder, São Paulo, 1965.
CLARK, RONALD. *Freud, the man and the cause*. Granada, London, Toronto, Sidney, New York, 1982.
COCKELL, JENNY. *Across time and death*. Fireside (Simon & Schuster), New York, 1994.
DAVIS, PAUL. *A mente de Deus*. Tradução de Sieni Maria Campos, de *The mind of God*, Ediouro, Rio de Janeiro, 1992.
DOSSEY, LARRY. *Space, time and medicine*. Shambhala, Boulder and London, 1982.
——. *Reencontro com a Alma*, Tradução de Mauro de Campos Silva, Cultrix, São Paulo, 1992.
EADIE, BETTY J. ET TAYLOR, CURTIS. *Embraced by the ligth*. Prefácio do dr. Melvin Morse, Placerville, CA., Editora Gold Leaf Press, 1992.
Encarta 96. Microsoft.
FIORE, EDITH. *You Have Been Here Before*. Ballantine, New York. 1979.
——. *Possessão Espiritual*, Tradução do original inglês *The Unquiet Dead*. Pensamento, São Paulo, 1990.
FODOR, NANDOR. *Freud, Jung and the occultism*. University Books, New Hide Park, New York, 1971.

GILLABERT, ÉMILE. *Jésus et la gnose*. Dervy-Livres, Paris, 1981.
GOODFIELD, JUNE. *Playing God*. Sphere Books. London, 1978.
GOODMAN, JEFFREY. *Psychic archeology, time machine to the past*. New York, Berkeley, 1977.
GOSWAMI, AMIT. *The self-aware universe*. Putnan's Sons, New York, 1995.
HAWKING, STEPHEN. *A brief history of time*. Bantam Books, New York, Toronto, London, Sidney, Auckland, 1989.
HOLZER, HANS. *Window to the past, exploring history through ESP*. New York, Pocket Books, 1970.
HULME, A. J. HOWARD ET WOOD, FREDERIC H. *Ancient Egypt speaks*. Rider, London, 1937.
JOHNSTONE, JUDITH ET WILLISTON, GLENN. *Em busca de vidas passadas*. Trad. J. E. Smith Caldas, Siciliano, São Paulo, 1989.
JUNG, CARL G. *Memórias, sonhos e reflexões*. Nova Fronteira, Rio, s/data.
―――――. *Man and his symbols*. Dell Publishing, New York, 1979.
KARDEC, ALLAN. *O livro dos espíritos*. FEB. Rio, s/data.
―――――. *A gênese*. FEB, Rio, s/data.
KAISER, RUDOLF. *The voice of the great spirit*. Shambhala, Boston e London, 1991.
KEYS. DANIEL. *The minds of Billy Milligan*. Bantam Books, New York, 1982.
LAWLOR, ROBERT. *Voices of the first day*. Inner Traditions, Rochester, Vermont, 1991.
LEWELS, JOE. *The God hypothesis*. Wild Flower Press, Mill Springs, NC, 1997.
LOVELOCK, JAMES. *Gaia, a new look at life on Earth*. Oxford, London and New York, 1979.
McDONNELL, JANET TAYLOR. *News from the border*. Ticknor & Fields, New York, 1993.
McLYNN, FRANK. *Carl Gustav Jung, uma biografia*. Trad. Marcos Aarão Reis e Valéria Rodrigues. Record, Rio/São Paulo, 1998.
MIRANDA, HERMINIO C. *As sete vidas de Fénelon*. Lachâtre, Niterói, 1998.
―――――. *Alquimia da mente*. Lachâtre, Niterói, 1997.
―――――. *A memória e o tempo*. Lachâtre, Niterói, 1993.
―――――. *Condomínio espiritual*. 3 de Outubro, Bragança Paulista, 2011.
―――――. *Arquivos psíquicos do Egito*. Lachâtre, Nirerói, 2004.
―――――. *Autismo, uma leitura espiritual*. Lachâtre, Niterói, 1999.
―――――. *Processo dos espíritas*. FEB, Rio, 1975.
―――――. *Sobrevivência e comunicabilidade dos espíritos*. FEB, Rio, 1975.
―――――― e ANJOS, LUCIANO DOS. *Eu sou Camille Desmoulins*. Lachâtre, Niterói, 1992.
NETHERTON, MORRIS ET SHIFFRIN, NANCY. *Past lives therapy*. Ace Books, New York, 1979.
OESTERREICH, T. K. "*Possession, demoniacal and others, among primitive races*". In *Antiquity, the middle ages and modern. Times*, Richard R. Smith, New York, 1930.
PEARCE, JOSEPH CHILTON. *The crack in the cosmic egg*. Julian Press, New York, 1988.
PFRIMMER, THEO. *Freud, leitor da Bíblia*. Trad. Cleone Augusto Rodrigues. Imago, Rio, 1994.
PRINCE, MORTON. *The dissociation of a personality*. Longmans & Green, London, New York, Toronto, 1930. (Johnson Reprint Corp. 1968. New York.)
PODMORE, FRANK. *Mediums of the 19th. century*. University Books, New Hyde Park, New York, 1963.
PRICE, HARRY. *Fifty years of psychical research*. Longmans & Green, London, New York, Toronto, 1939.
―――――. *Confessions of a ghost hunter*. Causeway, New York, 1974.
PUHARICH, ANDRIJA. *The sacred mushroom*. Doubleday, Garden City, New York, 1974.
RODRIGUEZ, LUÍS J. *Muito além da morte*. Tradução de Herminio C. Miranda de *God bless the devil*. Freitas Bastos, Rio de Janeiro, 1965.

RUSSELL, Peter. *The global brain.* J. P. Tacker, Los Angeles, 1987.
SAPARINA, Yelena. *Cybernetics whithin us.* Peace Publishers, Moscou s/data.
SCHREIBER, Flora Retha. *Sybil.* Henry Regnery, Chicago Ill, 1973.
SIZEMORE, C. et PITILLO, E. *I am Eve.* Doubleday, New York, 1972.
SNOW, CHET B. *Mass dreams of future.* McGraw-Hill, New York, 1989.
STEVENSON, Ian. *Reincarnation and biology.* Time Magazine. 17 de abril de 2000.
SZASZ, Thomas S. *The myth of mental illness.* Granada. St. Albans, Herts, Inglaterra, 1975.
————. *The manufacture of madness.* Granada. St. Albans, Herts, Inglaterra, 1977.
TREFFERT, Darold A. *Extraordinary people.* Ballantine Books, New York, 1990.
UBALDI, Pietro. *A grande síntese.* Trad. Guillon Ribeiro. FEB, Rio de Janeiro, 1939.
WAMBACH, Helen. *Life before life.* Bantam Books, New York, 1979.
————. *Reliving past lives.* Harper, New York, 1979.
WANTUIL, ZÊUS. *Grandes espíritas do Brasil.* Rio, FEB, s/data.
WAVEREN, Erlo van. *Pilgrimage to the rebirth.* Samuel Weiser, New York, 1978 e Daimon Verlag, Einsiedeln, Suíça & The Ann and Erlo van Waveren Foundation, New York, 1998.
WICKLAND, Carl. *Thirty years among the dead.* Spiritualist Press, 1971, London (1a. edição de 1924).
WOOD, FREDERIC H. *After thirty centuries.* London, Rider, 1935.
————. *This egyptian miracle.* London, Psychic Book Club, 1939.
WOOLGER, Roger J. *Other lives, other selves.* Bantam, New York, 1988.
XAVIER, FRANCISCO CÂNDIDO. *Falando à Terra.* Rio, FEB, s/data.
———— Et VIEIRA, WALDO (espírito ANDRÉ LUIZ). *Evolução em dois mundos.* Rio, FEB, s/data.

HERMÍNIO C. MIRANDA

Herminio Corrêa de Miranda é um dos campeões de venda da literatura espírita do Brasil. Aliás, raros escritores nacionais conseguem tiragens tão expressivas quanto o autor de *Nossos filhos são espíritos* (mais de trezentos mil exemplares), de *Diálogo com as sombras* (cento e cinquenta mil) e de outros vinte e cinco títulos, cuja vendagem já ultrapassa um milhão de exemplares. Devem-se computar ainda centenas de artigos e ensaios em revistas e jornais especializados, que dariam mais alguns volumes.

Nascido onde hoje é a cidade de Volta Redonda, RJ, em 1920, Herminio formou-se em ciências contábeis, tendo sido funcionário da Companhia Siderúrgica Nacional de 1942 a 1980. Nesse período, passou cinco anos no escritório da empresa em Nova York. Originário de família católica, Herminio aproximou-se do espiritismo por curiosidade, mas sobretudo por insatisfação com as religiões. Tendo por guias a razão e a curiosidade e auxiliado por uma sólida cultura humanística, tornou-se uma das maiores autoridades no campo da mediunidade e da regressão de memória no país e, talvez, no mundo.

Conheça outras obras de Herminio C. Miranda:

Nossos Filhos são Espíritos
– mais de 300 mil exemplares vendidos–

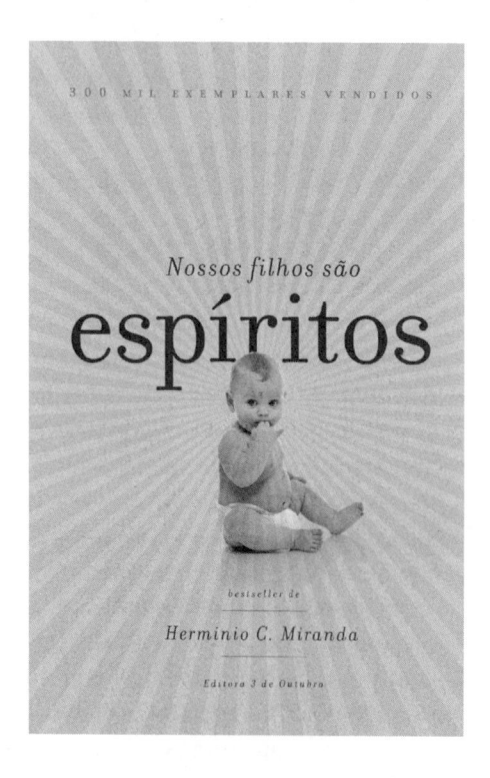

Nossos Filhos são Espíritos mostra que, além do corpinho frágil com que iniciamos nossas vidas, existe um espírito imortal, dotado de personalidade, maturidade e tendências que podem ser modificadas através da educação e dedicação dos pais. Leia e descubra como entender seu filho melhor.

www.lachatre.com.br

A Memória e o Tempo

Um mergulho apaixonante nos mistérios do tempo e de suas relações com a memória integral, utilizando a regressão de memória como técnica de pesquisa e instrumento de exploração dos arquivos indeléveis da mente. Com argúcia e clareza, o autor discute o conceito de tempo, reavalia os ensaios pioneiros com a hipnose, no século XIX, aborda as experiências de Albert de Rochas e as teorias de Freud, até chegar às modernas técnicas de terapia das vidas passadas.

www.lachatre.com.br

Diversidade dos Carismas

Uma das mais completas obras sobre mediunidade. Simples e didático, Herminio Miranda aborda aspectos complexos dos mais diferentes 'carismas', termo utilizado por Paulo de Tarso ao tratar dos fenômenos mediúnicos. Obra de referência sobre o assunto, escrita por um de seus maiores especialistas.

www.lachatre.com.br

O Evangelho Gnóstico de Tomé

Em seus dois primeiros séculos de existência, o cristianismo foi abalado por mais de uma centena de correntes filosóficas distintas. A mais perigosa para a igreja primitiva foi a dos gnósticos, da qual alguns textos chegaram até nós. O mais importante é o chamado *Evangelho de Tomé*, descoberto em 1945, no alto Egito, que o autor analisa, junto com um levantamento minucioso das crenças e posições do gnosticismo.

www.lachatre.com.br

Condomínio Espiritual

    Condomínio Espiritual é um dos mais completos estudos já elaborados sobre a obsessão de origem espiritual. Com a erudição que lhe é característica, Herminio Miranda apresenta as contradições e a incompetência da ciência dita oficial em entender e solucionar alguns casos de distúrbios de comportamento, pela simples razão de ela ignorar a realidade espiritual que está na origem desses problemas. Consagrado como importante especialista na questão da mediunidade, o autor utiliza todo o seu cabedal de conhecimentos como chave-mestra para desmontar a inconsistente e infrutífera tentativa de explicação materialista.

www.lachatre.com.br

Autismo, uma leitura espiritual

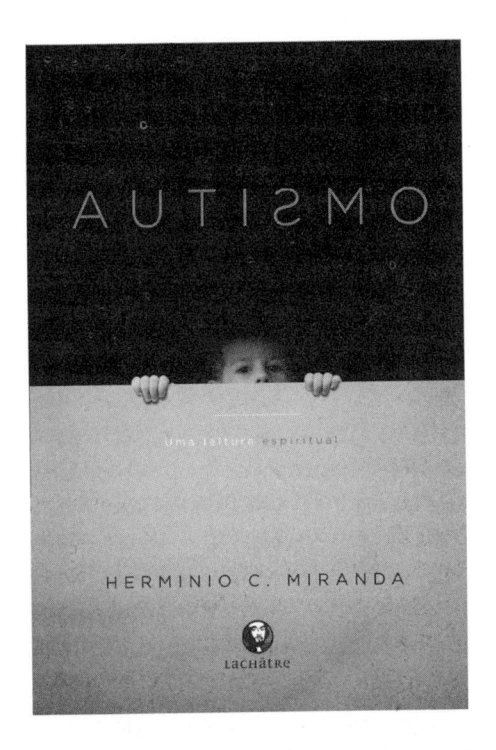

O autismo é um grande enigma para a medicina. Nesta obra, o autor parte da premissa de que o ser humano é um espírito imortal, que antecede a atual existência bem como lhe sobrevive à morte. Passeando por atualizada bibliografia sobre o assunto, chega a conclusões alentadoras.

www.lachatre.com.br

Esta edição foi impressa em outubro de 2013 pela Sermograf Artes Gráficas e Editora, Petrópolis, RJ, para o Instituto Lachatre, sendo tirada duas mil cópias em formato fechado 160x230mm e com mancha de 125x195mm. Os papéis utilizados foram o Off-set $75g/m^2$ para o miolo e o Cartão Supremo $300g/m^2$ para a capa. O texto principal foi composto em Times 11/12,1, os títulos foram compostos em Times 18/22,5. A programação visual da capa foi elaborada por Andrei Polessi e diagramação do miolo por Fernando Luiz Fabris.